博士论文
出版项目

国家社会科学基金
NSSFC
The National Social Science Fund of China

伦理文化：

滕尼斯社会学思想的源起与要义

Ethical Culture：

The Origin and the Essentials of Ferdinand Tönnies' Sociology

张巍卓　著

中国社会科学出版社

图书在版编目（CIP）数据

伦理文化：滕尼斯社会学思想的源起与要义/张巍卓著.—北京：
中国社会科学出版社，2020.10
ISBN 978 - 7 - 5203 - 6182 - 8

Ⅰ.①伦…　Ⅱ.①张…　Ⅲ.①滕尼斯（Ferdinand Tö nnies，
1855 - 1936）—伦理思想—研究　Ⅳ.①B516.59②B82

中国版本图书馆 CIP 数据核字（2020）第 050240 号

出 版 人　赵剑英
责任编辑　朱华彬
责任校对　张爱华
责任印制　张雪娇

出　　版　中国社会科学出版社
社　　址　北京鼓楼西大街甲 158 号
邮　　编　100720
网　　址　http://www.csspw.cn
发 行 部　010 - 84083685
门 市 部　010 - 84029450
经　　销　新华书店及其他书店

印　　刷　北京君升印刷有限公司
装　　订　廊坊市广阳区广增装订厂
版　　次　2020 年 10 月第 1 版
印　　次　2020 年 10 月第 1 次印刷

开　　本　710×1000　1/16
印　　张　29
字　　数　404 千字
定　　价　168.00 元

出 版 说 明

为进一步加大对哲学社会科学领域青年人才扶持力度，促进优秀青年学者更快更好成长，国家社科基金设立博士论文出版项目，重点资助学术基础扎实、具有创新意识和发展潜力的青年学者。2019 年经组织申报、专家评审、社会公示，评选出首批博士论文项目。按照"统一标识、统一封面、统一版式、统一标准"的总体要求，现予出版，以飨读者。

全国哲学社会科学工作办公室

2020 年 7 月

摘　　要

　　在近代德意志思想的发展进程里，构建民族伦理生活始终是一项极其关键的理论议题。尤其到了 19 世纪末，伴随着德意志民族国家以及帝国体制的建立，过去基于"普遍历史"的伦理观遭遇了颠覆性的危机：一方面，民主主义与资本主义引发了社会结构乃至人心民情的一连串变化；另一方面，德意志国家也在往功利化和官僚制的方向转变，等级和宗法格局渐渐瓦解，蜕变成谋取私人利益的工具。可以说，德国社会学自 19 世纪末诞生起，就是一门全新的伦理科学。面对现代性与传统价值的双重冲击，它致力于调和政治自由主义与文化保守主义，思考构建民族共同体生活的新秩序之道，并为此赋予一种伦理的意涵。在德国第一代社会学家群体里，斐迪南·滕尼斯是这一新思潮的引领者。

　　有鉴于此，本书尝试提出如下总体问题：在现代与传统的交织碰撞中，滕尼斯的社会学如何化解两者的冲突，构建新的民族伦理精神？作为一位以思想史研究为思考进路的学者，滕尼斯的社会学奠基离不开他对现代思想脉络的整体把握。因此，本书将以滕尼斯的几部代表性的思想史文本为基础，重构其理论体系。本书依次从"行动者"和"共同体"这两个部分着手，探讨滕尼斯社会理论的伦理旨向。

　　在行动者的部分里，本书立足于他的霍布斯研究，指出他一方面借对霍布斯生命史的解读，开辟了一套以性格学与行动论为取向的社会科学传统，并勾勒出一位具有生活智慧、以言行事的现代理想行动者形象；另一方面又创造性地在个体和人造国家之间发现了社会体这一中介形态，进而由此过渡到对于构建社会伦理的思考。

在共同体的部分里，本书依次探讨了滕尼斯对斯宾诺莎、马克思与尼采的解读。首先，他的斯宾诺莎研究是对霍布斯研究的推进，斯宾诺莎继承了霍布斯的激情的人性设定，并将此发展为一套意志论学说；与此同时，他转换了霍布斯的自然法视域，在滕尼斯看来，斯宾诺莎强调个体意志对社会意志的必然依附关系，道出了"社会条件"观念的先声。随后，本书回到滕尼斯身处的 19 世纪历史背景，基于他的马克思解读文本，考察他对现代社会制度及其局限性的理解。滕尼斯认为马克思是斯宾诺莎整体世界观的践行者，其首要发现就是资本主义生产关系构成社会条件的绝对内容，不过，马克思仅仅看到生产领域而忽视交换领域、呼吁革命而轻视道德教化的做法无法令人满意，滕尼斯因而要在伦理的意义上重新理解社会条件。滕尼斯对尼采思想的解读正是在这一方向上的推进，尼采早期作品关于古代和现代的"并行主义"的洞察，将古人丰饶生命带入他的视界，使他意识到被现代科学遮蔽的古代艺术与伦理可以为现代精神提供启示；然而他断然拒绝尼采否定道德、推崇自然等级制的态度，选择回溯日耳曼民族的共同体历史，从民族历史中寻求重塑现代伦理生活的契机。

基尔克对德意志合作社的历史图景的详细阐释，为滕尼斯的共同体理论提供了历史原型，但与此同时，共同体学说又是对合作社理论的反思和超越，作为保守主义者，基尔克追溯的日耳曼历史的本质是父权统治，而滕尼斯基于大众民主时代的考量，试图为日耳曼历史找到新的本原。

受同时代母权论的启发，滕尼斯冲破了日耳曼父权制历史的樊篱，将共同体的原型追溯到从罗马后期到中世纪封建制前期的母系社会向父权制过渡的历史，因而，母性象征的自然契合构成了共同体的精神基础。滕尼斯重新确立民族共同体的历史谱系，并非为了还原历史的本来面目，而是要把握民族伦理精神，探寻大众启蒙之道。在滕尼斯看来，家是共同体的原型。他着眼于人的身心合一的情感，从家的各种关系形态展开，描绘了人成长的精神历程，人以自然契合为初始状态，慢慢形成秩序意识直到精神的成熟。进一步地，滕尼斯将共同体的教化精神运用于当前社会改革，从家庭、学校到劳动合作社，每一个环节都包容了现代人自由与发展的需要，这一有机的共同体格局亦为民主政治奠定了坚实的社会基础。

关键词：滕尼斯；伦理；教化；民族；共同体

Abstract

In the process of the development of modern German thoughts, the construction of national ethical life has always been a critical theoretical issue. Especially at the end of the 19th century, with the establishment of the German national state and the imperial system, the past ethics based on "universal history" encountered a subversive crisis: on the one hand, democracy and capitalism triggered a series of changes in the social structure and even the people's sentiments; on the other hand, the German state was also changing to utilitarian and bureaucratic direction, with a hierarchy of the patriarchal system gradually disintegrated and became a tool for seeking private interests. It can be said that the classical German sociology is a brand – new ethical science since it was born at the end of the 19th century. In the face of the double impact of modernity and traditional values, it is committed to reconciling political liberalism and cultural conservatism, thinking about the way to build a new order for the life of the national community, and giving it an ethical meaning. Among the first generation of German sociologists, Ferdinand Tönnies is the leader of this new trend.

In view of this, this book attempts to raise the following general questions: in the intertwined collision between modernity and tradition, how does Tönnies' sociology resolve the conflict between them and build a new national ethical spirit? As a scholar who takes the study of intellectual history as the way of thinking, Tönnies' sociological foundation cannot be separated from his overall grasp of the modern intellectual context. Therefore, this book will reconstruct its theoretical system based on several representative texts of Tönnies' intellectual history studies and discusses the ethical purpose of Tönnies' social theory from the two parts, which are "actor" and "community".

In the first part, based on Tönnies' Hobbes study, this book points out that by means of intepreting Hobbes' life history, Tönnies initiates a new tradition of social science which is oriented to the characterology and the action theory and presents us a wise and active modern actor. By studying Hobbes' doctrine, he has discovered the social body as the medium between individual and artificial state and then begins to investigate the way to construct the social ethics.

In the second part, this book has discussed how Tönnies understood Baruch Spinoza, Karl Marx and Friedrich Nietzsche. First of all, Tönnies' Spinoza study is the furtherance of his Hobbes study. Spinoza inherited Hobbes' idea of human nature and developed a doctrine of will. At the same time, Spinoza changed Hobbes' field of vision of the natural law theory. Since he emphasized that individual will depends on social will necessarily, he heralded the future idea of "social condition". Later, we come back to the historical context of nineteenth century and investigate Tönnies' idea of modern society and its limitations according to his interpretation of Karl Marx. Tönnies believes that Marx is the practitioner of Spinoza's holistic view of the world and Marx's primary discovery shows that capitalist relations of production is the social condition. All the same, because Marx's vision limited in the production field and he advocated revolution, Tönnies would change to understand the social condition in the ethical way. His interpretation of Nietzsche's thoughts is demonstrating that the Nietzsche's early writings present the parallelism of ancient culture and modern civilization and make Tönnies sense that ancient religion and ethic which are shadowed by modern science could wake up. But he refuses Nietzsche's attitudes toward morality and natural hierarchy and chooses to trace back to the history of German community.

Otto von Gierke's detailed explanations of the German cooperation' history has provided Tönnies the picture of Germanassociation. At the same time, Tönnies' community theory transcends Gierke's association theory. As a conservative, Gierke believed the essence of German history is patriarchy. But based on the idea of democracy, Tönnies tries to find a new essence.

Inspired by the theory of matriarchy in the same era, Tönnies broke through the barriers the history of Germanic patriarchy and traced the prototype of the community back to the history of the transition from matriarchal society to patriarchy, from the late Roman to the early medieval feudalism. Therefore, the natural combination of matriarchal symbols constitutes the spiritual foundation of the community. Tönnies reestablished the historical pedigree of the national community, not to restore the true nature of history, but to grasp the national ethical spirit and explore the way of public enlightenment. In his view, the prototype of the community is family. He focuses on the emotion of the integration of human body and mind, unfolds from various relationship forms of home, describes the spiritual process of human growth, and takes the natural harmony as the initial state, and gradually forms the consciousness of order until the spiritual maturity. Ultimately, he applies the community spirit to the present social reform including family, public school and labor association. All of them would satisfy the needs of freedom and development and this organic community serve as the firm social foundation of Democracy.

Key Words: Ferdinand Tönnies; Ethic; Education; Nation; Community

目　　录

上　篇
行动者：霍布斯与现代理想世界的诞生

下　篇
共同体：伦理生活的构建

Contents

Part Two　Community: the Construction of ethical life

导　　言

如果一种绝望的、悲剧性的震撼精神从历史的观察之中且由于这样的观察产生出来，那么这种精神也是一种深刻化、高尚化的伦理意识，因此，它首先适合于那些思维着的、渴求正义的人们。诚然，这种情感方式与思维方式本身之中担负着一些危险，即它们将损伤人们的精力、淡化坚定的自信色彩。然而，人们内在的认识越是深刻，越能转化为血与肉，那么他们也就会更容易地战胜这些危险。①

——滕尼斯

一　"伦理"作为德国古典社会学的核心问题

在近代德意志思想的发展进程里，构建民族伦理精神始终是一项极其关键的理论议题。16世纪新教改革以来，曾经一统欧洲的天主教普世教会和封建帝国的神圣同盟被打破，个体自我的神圣化、进而从自我意识出发构建现世秩序和文明图景的使命，深深地铭刻在每一位德意志知识分子的良知世界里。自此以后的两个世纪，无论唯心主义、浪漫主义还是历史主义的思想潮流，都致力于从人性、政治、历史、信仰等各个维度揭示"个性"的发展运动及其丰富的内容②，用黑格尔的话来说，新教为现代人带来了

---

① Ferdinand Tönnies，*Gemeinschaft und Gesellschaft. Grundbegriffe der reine Soziologie*，Darmstadt：Wissenschaftliche Buchgesellschaft，1979，S. XXXVII.

② ［德］弗里德里希·梅尼克：《历史主义的兴起》，陆月宏译，译林出版社2009年版。

一种"伟大的固执"①，要让所有炽热的情感和忠贞的信仰都化为自我意识的运动，营造现实里的理性王国，他的法哲学和国家学正第一次明确地将"伦理"（Sitte）置于现世生活的最高精神地位，伦理意味着个体从抽象人格开始，经道德的教化，最终在家庭、社会与国家这些具体的伦理环节里实现自我的普遍精神。

　　然而，到了19世纪中叶，革命的炮声响彻整个欧洲大地，个性或全人的理想迅速破灭。正像卡尔·洛维特指出的，19世纪精神史的裂变，即普遍精神裂解成"内在性"与"外在性"这两个极端方面，一方面是克尔凯郭尔式的个体主观的存在主义；另一方面则是马克思式的完全物化的唯物史观。② 尽管如此，黑格尔强调的伦理或民族精神（Volksgeist）仍决定性地影响了德国未来的政治和历史观。普鲁士统一德意志民族国家的进程，也是普鲁士历史学派在德语学界占据主导地位的历程③，从兰克（Leopold von Ranke）、罗雪尔（Wilhelm Roscher）到特赖奇克（Heinrich von Treischke）皆强有力地继承了黑格尔的伦理热望，试图为日耳曼—德意志民族担负的世界历史甚至"神意"使命辩护④，就此而言，他们或多或少共同地接受了一个理论前提：只有经古典文明和历史精神教化（Bildung）的德意志民族，才能祛除野蛮和虚伪，成为世界历史的主宰者。

　　19世纪末，这种普遍历史观的伦理前提却遭遇了史无前例的危机，尤其德意志帝国建立之后，帝国为了国力强盛、争夺世界霸权，

---

　　① ［德］黑格尔：《法哲学原理》，范扬、张企泰译，商务印书馆1979年版，第13页。

　　② ［德］卡尔·洛维特：《从黑格尔到尼采》，李秋零译，生活·读书·新知三联书店2019年版。

　　③ ［德］弗里德里希·梅尼克：《世界主义与民族国家》，孟钟捷译，上海三联书店2007年版。

　　④ 关于普鲁士学派的逻辑和目的论，可参见［德］马克斯·韦伯《罗谢与肯尼士和历史的国民经济学之逻辑问题》，收入《韦伯方法论文集》，张旺山译，台北：联经出版社2013年版。

迅速往功利化和官僚化的方向转变，如果说此前黑格尔想象的伦理国家对应腓特烈·威廉三世治下的普鲁士，其普遍伦理仍包容着封建血统、等级制等传统因素，并为之赋予了精神的合理性，那么俾斯麦经王朝战争，将新德国同奥地利哈布斯堡王朝彻底切割开来，清除旧帝国的残余，把德国打造成了一架金权政治（Plutokratie）的机器，其结果就是过去的封建领主摇身一变，成为新国家的官僚，他们的获利欲不再受任何传统纽带的约束，而其他阶层的政治意志没有足以抗衡的力量①。

不只如此，帝国向市场与资本敞开怀抱，引发社会结构和人心民情一连串变化，社会剧烈分化、阶级冲突愈发严重，这一情形在思想领域的表现，莫过于不同思潮的兴起，种种同主流价值对立的"新价值"大行其道：比如巴塞尔文化圈的反现代派，借回返古希腊的悲剧精神、异教的母权神话颠覆基督教的现代文明，揭示古老神秘主义信仰同现代进步主义观念、混沌大地同澄明天空的对峙；比如激进的社会主义和共产主义既把矛头指向传统伦理观的唯灵论实质，又指向现代自由主义的虚妄，呼吁用暴力反抗既定的现实处境，重新创造出一个没有压迫的理想国度。

德国古典社会学诞生于 19 世纪末，它又是所谓"世纪末社会学"（Fin‑de‑Siècle Sociology）的组成部分②。毋庸置疑，脱胎于历史主义法哲学、国民经济学和国家学（Staatswissenschaft）的德国

---

①　［德］马克斯·韦伯：《民族国家与经济政策》，甘阳译，收入《民族国家与经济政策：韦伯文选第一卷》，生活·读书·新知三联书店 1997 年版，第 100—103 页；［德］马克斯·韦伯：《支配社会学》，康乐、简惠美译，广西师范大学出版社 2016 年版。

②　"世纪末社会学"或"世纪末社会理论"的提法出自美国学者杰弗里·亚历山大（Jeffrey Alexander）。在此，我们希望强调"世纪末社会学"与"德国古典社会学"提法的侧重点有别，前者突出的是一种独特的精神风格（ethos），后者取"古典"一词，不仅是对一个时间段里的理论形态的概括，更是突出它向现代转型过程中，保有的传统根基和对这一根基的转化之意，本书正尝试从后者的角度把握德国社会学的原初传统。

社会学自诞生起，就带着塑造民族伦理这一使命的文化基因，然而与老派学者怀抱的传统情结不同，社会学家群体选择在自觉批判传统意识形态的基础上向现代世界敞开胸怀，他们意识到民族遭遇的是现代文明的总体危机，从人心、家庭、社会团体直到国家，社会躯体（soziale Körper）的所有部分都染上了"致死的疾病"，借用尼采以查拉图斯特拉的口吻言说的现实，新教改革以来的两三百年，德意志知识分子无比珍视的"良知"已退化成末人自私自利、毫无心肝的奴隶道德，过去天然而不失温情的封建等级秩序，蜕变为"舞台上的疯子"（政治家）和"市场上的苍蝇"（资产者）的相互迎合，他们演绎出戕杀民族（Volk）生命的悲剧①。

封闭的知识结构和帝国的傲慢心态不再管用，对危机的敏锐感知促使新知识人诚实地聚焦当下、调动一切智识的资源、理解社会现象背后的人心以及作用机制，进而以总体的眼光或者"西方文明之子"的姿态，在西欧自由主义和德意志的文化保守主义的调和中、在文明比较的大格局里反观自我，重新定位民族伦理的未来。事实上，由于源自不同的教育背景和政治立场，德国社会学家们各自亲合的价值、希冀的理想图景并不一样，但无一例外的事实是：面对现代性与传统价值的冲击，作为一门新学科的社会学自诞生以来，便内含着强烈的精神意向，不但着力于思考构建民族共同生活的新秩序之道，更要为此赋予一种伦理的意涵或价值。

看看德国古典社会学的几位经典大家的文本，我们多少可以直观地体会到这一点：格奥尔格·齐美尔的"生命伦理"旨在社会诸形式之上，揭示个体涌动着的生命之流、打开"超社会"的体验与艺术的世界；马克斯·韦伯从"新教伦理"的理性化后果解释西方现代性形成的精神动力，在丧失了世界意义的末人处境里，呼吁文明担当者为事业献身的天职（Beruf），通过世界文明的比较研究，

---

① ［德］尼采：《查拉图斯特拉如是说》，钱春绮译，生活·读书·新知三联书店 2013 年版，第49—56 页。

探索民族伦理的未来；维尔纳·桑巴特着眼于集体心态和精神，解读现代资本主义发展与蜕变的历史，追寻充满冒险精神的英雄伦理；恩斯特·特洛尔奇基于对基督教历史的考察，论证基督教伦理超越俗世生活的价值，力图以此克服现代智识和伦理危机。

　　然而无论如何，新思潮的奠定者和引领者当属斐迪南·滕尼斯（Ferdinand Tönnies），他的《共同体与社会》是德国第一本严格意义上的社会学著作，不仅如此，自从德国社会学学会 1909 年建立以来直到 1933 年被纳粹政府取缔，滕尼斯一直担任主席职务，他更是首要认识到在科学时代缔造民族伦理生活的社会学家①，同时代社会学家的伦理意识的形成，离不开在他打下的地基上运思、同他持续的对话。从研究滕尼斯的生平与思想入手，有助于我们整体地把握德国古典社会学的问题意识与理论格局。

二　斐迪南·滕尼斯：生平与著述

　　纵览滕尼斯一生的著述与实践活动，伦理可以说是一以贯之的主题：他从小在自然共同体的呵护下长大，温柔与宽容是他生命的基调；当成长为一名自由的学者后，他以炽热的同情观察现代社会，深思社会的现象及其动力机制，执着地探寻实现社会诸领域的伦理生活之道；作为兼备历史与世界眼光的公民，他积极践行民主政治，从欧洲乃至世界的视野理解德意志民族的未来。

　　1. 生平

　　1855 年 7 月 26 日，滕尼斯出生于石勒苏益格的奥尔登斯沃特（Oldenswort）的一个农场主家庭，在普鲁士与丹麦战争爆发前，此地尚隶属于丹麦王室。滕尼斯家族的祖先是荷兰移民，16 世纪时为躲避西班牙的暴政定居于此，他们热爱自由、善于自治的精神气质

---

① Ferdinand Tönnies, "The Development of Sociology in Germany in the Nineteenth Century", in *Ferdinand Tönnies on Social Ideas and Ideologie*, ed. and trans. E. G. Jacoby, New York: Haper & Rowe, 1974.

也融入滕尼斯的血液中。滕尼斯自幼便在安宁的、如同田园诗般的环境里成长，家庭里的宽和的路德宗信仰氛围以及良好的人文和自然科学教育激发了他好沉思的天性，而幼年时代亲历普鲁士战胜丹麦继而故乡易主的历史事件，既使他萌生对于德意志民族的认同和想象，又使他对"同本共生"的村庄自然生活同现代人为国家之间的张力多了一分深刻的考量。

1865 年，早慧的滕尼斯被送到胡苏姆人文中学接受古典教育，他不仅细致研读了从古希腊罗马直到德意志古典主义时期的经典作家的著作，尤其是柏拉图的对话录和歌德的《浮士德》，而且充分陶冶了古典的精神，在后来的回忆文章里，他热情洋溢地赞美校长威廉·基迪翁森（Wilhelm Gidionsen）指引的精神之路——深刻与敏锐①。不过在少年时期，对他未来人生影响最深的经历，莫过于同大诗人特奥多尔·施托姆（Theodor Storm）的相识，进而与之结下忘年的友谊。对滕尼斯而言，施托姆的诗歌创作植根于石勒苏益格故乡的风土人情，他的和谐的诗性人格、内心独立自主的力量、灵魂同作品有机的交融甚至忧郁的气质，共同构筑了滕尼斯心中的理想人性图景，在未来写作《共同体与社会》时，滕尼斯创造的"本质意志"概念多少可以直接追溯到施托姆这一现实原型及其诗作里的种种温情的意向。

在中学培育出的浓郁的人文兴趣和良好的古典素养使滕尼斯选择了"古典语文学"（Philologie）作为自己的大学专业，在自传里，他尤其提到了德国古典学家亨利希·施密特（Heinrich Schmidt）的希腊诗学研究对他这一决定的激励作用。滕尼斯从人文中学毕业的时刻正当 1872 年，德意志帝国刚刚建立，帝国的辉煌统一鼓荡起滕尼斯高涨的爱国热情，他毅然决然地选择去德法战场上新成立的斯

---

① 有学者甚至将"共同体"与"社会"内含的心灵维度分别追溯到深刻（Tiefsinn）和敏锐（Scharfsinn）这两重古典精神品质。参见 Peter - Ulrich Merz - Benz, *Tiefsinn und Scharfsinn：Ferdinand Tönnies' begriffliche Konstitution der Sozialwelt*, Frankfurt am Main：Suhrkamp Verlag, 1995.

特拉斯堡大学就读，为此，施托姆向此刻身在斯特拉斯堡的著名古
典学家马克斯·穆勒（Max Müller）推荐了他的这位忘年好友，然而
这座城市的糟糕环境迅速浇没了滕尼斯的热情。

他随即转到了耶拿大学学习，在这所德国古典哲学的大本营，
滕尼斯加入了"城堡地窖学生会"（Arminia auf dem Burgkeller），学
生会象征着德国青年对"荣誉""自由"价值的追求和充满战斗精
神的献身意识，终其一生，滕尼斯都为学生会成员的身份而自豪并
赞美这一精神共同体的意义；与此同时，就像他自己总结的那样，
他的大学求学过程显得毫无计划①，相比于精研古典学专业本身，他
广博地浸淫于人文学科诸门类的知识，从语言、文学、历史、形而
上学乃至艺术无所不包，尤其值得提及的是他在耶拿选修了著名的
黑格尔派哲学史家库诺·费舍尔（Kuno Fischer）的近代哲学史课
程，这对他的学术转向产生了最初影响，在同一时期，滕尼斯痴迷
地研读了叔本华的意志论哲学以及尼采的早期著作，之后的很长一
段时间，尼采都是他思想的启明星。在耶拿大学度过一学年之后，
滕尼斯又陆续在莱比锡大学和波恩大学进修了课程。

1875—1876 年的冬季学期，滕尼斯来到了处于德意志政治中心
的柏林。在柏林大学哲学系，他结识了未来最亲密的挚友弗里德里
希·泡尔生（Friedrich Paulsen），后者不仅是他的同乡，亦是当时崭
露头角的康德哲学的研究专家。跟随泡尔生研读康德著作的过程中，
滕尼斯不仅对近代的哲学传统生发出浓厚的兴趣，而且受到泡尔生
政治热情的感召，越来越将学术思考与对现实政治和社会的关注结
合到一起。此后历经在基尔和柏林的学习，滕尼斯凭借关于古埃及
阿蒙神的研究，拿到了图宾根大学的古典语文学的博士学位。

获得博士学位后，滕尼斯不仅面临着职业与人生道路的选择，
而且也要重新反思他自己的研究兴趣与目标之所在。通过这几年的

---

① Ferdinand Tönnies, "Eutin", in *Die Philosophie der Gegenwart in Selbstdarstellung*. Leipzig: Verlag von Felix Meiner, 1922, S. 202.

学习和生活阅历，滕尼斯清晰地认识到，他要到大学里去承担学术的命运，与此同时，他在学术上的兴趣已经发生了改变，不再将古典哲学视作自己关注的主要目标，而是转向了近代哲学，尤其是社会、法权和政治理论的研究，在当时的德国，这一研究取向通常被置于"国家学"（Staatswissenschaft）的标识之下。

遵循泡尔生的指引，滕尼斯开始系统地整理英国哲学家托马斯·霍布斯的文献，对其哲学体系展开深入探索。从德国学界的普遍氛围来看，滕尼斯的选择不啻"不合时宜"之举：霍布斯不但鲜有人关注，而且通常被视作肤浅的唯物主义者乃至臭名昭著的无神论者。然而滕尼斯从霍布斯的学说中发现了现代的科学世界观与个体主义人性论的最完整、最深刻的表述，并由此把握现代自由主义政治的理性基础。与此同时，滕尼斯开始严肃地钻研政治经济学：其中既包括由斯密和李嘉图代表的英国古典经济学传统，也包括与之相对的、由洛贝尔图斯（Johann Karl Rodbertus）和罗雪尔（Wilhelm Roscher）代表的德国历史主义国民经济学传统。特别需要指出的是，在马克思的著作还未产生像后来那样大影响的时候，滕尼斯此时便已敏锐发现了其政治经济学批判的科学价值。1878 年的夏季学期，他认真研读了《资本论》第一卷，并高度惊叹于马克思的论证力量和行文气魄。事实上，在滕尼斯思想的发展过程中，近代自然法学说和政治经济学构成了他的"社会"（Gesellschaft）概念的两个理论源头。

为了获取霍布斯的一手材料，滕尼斯于 1878 年开始了第一次英国之旅，停留六周。在大英博物馆里，他见到了流亡于此的马克思并发现了霍布斯的《法的要素》手稿和一篇尚无人知晓的早期论文，他将这篇论文取名为"第一原理短论"（*Short Tract of first Pricinciples*）；在牛津大学的圣约翰学院里，他发现了霍布斯的政论《比希莫特》的原始手稿；在德文郡伯爵庄园的哈德威克收藏馆里，他细致地对《法的要素》的原稿和印本作了比较。从英国回来之后，滕尼斯也逐步地将自己的霍布斯研究发表出来，1879—1881 年发表的

《关于霍布斯的哲学注释》奠定了他在霍布斯研究领域的开创性地位。英国之行同样让滕尼斯见证了作为世界商业中心的大英帝国的文明与野蛮。

回到德国后，俾斯麦政府刚刚颁布了《反社会党人法》，同自由主义和社会主义政党决裂，这一法案的颁布标志着德意志帝国走向全面集权化和保守化进程，进而引起阶级间的剧烈对抗。滕尼斯对帝国的政治未来产生了本能的怀疑和憎恶，他忧心忡忡地观察着时局走向和各阶级的舆论反应，他逐渐认识到：仅仅停留在近代理性主义世界观是不够的，我们仍需回溯历史，尤其是日耳曼民族的宗教、习俗、政治传统以及它们背后的人心基础，借此反观现代生活①，因此，在霍布斯研究的基础上，他试图进一步地打开自己的研究视野，回应政治与社会的总体危机。滕尼斯在柏林跟随阿道夫·瓦格纳（Adolph Wagner）学习历史主义国民经济学和法学的研究方法，广泛阅读了政治经济学与国家法的著作，随后在 1879 年来到莱比锡大学，接触了以威廉·冯特（Wilhelm Wundt）为核心的哲学圈子并研修心理学。

在莱比锡停留的一年，滕尼斯渐渐萌生将近代自然法思想同经验心理学、历史法学、国民经济学以及人类学与民族志研究综合到一起的想法，透过人类共同生活的历史全面理解现代文化的本质以及它的未来命运。这一想法结成的最初果实便是他在 1880—1881 年为申请基尔大学哲学系教学资格写成的《共同体与社会——文化哲学的原理》，这是探索建立一门以"人的共同生活"为研究对象的文化哲学的大纲，滕尼斯指出当前对人的研究首要应当聚焦于人们的共同情感，以实现他们的伦理生活为旨向，为此，他第一次提出了"共同体"与"社会"这一对关系类型，通过对比它们代表的两种对立的普遍心理形态、社群生活特征以及法权结构，寻求在当下

---

① Ferdinand Tönnies, "Eutin", in *Die Philosophie der Gegenwart in Selbstdarstellung.* Leipzig: Verlag von Felix Meiner, 1922, S. 211.

以更高的方式综合两者的可能性。1881 年，滕尼斯正式成为基尔大学哲学系的"私人讲师"，执掌伦理学教席，他主要讲授的课程是古希腊伦理学和近代自然法学说：将古今的人性论与政治原则放到一起作比较研究，对他来说具有极其重要的意义，由此，他在思想史的层面推进了对"共同体"与"社会"的法权基础的阐释。

　　尽管滕尼斯顺利地在大学获得教职，然而基尔大学僵化的教学生活和学生质量的低下令他感到压抑、疲惫，他渴望独立地思索和写作，渴望与志同道合的学者结成亲密的精神共同体。象牙塔的围墙并没有束缚滕尼斯的思想与行动的活力：他不断扩展自己的霍布斯研究，探索"共同体与社会"的理论。与此同时，他积极地走入大世界，向偶像尼采的圈子靠近①。1883 年夏季，滕尼斯到瑞士格劳宾登州拜访尼采的朋友莎乐美（Lou von Salomé）与保尔·雷伊（Paul Rée），共同度过了欢畅的时光，尤其他和雷伊的结交不仅使他更鲜活地认识了日常生活状态中的尼采，而且主导了他未来对尼采态度的转变。同莎乐美与雷伊分别后，他特意途经著名的希尔斯－玛利亚村，在那里遇见了尼采，然而羞怯感却阻碍了他上前与其交谈，这无疑源于他对尼采的敬畏，而尼采当时同雷伊的交恶以及逐渐在身体和精神方面显现的病态也让滕尼斯顾虑重重。尽管如此，交织着的兴奋、激越乃至失望的情绪并没有让他的研究工作陷入停滞，1884 年，他再度来到英国，校勘霍布斯的《法的要素》和《比希莫特》，联系出版事宜，并同英国的霍布斯研究同仁罗伯逊（George Croom Robertson）和波洛克（Friederik Pollock）等人结识。

　　返回故乡胡苏姆之后，滕尼斯暂且将霍布斯研究搁置下来，全力投身于《共同体与社会》的创作。他不断在马克思、基尔克、梅因等人的著作和大量历史材料间穿梭，从人性论、经济生活、法权

---

　　① 早在 1880 年，滕尼斯便已和尼采著作的出版商 Schmeitzner 建立了联系，后者希望将滕尼斯拉入尼采圈子，共同办哲学刊物，而滕尼斯也期待这个圈子成为德国思想家群体的榜样。Tönnies - Paulsen, *Briefwechsel 1876 - 1908*, Kiel：Ferdinand Hirt, 1961, SS. 74 - 75.

和政治原则等内容充实"共同体"与"社会"的概念内涵，他流连于书斋和家乡海岸并记录下自己的沉思。1887 年 7 月，第一版《共同体与社会》由莱比锡的出版商莱斯兰发行，副标题为"作为经验的文化形式的共产主义与社会主义"，滕尼斯将这部著作题献给挚友泡尔生。

《共同体与社会》的写作和出版对滕尼斯的人生史具有极其重要的意义：这既是他思索历史和时代特征的成果，也是他自我认识和自我教育的历程。他越来越清楚地预感到：霍亨索伦王朝一意推行政治专制化、经济垄断化和文化保守化的合流举措撕裂社会，其结局便是驾着德意志帝国这艘大航船驶向危险的岛礁。即使《共同体与社会》的创作历程没有将他最终变成一位秉持"共和主义"意识形态的政治行动家，也坚定了他的学术自由的信念①，他不愿在德国的大学体制里钻营晋升之策，不愿屈服于效忠德皇和官僚体系的誓言，而要成为自由的学者，结成自由的学术团体，寻求改革社会的道路。

在接下来的几年，滕尼斯从胡苏姆先后搬迁到欧丁以及大城市汉堡，参与大量经验的活动。首先，他积极地加入、组织各种自由的学术共同体，其中最具有代表性的是他在 1892 年主导成立的"德国伦理文化学会"，并在学会杂志《伦理文化》上发表了一系列以社会诸领域改革为主题的文章，结集出版了《伦理文化及其引领者》《政治与道德》；其次，他独立开展大量经验研究，其中主要包括 1889 年起的"石勒苏益格－荷尔施泰因的犯罪研究"，以及关于 1896 年汉堡海港工人大罢工的多篇报告和评论。

尽管这些研究的对象不一样，但它们无疑有共同之处。滕尼斯将《共同体与社会》的基本概念运用于这些研究，带着对世界的感受和明确的概念工具进入现实；更重要的，《共同体与社会》突出强

① Ferdinand Tönnies, "Eutin", in *Die Philosophie der Gegenwart in Selbstdarstellung.* Leipzig：Verlag von Felix Meiner，1922，S. 216.

调的"共同体"与"社会"之间的矛盾如今清楚地转化为"社会"内部的矛盾，或者说，经验世界里的社会并不完全等同于《共同体与社会》所刻画的纯粹"社会"类型，现实的社会之内既存在着各种对立的力量，也存在着个人凭借自由意志、铸造"共同体"的可能。

如果说《共同体与社会》标志着从德意志文化土壤里绽出的社会学概念的果实，那么滕尼斯随后的经验研究就让这些概念焕发新的生命。到了 20 世纪初，滕尼斯开始有意识地筹措建立德国社会学这门学科，他的计划是从三个方面依次推进的：第一，创造德国社会学的概念、理论和方法论体系；第二，组织社会学的学者团体；第三，将社会学引入德国高等教育体制。

1904 年，滕尼斯受德裔心理学家、时任哈佛大学教授的明斯特伯格（Hugo Münsterberg）之邀，参加在美国圣路易斯举行的世界艺术与科学博览会，与他同行还有韦伯夫妇、桑巴特、齐美尔、特洛尔奇、兰普莱西特（Karl Lamprecht）、菲利波维奇（Eugen von Phillippovich）等学者。在博览会上，滕尼斯宣读了《当代社会结构的问题》一文，引起广泛的影响。美国之行让滕尼斯的声名传到了大洋彼岸，尤其初兴的芝加哥学派从他的共同体和社会结构学说受到启发[1]，邀请他担任《美国社会学期刊》（*American Journal of Sociology*）的合作编辑。

1909 年，在滕尼斯多年的积极倡导下，以滕尼斯、齐美尔、韦伯、桑巴特、特洛尔奇为中坚力量的学术团体——"德国社会学学会"终于在柏林成立。由于滕尼斯为社会学体系的奠基作出杰出贡献，他被推选为德国社会学学会的主席。直到 1933 年学会被纳粹政权取缔，他一直担任主席的职务。学会的成立，标志着滕尼斯毕生追求的学者共同体的理想到达顶峰。在法兰克福召开的第一届德国

---

[1]　Louis Wirth，"The Sociology of Ferdinand Tönnies"，*American Journal of Sociology*，32，3（1926）：412-422.

社会学大会上，滕尼斯发表了题为"社会学的本质与目的"开幕演说，他不光指出社会学是建立在生理学与心理学等成熟的科学基础上的、研究社会事实的总体科学，更是强调它首先是一门哲学，是哲学伦理学的组成部分。①

随后的几年里，整个欧洲都弥漫着战争的气息。第一次世界大战的爆发改变了滕尼斯的生活，也打断了他的思想轨迹。尽管日常生活陷入困顿，但滕尼斯没有停止学术思考，按照他的说法，"很快地，我就开始把我的一部分写作活动，投入到为我们民族的共同事业的服务当中去"②，实践对民族共同体的责任。他站在德意志帝国的视角、针对欧洲诸国的政治立场、战争责任作了深入探讨，这些著作不但致力于为德国的国际形象做辩护，更是从文明比较的大格局，严肃地探讨欧洲诸国的历史、文化、民情及其政治抉择的关系。

在思考战争与政治的同时，滕尼斯并没有忽视它们所立足的社会学基础，在现代性危机到达顶峰的"战争状态"时期，他着手创作两部大部头著作：《公共意见的批判》和《马克思的生平与学说》。前者从集体意识与话语的角度、后者从集体组织与制度的角度，推进了对现代社会（Gesellschaft）的理解。尤其作为横跨战争前后的作品，《马克思的生平与学说》一书通过还原马克思的生活史和思想脉络，深入阐释了现代人的经济本性、经济生活的机制及其伦理的悖谬，但与此同时，滕尼斯没有丧失自己的判断，在反思马克思的人性与社会图景的基础上，他提出将伦理的教育纳入现代经济组织，为战后的新民族伦理生活描绘蓝图。

第一次世界大战结束以后，德意志帝国瓦解，魏玛共和国在废墟上诞生，共和国为滕尼斯提供了相对宽裕、自由的条件，使他得

---

① Ferdinand Tönnies, "Wege und Ziele der Soziologie", in *Verhandlungen des Ersten Deutschen Soziologenstages*, Tübingen: Verlag von J. C. B Mohr, 1911, SS. 17 – 18.

② Ferdinand Tönnies, "Eutin", in *Die Philosophie der Gegenwart in Selbstdarstellung*. Leipzig: Verlag von Felix Meiner, 1922, S. 227.

以接续因战争而停滞下来的社会学体系的构建工作。此时，从国民经济到议会政治体制，直到民族的自我意识都有待重建，而滕尼斯的社会学思考，终究是为了让陷入耻辱的民族重新过上自信的、伦理的生活，他在魏玛时代的创作可统称作"民主的社会学"（demokratische Soziologie）。1931 年出版的《社会学引论》是集大成之作，在本书里，滕尼斯有意识地淡化了"共同体"与"社会"对立，将它们置于同一的"共同生活"或"社会性"（das Sozial）前提，从"社会实体"（soziale Wesenheit）、"社会规范"（soziale Normen）、"社会价值"（soziale Werten）以及"社会相关构造（soziale Bezugsgebilden）"等概念着眼，探讨共同体如何同现代社会的前提互融，在此基础上，他为魏玛共和国设计了社会民主制（soziale Demokratie）的纲领，同右派学者不懈抗争。

　　然而从大环境来看，第一次世界大战的失败以及随后而至的世界性经济危机，使得魏玛共和国财政状况日益恶化。政局摇摆不定，政党相互倾轧的局势日益严峻，20 世纪 30 年代，德国日益滑向国家社会主义的深渊。为了同纳粹的集权主义做斗争，接近耄耋之年的滕尼斯与他的夫人一同象征性地加入了社会民主党，以此坚定地表达反纳粹的信念。在接下来的几年里，滕尼斯不断撰文，批驳纳粹的专制主义，试图以此来唤醒德国人民的清醒的政治意识，不过他的努力没能阻挡纳粹攫取国家的政权，晚年的滕尼斯被政府罢免了教学与研究的职务，也被政府冻结了一切经济来源，然而他依然坚强地做着抗争。直到 1936 年 4 月，滕尼斯安然地走到了生命旅程的终点，享年 81 岁。在他身后，留下了一大笔精神遗产，值得后人随着他的脚步去探索、去反思。

　　2. 著述

　　滕尼斯一生著述浩繁，光德国滕尼斯学会（Ferdinand - Tönnies - Gesellschaft）计划编订的《滕尼斯著作全集》就有 24 卷之多，目前收藏于德国石勒苏益格 - 荷尔施泰因州图书馆的未发表手稿和信件的数目更是巨大。但就像他承认的那样，哲学的伦理思考是统领一切的精神，在此前提下，他的核心著作主要围绕四个方面展开：

第一是思想史研究，尤其聚焦早期近代（17—18 世纪）的形而上学、自然法与政治学说，关注从霍布斯的个体世界观向斯宾诺莎的整体世界观的转向，核心文本为《霍布斯哲学注释》（1879—1880）、《霍布斯的生平与学说》（1896）、《斯宾诺莎思想的发展史研究》（1883）；除此之外，他对德意志近代思想史、世纪末的诸伦理思潮做了广泛的反思与批评，代表作有《论哲学术语》（1907）、《尼采崇拜》（1897）、《马克思的生平与学说》（1921）、《作为时代公民与政治家的席勒》（1905）等。

第二是社会学研究，滕尼斯将他的社会学体系分为三个部分，分别是纯粹社会学（die reine Soziologie）、应用社会学（die ange-wandte Soziologie）与经验社会学（die empirische Soziologie）[①]。

纯粹社会学即构造社会学的基本概念和运思图式，滕尼斯有时也将它称作"哲学社会学"[②]，社会学的概念旨在揭示社会本体的意义（Sinn），对滕尼斯来说，这一意义是伦理性的，由共同体与社会各自对应的人心、社会关系、组织形态、法权的比较研究展开。纯粹社会学的核心文本包括《共同体与社会》（1887）、《社会学引论》（1931），由此引申的文本有《论习俗》（1908）、《公共意见的批判》（1922）等。

应用社会学可以说滕尼斯心中的历史哲学，但有别于从宗教信仰和概念运动来解释历史，受马克思的唯物史观影响，滕尼斯呼吁科学地考察各个历史时期的物质和精神文化，用比较的思维探寻历

---

① 正像我们介绍滕尼斯生平时指出的，20 世纪以来，滕尼斯的主要理论工作便是创制社会学体系。从 1925 年发表的《社会学的分支》一文，到 1931 年出版的《社会学引论》，滕尼斯的社会学体系的三分法渐趋完善。可参见 Ferdinand Tönnies, "Einteilung der Soziologie", *Zeitschrift für die gesamte Staatswissenschaft*, 79, 1（1925）, SS. 1 – 15.

② Ferdinand Tönnies, "Philosophische Terminologie in psychologisch – soziologischer Ansicht", in *Ferdinand Tönnies Gesammtausgabe Band* 7, herausgegeben von Arno Bammé und Rolf Fechner, Berlin: Walter de Gruyter, 2009, S. 130.

史发展的动力及其机制，古代共同体向现代社会的转变，根本上就遵循着普遍的经济法则，但他并没有遗忘道德和伦理的意义，尤其当现代社会走向繁荣的同时，自身带着消解和灭亡的种子，它的拯救，必然要经历向共同体转化的过程，共同体的重生又有待激活民族的特定伦理精神，在这个意义上，《共同体与社会》是应用社会学的宣言，滕尼斯的天鹅之歌《近代的精神》（1935）是集大成之作。

有别于纯粹社会学概念思维和应用社会学的历史思维，经验社会学要求直面地观察、比较社会现象，对此，滕尼斯做了大量关于性别与家庭、人口迁移、劳资冲突、教育制度、法律制定乃至自杀与犯罪等经验议题的研究，观察任何经验现象不能没有全局观和历史观，用滕尼斯的话来说，因此经验社会学必须以纯粹社会学和应用社会学为前提，更重要的，经验的研究又同他的伦理理想紧密相关，他在经验社会学领域的代表作如《论家庭生活的更新》（1893）、《汉堡海港工人罢工的真相》（1897）、《刑法改革》（1905）、《直到世界大战前的社会问题的发展》（1919）、《社会学与高校改革》（1920）等，可以说皆指向了一个完整的民族伦理生活的图景。

第三是政治著作，滕尼斯的政治思考以他对近代自然法研究和社会学研究作为支点，在俾斯麦与容克地主的权力政治（Machtspolitik）达到顶峰的时代，滕尼斯选择回溯霍布斯以来的自然权利和自然法传统，将之视作评判现代德国政治的有力武器，此后，他始终怀抱着厌恶帝制和寡头制、同情劳动者、热爱民主制的情感；经过持续深入的社会学观察和思考，激活扎根于内心的、对民族历史的脉脉温情，他形成了以"共同体"拱卫政治的信念，通过家庭、大众学校、合作社这些伦理环节环环相扣地塑造德国人的成熟人格，社会的民主制思想发育成型。其政论代表作包括《围绕1878年反社会党人法的斗争》（1929）、《民主国家的社会学》（1923）、《论民主制》（1926）等。

第四是文明比较研究，对滕尼斯来说，世界的视野从来都没缺席过，他对现代精神的定位、对民族伦理生活的理解、对德国未来的政治道路，都是以文化或文明的比较格局展开的。《英国人眼中的世界政治》（1915）、《不列颠国家与德意志国家》（1917）等都是文明比较研究的典范之作。

三　既有研究的回顾与评价

相比于韦伯、涂尔干、齐美尔等经典社会学家，滕尼斯的学说至今没有得到西方社会理论研究的重视，更无从谈起形成了特定的解释脉络。在迄今相对成型的解读里，滕尼斯的社会学也没有被视作一种"伦理学"（Ethik）或"伦理学说"（Sitteslehre）。究其原因，一方面，这或许归结为他本人使用"伦理"概念时的暧昧态度①；另一方面也因为第二次世界大战后直到今天的西方学界尤其是德语学界出于"政治正确"的意识形态考虑，多少对此避而不谈，毕竟 Ethik 直接指向了某种民族或国族的想象。然而我们注意到，只要涉及滕尼斯的研究，无一例外都或隐或显地关系着"伦理"主题。对于既有的研究，我们可以归纳出四种类型，这四种类型也代表着逐步推进的四个阶段，从中，我们能发现一个从外围向内核深入的过程，最终有待揭示"伦理"这一实质问题。

1. 意识形态批判与文化移植

第二次世界大战后，德国社会学经历着和国家一样的命运，它遭遇到史无前例的重创，社会学的主阵地也从欧洲转向了美国。联邦德国学界随即兴起了检讨民族性的潮流，滕尼斯的共同体学说被当成靶子公开批判，他的人文取向的"老欧洲"理论被视作科学研

---

①　早年时，滕尼斯较频繁地使用 Ethik 一词。如在 1880/1881 年的《文化哲学的原理》手稿里，他将文化科学视作一门伦理学，然而此后，他越来越避讳 Ethik 的提法，在 20 世纪初，他甚至一度想用"社会文化"取代"伦理文化"，如第八版《共同体与社会》的前言（1935）里，他拒绝别人将本书视作伦理学著作，最直接的考虑当然是担心自己的学说被各种各样的保守主义的意识形态挟持，因而他更愿意用 Sitte 这一偏经验的概念（Sitte 也可以被翻译成风俗、习俗）来表明自己的意图。

究的反面教材。

滕尼斯的同辈学者、战后联邦德国的社会学领袖列奥波德·冯·维泽（Leopold von Wiese）就指出，德国的社会学需要转型为一种超越国界的科学社会学，因此它应当摒弃滕尼斯和韦伯时代的由历史哲学、法哲学、国民经济学、社会政治塑造的社会学传统，要全盘经验化，要去研究社会过程（soziale Prozesse）和社会互动关系①。

冯·维泽领导的科隆学派迅速成为战后德国社会学的阵地。科隆学派的另一位代表雷纳·柯尼希（René König）于 1955 年发表了《斐迪南·滕尼斯的共同体与社会概念》一文，批评滕尼斯的“共同体”概念是一个魔咒（Zauberwort），它营造出一种拒世的乌托邦想象②，柯尼希的反民族主义情感和推崇量化研究的立场，对德国社会学的美国化发挥了极其显著的推动效果，滕尼斯自然被当作首要靶子。

不过，相较德语学界的暗哑状态，西欧和美国社会学界已经有一些零星的滕尼斯研究著作产生，它们大多作为战后反思法西斯体制乃至批评现代性的组成部分，比较典型如德裔流亡学者弗里茨·帕本海默（Fritz Pappenheim）的《现代人的异化：基于马克思与滕尼斯的一种阐释》③（1959 年）以及荷兰历史学家阿图尔·米兹曼（Arthur Mitzman）的《社会学与疏离：帝制德国的三位社会学家》④（1971 年）。作为先后被德国和西班牙纳粹政府驱逐的流亡学者，帕本海默一生颠沛流离并深受西班牙存在主义思想家伊·加塞特

① Leopold von Wiese, "The Place of Social Science in Germany Today", *The American Journal of Sociology*, 51, 1 (1951), pp. 1 – 6.

② René König, *Soziologie in Deutschland：Begründer/Verächter/Verfechter*, München und Wien, 1987, SS. 244 – 245.

③ Fritz Pappenheim, *The Alienation of Modern Man：An Interpretation Based on Marx and Tönnies*, New York and London：Modern Reader Paperbacks, 1959.

④ Arthur Mitzman, *Sociology and Estrangement：Three Sociologists of Imperial Germany*, New York：Knopf, 1971.

（José Ortega y Gasset）的影响，《现代人的异化》是他晚年居留美国时写就的著作，在他看来，滕尼斯有意识地继承了马克思的理论任务，是批判现代技术理性的思想家，他的"社会"概念是马克思异化理论的发展，而他的"共同体"概念就是对异化的否定。

荷兰历史学家米兹曼将滕尼斯、桑巴特、米歇尔斯视作德国帝制时代的三位疏离于潮流、郁郁不得志的社会学家，尤其滕尼斯对德国政治乃至现代社会抱有一种忧郁、失望的感受，怀揣着一种强烈的回归浪漫时代的渴望。米兹曼的研究格局宏大，从人物的生活和思想入手，勾勒了世纪末德国社会学的全貌，然而他对滕尼斯的判断，仍然停留在二元论的流俗见解。

20 世纪 70 年代，美国社会学界对滕尼斯的学说有过短暂聚焦。从 60 年代开始，美国社会持续动荡，青年运动席卷全国，迁移到美国的滕尼斯的学生鲁道夫·赫伯勒（Rudolf Herberle）和维尔纳·卡曼（Werner Jacob Cahman）译介了滕尼斯文献，他们编撰出版了滕尼斯英文读本《滕尼斯论社会学：纯粹社会学、应用社会学与经验社会学》①（1971 年），之后不久，卡曼又主编出版了一部滕尼斯研究的英文文集《斐迪南·滕尼斯：一种新的评价》②（1973 年），按照卡曼的说法，面对美国当下的困境，有必要将滕尼斯代表的德国人文和文化学说介绍给美国学者尤其美国的青年人，给他们提供新的教养氛围，这个工作承继了此前帕森斯系统地移植欧洲社会学理论遗产的追求，然而《新的评价》一书呈现的整体面貌，乃是美国学者试图抽离滕尼斯的概念背后的精神历史，将之改造为一套适应美国学界的形式化的"模式变量"思路。

2. 认识论和心理学反思

在德语学界，滕尼斯研究于 20 世纪 70 年代缓缓复苏，相比于

---

① Ferdinand Tönnies, *Ferdinand Tönnies on Sociology*：*pure, applied, and empirical.* edited by Werner J. Cahman and Rudolf Herbele, Chicago：Chicago University Press, 1971.

② Werner J. Cahman（ed.）, *Ferdinand Tönnies*：*A New Evaluation*, Leiden：E. J. Brill, 1973.

西欧与美国学者的外在视角以及粗疏的讨论，德语学界的研究作品致力于还原滕尼斯人格的本来面目，切入其内在的理论线索，展开讨论。作为滕尼斯的亲炙弟子和晚年的贴身秘书，爱德华·雅各比（E. G. Jacoby）于1971年出版了滕尼斯思想传记《斐迪南·滕尼斯社会科学思想中的现代社会》①，可以说是第一部全面检视滕尼斯生平和学说的研究著作，直到今天仍然是该领域最具分量的著作②。

雅各比的著作主要聚焦两个问题：第一，滕尼斯从哲学向社会学转化的意识；第二，他的社会学意识与社会现实之间的关系。就前一个问题而言，雅各比重视三点：（1）滕尼斯从早年的霍布斯研究中萌生的社会学意识，其中，霍布斯的"自然状态"学说作为他的社会实在的观念原型，霍布斯的"原始集会"学说则作为他的社会规范的观念原型；（2）从霍布斯研究向斯宾诺莎研究的过渡，为他的意志论和社会条件学说铺平了道路；（3）柏拉图研究打开了他的古今自然法和政治理论的比较研究思路。就后一个问题而言，雅各比非常重视滕尼斯社会学体系的构建同其社会活动的关系，他认为滕尼斯的社会学实际上是一种整体的政制（Politea）学说。无论如何，雅各比的解释为我们提供了进入滕尼斯思想体系的着眼点，他的著述既有全局观，又充满了对导师的浓烈情感。然而，雅各比的缺陷在于没有将滕尼斯的哲学与社会学之间的真正关联说清楚，从其思想史研究过渡到社会学的历程仍然晦暗不清，除此之外，滕尼斯社会学内在的历史维度和伦理维度也没有涉及。

在雅各比之后，科内留斯·毕克尔（Cornelius Bickel）在1991年出版的博士论文《斐迪南·滕尼斯：社会学作为历史主义与理性

---

① E. G. Jacoby, *Die moderne Gesellschaft im sozialwissenschaflichen Denken von Ferdinand Tönnies*, Stuttgart: F. Enke, 1971.

② Arno Bammé, "Zerstörte Zukunft. Ein Nachwort", in E. G. Jacoby, *Die moderne Gesellschaft im sozialwissenschaflichen Denken von Ferdinand Tönnies*, herausgegeben von Arno Bammé, München: Profil Verlag, 2013, SS. 319 – 330.

主义之间的怀疑论启蒙》① 试图从认识论角度弥补雅各比的研究漏洞，阐释《共同体与社会》的思想发生学过程。值得注意的是，毕克尔非常有创见性地将滕尼斯的学说纳入世纪末德国精神科学的语境，注重将滕尼斯同狄尔泰以及李凯尔特的思想作比较，指出其理论意图是在"共同体"所代表的历史主义思想进路和"社会"所代表的理性主义思想进路之间达成调和，由此提出了一种怀疑论的、反思性的认识论学说。

晚近诸如弗兰克·奥斯特坎普（Frank Osterkamp）的研究《共同体与社会——论一种区分的困难》②（2005 年），延续了毕克尔的认识论关切，不过他的聚焦处是滕尼斯的符号和语言理论，他将滕尼斯的学说放在同马堡学派以及维也纳学派的比较研究里展开，指出自然语言和人造语言之间的对立构成了《共同体与社会》的母题。综观毕克尔与奥斯特坎普的认识论解释，他们的困难在于：一方面仍以二分法的、人为的对立思维割裂滕尼斯的学说整体；另一方面并没有将认识论推进到社会意志或伦理的解释。

瑞士社会学家美茨－本茨（Peter－Ulrich Merz－Benz）在 1995 年出版的《深刻与敏锐：滕尼斯的社会世界的概念建构》③ 可以说是对此前研究的巨大推进，他试图以一种同一的"社会世界"（Sozialwelt）学说，将共同体与社会统一起来，为此，他充分重视了滕尼斯的意志理论，在他看来，意志构成了心理同社会现实的中间环节，两种不同的意志正体现了人同社会世界的两种不同的关系形态，

---

① Cornelius Bickel, *Ferdinand Tönnies. Soziologie als skeptische Aufklärung zwischen Historismus und Rationalismus*, Opladen：Westdeutscher Verlag, 1991.

② Frank Osterkamp, *Gemeinschaft und Gesellschaft*, *über die Schwierigkeiten einen Unterschied zu machen：zur Rekonstruktion des primären Theorieentwurfs von Ferdinand Tönnies.* Berlin：Duncker & Humblot, 2005.

③ Peter－Ulrich Merz－Benz, *Tiefsinn und Scharfsinn：Ferdinand Tönnies' begriffliche Konstitution der Sozialwelt*. Frankfurt am Main：Suhrkamp, 1995.

在 2016 年出版的《认识与流溢：滕尼斯的社会学认识理论》① 里，他推进了过去的研究，尤其将"本质意志"视作一种从普遍者向特殊者流溢的哲学。从美茨－本茨的研究里，我们找到了理解滕尼斯学说的统一的认识论视角，然而仍有待于揭示滕尼斯的心理学或意志论的具体社会意涵。

3. 滕尼斯与西学诸传统

相比于哲学背景里的较为成熟的认识论和心理学研究，由思想史或具体问题导向（problematisch）支配的滕尼斯研究并没有形成体系化的解释形态，我们看到的大多是以论文集的形式出版的作品，其中不乏浅尝辄止的乃至谬误的看法，不过这些研究为我们指出了若干重要的理论线索。

20 世纪 90 年代初，民主德国的滕尼斯学者君特·鲁道夫（Günther Rudolph）出版了《斐迪南·滕尼斯的哲学—社会学基本立场》②（1995 年），作为恩斯特·布洛赫的学生，鲁道夫继承了马克思主义和尼采的文化批判传统。他曾在 1990 年编纂出版了滕尼斯的《尼采崇拜》，《斐迪南·滕尼斯的哲学—社会学基本立场》一书可以说是他的完整立场的呈现，即把滕尼斯看作马克思和尼采的继承者，批判现代资产阶级的市民文化。

与此同时，在联邦德国，由基尔社会学家拉尔斯·克劳森（Lars Clausen）组织的滕尼斯学会发起了《滕尼斯著作全集》的编纂工作，同时召开了几次世界性的滕尼斯学术大会，试图从各个不同的线索和脉络厘清滕尼斯与西学诸传统的关系。首次大会借《共同体与社会》发表百年的契机，于 1987 年在意大利的梅拉诺举行，

---

① Peter – Ulrich Merz – Benz, *Erkenntnis und Emanation：Ferdinand Tönnies' Theorie soziologische Erkenntnis*, Wiesbaden：VS Verlag für Sozialwissenschaften, 2016.

② Günther Rudolph, *Die Philosophisch – Soziologische Grundpositionen von Ferdinand Tönnies*, Hamburg：Fechner, 1995.

1991 年，大会论文集《"共同体与社会"百年》① 出版，与会学者
从许多角度对滕尼斯的思想做了讨论，主要的论题包括：滕尼斯与
帝制德国的政治，《共同体与社会》的方法论，滕尼斯与近代早期的
哲学，滕尼斯与马克思、齐美尔、哈贝马斯等社会学家的思想关系，
滕尼斯的社会改革思想与实践活动，滕尼斯学说的效果史等，它们
大多反映了未来滕尼斯研究的论题，此后，滕尼斯学会又举办了多
次世界性的研讨大会，出版了多本会议论文集。在德语学界，德国
学者于尔根·赞德尔（Jürgen Zander）和奥地利学者阿诺·班梅
（Arno Bammé）分别尝试从意志论和反思技术的角度，勾勒滕尼斯
的思想轮廓。

　　在美国，德裔历史学家哈里·利伯松（Harry Liebersohn）的代
表作《德国社会学中的命运与乌托邦》②（1988 年）试图用"命运"
和"乌托邦"这两个概念对世纪末德国社会学的精神做总体把握，
如果说"命运"对应韦伯，那么"乌托邦"就对应滕尼斯，换言
之，利伯松认为滕尼斯是一位乌托邦主义者，在我们看来，这一论
调只不过重复了一直以来的误解。利伯松的学生克里斯托弗·阿戴
尔－托特夫（Christopher Adair－Toteff）对老师的观点做了部分修
正，指出滕尼斯并不是一个幻想回到过去的乌托邦主义者，而是面
向未来的乌托邦主义者③，然而他并没有讲清楚滕尼斯到底如何面向
未来。托特夫是近些年来美国学界的德国经典社会理论研究的领军
人物，2016 年，他主编出版了《斐迪南·滕尼斯研究伴侣》④，整合

---

① Lars Clausen, Carsten Schlüter（hrsg.）, *Hundert Jahre "Gemeinschaft und Gesell-schaft"：Ferdinand Tönnies in der internationalen Diskussion*, Opladen：Leske und Budrich, 1991.

② Harry Liebersohn, Fate and Utopia in German Sociology, Massachusetts：The MIT Press, 1988.

③ Christopher Adair－Toteff, "Ferdinand Tönnies：Utopian Visionary", *Sociological Theory*, 13, 1（1995）, pp. 58－65.

④ Christopher Adair－Toteff（eds.）, *The Anthem Company to Ferdinand Tönnies*, London：Anthem Press, 2016.

英语学界对相关研究论题的探讨。

法国学者尼尔·邦德（Niall Bond）在 2013 年出版的论文集《理解斐迪南·滕尼斯的"共同体与社会"》①，以一己之力，详细地阐释了滕尼斯与同时代学者的交往以及他的思想史背景，可以说为我们提供了丰厚的历史材料，然而本书的出版很大程度上反映了这一阶段滕尼斯研究的基本状况：我们只看到了丰富多彩的线索，但是其中既缺少一个连贯的主题，具体的论述也停留在表面。

4. 民族与国族

2005 年，德国学者乌韦·卡斯滕斯（Uwe Castens）出版的《滕尼斯：弗里斯兰人与世界公民》② 可以说为滕尼斯研究注入了一道活水。值得一提的是，2010 年，这本书被翻译成中文出版③。平心而论，尽管本书只是一部简单的传记作品，像作者所说，仅仅致力于还原滕尼斯的生活本身，然而它的自然朴素的写作手法，恰恰触及到了内核，即把滕尼斯视作一位立足于乡土、从自然共同体一轮一轮向外推及的知识分子，他既是独立思考的现代学者，又是植根于故土的恋乡者以及拥有世界眼光的思想家。卡斯滕斯研究基尔地方史出身，在他的描述里，滕尼斯思考任何普遍性的理论问题，都流淌着鲜活的弗里斯兰的血液，没有什么普世概念和价值的考量，不带着思想家对周遭经验世界的生动情感。

在此之后，卡斯滕斯的几本滕尼斯研究的著作，皆以此为主线，包括描绘滕尼斯与诗人施托姆关系的《亲爱的朋友斐迪南》④（2008

---

① Niall Bond, *Understanding Ferdinand Tönnies*' " *Community and Society* ", Münster：LIT Press，2013.

② Uwe Carstens, *Ferdinand Tönnies：Friese und Weltbürger*, Norderstedt：Books on Demand，2005.

③ ［德］乌韦·卡斯滕斯：《滕尼斯传》，林荣远译，北京大学出版社 2010 年版。

④ Uwe Carstens, *Lieber Freund Ferdinand. Die bemerkenswerte Freundschaft zwischen Theodor Storm und Ferdinand Tönnies*, Norderstedt：Books on Demand，2008.

年）以及编写的《斐迪南·滕尼斯：共同体与社会之间的社会国家》①（2014 年），后者试图在"共同体"与"社会"之间探索一种作为民族或国族存在的中间状态，这一视角启发了我们对伦理的关注。

综上所述，滕尼斯研究经历了从外围向内核深入的过程：从意识形态的简单批判与初步的文化研究，再到认识论、心理学深度考察以及西学诸脉络的梳理，最终揭示滕尼斯关切的民族与国族议题。我们立足于伦理的探讨，既是对迄今为止的滕尼斯研究诸议题的综合，又是从实质问题出发，对滕尼斯社会学理论体系的整体把握。

四　滕尼斯社会学的"伦理"之意

在还原滕尼斯的生活与著述史的基础上，他的社会学思想里"伦理"意涵应当先行予以澄清。

1. 伦理在滕尼斯社会学中的位置

滕尼斯的学术生命始于霍布斯研究，通过对霍布的理性主义自然法学说和国家哲学的解读，他奠定了同近代道德哲学、伦理学对话的理论格局。自 1881 年起，滕尼斯在基尔大学哲学系执掌伦理学教席，讲授古今自然法学说，在此期间发现的"共同体"（Gemein-schaft）与"社会"（Gesellschaft）这对概念本身就意味着古今相对的伦理生活方式，前者指个体天然就处在集体生活之中，同集体里的他人乃至事物自然契合；后者指纯粹独立的个体按照订立人为契约的方式，制造出一个集体人格，遵循契约的规定同他人相处。之所以说它们本身就是伦理主题，是因为从一开始，滕尼斯思考的就是个体同其类的关系：

人很容易就会理解，在历史和文化里根本就不存在着个人

① Uwe Carstens（Herg.）, *Ferdinand Tönnies：Der Sozialstaat zwischen Gemeinschaft und Gesellschaft*, Baden：Nomos Verlag, 2014.

主义，除非它派生于共同体并保持自己受制于共同体，或者它产生并支撑着社会。这种个体的人与整个人类之间的对立关系才是纯粹的问题。①

此后，滕尼斯逐渐突破形式的框架，向历史的纵深迈进，丰富它们的伦理内容。直到 1887 年《共同体与社会》出版，"共同体"和"社会"作为理解、批判、超越现代性的伦理概念，得以确定下来。在此书里，他首先将矛头指向历史主义者、浪漫主义者乃至神权主义者的迷梦，指向 1878 年德意志帝国颁布《反社会党人法》后全面保守化、民族主义化的危机，对此，他宣称斩断了自然共同体纽带的人造社会已然成为我们当下需要面对的事实。支配着他的社会概念图景的是霍布斯的人格主义和"自然状态"学说，是从英国政治经济学到马克思的对现代资本主义关系与制度的科学分析，是梅因揭示的由人为契约构建的现代私人关系与法权秩序。

我们要注意到，对滕尼斯而言，社会作为论述起点并不是一个恶的事实，毋宁说，当我们否定了信仰、等级这些天然不平等的要素后，社会成了科学时代的集体生活的理想原型，它的担当者是"超善恶"的独立个体，他们出于对主观利益的感知和需要，有能力以理性的方式，通过科学计算和交换建立人造人。近代自由主义的表象—感觉的心理学、商业社会诸团体和民主国家的构造都在此基础上展开。可以说，滕尼斯突破德国保守主义的视域，离不开以英国开启的近代化道路为榜样，将理论思考的出发点重新置于理性启蒙的脉络，从 17 世纪霍布斯自然法学说刻画的理性人格和人造国家，到 18 世纪苏格兰启蒙对财产权和社会国家（Sozialstaat）的捍卫，再到 19 世纪初功利主义诉诸的普遍社会立法，社会的内涵越来越丰富，滕尼斯也找到了为现代人的自由权利和大众理性启蒙辩护

① Ferdinand Tönnies, *Gemeinschaft und Gesellschaft. Grundbegriffe der reine Soziologie*, Darmstadt: Wissenschaftliche Buchgesellschaft, 1979, S. XXIII.

的契机。

不过，一旦主体的观念结构完全超出了人的自然需要的界限，呈现无限抽象的、自我封闭的运动，那么它将蜕变成纯粹的恶。小到当今遍布商业领域的欺骗、资本对工人毫无人情的压榨，大到国家统治者对公民的驱逐和压迫，煽动阶级间对抗，可以说，到了世纪末，主体和人造人之恶已成为世界性的灾难，1878 年后的德意志帝国自不必提，即使在滕尼斯眼中的曾经作为自由榜样的英国，也走到了它的危机时刻，这不仅体现为国内不断涌起的对于欧洲各国的敌视心态、关税保护和贸易保护主义大行其道，更表现为它对殖民地义务的粗暴抛弃甚至对殖民地赤裸裸的武力侵略，1901 年针对南非的波尔战争就是残酷的例证。①

如果说社会是滕尼斯科学思考的开端，那么人伦有序的共同体无疑是他的学说指向的伦理目的，伦理的希腊原词 Ethos 本身就是居所之意，伦理指在特定居所之上展开的一系列人伦之道，共同体的本意也是如此。不过，阅读《共同体与社会》令人感到困难的一点是，相对于明确的"社会"概念，"共同体"多少显得讳莫如深：一方面，作为一个历史性的概念，"共同体"浓缩了从古希腊与罗马城邦时代到中世纪"家族父权制—庄园领主制—市镇行会制"的前理性主义时代的全部历史；另一方面，构成其人性基础的"本质意志"又具有超历史的性质，它是从历史中提取出来的共同体精神，最终要化育当下人心。② 在此后的大量文献里，滕尼斯始终在做反省和澄清的工作，指出共同体学说并非完结于历史动力学的考察或得出社会悲观主义的结论，而是诊治现代社会危机的理论基础，是从

---

① Ferdinand Tönnies, "Die Krisis des englischen Staatswesens", in *Schriften zur Staatswissenschaft*, hrg. Rolf Fechner, Wien: Profil Verlag, 2010, SS. 17 - 25.

② 无可否认，这部著作多少因为给人造成的强烈古今二元论的印象，遮蔽了作者在前言里期许的"辩证论"社会学说的目标。后文将细致地处理滕尼斯的辩证论，这里仅在于点出问题和模糊的地方。

教化人心直到制度改革的伦理安排①。

作为滕尼斯的核心文本，《共同体与社会》的意图不仅在于揭示从自然共同体的瓦解到现代社会的形成过程，给予社会学基本历史意识以及科学研究的起点，而且指引我们同现实对话，充分展开关于现代人性和制度的思考，进而重返历史的视域，探寻构建精神共同体的可能性。由此出发，滕尼斯一生的理论思考和实践活动，可以说都是围绕弥合社会与共同体、科学与伦理之间的矛盾展开的。1892 年以来，滕尼斯领导成立的"德国伦理文化学会"（Deutsche Gesellschaft für ethische Kultur）以"伦理文化"为名，广泛地开展了社会和政治改革运动，影响深远，它囊括从家庭改革、自杀和犯罪控制、劳资冲突、高校改革、学者团体构建、公共意见引导直到政党制和议会改革等一系列领域，到了魏玛时代，伦理文化改革更是同如火如荼地开展的劳动合作社运动交织到一起，寻求为民主制提供坚实的社会基础。

2. 伦理的担当者及其教化

从滕尼斯社会学的格局与它指向的伦理意图来看，将滕尼斯称作 19 世纪末的黑格尔一点也不为过。事实上，在多次论及《共同体与社会》的理论定位时，滕尼斯毫不讳言它就是科学时代的《法哲学原理》②，在黑格尔和他之间相隔的半个世纪里，等级瓦解、传统宗法制度退出历史舞台、资本和行政的力量无孔不入，马克思和尼采的批判已然昭示过往文明的虚妄，而滕尼斯则是要在充满怀疑和

①　如 Ferdinand Tönnies, *Gemeinschaft und Gesellschaft. Grundbegriffe der reine Soziologie*, Darmstadt: Wissenschaftliche Buchgesellschaft, 1979, S. XXXIV, SS. XXXVII – XXXVIII; Ferdinand Tönnies, "Eutin", in *Die Philosophie der gegenwart in Selbstdarstellungen Band Ⅲ*, Herausgegeben von Dr. Raymund Schmidt, Leipzig: Verlag von Felix Meiner, 1922, S. 230.

②　参见 Ferdinand Tönnies, "The Development of Sociology in Germany in the Nineteenth Century", in *Ferdinand Tönnies on Social Ideas and Ideologie*, ed. and trans. E. G. Jacoby, New York: Haper&Rowe, 1974; Ferdinand Tönnies, "Neuere Philosophie der Geschichte: Hegel, Marx, Comte", in *karl Marx. Leben und Lehre*, hrg. Arno Bammé, Wien: Profil Verlag, 2013, SS. 199 – 215.

虚无感的废墟上，做黑格尔式的建设工作，重塑德意志民族的伦理生活，让它再度变得年轻、再度充满对传统的脉脉温情和对未来的希望。

在《法哲学原理》里，黑格尔的伦理顶峰是自然的国王，它代表着伦理实体的绝对统一，故而他要将国王的肉身精神化，将处于等级制秩序中的容克地主精神化①。但是经过马克思的理论颠倒，并亲身见证从"文化斗争"到《反社会党人法》颁布以来的现实政治危机，滕尼斯在内心中已无数次地杀死了普鲁士的自然君主②，然而他无法根除的理论关怀，却是黑格尔笔下从个体发展到同业公会的伦理精神史想象，问题在于：如何在时代的条件里重新理解从个体的成长到自觉的共同生活的历程呢？如何激活伦理的历史与当下的联系呢？如何将这个联系以社会改革的方式实现呢？如何以这个生成的过程构筑新的政制（Politeia），取代黑格尔说的伦理国家甚至世界历史呢？

这些问题指引我们回溯到滕尼斯心中的伦理担当者——德意志人的"集会"（Versammlung）生活。③ 集会是贯穿滕尼斯社会学始终的意象，从这一理论起点来讲，他也已经逾越了黑格尔那里的抽象个体及其道德立法的状态，而站在纯然伦理世界里。首先，"集会"是一个历史性的概念，无论他笔下的共同体还是社会，都是集会的不同表象，从时间上讲，集会涵盖了从古典时代的希腊罗马的公民集会、到罗马后期日耳曼人的部落会议、到中世纪的领主和教区会议再到近代德意志邦联会议的全部历史；从空间上讲，从德意

---

① ［德］黑格尔：《法哲学原理》，范扬、张企泰译，商务印书馆1979年版，第292页。

② Ferdinand Tönnies und Friedrich Paulsen, *Briefwechsel 1876 – 1908*, Herausgegeben von Olaf Klose, E. G. Jacoby, Irma Fischer, Kiel：Ferdinand Hirt, 1961, SS. 51 – 52.

③ "集会"或"原始集会"（Urversammlung）是贯穿滕尼斯社会理论始终的意象，从霍布斯研究开始，他已经着眼于从自然状态向政治状态过渡的中间环节——原始集会，此后，他的《共同体与社会》则致力于从心理、经济、法权等领域不断充实集会概念，到了他晚年关于民主制与议会制的辩论文章里，这个主题一再重提。

志人的家庭、村庄、市镇、教区、邦国再到联邦的一轮轮延展，无不渗透着质朴的自由精神。[①] 更重要的，在滕尼斯这里，集会的想象并不止于还原特定的历史现象，毋宁说，它是一个理想类型（Idealtyp），是伦理教化的承载者，是从自然之族（Volk）向精神之民（Nation）转化的载体，转化的过程实际上意味着个人对"集会"更清晰亦更深刻的表象。毫不夸张地说，"集会"在滕尼斯理论体系中的位置，相当于"我思"在笛卡尔的沉思或"人格"在霍布斯的自然法中的位置。

在滕尼斯和黑格尔之间，不仅伦理的担当者不同，而且伦理教化的方式也判然有别，黑格尔的教化学说无疑是近代主体哲学的最高峰，他强调主体遵循概念的运动、通过自我否定的方式成就普遍性，这一思维本质上植根于基督教传统[②]。滕尼斯开辟的社会学传统则不然，它的诞生即是对主体哲学及其基督教根子的破解，社会学的经验取向将个体视作活生生地处于当下境地里的人，他观看和理解世界，以比较的逻辑生成更丰富的人格结构。社会学能够形成这种成熟的思维方式，离不开历史学、人类学对主体哲学的预先批判工作，而这一转化的聚焦所在就是民族的伦理教化[③]。

同黑格尔的主体哲学诉诸基督教传统不一样，由温克尔曼（Johann Joachim Winckelmann）开辟的古典学视野转向了古希腊，尤其古希腊的艺术，在自然性中发现人性之美，此后，德国的历史学与人类学充分发展起来，滕尼斯推崇的席勒和洪堡的文明比较研究就

①　Ferdinand Tönnies, "Die Lehre von den Volksversammlungen und die Urversammlung in Hobbes' Leviathan", in in *Schriften zur Staatswissenschaft*, hrg. Rolf Fechner, Wien: Profil Verlag, 2010, SS. 461 – 474.

②　在《精神现象学》里，黑格尔的"教化"（Bildung）概念起源于基督教的精神自我异化，进一步追溯的话，这又是斯多葛的现实世界与彼岸世界分离意识的产物。

③　按照滕尼斯本人的定位，19 世纪社会学的发展经历了从哲学阶段向历史阶段的转折。Ferdinand Tönnies, "The Development of Sociology in Germany in the Nineteenth Century", in *Ferdinand Tönnies on Social Ideas and Ideologie*, ed. and trans. E. G. Jacoby, New York: Haper&Rowe, 1974.

是典型的例子①，他们关心审美教育，关心现代人的个性如何展开更丰富、更深刻的面貌，因而文明比较和历史研究就非常重要，比如洪堡从对同时代德法文明的比较研究返回到对德意志民族性的再定位，以古希腊历史研究包括对人种、文字、宗教、风俗到政治制度的全部历史现象的研究，启示现代教化，探讨身体教育、身心平衡、古代宗教与风俗在现代教育中的作用，最终成就现代人的大全人格。② 从主体哲学的教化到历史学、人类学的教化的转折是滕尼斯伦理社会学的思想史前提。

不过，相比于哲学和历史的教化时代，滕尼斯所处的科学时代的境况更复杂，最突出的莫过于商业和资本带来的挑战，经济事实与效果如今变得格外重要，他既需要为经济生活的自由给予充分的空间，又要意识到它的限度，不让经济的恶性效果刺激出左与右的极端意识形态，毁灭人心和传统文化的珍贵价值。对他而言，面对如此复杂多变的时代，社会学要致力于安顿从个人到国家的诸社会环节，它又不啻一场自我教化和教化"同道"的冒险，滕尼斯曾多次谈到，自己为时代新人写作，他们既非故步自封、贪婪自私的有产者，也非赤贫无依、终日幻想革命的无产者，而是超越阶级限定的、富有谅解精神和深刻心灵的人，他们是未来理想的社会生活的主体。③

五　论题与篇章结构

有鉴于上述讨论，本书尝试回答这样的问题：在传统与现代的

① Ferdinand Tönnies, "Schiller als Zeitbürger und Politiker", in *Ferdinand Tönnies Gesamtausgabe Band* 7, Berlin: Walter de Gruyter, 2009.

② 张巍卓：《教化与自由——精神科学视域中的洪堡教育思想及其人性论基础》，《北京大学教育评论》2017 年第 3 期。

③ 关于"新人"的说法，可参见 Ferdinand Tönnies, *Der Nietzsche – Kultus. Eine Kritik*, hrg. Arno Bammé, Wien: Profil Verlag, 2012; Ferdinand Tönnies, *Marx. Leben und Lehre*, hrg. Arno Bammé, Wien: Profil Verlag, 2013.

交织碰撞中，滕尼斯的社会学如何化解冲突，构建新的民族伦理精神？为此，我们将依此从下面三个分问题着手考察：第一，滕尼斯如何理解现代人性及其规范？第二，现代人性和规范的限度是什么？第三，滕尼斯如何返回历史视野、激活民族传统，启发现代伦理教化？

本书将以滕尼斯的思想史与是社会学著作为基础，重构其思想体系，尤其围绕他的两部核心文本《霍布斯的生平与学说》与《共同体与社会》展开。作为哲学史研究出身的学者，滕尼斯关于现代性的总体判断，离不开对现代思想脉络的整体把握，而他对思想史独特理解和体悟，本身也成为其社会学思想的依据。

全书分为上下两篇，上篇立足于滕尼斯对霍布斯生平与学说的研究，从现代理想行动者的形象和科学观念体系两个方面，展现滕尼斯眼中的现代性的要义，上篇致力于回答我们提出的第一个分问题，即滕尼斯如何理解现代人性及其规范。这一部分共分为四章：

第一章将追溯霍布斯研究前史，着力从英、法、德三个民族的知识分子视角考察他们对霍布斯的态度以及同各自文明历史的关系，进而指出滕尼斯面对德国 19 世纪末的自由派与保守派的冲突，从霍布斯研究综合英、法、德的现代文明进路，唤起大众启蒙。

第二章将滕尼斯的研究置于新康德主义的思想史背景，指出滕尼斯开辟的以性格学与行动论为取向的社会科学方法论，继而详细阐释滕尼斯笔下的霍布斯的生命史，勾勒出一幅拥有生活智慧、以言行事的鲜活现代理想行动者的图像。

第三章试图定位滕尼斯的大众启蒙方案，我们以魏玛民主的危机时刻为切入点，将滕尼斯的霍布斯研究同施米特、施特劳斯的研究做比较，指出从施米特的政治神学到施特劳斯的人文主义的解读，何以"曲解"了霍布斯，误读了滕尼斯的社会科学以及他对于现代伦理追问的要害。

第四章将详细考察滕尼斯对霍布斯学说体系的解读文本。笔者指出，滕尼斯敏锐地看到，霍布斯开辟出了一条有别于笛卡尔"我思"传统的现代思想道路，即以身心结合的感觉为起点，人从感知自我出发逐步由模糊到清晰地表象社会体，由此进一步地激发出理性能力，建构人造人格。在霍布斯的自然状态与政治状态之间，滕尼斯创造性地发现了社会体的存在，为他探索共同体理论打开了大门。

承接上篇的论述，本书的下篇将考察滕尼斯共同体学说的发生史、伦理理念与现实化图景。从他的斯宾诺莎研究到马克思研究再到尼采研究，滕尼斯一步步地触摸到现代人性的限度，进而开辟出新的整体世界观，探究其具体的内容，到此我们回答了第二个分问题，即现代人性和规范的限度是什么；《共同体与社会》正是他的思想史研究绽出的花朵，我们将以第三个分问题为引导，考察滕尼斯如何基于现代社会条件，重解日耳曼民族的历史，确定共同体理念的伦理意涵和教化的方向。这一部分共分为五章：

第五章将从滕尼斯的霍布斯研究过渡到他的斯宾诺莎研究，后者乃对前者的推进，一方面，斯宾诺莎继承了霍布斯的感觉或激情的人性设定，并将此发展为一套身心合一的意志论学说；另一方面，斯宾诺莎转换了霍布斯的自然法视域，从个体视角转向整体视角，在滕尼斯看来，斯宾诺莎强调个体意志对社会意志的必然的依附关系，道出了"社会条件"观念的先声。

第六章将视线拉回滕尼斯身处的 19 世纪，基于他的马克思研究文本，考察他对现代社会制度及其局限性的理解。滕尼斯认为马克思是斯宾诺莎整体世界观的践行者，其首要发现就是资本主义生产关系作为社会条件的唯一内容。本章首先讨论了 19 世纪社会问题以及"社会"观念的诞生；接着，我们立足于滕尼斯对马克思剩余价值学说的阐释，指明资本压迫劳动的铁律打破了此前自由主义的均衡想象；不过，马克思仅仅看到生产领域而忽视交换领域、呼吁革命而轻视道德教化的做法无法令人满意，滕尼斯从伦理重新界定社会条件。

第七章将讨论滕尼斯对另一位同时代人，即尼采思想的解读。

尼采早期作品里关于古代和现代的"并行主义"的洞察，将古人丰饶的生命带入现代人的视界，使滕尼斯意识到被现代科学遮蔽的古代艺术与伦理可启示现代生活；但与此同时，滕尼斯断然拒绝后期尼采否定道德、推崇自然等级制的态度，而选择回溯日耳曼民族的历史，从民族历史中寻求重塑现代伦理生活的契机。

第八章将论述基尔克（Otto von Gierke）的合作社理论。基尔克对德意志合作社的历史图景及其精神气质的详细阐释，为滕尼斯的共同体理论提供了对话的历史原型，但共同体理论又是对合作社理论的反思和超越，作为保守主义者，基尔克追溯的日耳曼历史的本质是父权，而滕尼斯基于大众民主时代的考量，试图为日耳曼历史找到新的本原。

第九章将详细阐释共同体理论的两个并行维度，第一是历史性（Geschichtlichkeit）维度，受同时代母权论的启发，滕尼斯冲破了日耳曼父权制的既定前提，将共同体的生成追溯到从罗马帝国后期到中世纪前期、从母系社会向父权社会过渡的历史，母性寓示的自然契合构成了共同体的新精神基础；与历史性维度相伴的第二个维度是教化（Bildung），对滕尼斯来说，从母性到父权的转变不仅是日耳曼民族的历史哲学，更是从历史而来的共同体中人的成长逻辑，从初始的自然契合状态，慢慢经习惯形成秩序意识，直到精神的成熟，自由缔结精神的共同体。此后，滕尼斯将共同体的理念运用于现时代的社会改革，从家庭、大众学校到议会民主制的重塑，每一个环节都包容了现代人自由与发展的需要，最终指向的是他心中理想的社会民主制图景。

上　篇

行动者：霍布斯与现代理想
世界的诞生

滕尼斯的学术生命始于对英国哲学家托马斯·霍布斯（Thomas Hobbes，1588—1679）的生平与思想的研究。19 世纪 70 年代末，经业师、新康德主义者泡尔生的指引，刚刚获得古典哲学博士学位的滕尼斯便着手细致地研读前康德时代的哲学，尤其以霍布斯为核心，整理他的文献、爬梳他的学说①。滕尼斯既是霍布斯研究的奠基者，他对现代世界的透彻感受亦源自霍布斯的学说。

---

① Ferdinand Tönnies und Friedrich Paulsen, *Briefwechsel 1876 – 1908*, Herausgegeben von Olaf Klose, E. G. Jacoby, Irma Fischer, Kiel：Ferdinand Hirt, 1961, S. 11.

第 一 章

发现霍布斯

如果二十世纪想要在哲学上获得某些成就的话，那么就必须让霍布斯的思想种子发育出来。①

——滕尼斯

在滕尼斯的研究之前，从霍布斯逝世直到 19 世纪下半叶的长达两个世纪的时间里，"霍布斯"的形象在学界一直讳莫如深，更不用说其思想得到了系统的发掘和整理，他的人格、他的生活隐藏在由"自然状态"和"利维坦"引起的强烈感官震撼里②，一面是自然状态呈现的激情的人性学说以及人人为敌的悲惨处境；另一面则是《圣经·旧约》里的海怪"利维坦"影射的至高的国家权力，令他在自私、厌世、专制的声名下闻名于世，备受诟病，可能没有哪位近代哲人像他的人生那般，蕴含着无穷无尽的矛盾和争讼，在不同的历史时期、不同的民族文化传统里，"霍布斯"象征着迥然有别的理论与实践含义，同样，他的形象和学说深深地融入每个民族文化

---

① "Wenn das 20. Jahrhundert philosophischen etwas leisten will，so wird es diese Keime entfalten müssen." 引自 Ferdinand Tönnies，*Thomas Hobbes. Leben und Lehre*，Stuttgart：Friedrich Frommann Verlag，1975，S. 276.

② 关于利维坦的形象极其神话学基础，可参见［德］施米特《霍布斯国家学说中的利维坦》，应星、朱雁冰译，华东师范大学出版社 2008 年版，第 41—50 页。

演进的光谱之中。

第一节　霍布斯研究的前史

霍布斯生前便处在科学、政治与信仰冲突的中心，他所秉持的几何学的科学观、主权绝对归于君主、教会隶属于世俗主权者的原则，令他长期同皇家科学院中的主流科学家、议会派和教会人士交恶，背负骂名甚至遭受人身攻击，被打上了傲慢、偏执、不信神的烙印①。

霍布斯的机械论在后世掩盖在笛卡尔和牛顿的物理学光环之下，而他的激进的感觉论心理学、悲观的人性论则消解在18世纪普遍乐观的幸福主义（Eudämonismus）氛围里②。在英国，洛克以降的道德哲学家不断在缓和霍布斯的心理学，以节制的、同情的美德调节人与财产、人与人之间的紧张状态；贝克莱则完全面向人的心灵世界，去回应霍布斯的激情学说，尽管他继承了霍布斯的唯名论与感觉主义，却彻底斩断了它们同物质的关系，将唯灵论形而上学推到极端，阻隔了由激情直接引致的现实战争状态。他们的思想汇入18世纪的启蒙主义思潮里，休谟提出的俗人的健全理性和习惯的道德，沙夫茨伯里发展出向着神和宇宙秩序的崇高热情，共同塑造了英国绅士乐观的、合群的生活品格。

在法国，霍布斯则呈现为完全不一样的面貌，他生前在巴黎的科学活动（1640—1651）为法国留下了珍贵的思想遗产。直到18世

---

①　典型如罗伯特·胡克的判断，关于霍布斯同瓦利斯、波义尔的争论以及他同教会的纠纷，参见［美］马尔蒂尼《霍布斯》，王军伟译，华夏出版社2015年版，第18—23页。

②　这里关于霍布斯学说的效果史的讲法，参照了滕尼斯本人的一些观点。Ferdinand Tönnies, *Thomas Hobbes. Leben und Lehre*, Stuttgart: Friedrich Frommann Verlag, 1975, SS. 271–276.

纪，笛卡尔主义（唯理论—唯灵主义）与伽桑狄主义（感觉主义—机械论）之间的争执一直是法国哲学界最持续讨论的议题①，它不仅关系到如何理解现代自然世界的本质和人的理性能力，而且涉及信仰与理性之间的关系，因而构成了法国启蒙的核心内容②。霍布斯此前既参与其中，又因为他的机械论自然哲学同伽桑狄一致，故而受到唯物主义者和百科全书派的欢迎，对他们来说，霍布斯的学说就是以自然解释人的灵魂过程的典范。霍尔巴赫（Baron d'Holbach）将霍布斯的《论人》（*De Homine*）翻译成了法文，拉·梅特里（La Mettrie）的《人是机器》复制了《利维坦》引言里著名的"人造人"的譬喻，霍布斯的声名则在狄德罗那儿到达顶峰，他视"霍布斯主义"（Hobbisme）道出了最有力的人性观点③。

伴随着欧洲主要民族国家的构建进程，霍布斯人格和思想的多重面向凝聚成为强烈的政治隐喻。在经典的自然法作家笔下，关于霍布斯的后世定位形成了明显的意见分殊，它们亦孕育出不同的实

---

①　在滕尼斯看来，法国 18 世纪学术和政治问题的发声口，离不开"大学"这一机构。这可以追溯到索邦神学院的"四艺"教学体系及其悠久的历史传统，然而更重要的事实在于：自 17 世纪以来，黎塞留政府大力支持科学和艺术的发展，巴黎遂成为世界学术中心，索邦神学院培养的哲学家充当了近代法国哲学的主力，他们的生活、学术的交流同样围绕学院展开。滕尼斯在霍布斯的传记里鲜活地展现了这一点，同霍布斯密切交往的梅塞纳、伽桑狄等人都是大学体系的参与者和主导者。

②　滕尼斯认为法国启蒙精神明确地凝聚在伏尔泰身上，最终为康德铺平了道路。在唯物主义和百科全书派之前，伏尔泰讲出了启蒙的核心任务，即"使信仰变成理性，使理性成为信仰"。故而法国启蒙同样是 18 世纪的乐观主义大潮的组成部分。Ferdinand Tönnies, *Thomas Hobbes. Leben und Lehre*, Stuttgart：Friedrich Frommann Verlag, 1975, S. 271.

③　在 18 世纪的法国，狄德罗是第一位重新检视霍布斯的"臭名昭著"的学说、并将之重新带入公众视野的学者。他曾言自己是偏爱悖论式的学者（a man of paradox），而霍布斯恰恰满足了自己的喜好。在《百科全书》的"霍布斯主义"（Hobbisme）词条里，他试图透过霍布斯的学说从正面还原真正的霍布斯："一位绅士、一位忠于国王的贵族，一位积极的公民，一个简单、正直、公正而仁慈的人。"特别值得注意的是，狄德罗有意在霍布斯同卢梭的人性论之间达成调和。参见 Denis Diderot, *Political Writings*, ed. John Hope Mason and Robert Wokler, Cambridge University Press, 1992, pp. 27 – 29.

践效果：在英国，洛克以及苏格兰启蒙思想家接受私人状态这一理论起点，却逐步消解霍布斯由此营造的人人为敌的恐怖景象，他们将劳动、商业社会，将与之相应的个体的节制、同情的美德视作私人同国家之间的中介，化解战争状态的悲惨境况，克制利维坦的暴力，构筑英国的自由主义的共和国体制①；在法国，18 世纪以来，教会同王权的矛盾使理性与信仰的斗争越发激烈，路易十四的集权引起的君主同贵族的冲突、等级制的重构以及一系列连锁的民情反应加剧了政治形势的紧张，当旧贵族被剥夺了政治参与权乃至政治的意志，资产阶级新贵族和人民直接面对君主，他们不再有身处等级制结构之内时的敬畏之心，对君主意志不满时，便会宣泄革命的怒火。在这样的条件下，正如孔德所说，霍布斯对于法国人而言就是"真正的革命之父"，他的学说释放出最激进的现代政治力量：首先，百科全书派哲学家透过霍布斯的无神论和机械论的思想找到批判神学和神权政治的武器；进一步地，卢梭将宗教的批判推向政治的批判，尽管他将霍布斯当作批判的靶子，视霍布斯（同时还有格劳秀斯）为鼓吹"牧人吃掉群羊"原则的彻底的专制主义者②，然而他延续了霍布斯的思维模式，将后者的国家学说改造为人民主权的思想，唤起了人民创立主权、自我治理的行动力量，为法国大革命点燃了暴烈的火焰。霍布斯如此震慑着革命的时代，他的名字就像一个可怕的幽灵在徘徊。

相较于英国人赋予的"极端论者"和法国人赋予的"革命之父"的称谓，在分裂的德意志诸邦，"霍布斯"的形象则纠缠在路德教与封建制的"神圣同盟"氛围里。就在霍布斯去世一年后

①　[英]洛克：《政府论》下，叶启芳、瞿菊农译，商务印书馆 1996 年版；C. B. Macpherson, *The Political Theory of Possessive Individualism*, Oxford University Press, 1962.

②　[法]卢梭：《社会契约论》，何兆武译，商务印书馆 2005 年版，第 6—7、12、17 页。

（1680 年），新教学府基尔大学①成为德意志地区声讨霍布斯的中心，这既源于它深厚的路德教信仰传统，也源于它身处北欧和西欧的交界地带，作为过去汉萨同盟的成员，英国和荷兰的自由思想在此汇聚、同路德教传统相互作用，时任基尔大学校长的克里斯蒂安·柯特霍特（Christian Kortholt）在一本著名的小册子《论三个大骗子》（*De Tribus Impostoribus Magnis*）②里，将赫伯特·彻伯里勋爵、霍布斯和斯宾诺莎称作"三个大骗子"，在他看来，尽管霍布斯的学说同路德教神学有亲合之处，然而霍布斯走得太远，以至于刨去了基督教信仰的根基。

　　德意志新教传统对霍布斯无神论的批评，多少源于后者构建政治的动力，建立在世俗性的"惧怕"激情的基础上，为了克服这种危险的无神论、克服可怕的激情状态，莱布尼茨提出了单子论，在个体的意识世界里重新构建个体同上帝的统一③；古德林（Nicolaus Gundling）继而普芬道夫则在自然法的领域重解霍布斯的"自然状

---

　　①　Mastnak 提醒我们注意，在滕尼斯从事霍布斯研究之前，基尔就已经成为德意志地区关于霍布斯的舆论中心。在基尔工作和学习的滕尼斯受到这一传统的影响，而他早年开始整理霍布斯的文献也是立足于基尔大学图书馆资源。参见 Tomaž Mastnak，"Hobbes in Kiel，1938：From Ferdinand Tönnies to Carl Schmitt"，in *History of European Ideas*，2014：41（7），p. 2. Ferdinand Tönnies und Friedrich Paulsen，*Briefwechsel* 1876 – 1908，Herausgegeben von Olaf Klose，E. G. Jacoby，Irma Fischer，Kiel：Ferdinand Hirt，1961，S. 16.

　　②　在德意志的学术语境里，Kortholt 的这本小册子具有非常重要的意义，可以说奠定了德国学界对霍布斯的基本态度。滕尼斯回顾霍布斯在后世的历史遭遇时，将它置于首当其冲的位置。参见 Ferdinand Tönnies，"Hobbes und Spinoza"，in *Studien zur Philosophie und Gesellschaftslehre im* 17 *Jahrhundert*，Herausgegeben von E. G. Jacoby，Stuttgart：Friedrich Frommann Verlag，1975，SS. 293 – 295.

　　③　谈及霍布斯在德语思想界的后世影响时，滕尼斯从肯定的一面指出了莱布尼茨接受的霍布斯学说的理性主义的前提，并且延续到了沃尔夫和后来的德国唯心论者的理论体系里，他于 1886 年的英国之行时曾发现了莱布尼茨 1670 年写给霍布斯的书信原文，证明了霍布斯对莱布尼茨的影响。参见 Ferdinand Tönnies，"Leibniz und Hobbes"，in *Studien zur Philosophie und Gesellschaftslehre im* 17 *Jahrhundert*，Herausgegeben von E. G. Jacoby，Stuttgart：Friedrich Frommann Verlag，1975，S. 151.

态"学说，他们将日耳曼的历史要素纳入其中，缓和了自然状态学说的激进性，为德意志邦国间的永久和平提供了可靠的理论方案。①

当法国大革命鼓动的启蒙思想传到德意志，危及德意志诸邦的政权和文化传统时，"霍布斯"作为同革命相对的绝对王权象征，其意义就凸显出来。自由派和保守派分别站在各自的立场解读、利用霍布斯的学说：1794—1795 年间，第一部《利维坦》德语译本在普鲁士名城哈勒（Halle：J. C. Hendels Verlag）诞生，译者明显要借利维坦的恐怖震慑大革命的尾随者；而自由派法学家费尔巴哈（Anselm Feuerbach）在《反霍布斯》（Anti - Hobbes，1789）一书里，将霍布斯视作最极端的专制主义者与奴隶制的鼓吹者，因而借批评霍布斯，反驳国家权力的扩张，伸张公民的权利。自由派甚至走到了极端，颠倒了他们本来的愿望，如作家弗里德里希·布赫霍茨（Friedrich Buchholz）借"新利维坦"（der neue Leviathan）之名赞颂拿破仑的自由帝国。

不过，随着拿破仑的垮台和德意志诸国的复辟，自由派从政治和学术舞台退却。德国唯心主义传统从意识内部的运动出发，对自由、保守、信仰、历史这些矛盾的要素做了充分融合。黑格尔的哲学标志着唯心主义运动的顶峰，他综合了自由派（自然状态中的私人的自由）和保守派（国家的必然性）各自的片面观点，为霍布斯赋予了明确的历史位置，霍布斯及其"利维坦"的意义确定无疑地固定下来：在由精神史支配的法哲学体系里，霍布斯被认为讲出了"健全的认识"，即个体人格是精神运动的起点，且必然地从属于社会与国家，然而他讲出来的东西不具有思辨性，他讲出来的只不过是个体由于惧怕被动地服从政府，而没有讲出个体如何主动地否定自身的抽象人格，最终成就社会和伦理国家本身，一言以蔽之，他

---

① 滕尼斯认为普芬道夫实际上在霍布斯与格劳秀斯之间做了调和，他将后者那儿的保守性的要素注入前者的自然状态理论当中。参见 Ferdinand Tönnies, *Thomas Hobbes. Leben und Lehre*, Stuttgart：Friedrich Frommann Verlag, 1975, S. 199.

呈现给读者的只是恐怖的利维坦印象①。

黑格尔之后，德国唯心主义哲学衰落。哲学与历史、哲思与信仰走向了大分裂，这可以追溯到两方面的原因：其一，在德意志观念世界的内部，哲学和信仰之间的激烈斗争再度爆发，在黑格尔生前，推崇启示的浪漫派以及谢林等人持续地对他发动攻击②，在他去世后，冲突更是凸显出来；其二，与思想的冲突相伴，19世纪中期的复辟运动、欧洲君主国的"神圣同盟"秩序的建立使德意志政治日益保守化，王朝对议会自由派的封锁，封建地主对农奴的压榨，国家对思想界的意识形态管控，这些鲜活的事实同自由理念产生了尖锐的对立。青年黑格尔派便是从黑格尔学派内部分裂出来、处于斗争旋涡中心的排头兵，他们首先站起来，用历史批判神学（大卫·施特劳斯），继而否定哲学的唯灵论（路德维希·费尔巴哈）和政治的唯灵论（马克思）。就像洛维特准确讲出的那样，他们"以对现实（经济与伦理）的存在的关切的那种最坚决的片面性和不宽容来反对黑格尔的全面性"③。

---

①　［德］黑格尔：《哲学史讲演录》第四卷，贺麟、王太庆译，商务印书馆1983年版，第157页；［德］黑格尔：《法哲学原理》，范扬、张企泰译，商务印书馆1979年版，第44—49页。

②　如谢林对黑格尔的批评在于：概念运动和展开的最初启动力不能由概念自身得出，这一动力必定要追溯到上帝或启示。参见谢林《近代哲学史》，先刚译，北京大学出版社2016年版。作为经典的马克思主义对德国近代思想史的解释，卢卡奇的《理性的毁灭》认为德国未来之所以走上非理性和集权道路，其思想的根就在于谢林晚年的神秘主义不断在后世衍生出反动的思想形态，从黑格尔到谢林正意味着德国思想的没落。参见［匈］卢卡奇《理性的毁灭》，王玖兴等译，山东人民出版社1988年版。

③　洛维特在其经典的"从黑格尔到尼采"的德国19世纪的精神史研究里指明，在黑格尔之后，德国的精神实际上分裂成两条并行的脉络：从个体的生存状态和心灵世界的角度来讲即克尔凯郭尔的存在主义，从经济、社会以及政治生活的角度上讲便是马克思的唯物史观。它们实质上都是以特殊性吞噬黑格尔理论的普遍性和大全性，不过洛维特过于集中在哲学与神学对立的视角，以至于忽略了反叛黑格尔体系者的理论出发点以及体系的意义，参见［德］洛维特《从黑格尔到尼采》，李秋零译，生活·读书·新知三联书店2006年版。

　　在消解了大全知识的"空荡的空间"①里，为了回应分裂的处境以及接踵而至的实证主义和科学主义的挑战，老年黑格尔派的哲学家着力重建哲学和历史的体系性的关联，哲学史便成了他们的首选方案，靠着批判的思维将各个时代哲学家讲出的道理贯通为统一的真理体系，他们试图找回黑格尔过去讲述的全体意义，而黑格尔关于霍布斯的形象及其思想的定位持续地左右着德国哲学家的认知：约翰·埃德曼（Johann Eduard Erdmann）和库诺·费舍尔（Kuno Fischer）两人分别写就的近代哲学史就是这一时期的代表作，前者从笛卡尔写到黑格尔，关于霍布斯的讨论则是缺席的②；后者的第十卷《弗朗西斯·培根及其学派》（*Francis Bacon und Seine Schule*，1856）则将霍布斯视作培根的经验主义哲学（Erfahrungsphilosophie）的信徒和学生。就这一点而言，费舍尔多少延续了黑格尔的判断③，即霍布斯只是依从经验归纳的方式讲述个人服从国家的心理机制，

---

①　Ferdinand Tönnies, *Gemeinschaft und Gesellschaft. Grundbegriffe der reine Soziologie*, Darmstadt：Wissenschaftliche Buchgesellschaft, 1979, S. XXVII.

②　Karli‑Heinz Ilting 在为滕尼斯的《霍布斯的生平与学说》一书写的序言里，认为埃德曼没有提及霍布斯似有错误，滕尼斯在 1878 年 2 月 7 日写给泡尔生的信里曾表示查阅了埃德曼的材料。参见 Karl‑Heinz Ilting, "Einleitung", in *Thomas Hobbes. Leben und Lehre*, Stuttgart：Friedrich Frommann Verlag, 1971, SS. 9 * ‑ 10 *；Ferdniand Tönnies und Friedrich Paulsen, *Briefwechsel* 1876‑1908, Herausgegeben von Olaf Klose, E. G. Jacoby, Irma Fischer, Kiel：Ferdinand Hirt, 1961, S. 16.

③　费舍尔和他的先驱黑格尔谈论霍布斯的学说时，多多少少切割了后者的物理学原则和政治哲学间的关联，比如在《哲学史讲演录》中讲到霍布斯的时候，黑格尔实际上点出了霍布斯的《哲学原理》三个部分（即论物体、论人、论公民）的统一性，即从特殊性中认识普遍性的理性主义的原则，然而他并不认为霍布斯真正地将他关于物体和运动的抽象原则运用到了政治的发生学和日常运作的解释，后者只是源于霍布斯（更准确地说是英国人）的那种经验的推论，参见［德］黑格尔《哲学史讲演录》第四卷，贺麟、王太庆译，商务印书馆 1983 年版，第 156—157 页。费舍尔显然默认了他的老师黑格尔的判断，在讲到霍布斯的时候，抛弃了他的物理学（形而上学）、心理学及其一以贯之的原理的讨论，认为他不过将培根所说的对自然的观察和实验用于解释政治世界，两者本质上并无差异，区别不过霍布斯更体系化地展现了这一同一的本质，参见 Kuno Fischer, *Francis Bacon und Seine Schule*, Heidelberg：Karl Winter's Universitätsbuchhandlung, 1904, S. 358.

这一态度可以追溯到培根确立的原则，甚至可以说，培根确立了近代英国人的论说和思维的品质。而在费舍尔看来，这一品质终将被真正的概念思维克服或超越，他接受的哲学史的指导思想，便是将他的老师黑格尔的辩证上升的历史观推向如拉马克等人强调的"进化"的历史。

在哲学同历史分裂的另一端，随着 20 世纪 70 年代德意志民族国家的成立，德国历史法学派迫切地要为德意志帝国奠定法理基础，他们从历史的解释着眼，试图为黑格尔所谓人的在世"伦理"（sittlich）生活寻求现实的落脚点，同谋取私利的私人状态（市民社会）的腐化和败坏的倾向、同作为个体生命和财产的单纯看护者的社会国家（Gesellschaftstaat）——典型如盎格鲁—撒克逊的国家模式——斗争，用黑格尔本人的话来讲，作为"普遍者"的伦理在社会国家里丧失掉了，存在的不过是一个个特殊的定在或环节，他们构建起来的整体不过是外部秩序，根本上仍局限于个体的偶然性。[①] 因此，历史法学派口中的"历史"，并非在做实证的考察，而是要将历史的价值讲出来，他们在日耳曼人传统的共同生活方式里找到了不竭的理论源泉，回应霍布斯以降的近代自然法思想，而霍布斯道出的自然状态背后的私人处境、政治诞生过程、其内在结构与运作方式，正好被置于德意志人伦理生活的反面。

19 世纪历史法学派的代表奥托·基尔克在《阿尔图修斯》（*Johannes Althusius und die Entwicklung der Naturrechtlichen Staatstheorie*，1880）里就将 17 世纪的德意志自然法学家阿尔图修斯视作霍布斯的对立者[②]，他对于霍布斯的实质批评在于：霍布斯的自然状态和国家

---

① ［德］黑格尔：《法哲学原理》，范扬、张企泰译，商务印书馆 1979 年版，第197—198 页。

② 意大利学者博比奥追溯霍布斯和近代自然法传统的时候，继承并推进了基尔克的洞见，他不仅将阿尔图修斯和霍布斯对峙起来，而且将阿尔图修斯的《政治学》追溯到亚里士多德。参见 Norberto Bobbio, *Thomas Hobbes and the Natural Law Tradition*, University of Chicago Press, 1993.

间存在着极为强烈的张力，作为战争状态的自然状态压根就不可能产生出有效的"自然法"，相反，只有通过人造国家颁布强制法律才能终结自然状态①。故而在自然状态这一端，让它过渡到国家，不仅必然遭遇无法跨越的鸿沟，而且这一状况根本上消解了自然人过团体生活的可能性；在国家这一端，霍布斯讲出的是主权者的绝对统治力量，而否定了其他政治团体的权利和功能。与霍布斯相对，阿尔图修斯所诉诸的现代政治的典范乃是神圣罗马帝国的封建制，即由神圣王权分封领主各自管辖各自领地、合力拱卫王权的有机形态。

从《阿尔图修斯》出发，基尔克进一步地在四卷本的《德意志合作社法》（*Das deutsche Genossenschaftsrecht*）里详细阐释了日耳曼民族历史里的各种"合作社"（例如村庄合作社、手工业行会）的法权基础以及它们的日常状态，它们是德意志人自然形成的集合体，亦是构筑多元一体的神圣罗马帝国的基本单位。在随后的讨论里，基尔克甚至扩展了黑格尔的唯心主义乃至晚期谢林的神秘主义立场，将国家的伦理性灌注到各个人类联合体与社团，它们统一到一起，被视作植根于神秘的创造性精神的有机体，最终就是要消解霍布斯自然状态里的私人状态及其斗争关系，消解由人造契约构建的至上权力：

> 外在的和内在的经验都促使我们接受能发挥作用的"联合的统一体"（Verbandseinheiten）；决定我们行动的推动力，一部分起源于渗透进我们自身之中的共同体；我们对"自我"现实存在的确切把握同样涉及我们是更高生命统一体的组成部分，即使我们不能在自己的意识里发现这个更高的统一体，并且只能间接通过共同体在我们身上的作用而得出结论，即社群的整体是一个具有肉体和精神特征的生命；因此，联合体的法就构

---

① Otto Gierke, *Johannes Althusius und die Entwicklung der Naturrechtlichen Staatstheorie*, Breslau：Verlag von M. &H. Marcus, 1929, S. 300.

成了对社群动物而言的一种生活秩序；作为这样的法中的一个大的分支，社群的法结合了宪法、成员资格、法人、机构以及自由意志行为等法的概念，它们创造了一个联合体的人格（Verbandsperson），而且这个过程并不是通过契约完成的，相反，它本身就是一种创造性的整体行动。①

以基尔克为代表的历史法学派不仅停留于理论的批判，而且希望影响现实立法和政治进程，基尔克就参与了《德国民法典》（DBG，1896）的制定。在 1888 年写成的《论民法与德意志法的草案》（*Der Entwurf eines bürgerlichen Gesetzbuchs und das deutsche Recht*，1889）里，基尔克深入批评了英法社会国家的立法原则，努力将等级制和合作社移植到现实的帝国生活世界里，并赋予它们法权人格。他直白地说："古老的、根深蒂固的自然法思维始终统治着有'学识的人们'（Gebildeten），我们法学家就是要努力地贯彻历史的步伐。"② 这里所谓"有学识的人们"指的是普鲁士等级制里的容克地主与在大学里的贵族知识分子，他们与皇帝共同地捍卫德意志式的政治自然法。

第二节　泡尔生的预见与启示

费舍尔和基尔克分别从哲学和历史两端勾勒、批判的霍布斯形象，代表了世纪末德国知识圈关于霍布斯的基本认知，故而成为滕

---

① 这段文字引述自《共同体与社会》的第二版序言，滕尼斯表述基尔克的观点时，文字有改动。Ferdinand Tönnies, *Gemeinschaft und Gesellschaft. Grundbegriffe der reine Soziologie*, Darmstadt：Wissenschaftliche Buchgesellschaft, 1979, S. XXXII. Otto Gierke, *Das Wesen der menschlichen Verbände*, Berlin：Buchdruckehei von Gustav Schade, 1902, S. 20.

② 转引自 Ferdinand Tönnies, *Thomas Hobbes. Leben und Lehre*, Stuttgart：Friedrich Frommann Verlag, 1975, S. 207.

尼斯首要的批评对象。从一开始，所谓"霍布斯研究"便不是要谈论一个孤立的哲学史话题，或者说单纯描绘一个人物的图像，而是同民族伦理生活、国家整体秩序的构建进程紧密相连，因而对霍布斯的解读，实际上关系着如何理解近代世界的精神，进而定位当下的学术使命。

在德国的语境里，"霍布斯"被视作同德意志伦理精神相对的理论形象，它包含了两个彼此交织的要素：第一个要素是"自然状态"学说的激情的人性论图景，无论观念论者还是历史主义者，无疑皆承认自然状态背后的激情心理学源于英国人的经验主义传统，它实际上消解了由向善的目的所规制的个体道德（Moral）以及民族的伦理；第二个要素则是因自然状态的困境导致的"利维坦"这一集权君主国的后果，在君主单一意志统治下，生活于其中的公民只关注自己私人的所想所得，他们没有能力主动地在自身中创造法和政治意志，而只能被动地、机械地服从君主的意志，这同样与德意志的历史传统和伦理理想背道而驰。从这个意义上讲，滕尼斯选择从事霍布斯研究，既意味着他看到了霍布斯对于当今时代的意义所在，更意味着他对近代德国乃至欧洲整体思潮的回应。

在19世纪下半叶德国大学的哲学系，费舍尔的《近代哲学史》被奉为哲学史教本的典范，他区分的"理性主义"与"经验主义"两大对立范畴主宰着时人对哲学史的认知①。1872年，滕尼斯在耶拿大学研修了费舍尔"近代哲学史"的课程，第一次听到了哲学家

① 就此而言，费舍尔并非典型的黑格尔派，他同样是一位康德主义者，比如Beiser就将他称作"康德主义的黑格尔"或"黑格尔主义的康德"。费舍尔写作哲学史的思想框架遵循着康德的"经验主义"和"理性主义"的标准，他在《康德传》里喊出的"回到康德"的口号亦被视作新康德主义的宣言，文德尔班作为他的学生以及他在海德堡大学哲学教席的继任者，延续了他的哲学史思路。关于费舍尔的黑格尔主义和康德主义，可参见 Friedrick Beiser, *The Genesis of Neo-Kantianism*, 1796–1880, Oxford University Press, 2014, pp. 221–254.

"霍布斯"的名字①，不过直到遇见泡尔生（Friedrich Paulsen），他才对霍布斯有了特别的重视。1875—1876 年，滕尼斯在柏林大学进修了泡尔生的"康德的《纯粹理性批判》"和"认识论"的课程，并因同乡之谊以及相互间的人格吸引而成为挚友②，泡尔生是滕尼斯学术的指引人，正是他引领滕尼斯从古典学转向近代哲学、转向更直接地贴近现实处境的社会科学与国家学（Staatswissenschaft），也是他促使滕尼斯发现了霍布斯，鼓励后者以霍布斯研究作为终身的志业。③

要讨论滕尼斯的霍布斯研究初衷，就不能不首先提泡尔生对近代哲学史的天才般的洞见力及其对滕尼斯的影响。在此，泡尔生的看法所代表的，并非某一位思想家的所思所想，而是浓缩在他身上的整个德国学术思潮的变化，只有澄清了这一点，我们才能理解滕尼斯的霍布斯研究的现实契机与问题意识。

在泡尔生接受哲学教育、从事哲学事业之时，德国哲学的外在环境变得极其复杂：经济发展、技术进步、政治官僚化推动着国家机器高速运转，教育的功利化促使实证主义和自然科学愈发侵入哲学领地，科学主义、机械论、进化论的世界观越来越在德国人的心中扎下根来，它们侵蚀着朴素的精神以及过去德国哲学的辩证理性、向善的道德冲动。此刻，哲学家必须做出选择，要么全盘接受科学

---

① Ferdinand Tönnies, "Eutin", in *Die Philosophie der gegenwart in Selbstdarstellungen Band* Ⅲ, Herausgegeben von Dr. Raymund Schmidt, Leipzig: Verlag von Felix Meiner, 1922, S. 202. ［德］乌韦·卡斯滕斯：《滕尼斯传：佛里斯兰人与世界公民》，林荣远译，北京大学出版社 2010 年版，第 49 页。

② Bond 非常贴切地将两者称作"彼此调和的偶像破坏者"（conciliatory iconoclasts），关于两者间性格和关系的详细讨论，可参见 Niall Bond, "Ferdinand Tönnies and Friedrich Paulsen: Conciliatory Iconoclasts", in *Understanding Ferdinand Tönnies' "Community and Society"*, Münster: LIT Verlag, 2013, pp. 81 – 106.

③ Ferdinand Tönnies, "Eutin", in *Die Philosophie der gegenwart in Selbstdarstellungen Band* Ⅲ, Herausgegeben von Dr. Raymund Schmidt, Leipzig: Verlag von Felix Meiner, 1922, S. 207.

主义和机械论，要么完全拒绝它们，要么在哲学的科学与技术的科学之间做区别、做调和；与此相应，技术越主宰人越是直接而霸道地规制人的生活，悲观主义作为强烈的对抗力量也愈发赢得人心，世纪末正是叔本华的悲观主义、瓦格纳的悲怆之音，哈特曼的无意识哲学、尼采的价值重估与永恒轮回奏响时代强音的阶段。

　　作为受到"回到康德"之精神感召的年轻一代哲学家，泡尔生多少和他的同侪狄尔泰、冯特、文德尔班一样，以康德哲学为指引，探寻人心的内在构造①，尽管各自理论的具体展开方式和价值偏向有别，但他们都试图调和科学与哲学、历史、文化之间的对立，提供审慎的方案。

　　以康德哲学为起点，进而从他的认识学说、道德学说上溯到 18 世纪的启蒙哲学②，泡尔生非常敏锐地把握到一条贯穿近代哲学的主线即意志论（Voluntarismus）。不过需要指出的是，泡尔生之所以能看到这一点，离不开他对自我宣称为"真正康德主义者"的叔本华的好感，正是叔本华如此彻底而清楚地将康德的"物自体"表述为

---

　　①　泡尔生早年受教育的经历，投射出了当时德国哲学复杂的气氛。他一开始在埃尔兰根大学接受神学教育并决定将来做一位牧师，然而当他来到柏林大学学习，哲学系掌舵人弗里德里希·特伦德伦堡（Friedrich Trendelenburg）讲授的亚里士多德的哲学令他震撼，与他的心切近，使他从神学转向了哲学，尤其是心理学的哲学学说。特伦德伦堡在当时以反黑格尔著称，他试图用柏拉图—亚里士多德的理念学说和分析的方法改造观念论。参见 Friedrich Paulsen, *Aus meinem Leben. Jugenderinnerungen*, Berlin：Michael Holzinger, 2013, SS. 138 – 173.

　　②　在 1876—1880 年间写给滕尼斯的信里，泡尔生讲述了自己的写作计划以及在柏林大学的授课内容，主要围绕的主题即 18 世纪的经典启蒙哲学家，他计划写作一部关于近代哲学心理学、哲学人类学的作品以及讨论宗教与文化之间关系的著作，他在 1876 年冬季学期开设了"休谟的《人类理智研究》"课程，在 1877 年开设了"霍布斯的《论公民》"课程等。必须要指出，泡尔生也正是在不断地研究启蒙哲学的人学基础上，确定投身教育学研究和教育实践的事业的。Ferdinand Tönnies und Friedrich Paulsen, *Briefwechsel 1876 – 1908*, Herausgegeben von Olaf Klose, E. G. Jacoby, Irma Fischer, Kiel：Ferdinand Hirt, 1961, S. 4, S. 10.

生命的赤裸裸的意志①，为他打开了意志论谱系的探照灯，在一封写给滕尼斯的信里（1877 年 12 月 30 日，柏林），他如此谈论近代哲学的意志论谱系：

> 霍布斯、笛卡尔、斯宾诺莎对我而言是无法穷尽的主题。如果有机会的话，我非常想写一篇关于"近代哲学中的心理学的人类学（psychischen Anthropologie）的开端"的论文，霍布斯的《论人性》、笛卡尔的《论灵魂》、斯宾诺莎的《伦理学》构成了最有意思的材料。在我们这儿（德国哲学家），相较于其他学者，叔本华已经预先从这些近代作家那里发展出了绝对的生命意志学说，即在动物王国里，绝对的生命意志统治着（conatus se ipsum conservandi［保全自我］）。从霍布斯开始，这种认识萌发起来，在斯宾诺莎那里，它发展成为体系，这一认识要揭示的道理在于：善与恶（bonum et malum）是通过意志（Wille）而非通过表象（Vorstellung）② 确定的。整个激情学说（Affektenlehre）指向的都是这一道理。我倾向于将整个现代哲学视作本质上一致的全体，尽管很多人会将德国的反动哲学即浪漫主义者的哲学（从费希特起）摆在另一边。我可以说：自 16 世纪以来，无论就其手段还是目标而言，整个哲学在很大程度上都沿着同一条轨道发展。我们不能忘记，霍布斯、笛卡尔、斯宾诺莎以及更晚一些的休谟才是我们的经典作家，康德并不是。这就是我对哲学史的看法。③

---

① Friedrich Paulsen, *Schopenhauer Hamlet Mephistopheles. Drei Aufsätze zur Naturgeschichte des Pessimismus*, Stuttgart und Berlin: Cotta'sche Buchhandlung Nachfolger, 1901.

② 这里谈的"意志"与"表象"的对立，实际上遵循了叔本华在《作为意志与表象的世界》那儿的分类，表象指的是呈现在主体面前的任何现象和观念，而意志则是源于主体自身的感觉或冲动。

③ Ferdinand Tönnies und Friedrich Paulsen, *Briefwechsel 1876 – 1908*, Herausgegeben von Olaf Klose, E. G. Jacoby, Irma Fischer, Kiel: Ferdinand Hirt, 1961, S. 9.

在此，透过当代哲人叔本华的棱镜折射，泡尔生第一次看到了霍布斯完全不同于以往见解的重要性，这植根于他关乎近代哲学意涵的两重判断：第一，意志优先于理智；第二，近代哲学的任务是用心理学（Psychologie）和人类学（Anthropologie）交互的方式将人的意志的具体形态及其行动的关系讲出来，将作为人的意志对象的世界图景展现出来：

> 我们的哲学必然要是人类中心主义的（Anthropozentrisch），即人是解释者、是最重要的解释对象，最终是解释世界的最本质的工具（仅仅在于我们看事物是从内部看的，而自然科学只是从外部看待事物）。①

从心理学和人类学（更准确地说是人类中心主义）的观点重新聚焦哲学，霍布斯不仅道出人的意志优先性这一点，因而彻底瓦解了古代伦理学的至善目的论，而且相对应地讲述了由意志心理学决定的人类生活世界，展现了他们的想象、情感、行动、关系以至社会和政治的具体图景，故而霍布斯应当被视作近代哲学的第一人。泡尔生甚至多少有些粗暴地断言，霍布斯对近代哲学的重要性并不亚于柏拉图对古代哲学的重要性，而且他和柏拉图的精神气质是切近的：

> 在霍布斯身上，我看到了一位具有无与伦比的知性力和语言说服力的思想家，他以纯粹的科学精神和无偏见的态度投入对事物的研究当中。正如柏拉图那样，霍布斯是一位经典作家，他就是现实里的柏拉图，事实上，我发现了他们之间的精神气

---

① Ferdinand Tönnies und Friedrich Paulsen, *Briefwechsel 1876 – 1908*, Herausgegeben von Olaf Klose, E. G. Jacoby, Irma Fischer, Kiel: Ferdinand Hirt, 1961, S. 8.

质是十分相近的。①

什么导致了泡尔生发出"霍布斯是现实里的柏拉图"这样的感慨呢？显然不是他们学说本身的一致，毕竟霍布斯终其一生都在同古代诸"灵"的黑暗做斗争，真正一致的是他们在时代处境中迸发出的精神气质（geistig）②，他们身处在两个最危难的政治历史的时刻：在柏拉图那里是古希腊城邦精神的没落，处处皆色拉叙马库斯式的利己主义者、奢侈的富人以及矫饰的诗人败坏神圣秩序；在霍布斯这里则是王权的崩塌、无止境的内战侵蚀国家的机体和公民的安全。他们都在寻求从颓丧的人心深处重建秩序，如果说柏拉图将城邦的善追溯到对于古代公民灵魂之善的期待，霍布斯则希望唤起现代公民对于法和国家的真正敬畏感。在泡尔生看来，无人如他们那样深刻地道出了各自的时代处境和普遍的人心趋向，也无人如他们那样给出了全新的道德和伦理方案。

泡尔生对霍布斯的同情和景仰之情，又离不开他对 19 世纪德意志发展趋势的判断。在他的心中，德国当前的危机，多少同霍布斯笔下的 17 世纪的英国一样。1878 年，德意志帝国的政治形势急转直下，此前，俾斯麦政府为了缓解经济和外交压力，全面放弃自由主义经济、推行贸易保护主义和关税政治（Zollpolitik），政治气氛跟着向保守派倾斜，就在这一年，俾斯麦彻底地同过去的盟友、偏向自由派的"民族自由党"决裂，同新组建的保守主义政党合作，改

---

① Ferdinand Tönnies und Friedrich Paulsen, *Briefwechsel 1876 – 1908*, Herausgegeben von Olaf Klose, E. G. Jacoby, Irma Fischer, Kiel：Ferdinand Hirt, 1961, SS. 8 – 9.

② 泡尔生在随后宣称：令他感到激奋的是霍布斯的一部政治史著作（即《比希莫特》），是在霍布斯身处的时代，他同君主、贵族、教会的政治关联。泡尔生建议滕尼斯注重历史线索的考证以及对时代处境的把握，这也直接推动滕尼斯此后编订《比希莫特》。Ferdinand Tönnies und Friedrich Paulsen, *Briefwechsel 1876 – 1908*, Herausgegeben von Olaf Klose, E. G. Jacoby, Irma Fischer, Kiel：Ferdinand Hirt, 1961, S. 9.

组政府，试图将它变成"代表占有阶层及其经济利益的体制"①。不仅如此，俾斯麦将自由主义者推向了死亡的深渊，借刺杀德皇威廉一世的事件，把罪名强加给"社会民主党"，颁布《反社会党人法》，取缔社会主义政党，甚至将矛头指向了全部自由派政党，国内弥漫着阶级冲突的紧张气氛，他们彼此宣泄着置对方于死地的仇恨、让整个国家处于撕裂的境地。泡尔生看到，皇帝以及作为实际统治者的俾斯麦抛弃了他们的社会责任（soziale Aufgabe），容克封建主与换了一身衣裳的教会残余再一次拿起了武器指向人民，人民既陷入无比艰难的困境，他们的愤恨随时将点燃内战的火焰、摧毁国家②。

泡尔生曾言及：当读到霍布斯对革命时代诸派别的论述，读到他如何在贵族和教会间游走、呼吁他们服从统一王权的时候，自己如何深深为之动容，陷入无以言表的感动之中。除此之外，对拉萨尔的"社会君主国"（sozialen königtum）的热情③，令他同霍布斯的"利维坦"无比贴近：如果说在此之前的"利维坦"隐喻等同于恐怖的君主专制，那么在他这儿，"利维坦"意味着人心所向的人民同君主相契的政治秩序：德国由于历史的传统和人民的情感，必须要保留霍亨索伦王朝，同时，由于俾斯麦此前已经通过颁布普选法，解放了人民的政治拘束，那么问题在于如何才能像霍布斯讲的那样，扼制封建贵族和教会势力对政治的侵蚀？因为他们代表各自的利益，妄图像管理他们庄园和公司那样支配整个国家。尤其透过启蒙时代

---

① 1878 年 2 月，俾斯麦提出将烟草行业收归国有，民族自由党坚持反对，俾斯麦随即同它决裂。1876 年重组的民族保守党实际上是文化斗争后的保守党的重组，它们改变了宗教和意识形态的争执，更多因经济政策向俾斯麦靠拢。参见 Gordon A. Craig, *Germany*, 1866 – 1945, Oxford University Press, 1981, p. 93.

② Ferdinand Tönnies und Friedrich Paulsen, *Briefwechsel 1876 – 1908*, Herausgegeben von Olaf Klose, E. G. Jacoby, Irma Fischer, Kiel: Ferdinand Hirt, 1961, S. 26.

③ Ferdinand Tönnies, "Eutin", in *Die Philosophie der gegenwart in Selbstdarstellungen Band* Ⅲ, Herausgegeben von Dr. Raymund Schmidt, Leipzig: Verlag von Felix Meiner, 1922, S. 206.

反观当今，不难看到，德意志在 19 世纪走入了歧途，"霍亨索伦王朝应当思考他的历史，然而不是 19 世纪，而是 18 世纪的历史"，即腓特烈大帝的开明君主制历史，他进而写道：

> 我的心灵持续振奋地停留在 18 世纪。18 世纪的健康的理性主义远胜于 19 世纪无精神性的反动力量，它多么令人感到欣慰！现时代是"历史学式"（historischen）的不幸的博学，18 世纪则是哲学，一切科学研究都以启蒙的本能渗透、扩展到人民的（volkstümlichen）世界观里；现时代是傲慢的、愚蠢的社会贵族主义，18 世纪则是真诚的博爱主义，正如康德谈到"可敬的普罗大众"，正如他读着卢梭的教本而忘记了每日固定的散步。①

现在的主权者即威廉一世或俾斯麦能否像腓特烈大帝那样去关怀他的臣民，能否像康德那样尊重可敬的人民，甚至为了他们的福祉和命运而忘记自己的利益得失？而德国的人民，无论资产者抑或普通的劳动者又能否以热忱的精神激发邻人之爱和对主权者的敬慕？在泡尔生看来，德国需要启蒙②，需要培育新的公民、新的社会和新的人民团体，使他们在未来的岁月展现更高贵的人性形态，使他们团结到国家的主权之中③。

---

① Ferdinand Tönnies und Friedrich Paulsen, *Briefwechsel 1876 – 1908*, Herausgegeben von Olaf Klose, E. G. Jacoby, Irma Fischer, Kiel: Ferdinand Hirt, 1961, SS. 27.

② 泡尔生本人也由此开启了自己的教育学史和教育实践的研究，结合启蒙哲学和德国的文人教育模式，他为德国的中等教育以及大学教育开辟了独特的新人文主义传统。

③ Ferdinand Tönnies und Friedrich Paulsen, *Briefwechsel 1876 – 1908*, Herausgegeben von Olaf Klose, E. G. Jacoby, Irma Fischer, Kiel: Ferdinand Hirt, 1961, SS. 49 –51.

第三节　滕尼斯的霍布斯研究总论

滕尼斯着手从事霍布斯研究，离不开德国思想以及政治社会变革的大背景。经泡尔生启发，他清楚地意识到自己担当的历史使命乃是接续启蒙的传统，扫除败坏了的封建制和教会的残余，重塑德国的国家理性（Staatsraison）①。而泡尔生天才的哲学史洞见为其打开了光明的通道：近代以来，霍布斯指明了伦理学或政治哲学的主题，从个体的意志这一稳固的起点去理解共同生活的可能性。尽管泡尔生并没有细致地考证霍布斯的文本，然而他的洞见足以让滕尼斯感同身受，使他确定思考的方向并更深入地勘探霍布斯的学术宝藏，回应时代的问题。

一　文献工作

凭着古典学（Philologie）的扎实功夫，滕尼斯开始系统地搜集、整理、研读霍布斯的文献②。他的文献工作不仅是霍布斯研究史上的一段重要掌故，更是其自身问题意识形成且逐步推进的过程。在集大成之作《霍布斯的生平与学说》（*Thomas Hobbes. Leben und Lehre*，1896）出版之前，他的工作大致经历了三个阶段：第一个阶段

---

①　滕尼斯将他早年的教育和研究归为"国家学"（Staatswissenschaft）范畴。在德国 19 世纪末的学科体系里，"国家学"包括了国民经济学、法学、政治学等领域。滕尼斯的研究取向，从一开始便同德国的社会与政治状况紧密相连。恰俾斯麦政府颁布《反社会党人法》，打击社会主义和自由主义，引发学界的大分裂，自由派走到了俾斯麦政府的对立面，如卢约·布伦塔诺（Lujo Brentano）就将俾斯麦的手段称作"有组织的野蛮"（organisierten Brutalität）。在这样的氛围里，滕尼斯试图通过霍布斯研究反思当前的国家问题。

②　E. G. Jacoby, "Einleitung des Herausgebers", in *Studien zur Philosophie und Gesell-schaftslehre im 17. Jahrhundert*, herausgegeben von E. G. Jacoby, Stuttgart: Friedrich Frommann Verlag, 1975, SS. 7 – 17.

（1877—1878 年）是对德国的霍布斯文献的搜集整理，对研究问题的聚焦；第二个阶段（1878—1888 年）是两次英国之行的发现和霍布斯研究的初步成果即 "霍布斯哲学注释"（*Anmerkung über die Philosophie des Hobbes*，1879—1880）的诞生；第三个阶段（1888—1896 年）是扩展性的发现与解释体系的完善。

在第一个阶段（1877—1878 年），滕尼斯的工作聚焦于两个方面，它们都同泡尔生的启迪有直接的联系：

（1）整理和考察霍布斯的国家学说。他曾计划根据《利维坦》的英文版本和拉丁文版本，重新将第一卷（*Of Man*）翻译成德文①，不只如此，他追溯了霍布斯更早期阶段的文本。早在 1876 年，滕尼斯便已收购古老的爱思维尔版（Elzevir - Ausgabe）《论公民》并且孜孜不倦地阅读它②，因为霍布斯研究史上的特殊地位，基尔大学图书馆具备得天独厚的优势，它藏有莫勒斯沃爵士（Sir William Molesworth）编订的拉丁文版的《霍布斯全集》，还有一本 1750 年版的《霍布斯的道德与政治著作》（*The Moral and Political Works of Thomas Hobbes of Malmesburg*，1750）③，可以说，它们囊括了霍布斯的所有重要的一手作品。从《论政治体》（*De Corpore Politico*）到《论公民》（*De Cive*）再到《利维坦》，滕尼斯试图对它们所代表的霍布斯

---

①　由于时间的阻滞（zeitraubend），他的这一计划并没有实现。Ferdinand Tönnies und Friedrich Paulsen，*Briefwechsel 1876 - 1908*，Herausgegeben von Olaf Klose，E. G. Jacoby，Irma Fischer，Kiel：Ferdinand Hirt，1961，S. 6.

②　据滕尼斯在 "霍布斯的生平" 部分写到的，《论公民》于 1642 年在巴黎匿名出版，引起了学者圈子巨大的轰动，当时伽桑迪圈子里的重要成员索比埃尔（Samuel de Sorbiere）牵头联系荷兰的爱思维尔出版社公开出版《论公民》，伽桑迪和梅塞纳也极力推荐这本书。Ferdinand Tönnies，*Thomas Hobbes. Leben und Lehre*，Stuttgart：Friedrich Frommann Verlag，1975，S. 24.

③　1750 年，《霍布斯的道德与政治著作》由伦敦的一家出版社发行，然而扉页并没有标明编者是谁，仅仅写明这本书里的所有内容源于霍布斯本人的选录（extract），书中包含了诸多同时代人的献词以及《论人性》《论政治体》《利维坦》《比希莫特》等作品，滕尼斯尤其对《比希莫特》产生了兴趣，同时对《论人性》与《论政治体》感兴趣。

的三个不同时期的思想做比较研究，这既揭示了霍布斯理论的发展脉络，亦关系到他在不同时期同国王、贵族、教会、人民的关系以及由此触动的实际感受①，从这一点来讲，滕尼斯继承了泡尔生的哲学人类学观点，将霍布斯"这个人"（der Mann）②视作观察、言说的中心，透过他的眼睛看待外部世界的局势，再通过他的所感所思，把时代的人心趋向讲出来。

（2）对政治的聚焦，必然进一步地指向政治背后的形而上学基础，滕尼斯故而回溯到霍布斯的人性论学说，在霍布斯这儿，这一问题尤其又同"认识理论"（Erkenntnistheorie）紧密相关。无可否认，霍布斯生活的时代是近代科学世界观形成的时代，他本人亦将人性的事实奠基于逻辑的前提之上③，正因为如此，霍布斯同培根、笛卡尔等人纠缠到一起，一直处在他们的阴影之下。哲学史家通常将霍布斯视作培根经验主义的尾随者，蔑视他的哲学史地位，例如在费舍尔《哲学史》的表述里，霍布斯所做的不过是把培根用经验归纳方法清理出的"自然状态"（status naturalis）直接用于解释"政治状态"（status civilis）而已，或者说，他不过完成了培根未竟的事业而已。

霍布斯真的是一个经验主义者吗？为了将他重新摆到恰当的位置，滕尼斯的研究首先便是要回应、反驳费舍尔的"空洞的、闲扯式的"武断偏见④。如果说泡尔生从叔本华与斯宾诺莎上溯到霍布

---

① Ferdinand Tönnies und Friedrich Paulsen, *Briefwechsel 1876－1908*, Herausgegeben von Olaf Klose, E. G. Jacoby, Irma Fischer, Kiel: Ferdinand Hirt, 1961, S. 6.

② 注意《霍布斯的生平与学说》第二版（1910 年）的书名是"托马斯·霍布斯：这个人与这个思想家"。

③ 霍布斯的《哲学要素》以"论物体"为起点，"论人性"与"论公民"则是它的必然结果。

④ Ferdinand Tönnies und Friedrich Paulsen, *Briefwechsel 1876－1908*, Herausgegeben von Olaf Klose, E. G. Jacoby, Irma Fischer, Kiel: Ferdinand Hirt, 1961, S. 16.

斯，提供了一种突破偏见的意志论视角①，暗示霍布斯（意志主义）与培根（经验主义）之间的根本上的对立，前者的意志论蕴含着极其强大的内在动能，这个既不能还原为表象，也不能还原成某种既定的自然，那么滕尼斯进一步地从霍布斯本人出发，还原他真实的生活和思想世界。

"培根和霍布斯的关系问题"牵引着他搜寻那些积压在尘埃里的古旧文献。首先，滕尼斯在已掌握的一手著作里，并没有看到培根的名字②，他进而从德国哲学史家的著作扩展到英法学者提供的材料：约翰·埃德曼在他的哲学史汇编里猜测培根因贪污丑闻辞去大法官职务后同霍布斯建立了私人关系，霍布斯"应当"（soll）曾帮助培根将《随笔》翻译成拉丁文，除此之外再无其他说明；而《霍布斯的道德与政治著作》里的详尽的生平介绍也并没提及培根，同时，其中引用的一个名叫 Richard Blackbourne 的人引起了滕尼斯的注意，这个 Blackbourne 既是 1730 年版的《培根全集》的编者，也编撰了《霍布斯生平》（*Vita Hobbesii*，1682），他确证霍布斯曾做过晚年培根的助手，帮助培根写作和翻译。不过，在滕尼斯看来，即使他说的是事实，也不过将口口相传的东西整理并写下来而已。这一事实只能揭示霍布斯同培根认识，所谓两人间的思想关联却毫无

---

① 有意思的地方在于，泡尔生（当然还有滕尼斯）多少对培根抱有反感甚至蔑视的情绪，这其中有德国哲学家对经验主义者和断片作者素来的不满，如泡尔生借用德国化学家 Justus von Liebig 的话，将培根讽刺作"餐桌哲学家"（the dining philosopher），除此之外，他们对培根有道德的义愤感，培根的贪污事迹引来了"大骗子"（großen Scharlatan）的恶名。参见 Ferdinand Tönnies und Friedrich Paulsen, *Briefwechsel 1876 - 1908*, Herausgegeben von Olaf Klose, E. G. Jacoby, Irma Fischer, Kiel: Ferdinand Hirt, 1961, S. 18.

② 事实上，滕尼斯已经发现，在《霍布斯的道德与政治著作》的一篇题为"对霍布斯的声名、忠诚、举止、信仰的考察"的信里，霍布斯自己借一个法国人之口提到了哲学家探究事物的基础，应当跟随伽利略、笛卡尔、霍布斯与培根，不过滕尼斯认为这只是一般性的说法，无非视这几个思想家的重要性一致，在内容上并不具有什么特殊的意涵。参见 Thomas Hobbes, *The Moral and Political Works of Thomas Hobbes of Malmesburg*, London, 1750, p. 696.

哲学史的价值。①

相较而言，回归他们二人的文本，对他们的认识论著作（《新工具》与《论物体》）做比较研究是更恰当的。滕尼斯赞成李比希（Justus von Liebig）的指引和判断②，认为培根并没有完整的认识论学说：首先，他不仅对数学无知，而且对数学的地位不甚重视，相反，在霍布斯看来，几何学是真正的科学（sola fere scientia）；其次，相较于严格的物理学家，培根更多是一位修辞学家，在一个个特殊的例子之间流连，霍布斯根本没从他那里学到什么实质的内容，他的认识论、方法论完全是独立构建的理性主义体系，它们同时构成了霍布斯思想的最坚实的部分。③ 清理完迷障后，滕尼斯迫切期望去英国，收集德文郡和纽卡斯尔家庭的资料，以进一步认清霍布斯的理论位置。

第二个阶段（1878—1888 年）始于他的第一次英国之旅，他总共停留了六周。在大英博物馆里，他发现了霍布斯《法的要素》的两篇原始手稿，即 1650 年面世的"论人性"（*Human Nature*）与"论政治体"（*De Corpore Politico*），尤其后者彰显了霍布斯最早的国家理论，这两篇文献实际上同时作于 1640 年，滕尼斯收集了它们的副本；同样在这里，他找到了霍布斯于 1646 年在巴黎完成的一篇论述光学（optiques）的英文论文，它既对笛卡尔的折光学做了集中批评，也正面阐释了作者本人的光学思想，更重要的，光学问题关乎知觉和认识理论，牵连着霍布斯与笛卡尔的思想关系，因而具有极

---

① Ferdinand Tönnies und Friedrich Paulsen, *Briefwechsel 1876 - 1908*, Herausgegeben von Olaf Klose, E. G. Jacoby, Irma Fischer, Kiel: Ferdinand Hirt, 1961, S. 22.

② 滕尼斯引用的李比希的著作是《论维鲁兰的培根与自然研究的方法》（*Über Francis Bacon von Verulam und die Methode der Naturforschung*, 1863）。按照后来 C. Wurster 的讲法，因为这本书，李比希当时在德国哲学家和英国人那里都引起了不快。对滕尼斯而言，李比希的这本书更多是将培根视作一位研究自然的学者，然而在近代科学主宰哲学认识的前提下，对于自然的理解必然首先关乎认识论奠基。

③ Ferdinand Tönnies und Friedrich Paulsen, *Briefwechsel 1876 - 1908*, Herausgegeben von Olaf Klose, E. G. Jacoby, Irma Fischer, Kiel: Ferdinand Hirt, 1961, S. 22.

高的思想史价值，滕尼斯将这篇论文取名为"第一原理短论"
（*Short Tract of First Pricinciples*）①；在牛津大学的圣约翰学院里，他
发现了霍布斯的政论《比希莫特》的原始手稿以及复印版本；经旅
居牛津的德国教授马克斯·穆勒（Max Müller）的帮助，滕尼斯得以
进入德文郡伯爵庄园的哈德威克收藏馆，在此，他细致地将"论人
性"与"论政治体"这两篇手稿同各种复印本之间做了比较，判定
这两篇同属于《法的要素》文本，即霍布斯在 1640 年应保皇党人、
自己的庇护者威廉·纽卡斯尔的要求申诉"君主权力"的辩护书。②
从英国回来之后，滕尼斯将这些手稿和副本做了细致的对比、考证。
而 1879—1881 年发表的《关于霍布斯的哲学注释》（*Anmerkung über
die Philosophie des Hobbes*）一文（以下简称《注释》）奠定了他在霍
布斯研究领域的开创性地位③。

　　《注释》已明确显露滕尼斯的诠释风格：一是重视材料，充分调
动已掌握的一手著作、信件和生平自述，保证判断的切实可信；二
是遵循着从认识论到政治哲学的进路，为政治寻找人性（human na-
ture）的前提，而霍布斯明确地将此奠定在近代自然科学所确定的世
界观基础之上，因此，《注释》第一次对霍布斯的哲学体系做了完整
呈现，可以说是未来的《霍布斯的生平与学说》一书的雏形，"《论

---

　　①　莫勒斯沃爵士编订霍布斯的英文全集和拉丁文全集时，无疑注意到了这篇文
献，然而遗憾的是，他仅仅收录了献词和结尾部分，全文并没有收录。Ferdinand
Tönnies und Friedrich Paulsen, *Briefwechsel 1876 - 1908*, Herausgegeben von Olaf Klose,
E. G. Jacoby, Irma Fischer, Kiel: Ferdinand Hirt, 1961, S. 22.

　　②　具体参见滕尼斯为《法的要素》考订版撰写的编者序言。Ferdinand Tönnies,
"The Editor's Preface", in *The Elements of Law: Natural and Politic*, New York:
Barnes&Noble INC, 1969, pp. v - xiii.

　　③　经泡尔生的推荐，滕尼斯的这篇长文分成四个部分发表在《科学哲学季刊》
（*Vierteljahrsschrift für wissenschaftliche Philosophie*）上，刊物的创办人是泡尔生的友人、
瑞士哲学家阿维纳瑞（Richard Avenarius），阿维纳瑞以"经验批判主义者"的名声著
称，他受实证主义的影响，力求以纯粹经验的方式改造哲学，《科学哲学季刊》的宗旨
也在于此。泡尔生、冯特等都是这份刊物的主要撰稿人。参见卡斯滕斯《滕尼斯传》，
林荣远译，北京大学出版社 2010 年版，第 83 页。

物体》—《法的要素》—《论公民》—《利维坦》"构成了它们的
主导线索（Leitfaden）。

滕尼斯于1884年的第二次英国之行正是为了进一步校对《法的
要素》与《比希莫特》，并为这两部校对完毕的稿子找寻理想的出
版商。经历了种种曲折，遭遇了欺骗和不快的情形①，考订版的
《法的要素》与《比希莫特》直到1889年最终面世。《法的要素》
一书尤其受到德国政治学和法学界的重视。1926年，它被收录在梅
内克（Friedrich Meinecke）主编的"政治学经典作家"（Klassiker
der Politik）丛书里。

1886年，滕尼斯第三次来到英国，他在大英博物馆发现莱布尼
茨于1670年写给霍布斯的信，这一发现对哲学史意义重大②，因为
它有力地证明了霍布斯的作品对早期莱布尼茨的思想的影响。不过
对滕尼斯来说，关键问题不仅在于霍布斯在思想史上的重要性，更
在于莱布尼茨这位处于近代早期形而上学和德国唯心主义时代之间
的哲人如何理解、吸收霍布斯的思想遗产。在发现了这封信后，滕
尼斯写了一篇解读这封信的文章③，如此总结这封信的内容：

---

① 1884年的英国之行，滕尼斯结识了英国本土的霍布斯研究专家乔治·罗伯逊
（George Robertson）与斯宾诺莎研究者波洛克爵士（Sir Frederick Pollock），正是前者向
滕尼斯介绍了出版商桑顿，而正是桑顿，造成了这两部文献未来的悲剧命运。关于它
们的曲折出版过程，可参见卡斯滕斯的详细说明。［德］卡斯滕斯：《滕尼斯传》，林
荣远译，北京大学出版社2010年版，第125—126页。

② 尽管一些学者（如Louis Couturat）质疑滕尼斯的判断，即将莱布尼茨的逻辑
方法追溯到霍布斯。不过我们应当注意滕尼斯本人的视角（Perspektiv），他显然承认
莱布尼茨同霍布斯的矛盾所在并且充分地谈到了这一点，莱布尼茨要以作为"第一心
灵"（prima mens）的上帝找到根据，而霍布斯则一以贯之地用身体和机械原理解释灵
魂，然而更关键的问题在于：莱布尼茨在何种意义上承认且赞同霍布斯，他看到的霍
布斯的理性主义甚至精神主义的面向是什么。这恰恰是滕尼斯的洞见所在。

③ 得知滕尼斯发现了这封信后，罗伯逊曾表示准备将其发在《心灵》（Mind）
杂志上，滕尼斯为此写了一篇解读，表明霍布斯对莱布尼茨的影响，这封信最终没有
发表，但是在《心灵》杂志第8卷（1888年）发表了一篇详细的笔记。参见［德］卡
斯滕斯《滕尼斯传》，林荣远译，北京大学出版社2010年版，第112页。

　　在第一部分，莱布尼茨认识到自己是霍布斯的自然法教义的追随者，他想把真正的教义从错误的解释和运用中解救出来；除此之外，他无论如何都忠实于霍布斯所率先提出的机械论的物理学原则，然而，他也同时要用一套新的聚合力（Kohäsion）的解释，补充霍布斯的原则。……在最后，莱布尼茨向霍布斯提出了自己的希望，即进一步地推演后者的学说，尤其是发展出一套确定的灵魂理论，因为到目前为止，他对一切解释都不满意，不过他相信：在笛卡尔没有成功的地方，霍布斯能够巩固人的灵魂不死的希望。①

　　莱布尼茨在两个方面同霍布斯展开了对话：第一个方面是后者的物理学，莱布尼茨接受了霍布斯关于运动的抽象原则（the abstract principle of motion），首要地便是接受他对 conatus（倾向）本身即运动的判断②，也就是说，莱布尼茨认同霍布斯在《论物体》里对外部世界的彻底的机械论解释，然而他同时不满足于此，他批评这一解释切割了"运动的第一推动力"同"非身体的生命"（上帝）之间的关系，因而他恢复了亚里士多德主义关于"不动的第一推动者"的观点③，其根结就在于他发现了聚合力或连续律的秘密，物质本身不能提供这种可能性，只有靠上帝注入的活力，物体内的各个部分才彼此穿透，莱布尼茨恰恰站在霍布斯的彻底机械论肩膀上开辟出自然神论（Deismus）的道路；第二个方面则是霍布斯的自然法学

---

　　①　Ferdinand Tönnies, "Erläuterungen", in *Studien zur Philosophie und Gesellschaftslehre im 17 Jahrhundert*, Herausgegeben von E. G. Jacoby, Stuttgart：Friedrich Frommann Verlag, 1975, S. 155.

　　②　这一点实际上是霍布斯与笛卡尔之间的隐微区别，霍布斯比笛卡尔更极端地推进了机械论的解释。Gottfried Wilhelm Leibniz, "Letter to Thomas Hobbes", in *Philosophical Papers and Letters*, ed. Leroy E. Loemker, Kluwer Academic Publishers, 1989, pp. 106 – 107.

　　③　［德］费尔巴哈：《对莱布尼茨哲学的叙述、分析和批判》，涂纪亮译，商务印书馆 1985 年版，第 42 页。

说，莱布尼茨不仅赞赏霍布斯推理的严谨，而且在自然法和罗马法（以及神圣罗马帝国沿袭的法典）之间搭建起桥梁，然而在他看来，霍布斯的道理并没有讲全讲透，仅仅讲出了"共和国"（republic）的真理，而国家联盟（confideration）以及（如神圣罗马帝国政治模式的）有名无实的君主国（titular monarchs）便有别于演证性的自然法规定，更进一步地说，当我们先验地承认上帝是人类共同的君主时，政治的发生模式、运作模式就完全不同于霍布斯的从自然状态到人造国家的假设[①]。

回到霍布斯这一面来，无论莱布尼茨如何质疑霍布斯、如何提出补充的意见，他始终身处并感触着由霍布斯营造的机械世界。凭借这封信（以及由此扩展的关于莱布尼茨早期哲学观点的材料[②]），滕尼斯相信自己足以证明过去"令人困惑不解的"（rätselhaft）以及无果的（unfruchtbar）的观点是错误的，这一观点视霍布斯为"培根主义或经验主义者""实在主义的形而上学家"。相反，正是由于用抽象的运动规则构造的机械世界观以及由定义、推理得出的普遍政治原理，莱布尼茨将霍布斯敬为德国唯心主义或唯灵论的先驱。[③]由此出发，我们不难理解为何他认为霍布斯开辟的道路能真正通达灵魂不朽。

在第三个阶段（1888—1896年），滕尼斯的文献搜集工作从英

---

① Gottfried Wilhelm Leibniz, "Letter to Thomas Hobbes", in *Philosophical Papers and Letters*, ed. Leroy E. Loemker, Kluwer Academic Publishers, 1989, p. 106.

② 主要是1670年前后莱布尼茨与托马修斯（Christian Thomasius）的通信。滕尼斯讨论莱布尼茨和霍布斯的关系时，有意地回应费尔巴哈的经典解释，后者代表了黑格尔派的观点，即莱布尼茨的观念论是对笛卡尔或斯宾诺莎主义的继承。然而，滕尼斯将莱布尼茨的观念论的前提追溯到霍布斯。Ferdinand Tönnies, "Erläuterungen", in *Studien zur Philosophie und Gesellschaftslehre im 17 Jahrhundert*, Herausgegeben von E. G. Jacoby, Stuttgart: Friedrich Frommann Verlag, 1975, S. 162.

③ Ferdinand Tönnies, "Erläuterungen", in *Studien zur Philosophie und Gesellschaftslehre im 17 Jahrhundert*, Herausgegeben von E. G. Jacoby, Stuttgart: Friedrich Frommann Verlag, 1975, SS. 161 – 162.

国扩展到法国。1888 年，他经英国到达法国巴黎，在巴黎的国家图书馆发现了 17 封霍布斯同索比埃尔（Samuel Sorbière）的通信，并撰写了详细的解读文章。无论这 17 封信本身还是滕尼斯的解读，都具有非常高的价值：这些信从 1642 年持续到 1663 年，贯穿霍布斯逃亡法国的十一年（1640—1651 年）以及回到英国后的生活史，它们生动地还原了霍布斯同法国以及荷兰的"改革派哲学家们"（re-formierte philosophen）① 的关系，尤其霍布斯同笛卡尔的争执。作为一位不乏虚荣心、争执欲，具有多面人格（vielseitig）的学术中介，索比埃尔在霍布斯、笛卡尔、伽桑狄和梅森等人间来回穿梭，兜售彼此的学说，因而促成各方了解彼此的思想近况，也刺激起他们的争论，其中最值得关注的是笛卡尔同霍布斯这两位中心人物间的交锋。

在 17 世纪 40 年代，巴黎学界的首要大事件莫过于笛卡尔的折光学（*Dioptrik*）与沉思（*Meditationen*）的问世，引发各方回应，经梅森的鼓动，霍布斯也参与到这场争论里，他对折光学和沉思的批评，聚焦于"运动"和"身体"这两大主题②，它们是未来《论物体》的核心内容。尽管没有赢得笛卡尔本人的尊重，霍布斯的批评却激发了巴黎学者（包括笛卡尔主义者）的强烈兴趣，他们热切地期待着霍布斯本人的"哲学要素"（*Elementorum Philosophiae*）体系的出版。在滕尼斯看来，无论我们返回这场争论本身还是同时代学者的叙述，霍布斯同笛卡尔实质上都处于相同的认识背景和语境，他们皆是近代理性主义反叛经院哲学的同盟，他们为自身寻找的确定性，都基于自我意识（cogito）这一直接的确信而非启示，笛卡尔靠"我思"确立外部世界的实在性，进而恢复上帝的现实存在，而

---

① 1640 年前后，法国巴黎成为世界的新科学和文化中心。以笛卡尔的学说为中心，巴黎的自然科学家和哲学家形成了独特的圈子，他们频繁地通信交流并同荷兰的出版集团和自由思想家（Freidenker）建立了密切的联系，滕尼斯将这帮学者称作"新派或改革派哲学家"，所谓"改革"，指他们的思想有别于旧的天主教哲学。

② 后者收录在《第一哲学沉思集》的第三组反驳，笛卡尔本人亦对此做了回应。

霍布斯不过走得更极端一些，他用机械原理一以贯之地解释内在的灵魂运动以及外部事物的表象运动①。

在巴黎学者的期盼下，霍布斯的"哲学要素"第三部分《论公民》即在巴黎以匿名的方式诞生（拉丁文版，1642 年），它引起了学界的强烈震动②。哲学中介人、医生索比埃尔在第一时间联系霍布斯，说服后者在荷兰公开出版《论公民》，此后围绕着《论公民》的修改和出版，霍布斯同索比埃尔之间不乏种种紧张的冲突，这些信件主要关系到二人的抵牾，滕尼斯从中敏锐地抓住了两点，它们决定了我们对霍布斯性格以及思想格局的判断。

第一，《论公民》作为其"哲学要素"体系的尖顶，意在像形而上学与物理学那样，用严格推理的方式克服政治领域的党派争执。然而自始至终，霍布斯对《论公民》的出版都抱有悲观的心态，在1646 年 5 月 16 日写给索比埃尔的信（信札 2）里，他表达自己眼中的障碍，障碍包括那些深受天主教教义（Doktrin）浸润的大学哲学家、自以为有鉴赏力和良好判断力的公众，还有笛卡尔以及笛卡尔派哲学家。他确信笛卡尔已经注意到他的著作，此后将攻击《论公民》，阻挠它被人正确地理解。

第二，待《论公民》正式出版时（1647 年），索比埃尔不乏向宫廷讨好的意图，他在版本扉页上注明作者是"威尔士亲王的教师"，引起了霍布斯的愤怒，因为这样将他的名字同亲王紧紧地绑在

---

① 即使到了滕尼斯的时代，哲学界对于笛卡尔的定位仍然存在着争论：到底将他置于经院哲学一拨还是近代哲学一拨？比如在费舍尔看来，笛卡尔将实体区分为灵魂与广延不过是柏拉图主义的延续，因此笛卡尔根本上仍然是传统的、保守的哲学家。滕尼斯借讨论霍布斯与笛卡尔的关系，在此也试图回应这样的观点，他的讨论受法国学者 Francisque Bouillier 启发（《笛卡尔哲学的历史》），Ferdinand Tönnies, "Die reformierte Philosophie in Frankreich", in *Studien zur Philosophie und Gesellschaftslehre im 17 Jahrhundert*, Herausgegeben von E. G. Jacoby, Stuttgart: Friedrich Frommann Verlag, 1975, SS. 82 – 85.

② Ferdinand Tönnies, *Thomas Hobbes. Leben und Lehre*, Stuttgart: Friedrich Frommann Verlag, 1975, SS. 23 – 24.

一起，便让祖国的议会派敌人更进一步地拿起武器对准他，斩断他回家之路，在信札 7 里，他对索比埃尔写道：

> 一个人如果期待未来的君主做些什么，并且将之变成政治的教义（Doktrin）。那么这种教义便偏离了几乎所有人的意见。

换句话说，霍布斯已经没有了那种对王朝忠诚的忧虑（loyale Besorgnis），而是承认议会取得了完全的胜利，在滕尼斯看来，1647年的霍布斯已经冷静地同流亡的宫廷决裂，这并不意味着他本人的背叛，而是从其学说严格地推理出的结论：如今英国已回归平静，成为一个和平的国家，没有什么阻碍他返回自己的祖国。此时此刻，霍布斯就是一位世界公民（Weltbürger），他不像加图（Cato）那样留恋于往昔，他的信念（Gesinnung）正向着共和国和民主制敞开①。

对这 17 封信的发现与解读，很大程度上左右了滕尼斯对霍布斯的政治哲学意图的判断。到了 1896 年，滕尼斯的文献工作同他的解读成果充分融合，汇聚在他的集大成之作《霍布斯的生平与学说》里②。

二　思想定位与方法论基础

从思想史的进程来看，滕尼斯的霍布斯研究是"新康德主义"思潮的有机组成部分。康德哲学在 19 世纪末的复兴并非一个简单的事实，尽管它表现为诸多阶段和流派，但它们立足的时代困境是一致的，一言以蔽之，绝对知识动摇了，最高的意义和价值陨落了。

---

① Ferdinand Tönnies, "Erläuterungen", in *Studien zur Philosophie und Gesellschaftslehre im 17 Jahrhundert*, Herausgegeben von E. G. Jacoby, Stuttgart: Friedrich Frommann Verlag, 1975, S. 80.

② 1896 年是滕尼斯成果丰硕的一年，在霍布斯研究领域，除了《霍布斯的生平与学说》的出版，他将此前在德文郡找到的一些霍布斯的信件整理发表，署名"霍布斯辑录"（Hobbes – Analekten）。

套用海克尔（Ernst Haeckel）在当时发表的经典著作之名，无论人心的小世界还是宇宙的大世界都成了谜（Welträtsel），"新康德主义实质上要做的事情便是重新将哲学、个体的科学（individual sciences）以及对于认识（知识）的批判理论连接在一起，超越体系时代（指黑格尔或唯心主义的鼎盛时代）的'形而上学的出发点'"①。

　　他们多少一致地认为，由康德开启的唯心主义运动在此后走错了道路，康德思想体现的概念的严格性，他对形而上学问题的独特掌握和"悬置"，被后学的绝对概念的运动消解，这不啻一场堕落（Abfall）的开始。相反，"回到康德"便是要返回康德的知识起点，重新理解康德的思想进路，新康德主义的早期代表人物朗格（Friedrich Albert Lange）就在著名的《唯物主义的历史》（*Geschichte der Materialismus*，1873）一书里如此概括新哲学的出发点，它为同时代的新康德主义者广泛接受②：

　　　　误解与激烈的创作冲动牵着手联结起来，要在一个精神被

---

　　①　Klaus Christian Köhnke，*The rise of neo - Kantianism：German academic philosophy between idealism andpositivism*，trans. R. J. Hollingdale，Cambridge University Press，1991，p. 3. Köhnke 关于新康德主义的历史研究试图正面地回应洛维特、卢卡奇等人的经典判断。尽管出发点不同，洛维特和卢卡奇都认为新康德主义没有解决时代的根本问题，前者将新康德主义视作市民知识分子的虚假复兴和首创精神的没落，因为他们根本没有触碰到唯心主义遗留下来的实质困境，即概念和实在的断裂；卢卡奇更是尖锐地将新康德主义视作世纪末资产阶级的心理保护主义，他们用一种"不可知论"的方式逃避现实，仅仅蜷缩于逻辑、认识论、心理学领域，拒绝对世界观问题作出回答。

　　②　尽管如此，新康德主义在文德尔班之后经历了一次大分流，文德尔班的"回到康德就是超越康德"开启了黑格尔主义的复兴。他的弟子克朗纳（Richard Jacob Kroner）在哲学史大作《从康德到黑格尔》的导言里批评了早期的新康德主义者（主要是朗格，其次也包括李卜曼、柯亨、里尔等人）的自然科学倾向："他们过于受制于较早流行的唯物论时代，乃至无法体会康德与其后继的思想家之间存在着的统一性。"相反，他认为从康德到黑格尔的整个唯心主义的运动都是对康德哲学精神的贯彻，这个运动就像一个曲线，康德最早提出自我与世界之间的界限和对偶关系，此后的思想发展就是两者不断在自我之内交汇融合。参见［德］里夏德·克朗纳《论康德与黑格尔》，关子尹编译，同济大学出版社 2004 年版，第 16—17 页。

充分激荡着的年代中，把由康德加于思辨玄想之上的严厉的封锁冲破。经过了形而上学之迷梦以后的觉醒也因此愈趋归返于一度离弃了的地位之上，一度本已为康德所彻底清除了的唯物论，终于又再展现于跟前了。①

他们将起点还原为康德最初直面的哲学任务，理性主义和经验主义的再度分裂，变成他们重新要去克服的鸿沟②，以此为基础，无论逻辑学领域的对可知之物与不可知之物的再认识、对于概念建构的重新定义（如马堡学派和西南学派），还是心理学领域的对于心理现象的全体和身心关系的科学重构（如冯特的莱比锡学派）、又或者文化和历史哲学领域的界定自然与文化之间的边界（如李凯尔特的文化哲学和狄尔泰的精神科学），他们统一聚焦于个体的经验本身。

不过，对滕尼斯来说，"康德哲学"蕴含的意味更是丰富。首先，像同时代的新康德主义者认识到的那样，它意味着一种哲学思考的新起点，意味着反省德国唯心主义及其后来的历史命运。滕尼斯本人亦承认、赞赏这一起点，在读完朗格的《唯物主义的历史》之后，滕尼斯就曾感叹这本卓越的著作让德国的"哲学教授"的名称重新获得尊敬③。沿着朗格的脚步同时在泡尔生的鼓励下，滕尼斯从康德学说向上追溯近代哲学的诸源流。然而进一步地讲，"康德哲

---

① Friedrich Albert Lange, *Geschichte der Materialismus*, Iserlohn und Leipzig: Verlag von J. Baedeker, 1887, SS. 355 – 356.

② 在滕尼斯看来，新康德主义并非局促地困守在纯粹的知识论领域，他们回到康德，同理性主义和历史主义在 18 世纪和 19 世纪争执有着密不可分的关系，后者渗透到社会和政治生活的各个领域。参见 Ferdinand Tönnies, *Gemeinschaft und Gesellschaft. Grundbegriffe der reine Soziologie*, Darmstadt: Wissenschaftliche Buchgesellschaft, 1979, S. XV.

③ Ferdinand Tönnies und Friedrich Paulsen, *Briefwechsel 1876 – 1908*, Herausgegeben von Olaf Klose, E. G. Jacoby, Irma Fischer, Kiel: Ferdinand Hirt, 1961, S. 17.

学"又不止停留于单纯知识或认识的问题，它象征着启蒙真理的汇聚①。

对政治变局的关注和忧虑让滕尼斯重新聚焦知识和政治的启蒙，而他又明白地认识到：政治启蒙的前提是人心的启蒙，就像康德讲出的那样，人敢于用自己的理智去认识，依靠自己的意志做决定②。问题在于：随着国家垄断教育和学术生产，知识陷入商业和资本运作的泥潭，公共意见把控了真理，在一个已经彻底无意识化的时代，任何一种纯粹的概念或信念（如启蒙、自由抑或其他）都有可能最终被搅进空虚混沌的旋涡，启蒙如何可能？就像滕尼斯本人尖锐讽刺地那样，德国大学哲学系颁发的文凭越来越被置于市场价值的衡量体系，哲学的课程也必须首先迎合大众的趣味（gemeinverständlich），而"康德"的名字被广泛地当成窥视哲学秘密的透镜，他的学说和大众俚语混为一谈③。

因此，重新启蒙不在于把概念拿过来一炒再炒、再次端出、以飨大众，而在于重新确定概念的历史性（Geschichtlichkeit），然而这种历史性又不是单纯概念的历史，而是关乎它们如何在历史的事实里建立起来④。换言之，我们不仅要去还原知识的关联，从康德上溯到休谟，再由休谟上溯到斯宾诺莎和霍布斯，而且要在思想和历史充分对话的基础上，重构"启蒙"的谱系。滕尼斯将他的视线投向作为启蒙思想诞生处的英国和西欧，将他的理论想象回溯到古今世界观大转折的 17 世纪，在霍布斯及其同时代人的遗产那里探索现代

---

① Ferdinand Tönnies und Friedrich Paulsen, *Briefwechsel 1876 – 1908*, Herausgegeben von Olaf Klose, E. G. Jacoby, Irma Fischer, Kiel: Ferdinand Hirt, 1961, S. 20.

② ［德］康德：《答复这个问题："什么是启蒙"?》，载《历史理性批判文集》，何兆武译，商务印书馆 1996 年版，第 22—31 页。

③ Ferdinand Tönnies, " Philosophische Terminologie in psychologisch – soziologischer Ansicht", in *Ferdinand Tönnies Gesammtausgabe Band 7*, Herausgegeben von Arno Bammé und Rolf Fechner, Berlin: Walter de Gruyter, 2009, S. 219.

④ Ferdinand Tönnies und Friedrich Paulsen, *Briefwechsel 1876 – 1908*, Herausgegeben von Olaf Klose, E. G. Jacoby, Irma Fischer, Kiel: Ferdinand Hirt, 1961, S. 20.

性孕育出的"理性"意涵。

从这个意义上讲，滕尼斯首先针对 19 世纪末的黑格尔派（费舍尔）及其同盟历史法学派（基尔克）的霍布斯解释，其意图既在于廓清霍布斯的本来面目，也契合于康德复兴潮流内在的启蒙诉求。

费舍尔认为霍布斯只是承接了培根的任务，将培根确立的对自然的观察和实验方法运用于道德和政治的世界，这个任务依次包含了两个方面：第一，如何理解人的"自然状态"（status naturalis）？第二，"政治状态"（status civilis）如何从"自然状态"里产生？尽管费舍尔认识到霍布斯的方法同培根有别，即他以几何学为模范，走的是演绎的道路，然而他否认他们本质有别，仍然将霍布斯视作培根的后学，费舍尔如此论证他的判断：

> 对于总体的科学而言，有秩序的表象的材料除了源自于记忆里保持下来的知觉即经验，便没有其他的来源，这就是霍布斯的经验主义（Empirismus）；知觉除源自我们的感官活动和感觉，便没有其他的来源，这就是霍布斯的感觉主义（Sensualismus）；感觉除了源自其他身体作用于我们身体的压力、即运动，便没有其他来源，这就是霍布斯的唯物主义（Materialismus）。①

认识论的经验主义的解释并非孤立存在着的，它同政治的解释一脉相承。费舍尔将所谓霍布斯的感觉主义贯彻到对自然状态及其向政治状态转变的解释，在他看来，自然状态里的个体为了保持和促进自己的现实存在（Dasein），同他人争夺物质，最终必然处在相互为敌的境况当中；又因为恐惧自己存在的丧失，他才会同他人缔结契约，成立国家。总的来说，费舍尔笔下的从自然状态到政治状态的过渡，并不存在着任何根本性的转变，它是一个遵循着感觉主

---

① Kuno Fischer, *Francis Bacon und Seine Schule*, Heidelberg: Karl Winter's Universitätsbuchhandlung, 1904, S. 358, S. 360.

义的自然的、必然的过程：

> 国家应当从自然状态里产生，它是一个以必然的、合乎自
> 然的方式产生的人造物。霍布斯的任务即解释自然状态何以是
> 政治状态产生的根据。①

作为唯心主义的同盟，历史法学派的解释同它并没有本质区
别②，基尔克站在黑格尔说的伦理的高度，更进一步地反驳霍布斯的
"自然"概念的有效性。在他的解释里，霍布斯讲的自然状态里根本
不可能有"自然法"产生的可能性，因为自然人的感觉状态根本无
法支撑他们去制定进而遵守法律，更不用说积极地、主动地构造政
治体和法权状态，相反，只有依靠绝对国家颁布统一的国家法，以
垄断的暴力取消自然状态，才能保证秩序。这样说来，霍布斯所谓
的"自然"根本不是真正的自然，这种单纯由感觉支配、寻求占有
的私人生活方式并非必然的生活方式，真正的自然应当是在"有教
养者"引领下的天然有序的族民共同体生活，由此自然地过渡到共
同的政治生活③。

---

① Kuno Fischer, *Francis Bacon und Seine Schule*, Heidelberg: Karl Winter's Universitätsbuchhandlung, 1904, S. 361.

② 不可否认，黑格尔在他的《法哲学原理》针对的主要对象便是以弗里斯之流代表的历史法学派，他们妄图用一种毫无理性的"民族情感"取代概念的认识。然而，在黑格尔去世后，德国唯心主义走向衰落，晚年谢林的神话哲学和神秘主义迎合了复辟的德意志君主—封建制同盟的保守情调，历史法学派逐渐与之合流，如斯塔尔（Friedrich Julius Stahl）、阿伦斯（Heinrich Ahrens）等人的工作，他们寻求构建神圣的有机国家。《共同体与社会》第二版导言澄清了这一点。参见 Ferdinand Tönnies, *Gemeinschaft und Gesellschaft. Grundbegriffe der reine Soziologie*, Darmstadt: Wissenschaftliche Buchgesellschaft, 1979, S. XXVII.

③ 基尔克后来讨论私法的社会任务时，延续了对霍布斯自然法的预先批判，民族的道德意识和创造性的生命力而非契约的自由（Vertragsfreiheit）才是私法的前提。参见［德］奥托·基尔克《私法的社会任务》，《私法的社会任务：基尔克法学文选》，刘志阳译，中国法制出版社 2017 年版，第 24—54 页。

霍布斯真的只是一位经验主义者或感觉主义者吗？这一源始问题纠缠在哲学史的领域，表现为他同培根间的关系；纠缠在国家学的领域，则事关自然法与日耳曼法的争执。滕尼斯由此探入霍布斯的生平和思想的世界，首要的便是回应费舍尔和基尔克。

一开始，正如泡尔生预见的那样，霍布斯开辟的意志论传统或激情的学说（Affektslehre）构成了近代哲学史的关键主线，意志囊括着无穷多样的情感形态、释放出无穷大的行动能量，而这条主线多少被他们有意地或无意地忽视了，从而他们将现代人性理解得太过简单，此前，黑格尔口中（社会的）任性的、偶然的、做着无限抽象运动的邪僻乖逆（Bösartigkeit）的意志被光明的理性和概念运动扬弃了，而最近由叔本华的"生命意志"（Wille zum Leben）、尼采的"权力意志"（Wille zur Macht）将隐蔽的事实再度呈现出来。

不只意志论这一面，滕尼斯对霍布斯学说的最大发现，便是它植根于近代唯名论和几何学这一事实①，他的生活史充分揭示了他对伽利略（而非培根）的精神和学说的继承关系，他的形而上学严格秉持着概念思维和推理的原则，而他的政治学也由严丝合缝的自然法科学构建起来，霍布斯的理性主义既是他有别于培根之处，也是他作为康德先驱的真正理由所在。

结合上述两个方面来说，相比于泡尔生以叔本华的基调理解霍布斯，滕尼斯真正将思考的起点拉回到康德身上，再将康德的理论谱系追溯到霍布斯，事实上，滕尼斯也比泡尔生更深入地把握到这一谱系的复杂性所在。理解霍布斯，并非仅仅从意志或理智某一单一的维度界定他的思想，而是要足够充分地看到他的复杂面向：对于他笔下的现代个体的经验来说，感觉主义、唯物主义的一面和理

---

① 康德继承了霍布斯的这一点，他的《纯粹理性批判》致力于清理出先天的理论知识所要回答的两个问题，一是纯粹的数学如何可能？二是纯粹自然科学如何可能？在滕尼斯看来，康德和霍布斯一样，将可知的哲学同自然科学处理的对象（自然）等同起来。参见 Ferdinand Tönnies, "Vorrede zur dritten Auflage", in *Thomas Hobbes. Leben und Lehre*, Stuttgart: Friedrich Frommann Verlag, 1975, S. XIII.

性主义、唯名论的一面密切地交织在一起，意志与理智间的张力也极其强大。将这一张力的事实揭示出来，无疑是反思德国19世纪思想和历史进路的前提。

从"霍布斯到康德"的理论谱系所揭示的现代启蒙的实质是大众启蒙，同历史法学派对理性的怀疑不同，他们的理论前提是现代个体有能力冷静地理性筹划，理性地想象整体秩序，由个体汇集成的大众（人民）担当了主权的载体。它同历史主义者所呼吁的"有教养者"的统治形成了尖锐的对立，历史主义者或依靠从祖先那里流传下来的传统或援引古典的经卷教条，或呼吁神圣的信仰，或直接诉诸某种先天的或目的论式的理念，而忽视了现代人性极其复杂的内容。事实上，自霍布斯始，各种加诸人心的"灵"的空虚黑暗及其诞生地即基督教会支配的"大学"遭到了史无前例的批判，一切神权国家的虚妄也被揭示出来，这一事实同笛卡尔"我思"的主体革命一道，共同决定了现代思想的土壤和尺度；而如何充分看到个体意志的事实（Tatsache des Wollens）进而处理理智与意志间平衡的难题，考验着现代道德以至政治思想家的智慧。

在澄清霍布斯之启蒙基础的前提下，让我们再度回到德国启蒙这一总体任务。特别需要注意到的是，在评论泡尔生的霍布斯与柏拉图之亲合观时，滕尼斯曾作出了具体的政治设想，他称之为"柏拉图—霍布斯的国家纲要"，这一图景涵盖的复杂层次足以回应历史法学派和保守主义的政治谋划，也从侧面揭示了"霍布斯"对于德国启蒙的意义所在：

　　在帝国议会里，科学与哲学必须发挥作用；只有理性更强大，帝国议会才能更有理性，各个邦国的人民议会亦是如此。一旦它们变得理性，作为帝国议会的整体便能实现有机的、社会的和政治的改造。它将认识到……它的最终的行动是用主权的力量支配整个国家和涉及全体需要的共同事务，这些事务应当交托给一个由大约25位长者组成的委员会。次级的议会（邦议会）的委员会人数相应减少，他们对自己邦国的主权集会或领主负责，更小的政治单位依次类推，直到各个基层社团（Gemeinde）。对帝国议会的委员会来说，应当从人民中选出最智慧的、最优秀的人，他们必须在 50 岁以上；对更次级委员会来说，一个确定的年岁是要得到保证的（30 岁左右应当是恰当的），因为年岁的界限对于个体诸方面的教化（allseitige Ausbildung）是确定的，到了 30 岁，他的身体强壮，他的精神成熟了，这一年龄至少首先保证他有能力从事政治科学的研究。因此我在这里提出了一种可能的贵族民主制抑或民主贵族制的方案。……这就是我的柏拉图—霍布斯国家的纲要（Umrisse meines platonisch – hobbesischen Staates）。①

这一设计多少让我们直接想起柏拉图在《理想国》或《法篇》里刻画的城邦的有机秩序，他按照灵魂的秩序划分城邦的部分，安排每个部分特定的人数，赋予各自特殊的使命。暂且不论滕尼斯对柏拉图的模仿是否具有乌托邦的色彩，其内含的精神实质却是霍布斯式的政治启蒙，而且启蒙的精神融入德意志帝国的政体结构：一方面，他充分承认帝国的各个邦国的权利，尊重各个等级的历史地位；另一方面，他又将它们重新奠定在政治启蒙的基础上，公民（Bürger）需要政治教育，他们从诞生起就要历练自己的身体和精神，他们有权利，更要训练出理性的能力去选择最智慧（最深刻地研究了政治科学的人）、最有经验者（最年长者）作为他们的代表，让代表对公共事务发挥明智的作用。

不只停留于德国的知识脉络，滕尼斯的霍布斯研究汲取了英法德学者的研究传统，从中提取理解现代人性和现代政治的观察视角，这就包括英国人的从政治经济学（18 世纪）到功利主义（19 世纪）

---

① Ferdinand Tönnies und Friedrich Paulsen, *Briefwechsel 1876 – 1908*, Herausgegeben von Olaf Klose, E. G. Jacoby, Irma Fischer, Kiel: Ferdinand Hirt, 1961, S. 31.

的知识脉络里的经济人、市民社会的观点，法国人对革命、人民政治、共和主义的关注以及德国知识分子对历史和传统的挚爱，可以说，"霍布斯"的形象糅合了整个现代性的内容和发展进程，是现代性秘密的浓缩。滕尼斯将它们融合到对德国未来政治构建的思考当中①。

　　滕尼斯的霍布斯研究，以历史考证和人类学的观察方式还原了霍布斯的性格和生活史，揭示他在现代性的开端与历史进程里的生活状态和所思所感，勾勒出一个纯粹现代人的形象；进一步地，滕尼斯通过对他的形而上学的分析，描绘了他的理想世界和人性图景；最后推进到他的自然法和国家理论，呈现他眼中的现代政治的理性面貌。

---

①　Ferdinand Tönnies, *Thomas Hobbes. Leben und Lehre*, Stuttgart：Friedrich Frommann Verlag, 1975, SS. 271 - 276.

第 二 章

霍布斯的榜样人生与现代启蒙

科学完全地远离生活，然而仅仅通过一个转弯，又再次返回生活之中。[①]

——歌德

霍布斯的人生史是滕尼斯《霍布斯的生平与学说》一书首先讲述的内容，也是该书至关重要的组成部分。然而，无论滕尼斯之后的霍布斯研究者，还是滕尼斯研究专家，都没有对这个部分投入足够的热情和关注。在当下的霍布斯研究领域里，更准确地说，在广义的思想史研究领域里，"文本主义者"往往跳过主人公的生活和历史处境，直接进入他的著作本身，构建某种不乏意识形态预设的理论脉络；"语境主义者"则与之相对，让主人公的思想构成及其起源问题弥散在时代错综复杂的话语世界里，不足以凝练思想的实质。不管两者从何种角度勾勒人物或思想的历史，它们多少皆错失了人物的性格、时代的格局与思想的整体之间不断生成着的、有机的联系，从这个意义上说，滕尼斯的霍布斯研究恰有可能为当前的思想史研究提供启示。

[①] "Wissenschaften entfernen sich im ganzen immer vom Leben und kehren nur durch einen Umweg wieder dorthin zurück." 引自 Johann Wolfgang von Goethe, *Maximen und Reflexionen*, XIII：825.

　　而在滕尼斯研究这一面，经典的解读涉及"滕尼斯与霍布斯的关系"时，往往要么只注意到滕尼斯的社会科学的方法论（尤其关乎概念建构与客观实在的关系）受到了霍布斯的逻辑学影响①，要么他的社会理论的人性论预设与法权基础源于霍布斯的自然状态以及利维坦学说②，这些研究实际上忽视了一个更为基础性的问题：滕尼斯着力于勾勒霍布斯的性格、还原他的生活与思想之间活生生的交融景象，并非要将它当成一个僵死的研究对象、解剖分析，而是要展示一位作为现代榜样人生的学者的丰富的生活和内心的世界。为此，滕尼斯曾意味深长地引用歌德的格言集里的一句话说明这点：

　　　　科学完全地远离生活，然而仅仅通过一个转弯（Umweg），又再次返回生活之中。③

　　遵循着歌德的指引，滕尼斯要借霍布斯道出现代知识人的生活与思想交织、疏离乃至辩证发展的典范。从表面上看，他的写作编排无非遵循了同时代德国学者的人物研究的通常体例，即"某位哲学家的生平和思想"（Leben und Lehre）④，然而他的意图并不

---

① 如 Cornelius Bickel, *Ferdinand Tönnies*：*Soziologie als skeptische Aufklärung zwischen Historismus und Rationalismus.* Opladen：Westdt. Verlag，1991；Merz‐Benz, *Tiefsinn und Scharfsinn*：*Ferdinand Tönnies' begriffliche Konstitution der Sozialwelt*. Frankfurt am Main：Suhrkamp，1995.

② 如 Niall Bond, "Rational, Natural Law and German Sociology：Hobbes, Locke and Tönnies", in *Understanding Ferdinand Tönnies' "Community and Society"*, Münster：LIT Verlag，2013，pp. 107‐132.

③ Ferdinand Tönnies, *Thomas Hobbes. Leben und Lehre*, Stuttgart：Friedrich Frommann Verlag，1975，S. 76.

④ 滕尼斯在自传里介绍了他的这本霍布斯研究著作的出版始末。由于哲学教授 Richard Falckenberg 编订一套名为"经典哲学作家"的丛书，他极力邀请滕尼斯撰写一本关于霍布斯的著作，因此本书的最终体例遵循了丛书的统一标准。参见 Ferdinand Tönnies, "Eutin", in *Die Philosophie der gegenwart in Selbstdarstellungen Band Ⅲ*, Herausgegeben von Dr. Raymund Schmidt, Leipzig：Verlag von Felix Meiner，1922，S. 220.

是做成一部通俗的哲学教本，在系统地介绍哲学家的思想之前，先机械地勾勒一下哲学家的生平情况，而是还原德文词"Leben"本来的面目，即鲜活的生命图景，或者歌德所说的"常青的生命之树"。

滕尼斯的叙述并非遵循编年史学的既定范式，而是沿着自己的理解脉络展开，重在展现霍布斯的生活同思想的交融，他的自我教育的历程。霍布斯生活的时代是古今转折的大变革时代，祖国的内战、政体更迭、各党派的倾轧使他过着放逐的生活，作为一位真正的"世界公民"在欧洲漂流，他经历着不断剧烈变动着的人生；与此同时，在同各国王族、旧贵族、新资产阶级、思想家、革命者交流与碰撞的过程中，他见证着他们的荣辱和品格，从来没放弃为学术共同体和公民同胞寻找理性的安顿之所。对滕尼斯来说，霍布斯的一生展现的是现代知识人的"奥德赛"命运，而他的沉思和实践的人生则是现代人汲取智慧的典范。

第一节　"性格"作为传记的核心问题
——兼论传记的思想史之辩

滕尼斯为霍布斯撰写传记，把握的核心线索乃霍布斯的性格（Charakter）的总体表现与生成过程。特别值得注意的是，在传记的最后一章，他曾具体地阐释了所谓"性格学"（Charakteristik）的意涵，为我们澄清了他作传的指引精神和最终目的①。因此，我们有必要首先对滕尼斯的意图做一番说明。

---

① Ferdinand Tönnies, *Thomas Hobbes. Leben und Lehre*, Stuttgart: Friedrich Frommann Verlag, 1975, SS. 66–73.

　　"性格学"或性格特征的刻画包含了非常多的理论层次①，对此，滕尼斯依次讲述了五个环节：第一是"外在方面"（Äußeres），其中既包括康德或拉瓦特尔推崇的面相学考察，也包括主人公对一切外在之物尤其是财产的态度；第二是"倾向与反感"（Neigung und Abneigung），它讨论的是主人公的日常兴趣和厌恶的东西；第三是"天性与性格"（Naturell und Charakter），此部分从总体上归纳了主人公的精神气质与行为习惯；第四是"人格"（Persönlichkeit），这一环节乃是对主人公的心灵、他的思想特征以及社会关系的呈现；第五是"对霍布斯的诸评价"（Urteile über Hobbes），即各个时代加诸他的意见，或者说由他的名字承载的舆论和意义的综合体。

　　从形式上看，滕尼斯的性格学以内外融通的方式刻画了一个近代知识人的完整生命形态：从他的外部形象、日常的为人处世的态度到他的心灵，再由他的内在世界呈现其著作和行动的精神。如果反观他身前以及同时代的思想史研究，滕尼斯实际上既处在特定的继承与对话关系里，也为思想史研究奠定了新的格局。

　　放眼近代的传记文学，它们同古典时代的"名人传"以及中世纪的"圣徒传"全然有别，首先是以嬉笑怒骂的纪传式逸事汇编（Anekdote）形态出现的，这种写作方式发端于蒙田和培根的随笔（Essai）风尚，常见于英国人擅长的小品文，他们好用风趣幽默的笔调将古代名人或时人的趣闻不经考证地信手拈来，加以调侃，奥布里的《名人小传》（*Brief Lives*）就是典范，这一体裁的流行植根

① 滕尼斯多少遵循了康德"人类学"的分类原则和基本定义，受泡尔生的影响，滕尼斯倾向于从康德的道德哲学扩展到历史和人类学的解释。参见［德］康德《实用人类学》，邓晓芒译，上海世纪出版集团 2005 年版，第 209—232 页；Ferdinand Tönnies und Friedrich Paulsen, *Briefwechsel 1876 – 1908*, Herausgegeben von Olaf Klose, E. G. Jacoby, Irma Fischer, Kiel: Ferdinand Hirt, 1961, S. 8, S. 91.

于英格兰帝制复辟以来的市民生活的繁荣①；在此之后，启蒙时代为世俗"帝王将相"作传的历史学兴起②，18 世纪的君主集权和开明专制政体令法国人偏爱这种题材与风格，伏尔泰的《路易十四的时代》便是典型代表，对他而言，为路易十四作传，赞美的并非国王个人，而是由他的权势成就的法兰西的辉煌，它非过去任何时代可媲美。由英法两国的传记文学特质折射出他们看待、理解"天才"（Genie）的视角，这些视角实际上又同他们各自的民族性密不可分，关于它们之间的关系，康德曾做过十分精妙的概括：

> 天才根据其所产生的民族或地域的特征，似乎也在自身中具有各种不同的原始萌芽，以及这萌芽的各种不同的发展道路。……天才在法国人那里产生自花朵，对于英国人则是出现在果实里。③

康德多少认同孟德斯鸠的看法，即民族性并不能简单地用各国当前的政体形式解释，它是在漫长的时间历程中由自然和历史的多方面因素交织塑造的，我们不可能将它清楚地还原出来。但这里的关键问题在于：当古典时代和中世纪的"世界帝国"瓦解，各个民

---

① 奥布里的《名人小传》里的"霍布斯"一章是全书最长的章节，它建立在作者同霍布斯密切交往的基础上，材料最是可信，本书亦是滕尼斯最倚重的资料。《名人小传》作于 1679—1680 年，正是英格兰帝制复辟后宫廷文化和市民生活繁荣的时代。值得注意的是，正如本书编者理查德·巴伯提示的那样，本书的诞生基于某种共同的时代气氛，"它同古典时代的作家（如普鲁塔克和苏埃托尼乌斯）、中世纪圣徒的生平几乎没有关系"。从巴伯接下来引用的托马斯·富勒在《英格兰名人传》（1662）的导言，我们得以一瞥奥布里等人的传记写作意图："将英格兰比作一座房屋并非不恰当……如果上帝乐意，我们打算描述一下这些房间里的家具，每个郡知名的产品和人物，以及与这同一主题相一致的其他值得注意的东西。"参见［英］理查德·巴伯《名人小传》，"引言"，王宪生译，北京时代华文书局 2014 年版。

② 当然还包括与之相对的反启蒙阵营的"神意"的历史谱系，例如波舒哀。

③ ［德］康德：《实用人类学》，邓晓芒译，上海世纪出版集团 2005 年版，第128 页。

族国家开始形成，我们能实在地看到并系统地解释的性格是什么（康德的"实用"［praktisch］概念指的正是这个）？欧洲其他民族国家边界仍然模糊不清，但英法两个民族最先形成了明确而稳定的民族品质，他们的文学、艺术亦散发着各自民族性的韵味。英国人由于悬置孤岛，养成了自我孤立的性格，面向海洋的普遍商业精神则激发起好勇斗狠的品质，他们同别人打交道以及相互间打交道时，仅仅相信自己的头脑而要求别人的尊敬，故而不难理解他们笔下的他人（即使哲人和名士），为何大多以被嘲讽的面貌出现①；法国人则天性善于用风趣幽默的方式交谈，这多少源于他们的宫廷礼仪通过等级、模仿的机制蔓延开来，他们擅长社交生活，尤其喜爱向妇女献殷勤，然而这导致了他们情感热烈却节制不足，理性的思考也常常漫不经心，流于卢梭所批判的泡沫般的华丽辞藻。

　　和英国人的重利益（果实的譬喻）、法国人的重华美（花朵的譬喻）的品质都不一样，康德同时说道："天才在德国人那里多半发于根部。"他的这一说法切中滕尼斯的思想定位，滕尼斯的"霍布斯传"就试图从这位思想家的根部更准确地说从整个现代性的根部始诠释其性格与思想的生成。用康德的话讲，这既意味着充分调动知性的力量，整理和甄别一切现有的著作、信件、札记和不同人物施加于上的判断，将它们编织成一幅完整而系统的图景；也意味着怀揣着道德的信念，向着它们追问现代的德性和价值；还有满含情感的力量、同情地体会思想家的生身处境，为每一刻的态度、每一句言辞赋予鲜活的意义。将这些要素充分综合到一起，方能成就真正人类学式的洞察。

---

　　① 尽管康德对英国人的评论不乏某种德国式的偏见，然而他对英国人的性格及其未来的发展趋势是有天才式的眼光的。滕尼斯亦认同康德，在后来写成的《英国人眼中的英国的世界政策》（*Englische Weltpolitik in englischer Beleuchtung*，1915）一书的开头，滕尼斯便以康德的判断导入、统摄全书，即英国人对待自己是自由的，对待别人或其他民族则是不宽容的、好战的，英文译本的标题更贴切地点出了主旨："好战的英国"（*Warlike England*）。

即使从康德所谓的德意志民族内部传统看，滕尼斯纪传的性格学方法也开辟了一条独特的思想史进路。① 要指明这一点，我们必须返回康德及其之后的德意志思想进程来看。谈及这一问题，滕尼斯曾表示：康德是德国启蒙的完成者，在他学说里存在着两条并行不悖的脉络，其一是"理论的—推理的—教条的"（theoretisch - dis-kursiv - dogmatisch）理性，它直接地就可以产生出理论的科学，其二则是"内省的—神秘的—存疑的"（intuitiv - mystisch - problema-tisch）意志，它蕴含着一种隐秘的能力，凭借着唯一合宜的判断（einzig angemessenem Urteil）就能区分善和恶的本质，这两方面分属灵魂的不同领域和机能，任何一方都不会伤及另一方。然而在康德之后，它们却裂解开来②。相对应地，孕育出不同的"个体"（Indi-vidual）观念，唯心主义者认为个体不停留于自身，而要自在自为地实现自我的普遍性，这个过程里的现象必须通过概念运动的方式呈现出来③，相反，浪漫主义者则强调每一个体有别于他人的最特殊的个性。"天才"所由生成的根部到底是概念，还是欲望与幻想？

我们看到，黑格尔笔下的一个个历史个体消解于概念的链条当中，在《哲学史讲演录》里，所有历史上的思想家都被抽象成他们使用过的或者被赋予的特定概念，它们的片面性都是为着最高的绝对知识铺路的；而反过来，正如滕尼斯敏锐认识到的，浪漫派理想

---

① 滕尼斯的霍布斯纪传之作并不只有继承的意义（首要即继承康德的人类学传统），更是影响了未来的社会科学研究与人物研究的风格，本书此后论述滕尼斯的社会学思想的时候，将着力谈第一个方面。在此，我们稍稍提及一下第二个方面，自从滕尼斯的霍布斯研究问世后，它影响了维多利亚时代英国知识群体的精神风貌，他们以共同编织经典人物生活图谱的方式缔造英国的民族精神与普世精神，由约翰·莫利主编的"文字中的英国人"（English Men of Letters）文丛就是最典型的代表，莫利本人也是其中的《霍布斯传》的作者。关于滕尼斯与这套丛书的关系，参见 E. G. Jacoby, *Die moderne Gesellschaft im sozialwissenschaftlichen Denken von Ferdinand Tönnies*, hrg. Arno Bammé, München – Wien: Profil Verlag, 2013, S. 21.

② Ferdinand Tönnies und Friedrich Paulsen, *Briefwechsel 1876 – 1908*, Herausgege-ben von Olaf Klose, E. G. Jacoby, Irma Fischer, Kiel: Ferdinand Hirt, 1961, SS. 91 – 92.

③ Hegel, "Vorrede", in *Phänomenologie des Geistes*, Hamburg: Felix Meiner Ver-lag, 1988.

中的绝对特殊的个体，推到极端就是隐秘的宗教激情，甚至可以说是完全作为"否定之否定"（Negation der Negation）的信仰①，比如诺瓦利斯塑造的"奥夫特丁根"（Heinrich von Ofterdingen）这一典型的浪漫主义形象，他的个体心灵无限地朝向神话般的太古寻求美和爱，延续了早期浪漫主义呼吁的"个性通过诗化方式向着无限运动"②，同时，这种个性也不可能是独立存在着的，它必然要依附于某一普遍的意义，而"奥夫特丁根"正同他的普世"大公教"的政治设计一脉相承，在滕尼斯身处的时代，这种对个性的浪漫化解读泛化成民族狂热（滕尼斯将它称作"民族的—卢梭式的时代"[Volkstümlich-Rousseau'sche]），尤其经拉加德（Paul de Lagarde）等民族主义学者的煽动，排斥异族、反犹太人的浪潮高涨③。

鉴于这两种人性观的困境，19世纪末新康德主义兴起，它有意识地返回康德对个体能力（Vermögen）的划分，在此基础上重新调和它们，奠定真正有效的个体生命的学说。无论冯特的生理心理学，还是狄尔泰的精神科学，都致力于精确地描述、还原个体鲜活的内在经验本身。尤其狄尔泰的精神科学拥有强烈的理论意愿，在历史个体内在涌动的体验（Erlebnis）基础上重建历史的意义。早在他年轻的时期，便已经从施莱尔马赫的生活与精神世界里感到"个性"无法被穷尽的意谓，并深受施莱尔马赫的泛神论影响，将个体视作

---

① Ferdinand Tönnies und Friedrich Paulsen, *Briefwechsel 1876 - 1908*, Herausgegeben von Olaf Klose, E. G. Jacoby, Irma Fischer, Kiel: Ferdinand Hirt, 1961, S. 92.

② 参见施莱格尔撰写的著名的《雅典娜神殿断片集》第116条。Friedrich Schelgel, *Friedrich Schelgel's Lucinde and the Fragments*, trans. Peter Firchow, Minneapolis: University of Minnesota Press, 1971, p. 175.

③ 青年时代的滕尼斯曾总结德意志帝国前十年两个流行的却前景昏暗的社会潮流：一个是社会民主主义；另一个就是极其混沌的反犹主义。在他看来，只要一个人用哲学的方式来思考，他便会对这两种思潮感到厌恶，同它们疏远。相形之下，他感到自己就像一个荒野里的传道士那样踽踽独行，探索新的启蒙之道。参见 Ferdinand Tönnies und Friedrich Paulsen, *Briefwechsel 1876 - 1908*, Herausgegeben von Olaf Klose, E. G. Jacoby, Irma Fischer, Kiel: Ferdinand Hirt, 1961, S. 92.

历史中的真正实在者或者说历史之隐秘意图的凝聚：

> 有意义的个体不仅是历史的基本主体，而且在某种意义上也是历史中最伟大的实在。是的，自然只是不可理解的东西的显象和外衣，而在这里，唯有我们才能经验充分意义上的实在，即这种实在可以从内部看：不是被看，而是被体验。我想研究文化中那些完全分散的成分如何在这样一个有意义的个体发挥作用的地方形成一个影响生命的整体。①

从这个意义上讲，"传记"成了连接精神和历史的中介者，是历史科学的核心。他的《施莱尔马赫传》（*Leben Schleiermachers*, 1870）便是典范之作，它描绘了主人公具体的生活世界以及同思想密切交织的复杂图景。以施莱尔马赫为中心，狄尔泰将视域扩展到了康德和莱辛之后的那代思想家群体尤其是浪漫派诗人（诺瓦利斯、荷尔德林甚至是被浪漫化了的歌德）身上。在《体验与诗》里，狄尔泰以他们为聚焦点找到了最伟大的人格或者说最丰富的个性的承载者，这些诗人向我们揭示了生命或生活的本质是诗意的想象（dichterische Phantasie），它竭力超越我们此在生命的有限性，为自己编织出真正有意义的"生命覆盖层"（Lebensbezügen）。在一段明显同康德的"星空与道德"对话的文字里，狄尔泰界定了体验与生命的关系：

> 由生和死划定界限的、被现实的压力所限制的生存的有限性在我心中唤起对一种持久状、一种无变易状、一种摆脱事物压力状的向往，我抬头仰望的群星于我而言变成了这样一个永恒的、不可触及的世界。在我周围的万物中，我重新体验我本人曾经体验过的事物。我在黄昏中俯视我脚下寂静的城市，一

① 转引自［荷］约斯·德·穆尔《有限性的悲剧：狄尔泰的生命释义学》，吕和应译，上海三联书店2014年版，第20页。

憧憧房子里渐次亮起来的灯光向我表达了一种受保护的和平的生存。在我的自身中、在我的状况中、在我周围的人和物中的这种生活的内涵，构成了它们的生活价值，这有别于现实给予它们的价值。①

不独如此，这些伟大的个性从各自的想象生命覆盖层出发，共同交融到一起奏响了有机的、蓬勃的时代交响曲。在终其一生的精神史研究里，狄尔泰试图重新审视由"有意义的个体"所赋予的不同历史阶段的独特意义。

如果从德国的康德复兴大背景来看，狄尔泰的精神科学无疑为未来的文化与历史研究提供了新的心理学基础或者说理想的"个体"参照②，而滕尼斯的霍布斯研究（首先是人物"性格学"的定位）则内含着强烈的动力、同狄尔泰展开对话③。在"性格学"一章里，

---

①　［德］狄尔泰：《体验与诗》，胡其鼎译，生活·读书·新知三联书店 2003 年版，第 149 页。

②　恩斯特·特洛尔奇在其个人自述中曾经谈到，他们这代社会学家是在狄尔泰的理解心理学的影响下成长起来的，不论研究何种具体的文化形态，首先都要做心理学的奠基，将意识体验（Bewußtseinserlebnis）分解成不同的成分和表象，然而进一步讨论心理内涵和价值关系，却无法再停留于狄尔泰开辟的基地了，必须再走出新的一步。滕尼斯即是这一代的先驱，他的霍布斯研究亦是他的行动理论和价值理论的奠基之作。参见［德］特洛尔奇：《基督教理论与现代》，"关于我的著述"，朱雁冰译，华夏出版社 2004 年版，第 325 页。

③　需要指出的是，《霍布斯的生平》第一版（1896 年）问世时，狄尔泰论霍布斯的文本尚不存在，待第三版（1925 年）面世，滕尼斯对本书做了修订，其中大量回应了同时代的霍布斯研究，尤其是狄尔泰的作品。不论时间前后，滕尼斯对霍布斯的判断并没有改变，恰恰透过后来的回应，我们能更清楚地看出他的意图。除此之外，Jacoby 非常敏锐地认识到滕尼斯与狄尔泰的理论联系，这一联系基于后者 1883 年出版的《精神科学引论》对前者的影响，尽管后者对"社会学"持批评态度。除了信件材料证实滕尼斯读过"这本伟大的著作"，Jacoby 还从《共同体与社会》第一版导言部分找到了文本的证据即两者皆从个体和人类全体的关系理解现实（Realität），但他的解释并没有将狄尔泰的社会学批判追溯到他的 16—17 世纪精神史研究，而滕尼斯对此是有直接回应的，Jaboby 也没有进一步地考察这一回应的真正意义所在。E. G. Jacoby, *Die moderne Gesellschaft im sozialwissenschaflichen Denken von Ferdinand Tönnies*, herausgegeben von Arno Bammé, München: Profil Verlag, 2013, SS. 57 – 60.

滕尼斯将矛头直指狄尔泰的《哲学通史》（*Allgemeine Geschichte der Philosophie*，1900—1905）的霍布斯形象，表面上，滕尼斯针对的是狄尔泰描述的霍布斯的性格面貌，但实质的问题却涉及谁是"有意义的个体"？怎样去定位"有意义的个体"？更直接地说，现代人的理想个性到底以何为参照？

第二节　霍布斯作为现代人的榜样：沉思与行动

　　滕尼斯注意到，狄尔泰在《哲学通史》论霍布斯的部分延续了他所擅长的个体心理学考察，后者试图说明，霍布斯如何震动了甚至大大地超越了他的那个时代的公共意见。同滕尼斯的判断一致，他认为这种效果却并非源于一种客观的理论，而是最终植根于他的性格最本己、最深刻的表达，也即在霍布斯的逻辑论据的表象之后隐藏着的一个激烈的、不安的主观性（impetuose Subjektivität）：

　　　　从他的人格的最内在部分出发，正如它在其游历中、在庄园里、在其对政治混乱的观察中成型那样，它可以表述为深深的厌世感（Misanthropie），怀疑的、恐惧的不信任感，以及强烈地渴望一种宁静的、安静的生活状态的愿望。①

　　狄尔泰多少敏锐地认识到一个事实，即霍布斯的机械论哲学推理或科学的"实证主义"同他本人悲观厌世的人性体验之间存在着深刻的断裂，我们无法先入为主地从实证科学本身获知作者的人性判断，运动与感知不能提供任何道德的价值，而只能从他的现实生活（游历、宫廷生活和政治乱象）处境体验他的心理事实，从这个

―――――――――――

　　① 转引自 Ferdinand Tönnies，*Thomas Hobbes. Leben und Lehre*，Stuttgart：Friedrich Frommann Verlag，1975，S. 71.

意义上讲，尽管狄尔泰同费舍尔的判断一样，认为霍布斯的认识论源于培根的唯物主义①，然而他的心理学的历史建构则却令他发现了真正鲜活的东西，这个东西是先于科学的人性预判，是霍布斯的特殊人格以及作为其人格内核的厌世感。

不止如此，狄尔泰没有停留于对特殊事实的解释，而是进一步地寻求普遍的哲学史（伦理学说）的支持。霍布斯人性论的根本在于他的激情学说（Affektenlehre），为了找到思想根基，狄尔泰将目光投向了古代哲学的思想资源，投向了罗马的斯多葛主义，他的考证完全建立在对霍布斯的《论人》（De Homine）尤其集中论述激情学说的第十二章的基础上②，它的内容不过重复了斯多葛学派对激情之起因的一般说辞，而霍布斯本人所欲求的也仅仅是同激情截然相对的平淡恬静的状态。换句话说，抛开特殊的人生故事不论，霍布斯讲出来的普遍道理无非是传统的斯多葛主义。③

滕尼斯首先承认狄尔泰的最终判断是准确的，即霍布斯终其一生的确都在渴望一个和平安宁的秩序，但是这种愿望并非源于他的古典意识："认为霍布斯渴望平静和安全，这个判断是正确的，事实上，在霍布斯看来，不仅学者，而且一般的文明人也都有这样的渴

---

① 参见滕尼斯的第 99 号长注，Ferdinand Tönnies，*Thomas Hobbes. Leben und Lehre*，Stuttgart：Friedrich Frommann Verlag，1975，S. 71.

② 滕尼斯在 106 号长注里反驳了狄尔泰的文本依据：即使我们可以合理地承认霍布斯在《论人》的第十二章第一节完全引用了斯多葛派的资源，但是并不能证明他就是斯多葛主义者，比如我们无法在他的更早的两部专著《法的要素》《论公民》里看出这一点。Ferdinand Tönnies，*Thomas Hobbes. Leben und Lehre*，Stuttgart：Friedrich Frommann Verlag，1975，SS. 299 – 300.

③ 施特劳斯对狄尔泰的结论探讨地更充分，一方面，他指出狄尔泰看到了霍布斯机械论自然科学背后更实质的东西，并且认识到"近代科学的实质内容仍然植根于对过去时代的描述、分类和解释"；但另一方面，他认为狄尔泰从来就没有深究霍布斯本人的真实态度，"霍布斯的著述中一再出现的传统理论，是他的政治哲学真正不可分割的组成部分，还是霍布斯大体已经否定，但却未能完全摆脱和摒弃的某个传统的残余而已呢？"施特劳斯在这个问题上探究得更深入，他试图建立人文主义时代的霍布斯同亚里士多德主义的关系，当然，他显然也不赞同滕尼斯的解释道路。［美］列奥·施特劳斯：《霍布斯的政治哲学》，申彤译，译林出版社 2012 年版，第4—5 页。

望，这是人性的一个普遍特征，一项理性的要求，只有激情（lei-denschaft）才与之背道而驰。"① 这个问题并非独立存在着，它实际上同它的反面紧紧纠缠在一起，并且指向了它的反面：霍布斯骨子里就是一个厌世者吗？滕尼斯提供了充足的材料反驳狄尔泰。狄尔泰并没有区分清楚，到底哪些说辞真正可靠，所谓"厌世感与怀疑的、恐惧的不信任感"只是那些怨恨他的敌人的诟病，相反，无数同时代人的记述能证明霍布斯的明朗天性、人格上的亲和力（anzie-hend）以及合宜的知性力（aufrichtige Erkenntlichkeit）。

我们无须在此列举所有材料，而是要审视滕尼斯和狄尔泰争执的实质。从表面上看，滕尼斯要为霍布斯辩护，还原他的真实性格。然而他意识到，狄尔泰对霍布斯厌世或悲观的判断尽管犯了错误，却点中了要害之处：一方面，狄尔泰将霍布斯的悲观归结到他的三个生活时段的状态：一是游历，二是在宫廷的生活，三是对英国内战的观察；另一方面，他认识到不能只从分散的生活片段涵盖霍布斯的思想整体，故而转向古典的伦理学说，寻找根源。狄尔泰无疑领会到霍布斯本人的"合宜性"同他的悲观人性论之间的微妙关系，但他的这种分裂性解释并没有真正地澄清差异，也就是说，没有讲清霍布斯的悲观人性论的真正意思②。

滕尼斯一针见血地点出霍布斯的深刻的批判意识（scharfe Kri-tik）是沟通其"合宜性"与悲观人性论的桥梁。只有首先澄清霍布斯的整体经验，才能理解其生命与思想、其自然观与道德观的统一。断裂源于人为的偏见，偏见有意夸大他的科学学说（显白）和政治哲学（隐微）间的张力，它本身也是自然状态和利维坦的恐怖促成的道德污蔑。滕尼斯眼中的霍布斯却是一位直面完整的现代经验的

---

① Ferdinand Tönnies, *Thomas Hobbes. Leben und Lehre*, Stuttgart：Friedrich Frommann Verlag, 1975, S. 71.

② 滕尼斯自己也经历着霍布斯的命运，他的"社会悲观主义"之名最广泛地为人熟知。不过，只有首先看明白他们之间的微妙关系，我们才能明了霍布斯以及他的当代化身滕尼斯的伦理思想的真正意义。

思想家，他如此解释"自由思想家"和"怀疑主义者"何以集于霍布斯一身，说白了，它们只是心灵的不同表现方式：

> 故而，并非英国内战这件事本身促成了他的思考，因为内战爆发前，他的思维方式已发育成熟；毋宁说，他的思想源于对他所身处时代的整体经验（Gesamterfahrung），源于对持续不断的大规模战争的考察，而这些战争，皆肇始于宗教改革与反宗教改革势力间的对抗。霍布斯年少时，就已通过上辈人的叙述，体验到了这段历史，而这段历史，有如阴影一般，弥漫在现时代的上空。到了 16 世纪下半叶，所有杰出的个体可以说都面临着一种人生选择：要么死在断头台，要么死于谋杀者的匕首。在英格兰，自从伊丽莎白登基以来，国家相对而言保持着和平的局面，但在法国呢！在荷兰呢！在苏格兰呢！到处都是群魔乱舞！到处都上演着宏大的戏剧，震撼人心的悲剧从没缺席！这些境况有助于促成一位思想家提出普遍的理论体系。霍布斯既是一位自由的思想家，又是一位怀疑主义者。①

霍布斯的普遍历史意识里的确植入了古典思想的种子，然而他并非斯多葛主义者，并非如黑格尔讲的那般追求神圣美德、逃避现世，形成了苦恼意识，他心中的古典典范是古希腊罗马的诗人和史家，尤其是修昔底德。对霍布斯来说，修昔底德撰写的历史合乎他正在经历的逆境：伯罗奔尼撒战争时期的希腊诸城邦尤其是民主制的雅典和现在的欧洲诸国的情形极其类似，人性的自私和卑劣全都释放出来，成了摧毁主权和公共利益的武器。不仅如此，历史直接而鲜活地鼓动起思想和行动的意识，为行动提供启示。滕尼斯认为，霍布斯除了翻译修昔底德的历史，对其中超越历史本身的教诲也做

---

① Ferdinand Tönnies, *Thomas Hobbes. Leben und Lehre*, Stuttgart：Friedrich Frommann Verlag, 1975, SS. 72 – 73.

了充分的提炼，洞穿了各种道德和伦理意见背后的党派狂热，在他眼里，智慧（Weisheit）的品质高于博学（Gelehrsamkeit），由此，我们也不难理解，紧接着翻译与研究修昔底德的"人文主义时期"，霍布斯开始从事几何学与自然科学的研究，这之间根本不存在断裂，而是他意在为人的伦理和政治生活提供一个确切的人性论基础①，而确切的人性论又要以确切的自然观作为前提。

从这个意义上讲，滕尼斯对狄尔泰的批评，表面上是要做历史的还原，但更深刻的意图是要重新定位现代思想家和理想人性。同样以康德学说为中心，狄尔泰聚焦他的审美和想象力（第三批判）理论，并将之向后推及浪漫派诗人，他们涌流的生命力、以自己心底的情调为世界赋予色彩的能力，为他提供了完美的人格结构，相反，霍布斯的自然哲学既是"现代认知主体血管里流动的干枯血液"②，他的人格和他的自然观念一样沉寂而枯燥；但滕尼斯实质上聚焦于康德的纯粹理性批判（第一批判），并向上追溯到到休谟和霍布斯的理性启蒙，暂且不提"批判"的内容，即它针对的现代自然的含义、主体同自然的关系以及主体的心灵结构，滕尼斯首先要捍卫的是作为一种生活方式的理性批判，它意味着内在的合宜灵魂以及对待全部外在经验时的冷静沉思，更意味着永不停歇的反应和行动，无论霍布斯自己的多舛的命运、开放的个性，还是他对历史或自然思考，都积极地指向这一点③。作为特殊生活方式的理性批判既是康德的灵魂，也是现代知识分子必然要担当的使命，而这又应当追溯到霍布斯。进一步地说，狄尔泰和滕尼斯之争实际上同各自的

---

① Ferdinand Tönnies, *Thomas Hobbes. Leben und Lehre*, Stuttgart: Friedrich Frommann Verlag, 1975, SS. 12 – 13.

② Wilhelm Dilthey, *Einleitung in die Geisteswissenschaften*, Leipzig und Berlin: Verlag von B. G. Teubner, 1922, S. XVIII.

③ 当我们接下来讨论霍布斯的逻辑学和物理学即康德所说的"自然科学的形而上学基础"时，这个判断会变得更清楚，霍布斯将运动视作一切自然的本质。从这个意义上讲，现代人的实践的必然性不仅在于在特定历史处境下的反应，而且是一种积极的自然观念的内化。

方法论观点密切相关，滕尼斯并不满足于纯粹意识哲学的方案，而是要在心理和行动间实现平衡和共通，进而朝向理解现代实践或行动者的解释之路①。就此而言，涉及霍布斯方法论的讨论是滕尼斯的先导性的研究，他焦虑的根本问题是我们到底需要怎样的思想启蒙？思想的启蒙又将怎样地作用于实践，带来怎样的行动启蒙？

霍布斯的复杂之处甚至可以说悖谬的地方，或许在于：他的思想文本和现实生活之间看起来极其不一致，或者说他的真实的态度、完满的世界观被文字营造的强烈视觉冲击或所谓"政治哲学"的意图遮蔽了，在滕尼斯看来，狄尔泰继承的正是这种割裂解释的传统，尽管有许多涉及哲学史的细节判断不乏洞见，但是如此一来却错失了最重要的东西，即现代启蒙，它伴随在霍布斯自我教育的所有阶段，伴随着他的哲学体系的建立以及他对现代政治的充分讨论，这一系列的因素又同他的行动与抉择密切交织。滕尼斯借歌德的口吻道出了霍布斯种下的现代"种子"，再度回应康德的根部和系统之说：

> 霍布斯是一位精神的强者，他生活在一个批判的、却如歌德所说的"过于坚硬、过于粗野的最简明的历史时代"，为了如先知（当然，不同于他本人理解那种先知）一般地把握这个时代，他将完整的灵魂都投入到时代的科学运动当中，他满足于

---

① 对比滕尼斯在 1881 年完成的《共同体与社会——文化哲学的原理》与狄尔泰在 1883 年出版的《精神科学引论》，前者批评精神科学的取向而奠定了行动者的科学，行动者的科学同样建立在心理学的基础上，但是这种心理学同行动紧紧地联系在一起。正如康德那样，滕尼斯将"判断"当作连接心理和行动之间的中介，不过他更进一步地视判断为言说（aussage），他讲的三种判断：功利判断、美学判断与伦理判断全面囊括了行动的动力学因素。参见 Ferdinand Tönnies, "Gemeinschaft und Gesellschaft. (Theorem der Kultur - Philosophie) Entwurf von 1880/81", in *Ferdinand Tönnies Gesamtausgabe. Band* 15, Berlin: Walter de Gruyter, 2000, SS. 31 - 67.

撒下种子，从土壤中长出纯粹的、真正的哲学果实。①

第三节　霍布斯的性格生成与现代启蒙

对滕尼斯而言，霍布斯不再是狭隘地鼓吹经验主义或唯物主义的英国哲学家，他的生活、思想和实践的意义绝不能简单地用一套国别或民族的套子遮蔽起来；相反，他是一位"世界公民"（Weltbürger）②，他的沉思、以言行事，为现代世界带来了启蒙的火种。在"性格学"的一处论述中，滕尼斯如此概括了霍布斯的普罗米修斯寓意："对于他人格和思想具有性格意义的事实是：他过着独立的人生。"③

作为一个纯粹孤独的现代个体，霍布斯和他的同时代人笛卡尔一样，没有显赫的出身，他终身孑然一人、没有家庭，更没有真正的职业（Beruf）④，这意味着：他既无须在一个固定的等级里谋生，也不在任何割裂的时空或重复的劳动中局限自己的思维和行动，由于知识和知性能力，因而他在最高贵的圈子里受到尊敬；不仅如此，他先后经历了荣耀和流亡的生活，在游历中、在长久的国外生活里，

①　Ferdinand Tönnies, *Thomas Hobbes. Leben und Lehre*, Stuttgart：Friedrich Frommann Verlag, 1975, S. 69.

②　Ferdinand Tönnies, *Thomas Hobbes. Leben und Lehre*, Stuttgart：Friedrich Frommann Verlag, 1975, S. 30.

③　Ferdinand Tönnies, *Thomas Hobbes. Leben und Lehre*, Stuttgart：Friedrich Frommann Verlag, 1975, SS. 69 – 70.

④　这里的 Beruf 涉及多重意涵：一方面当然是世俗意义上为了谋生的职业；另一方面也如韦伯所说的"天职"，霍布斯本人既反任何内在的神灵或魔，也不以任何宗教的教义指引自己的行动。他的人生可以说提供了一个完全世俗的却又不以职业分解人格的现代形象。相对而言，笛卡尔更保守一些，他的沉思的确抛却了任何职业的含义，然而最后仍要保留上帝的力量和权威。参见［法］笛卡尔《谈谈方法》，王太庆译，商务印书馆 2000 年版。

他同各式各样地位的人打交道，除了贵族与骑士阶层，还有医生、法学家、国务人员、诗人，可以说，他在投入不同的体验过程中保全了灵魂的完整，他的社交活动是其体验和批判的组成部分。

作为现代知识分子，他并非被动地接受现代命运给定的处境，而是用他的笔积极地摧毁基督教和邪魔统治的旧世界，构建全新的自然、文化和政治的世界，释放出知识的权力（Macht）和以言行事的巨大能量，因而可以说，他在最全面的意义上代表了现代文人（modernen Literaten）的纯粹类型。

作为现代公民，霍布斯在英国与世界之间保持着互观的理论反思姿态，他不但如同胞塞尔登（John Selden）那般以英国为中心，规划祖国的制度、设计欧洲的未来格局，而且像笛卡尔或斯宾诺莎等以世界为家的自由思想家（Freidenker）和世界公民那样，在英国内战和此消彼长的势力斗争里思考人生与政治，在这个过程中，他从君主制的鼓吹者变成了共和主义者，用主权理论教诲公民。

滕尼斯把握的核心线索，即霍布斯的这三重身份共同造就出的现代性格。滕尼斯透过他人生历程的各个阶段，考察它们如何有机交融到一起，又形成了怎样的精神气质，在此基础上反思他种下的启蒙种子，将它植入德意志的土壤。从表面上看，滕尼斯遵照了人物生活史的写作惯例，依照时间的次序分阶段地介绍思想家的生平，然而就像我们已经指出的，这种外在的形式并没有束缚于它阐释思想时的抑扬顿挫的节奏，它论述的每一个环节，都是整体的有机组成部分，而且每一个环节都充分展现了思想与事件的亲密交融。

如果遵循意义的线索、简化繁杂的历史事件，那么我们将提炼出霍布斯生平的三个阶段，在其性格生成的过程中，它们各具独特的意义：第一个阶段（1588—1640 年）涉及他早年在卡文迪什家族做家庭教师时的社会交往、游历、历史与科学的研究，直到英国内战前，他的政治态度与行为，重在讨论他的"人文主义时期"的社会（Gesellschaft）生活，他所形成的社会、科学与政治的观念，以及这些观念之间的关系；第二个阶段（1640—1649 年）

聚焦他逃亡巴黎，在巴黎的学者共同体里从事科学研究，重在讨论他的现代理性主义的世界观的成型和他的神学政治批判；第三个阶段（1649—1679 年）始于议会军取得英国主权，霍布斯政治态度的改变，他写作《利维坦》拥护议会政府的主权，继而被流亡的保皇党人驱逐回英国，后在英国王权复辟时代度过晚年生活。面对宫廷政治、腐化的现代生活以及学界的流言中伤，他独孤地探索真理。这个阶段重在呈现他的共和主义的政治态度，他对现代世俗政治和人心的总体谋划。沿着从纯粹自我到自我同社会、政治、历史的亲密互动，最终返回自我的成长道路，滕尼斯展现了一个现代人的榜样人生。

一　第一阶段（1588—1640 年）：社会—人文主义—王权

在同时代人奥布里眼里，霍布斯因闻名遐迩的学术声名和平民身份间的落差，而倍加值得尊重，史家应将他的伟绩大书特书①；但在三个世纪后的德国学者滕尼斯眼中，霍布斯代表了"无父无母"的彻底现代的孤独者形象，他的所有沉思和行动指引了 17 世纪和 18 世纪的斗争方向②，也埋藏了 19 世纪和 20 世纪的理论种子（Keime）③。

霍布斯出生的 16 世纪末正值英国斯图亚特王朝的晚期，伊丽莎白女王的集权推动了国内工业和海外贸易的发展；商人的流动、财富的积累使传统的土地贵族和乡绅的统治格局发生巨大的变化，正如屈勒味林所说的，新英吉利的"绅士"（gentle）及"素民"

---

① ［英］约翰·奥布里：《名人小传》，王宪生译，北京时代华文书局 2014 年版，第 195 页。

② Ferdinand Tönnies, "Anmerkung über die Philosophie des Hobbes", in *Studien zur Philosophie und Gesellschaftslehre im 17 Jahrhundert*, Herausgegeben von E. G. Jacoby, Stuttgart: Friedrich Frommann Verlag, 1975, S. 171.

③ Ferdinand Tönnies, *Thomas Hobbes. Leben und Lehre*, Stuttgart: Friedrich Frommann Verlag, 1975, S. 276.

（simple）的区分逐渐淡化①；此前困扰着信仰领域的国教、天主教和新教的冲突也由伊丽莎白的强力政治调控走向和解，从宫廷辐射到乡野、从主教伸展到乡村教会，牧师愈发同他植根的俗世生活融合到一起，莎士比亚笔下的粗野的牧师和农夫生动地证实了这一点。

霍布斯的父亲和母亲无疑是当时英格兰乡村社会俗人的写照，滕尼斯引用奥布里的描述说，"老托马斯是伊丽莎白女王时代一个目不识丁的乡村牧师，只能读规定好了的祷词和布道文，他一点都不尊重学养，因而从来就没尝过学养的甜头"②，他的粗野和易怒的性格导致他闯祸，动手打了同村的另一位牧师，于是霍布斯在幼年时就逃离家庭；霍布斯的母亲既是最普通的乡村女人，更是英格兰海外政治扩张的牺牲品，就像他在自传诗一开头所写的那样，由于西班牙舰队入侵的谣言，他的母亲在恐惧中生下了他，从此，"恐惧"和他像连体兄弟那样形影不离，相比于对母亲本人的回忆，他毋宁只有同"恐惧"相伴的回忆③。

就霍布斯的家庭而言，唯一值得重视的、有意义的事件便是霍布斯父亲的身份转移到他的叔父身上④，他的心灵却是无父无母的孤独，然而天才般的文学天赋将他引向了古希腊罗马的经典戏剧作品，不像后来卢梭在《忏悔录》里讲到的，儿时阅读古典文本（特别如

---

① ［英］屈勒味林：《英国史》（上），钱端升译，东方出版社 2012 年版，第 408—411 页。

② Ferdinand Tönnies, *Thomas Hobbes. Leben und Lehre*, Stuttgart：Friedrich Frommann Verlag, 1975, S. 1.

③ 也许正是因为霍布斯的母亲在他的成长过程中毫无影响，因此无论奥布里还是 Blackbourne 的权威传记，都没有提到更多地关于他母亲的消息。

④ 滕尼斯讲起霍布斯的叔父时说：他是一个富有的手套商和市政官，他对有天赋的侄子很感兴趣，并且关心他的教育（Erziehung）。注意这里用的是 Erziehung，即身体意义上的照养，而非 Bildung 所指的心灵或精神意义上的教养。奥布里的传记要表达的同样是这个意思，在心灵教育的领域，韦斯波特的教师 Robert Latimer 事实上是霍布斯的启蒙者。

普鲁塔克的《希腊罗马名人传》）调动的想象造成心灵败坏的效果①，霍布斯沿着传统教育的轨迹，将自己的注意力聚焦于古典的修辞，从韵律和辞章的表达训练自己的知性能力，还不到 14 岁，他就将欧里庇德斯的《美狄亚》翻译成了拉丁文。他的孤独处境和喜好沉思的倾向（Hang zum Grübeln）共同显露出一种独特的忧郁气质②。此后，霍布斯入牛津大学，关于这段经历，滕尼斯通过牛津的古物学家安东尼·伍德的《牛津的雅典人》（Athenae Oxon）一书捕捉了两处关键的事实：其一，他培育出清教精神，这既意味着更严格的自我节制，也意味着选择以更孤独的姿态面对自己和世界；其二，他对逻辑学和物理学产生了浓厚的兴趣，日后这将成为他的哲思的起点。

从牛津大学拿到学士学位后（1608 年），霍布斯被牛津大学莫德林学院的院长推荐到德文郡哈德威克伯爵卡文迪什家族做家庭教师。在滕尼斯看来，这一命运转变的意义再怎么高估都不为过：与其说这个家族是一个等级意识浓厚的旧式家族，不如说它是一个新的社会舞台。如果在此之前，滕尼斯着力描绘的是霍布斯作为纯粹孤独者的形象，到了这里，霍布斯真正开始进入社会（Gesellschaft）并且站在这个舞台看世界。因而我们不难理解，滕尼斯为何花了大

---

①　参见［法］卢梭《忏悔录》，范希衡、黎星译，人民文学出版社 1992 年版，第 6 页。无论从身处的时代还是所处地区的传统来讲，霍布斯感受到的世界都没有达到像 18 世纪的巴黎那样的"文明化"程度，他理解的感觉和知性的关系，也不等于卢梭讲的"感觉先于思考"。我们或许会提这样一个问题：为什么滕尼斯会将霍布斯而非卢梭视作他理解的现代最典型的思想家？如 Arthur Mitzman 就认为滕尼斯的理论实际上更贴近卢梭，不过我们可以从两个方面回应这个问题：第一，滕尼斯认为霍布斯的哲学为整个近代思想奠定了基础；第二，滕尼斯对现代性是有保留的，从这个意义上讲，霍布斯比卢梭更代表现代性的基础。

②　作为一部以名人逸事为对象的著作，奥布里的《名人小传》很注重联系面相和性格间的关系，写霍布斯时也不例外，奥布里引用了霍布斯的同学的口述，称他"乌鸦"，凸显其沉默和忧郁的性情。滕尼斯也谈起了这个细节。Ferdinand Tönnies, *Thomas Hobbes. Leben und Lehre*, Stuttgart: Friedrich Frommann Verlag, 1975, S. 2.

精力去描述老卡文迪什和他的家族①，甚至在霍布斯和老卡文迪什之间来回转换视角。他如此一语中的地道出老卡文迪什的面貌：这是一位新时代（近代）的男人（ein Mann der neuen Zeit）②，一开始为幼子选择家庭教师时，他的见解就特别独到，他不像通常英国贵族家庭那样选择"易怒的博士"，而是选择清新、年轻的小伙子陪伴幼子，在他们一家人眼里，霍布斯懂礼节、做事孜孜不倦、性格明朗③。反过来是霍布斯对卡文迪什家族老少两位主人的理解，小卡文迪什承继了其父的精神品格，同他长达二十年的亲密交往中，霍布斯不仅充分融入"高贵的圈子"，更是无时无刻地不在观察两位主人的独特的人格气质，由他们的家庭推及宫廷、城市、大学、乡村，汇聚成一幅完美的社会图景，他从中体会着英国新贵族的义务感和自由的技艺。在后来为英年早逝的小卡文迪什撰写的悼词（1628年）里，霍布斯这样阐释少主人的性格尤其面对学术与政治的伟大品格：

> 通过许多年的经历，我怀着敬仰的心情服侍他，我知道：没有人比他更真诚、更少虚荣、更以自由的（liberal）④方式研究自由的学问。在这个家庭里，每位成员都把大量的精力投入

---

① 滕尼斯在 1878 年第一次英国之行就拜访了哈德威克家族的德文郡庄园，除了在庄园的档案馆里发现了霍布斯的《法的要素》的手稿，还有许多一手的哈德威克家族的文献。毫无疑问，滕尼斯关于霍布斯与哈德威克家族关系的讨论是霍布斯研究史的新发现。我们同时要注意到，"新时代"或"近代"这一概念是滕尼斯未来的社会学理论的核心。

② Ferdinand Tönnies, *Thomas Hobbes. Leben und Lehre*, Stuttgart：Friedrich Frommann Verlag, 1975, S. 3.

③ Ferdinand Tönnies, *Thomas Hobbes. Leben und Lehre*, Stuttgart：Friedrich Frommann Verlag, 1975, S. 3.

④ 我们应当注意，liberal 和 frei 两个用法同翻译成"自由"时的区别，霍布斯的措辞实际上非常注意这一点。在早期近代的语境里，frei 指的更多是如笛卡尔、斯宾诺莎那样的流亡状态；而 liberal 指的更多是有机连带式的自由，由贵族、学者或绅士平衡各方。

学术研究，尤其是历史与政治的研究。他的学识不是为着显摆，而是为了他的生活的便利和公众的利益。他的研究重在训练智慧和能力，服务国家。他心中的火焰不是由党派意见或野心燃烧起来的。他是最有能力的人，在关于国家事务或个人生活的困难的、重要的事情上，他都能提出冷静的建议、做出清楚的表达。没有人能像他那样以直接的方式展现正义感。关于这些德性，我不知道源于他对待自己的严格，还是他的贵族式的勇气。

如果说小卡文迪什在个人的学术和政治修养上保留了传统贵族的气魄，那么在接下来的阐释里，霍布斯突出了他独特的社会感：

> 没有人比他更好地对待他人，持续地展现自己的友谊。因为他不看重财富，也不看重出身，只看重人本身。他仅仅由纯净的、没有意识（nil conscire）的诚实的心灵对待身边人。对待同一级别的人，他保持同一的步调；对待比自己地位低的人，他内心真诚而又不失尊严。总而言之，人们能够清楚地感知他是一个这样的人：尽管社会（Gesellschaft）分为不同的阶级，然而对他来说，荣誉（Ehre/honour）与诚实（Ehrlichkeit/honesty）不过是同一事物的不同表达方式而已。①

这份悼词是霍布斯翻译的《伯罗奔尼撒战争史》献词里的一部分，滕尼斯不乏个人解读式地将它译成德文、收录于他的《霍布斯传》中，除了侧面地呈现霍布斯在哈德威克家族庄园的生活，更是对确定霍布斯的精神起点具有重要意义。滕尼斯评论说这篇文献是

---

① 对比霍布斯的原文，并没有出现"社会"的讲法，而是用的"人们"（persons）。Ferdinand Tönnies, *Thomas Hobbes. Leben und Lehre*, Stuttgart: Friedrich Frommann Verlag, 1975, S. 7.

其书写风格、也是其性格构成的最早探试①：陪伴小卡文迪什的二十年也是霍布斯的"人文主义"阶段，尤其他对修昔底德《伯罗奔尼撒战争史》的研究和翻译象征着这一阶段的顶峰，他将这份悼词用作译本的献词，实际上用小卡文迪什的形象（无论这个形象是真实的还是霍布斯心中的理想型）当成修昔底德的历史启示的现实化身，代表了对修昔底德历史启示的现代解读，包括学术研究（撰史）的自由、无党派性和朝向公共福祉等诸品质②；对应地，透过滕尼斯的翻译，霍布斯笔下的小卡文迪什呈现为一种独特的、立足于新旧世界交界处的人格，他既有旧式英国贵族的高贵和荣誉，表现在不结党、献身国家；也有新式绅士的真诚、坦率③，表现在蔑视财产和身份，向人本身敞开的姿态，甚至有能力将不同的等级或阶级融合到一个有机连带的"社会"之内。

以他描绘的理想贵族德性为探照灯，我们得以洞悉他的人文主义时期的精神指向。准确地说，所谓霍布斯的"人文主义时期"，始于他陪伴小卡文迪什欧洲旅行（1610—1613）回来之后，在伯爵的社会圈子里，他见识诸多来往学者的高谈阔论，却对他们的表面智慧（Scheinweisheit）感到厌倦，故而选择沉浸于古人的作品。社会

① 霍布斯的这份献词题给小卡文迪什之子，但很显然，他在其中回顾的是哈德威克家族的前两代传统。Ferdinand Tönnies，*Thomas Hobbes. Leben und Lehre*，Stuttgart：Friedrich Frommann Verlag，1975，S. 6.

② 可对应霍布斯对哈利卡那苏斯的狄奥尼修斯的批评，Thomas Hobbes，"Of the life and history of Thucydides"，in *Hobbes's Thucydides*，ed. Richard Schlatter，New Jersey：Rutgers University Press，1975，pp. 18 – 27.

③ 施特劳斯同样看到，霍布斯在人文主义时期关切的核心问题是贵族的美德。不过在具体内容上，施特劳斯显然不同意滕尼斯的社会之说，而是将目光聚焦于霍布斯同古典贵族德性的关系。在他看来，霍布斯在献词最后赞扬卡文迪什的"英雄之德"（heroic virtue）就足以证明他更看重"荣誉"（贵族之德）而非"诚实"（下层之德），施特劳斯甚至做了充分的语境考察，说明霍布斯将"英雄之德"和"贵族之德"完全等同来看，并将此追溯到亚里士多德的伦理学及其在文艺复兴时期的变体即所谓"侍臣之德"。然而施特劳斯并不能否认滕尼斯的出发点，他在之后甚至承认霍布斯对于德性的讲法发生了改变，越来越转向城市的市民阶层的道德。他们的根本差异在于对霍布斯人文主义时期的精神取向的定位，在滕尼斯看来，霍布斯的现代意识从人文主义时期就已经萌发了。［美］列奥·施特劳斯：《霍布斯的政治哲学》，申彤译，译林出版社2012年版，第54—61页。

的意见促使他去寻找确切的真理，而跟随伯爵的政治兴趣（更准确地说是贵族与生俱来的政治义务感）使他的关注点集中于历史。滕尼斯说，霍布斯在此期间最喜欢读的是古希腊罗马诗人的作品，但最首要的是史家的著作，因为哲学总是牢靠地附着于（festgehalten）历史，同时，理解政治理论、真理的前提也是历史。他不是要去鉴赏其中的"繁茂的风格"，而是寻求对思想恰当、简洁、有力的表达方式。

那么"人文主义时期"的霍布斯是如何理解哲学同历史观念的联系的呢？滕尼斯通过一正一反两方面道出了答案：反的一面涉及他跟培根的交往以及对培根的态度，对此，滕尼斯旨在清理霍布斯"哲学"的自然起点；正的一面则是霍布斯从修昔底德那里获得的历史启示，对此，滕尼斯旨在揭示其"哲学"如何面对人世。

我们此前已经指出，"霍布斯同培根的关系"是滕尼斯从事霍布斯研究一开始便关注的主题。在此，滕尼斯将真相有机地糅合进霍布斯性格形成的历史里，这里真相不仅指历史的事实，即霍布斯作为晚年培根请来的助手，帮他翻译《随笔》或者在散步的时候记下他的思想[1]；更指思想的真相，即霍布斯同培根的理论意识间的天壤之别，在莫勒斯沃爵士编写的《霍布斯英文著作全集》第七卷的"谈物理学"（*Decameron Physiologicum*）一文里，滕尼斯找出了霍布斯对培根的直接评论[2]，从中得出两个结论：其一，霍布斯并不认为培根是哲学家，而是自然史家，尽管自然史对于自然科学而言是必要的前提，然而它并不是哲学本身，因为自然史是归纳的产物，并非由概念演绎得出的确切无疑的、必然的知识；其二，霍布斯藐视

---

[1]　滕尼斯在此引述了奥布里《名人小传》的记录，对应参照［英］约翰·奥布里《名人小传》，王宪生译，北京时代华文书局 2014 年版，第 198—199 页。

[2]　在传记里，滕尼斯说自己在哈德威克庄园档案馆找到了若干霍布斯若干未出版的信件，里面对培根的《论古人的智慧》一书有许多风趣的评论，然而很可惜，他并没有在此具体说明这些信的内容。Ferdinand Tönnies, *Thomas Hobbes. Leben und Lehre*, Stuttgart: Friedrich Frommann Verlag, 1975, S. 5.

培根的实验方法，在"谈物理学"里，他借对话者之口说道，与其将诸如火这样的东西施加在自然之上而获知寥寥，不如立足于"普通的、日常的经验"①，举例说来，当培根认为实验构成了自然科学本身，那么他是不是想说药剂师是所有物理学家里最优秀的呢？这不是很荒谬的么？

　　哲学的自然起点是日常经验本身②，如果说霍布斯对培根的批评扫清了新科学的实验"迷障"，将视域带回普遍的自然经验，那么他对历史的研读则要去揭示普遍的自然经验中属人的经验。在晚年的自传诗里，霍布斯提到了贺拉斯、维吉尔、荷马、欧里庇得斯、索福克勒斯、普劳图斯、阿里斯托芬的名字，但是没有一个人像修昔底德那样令他沉迷。霍布斯说，修昔底德的历史就是现在的启示，他的目的不是为了赢得自己时代的喝彩、对自己时代有所用处，而是为了教导未来的人们、使其著作成为永世珍宝（KTHMA EΣ AEI），故而他的历史本质上既是真相也是以教化为目的的修辞（elocution）。③ 霍布斯甚至把这个修辞的意涵推及可视的空间和行动者，在诸多评论中，滕尼斯特别地抓住了霍布斯引用普鲁塔克的话，说明这一点：

　　　　修昔底德总是努力做到，使他的听众变成身临其境的观众，使他的读者产生仿佛置身其中的情感。……这些我敢说，它们是被如此栩栩如生地呈现在我们的眼前，每次读到这些的人，

---

① Thomas Hobbes, "Decameron Physiologicum", in *The English Works of Thomas Hobbes* Vol. Ⅶ, ed. William Molesworth, London: Longman, Brown, Green and Longmans, 1969, p. 117. 霍布斯显然有意嘲笑培根在《新工具》第二卷里的冗杂实验。

② 特别需要注意的是，滕尼斯翻译 "mean and common experiments" 时，有意地将 "实验"（experiments）翻译成 "经验"（Erfahrung）。

③ Thomas Hobbes, "Of the life and history of Thucydides", in *Hobbes's Thucydides*, ed. Richard Schlatter, New Jersey: Rutgers University Press, p. 16.

心情无疑都会被感染，仿佛他们亲历着这些行动。①

如果说修昔底德的教诲超越历史、指向未来，那么他道出的人的经验是什么呢？霍布斯说，修昔底德比其他古典作家更伟大的地方就在于他明白讲出的历史启示，他不像希罗多德那样以道听途说的寓言取悦听众，而是诚实地揭示人的逆境和苦难的命运："人审视逆境所获得的益处要比欣赏一派繁荣的景象获得的多，人所遭遇的磨难要远比轻易的成功更有教益。"②

需要注意的是，对人的苦难的揭示并非像斯多葛或伊壁鸠鲁主义者那样悲观地、必然地选择避世的态度。霍布斯说修昔底德秉持着史家的德性，安于记叙历史进展的客观事实，将行善和作恶的方式和结果明白地呈现在人们眼前，一个明理的人（ein verständiger Mann）自然会从中追寻行动者的行动根据和内心隐秘，更直接地说，他认识到命运是行动者的欲求、选择与政治制度共同作用的结果。举例而言，在《伯罗奔尼撒战争史》里，修昔底德揭露了民主制的愚蠢③，然而，民主制愚蠢在哪里呢？他针对的显然不是民主制度本身，比如庇斯特拉图和初期伯里克利实行的混合了君主制特征的民主制就不是糟糕的，民主制的愚蠢在于每个人都想成为领导者、都看不得别人比自己过得好，这样一来就没有统一的权力阻止他们分裂政治体。因此，在霍布斯眼里，修昔底德不仅要讲出一个同亚里士多德的静止的政体类型学（所谓"最佳政体"学说）相反的运

---

① Thomas Hobbes, "Of the life and history of Thucydides", in *Hobbes's Thucydides*, ed. Richard Schlatter, New Jersey: Rutgers University Press, p. 18.

② Thomas Hobbes, "Of the life and history of Thucydides", in *Hobbes's Thucydides*, ed. Richard Schlatter, New Jersey: Rutgers University Press, p. 20.

③ 转引自 Ferdinand Tönnies, *Thomas Hobbes. Leben und Lehre*, Stuttgart: Friedrich Frommann Verlag, 1975, S. 6.

动的政治学说①，而且要讲出运动中的人性同政制之间的关系。

如此一来，当返回哲学的起点，滕尼斯非常敏锐地认识到：霍布斯的人文主义的独特之处，恰恰在于他通过修昔底德的榜样看到了传统人文主义本身（修辞）的困境所在，即过去道德和政治论者的文本里的内容，只是相互间的争执不休以及自我矛盾，这意味着他们从来就不是从理性（Vernunft）来思考，毋宁说他们的激情或者党派情感支配了他们。透过这些被当成了真东西的虚假意见，霍布斯要找到比人文主义更本然的关乎人性的事实，或者说真正的人文主义，这就要求回到人本身，为人的本质重新确立一个确定的支点，不论等级地位高下、不论真相还是偏见，支点必然意味着所有人共通的东西。霍布斯以修昔底德或他笔下的小卡文迪什的诚实立场道出这一支点是激情，而非先天的理智，由激情，我们又应当进一步追溯人知觉（Wahrnehmung）事物的方式，这一思想将他引向了同一时代里正冉冉升起的物理学和几何学②。

在奥布里的传记里，霍布斯对几何学的发现同他这一时期（1629 年）偶然撞见欧几里得的《几何原本》的第四十七个证明有关，滕尼斯引述了这个故事，然而他同时不无预见地提请读者注意，霍布斯从人文主义到自然科学的兴趣并不是所谓"转折"，因为霍布斯真正感兴趣的始终是属人的自然秩序、日常生活中的人性和政治，而科学只是一个不会犯错误的工具，它不会陷入激情引发的比较和争执，逻辑和利益并不冲突：

> 他对数学的对象并不感兴趣，他只是由政治和日常生活的诸事务出发思考问题。仅仅是作为数学的方法令他产生了深刻

---

① 参见 Leo Strauss, *The City and Man*, Chicago: The University of Chicago Press, 1964, pp. 139 – 140. 这个问题实际上又同亚里士多德和霍布斯关于第一哲学的根本判断密切相关，前者的根本在追求不动的第一推动者，而后者则将一切实在变成运动。

② 霍布斯此前已知晓伽利略的运动学。Ferdinand Tönnies, *Thomas Hobbes. Leben und Lehre*, Stuttgart: Friedrich Frommann Verlag, 1975, S. 8.

的印象，被他视作不会犯错误的工具。①

卡文迪什离世后，霍布斯同这一家族的两位亲戚威廉·纽卡斯尔和查尔斯·卡文迪什结识，并成了他们社交圈子的座上宾，这对兄弟为霍布斯打开了两个不同的世界，兄长威廉作为未来坚决的保皇党领袖，被保皇党人士誉为"最后一位骑士"；弟弟查尔斯身体孱弱，却精研数学和自然科学，同欧洲的著名学者皆有交往。如果说早年卡文迪什家的经历令霍布斯的活动空间尚停留于有限的贵族圈子，纽卡斯尔兄弟则为他打开了整个欧洲的视域，让他的潜能一步步地实现出来。17 世纪 30 年代初，查尔斯的圈子已经让霍布斯更贴近地钻研伽利略及其运动的学说，在当时的欧洲知识分子界，伽利略的物理学已被奉为圭臬，成为改革哲学或新哲学的稳固基础，而霍布斯经 1634—1635 年的法国和意大利之行，明确了用运动的原理为人性以及伦理（Sittenlehre）奠基的意向，前者属于光学的研究范围，后者则属于自然法研究的范围②。

滕尼斯说，霍布斯《哲学要素》的写作计划——以运动为主题的"论物体"、以光学为主题"论人"、以道德和政治为主题的"论公民"——在 1636 年就已成型了，然而英国国内的局势变化却刺激着他的论政治部分提前孕育出来，这既同他身处的威廉的保皇党圈子密切相关，也同他本人首要关心政治议题相关。在短期国会（1640 年）期间，经威廉的催促，霍布斯为国家主权的不可分割、主权唯一系于国王辩护，写出《自然法与国家法原理》，由于明确强

---

① Ferdinand Tönnies, *Thomas Hobbes. Leben und Lehre*, Stuttgart：Friedrich Frommann Verlag, 1975, S. 13.

② 1634—1635 年，在巴黎和意大利为期共 8 个月的停留让霍布斯结交了法国学者梅森（Marin Mersenne），后者将霍布斯介绍给了巴黎的笛卡尔和伽桑狄圈子，梅森本人也是伽利略学说的忠实信奉者，他当时正在翻译伽利略的《对话》，通过梅森，霍布斯同样知晓了笛卡尔的折光学的研究工作。在此之后，霍布斯便亲临佛罗伦萨，拜访伽利略本人。滕尼斯认为他们俩相似的思维方式和性格使他们之间萌生了真正的友谊，伽利略亦赞许霍布斯将他的运动原理运用于道德和伦理学说奠基的计划。

调当前的臣服者应对主权者绝对服从，他被舆论归入绝对王权鼓吹者的行列①。

不过，滕尼斯的解读比舆论标签所刻画的内容复杂得多，霍布斯写下这篇论文，把矛头指向英国的各个政治团体：一方面，他批评作为议会中上层的折中派贵族（如斯特拉福德伯爵［Graf Strafford］）提出削减王权、构建所谓"宪政君主国"（konstitutionelle Monarchie）的计划，这种分割主权、讨好同侪和人民的做法，同无政府主义压根没有本质区别；另一方面，他本人同保皇党阵营之间也存在着紧张的关系。滕尼斯认为，这篇文献完全基于作者理解的自然法义务和原则推导出来，丝毫没有掺杂特殊党派的利益，他凭着新贵族的忠诚（荣誉和诚实）精神思考和写作②，这已经暗示他未来同保皇党的决裂。还未成熟的理论（如从自然状态到政治状态的过渡、诸政体的利弊）有待未来进一步的发展③。由于这篇短文引起的轰动以及政局的迅速恶化，庇护者纽卡斯尔被解职、新的议会将召开，霍布斯预料到人民将如何为着个人的私利反对国王，进而攻击他，故而为着安全缘故，他在国会召开前逃往巴黎。

二　第二阶段（1640—1649 年）：理性主义的世界观—自由的学者共同体

巴黎阶段（1640—1651 年）标志着霍布斯的哲学和科学研究迈

---

① "and the conclusions thereof are of such nature, as, for want of them, government and peace have been nothing else to this day, but mutual fear." Thomas Hobbes, "The epistle dedicatory", in *The Elements of Law. Natural and Politic*. ed. M. M. Goldsmith, New York: Barnes&Noble INC, 1969. 除此之外，参见第五章比较诸政体，第 8 节第 143 页："the greatest inconvenience that can happen to a commomwealth, is the aptitude to dissolve into civil war; that to this are monarchies much less subject, than any other governments."

② Ferdinand Tönnies, *Thomas Hobbes. Leben und Lehre*, Stuttgart: Friedrich Frommann Verlag, 1975, S. 20.

③ Ferdinand Tönnies, "The Editor's preface", in *The Elements of Law. Natural and Politic*. ed. M. M. Goldsmith, New York: Barnes&Noble INC, 1969, p. X.

上新的高峰，他的哲学体系在这个阶段酝酿成熟，《论公民》于
1642 年率先匿名发表，"论物体"和"论人"的相应章节也在这一
阶段成型。对此，滕尼斯关心的不仅是对霍布斯的活动和著述的考
证，更是以霍布斯作为自由思想家（Freidenker）和世界公民
（Weltbürger）的视角，审视他的思想的成熟历程，同时以他为聚焦
点，考察现代自由学者的共同体（wissenschafliche Zirkel）的形成过
程。从观念上讲，他们共同地形塑了现代的科学世界观；由观念落
实到行动时，他们改造了传统教育和学术生产的场域，更是对政治
做了全面的设计，尤其将民族国家的构建同整个欧洲的政治格局结
合到一起，从欧洲的整体视阈思考民族伦理与政治生活的协调、
安顿。

17 世纪初，巴黎在黎塞留政府的开明统治下已成为世界科学和
文化的中心①，欧洲各地的自由知识分子和艺术家汇聚于此。在霍布
斯流亡巴黎前，他的声名便已传遍欧洲大陆，不过对巴黎的知识界
而言，这并非由于他是英国贵族的座上宾，而是因为他此前的游历
和科学成就。经梅森的宣传，霍布斯在巴黎的笛卡尔圈子和伽桑狄
圈子中留下了深刻的印象。要说明这一点，我们应当追溯到他们共
同分享的知识前提和霍布斯走出的特殊道路。

尽管由黎塞留监政的法国拥有强大国力，使巴黎成为当时的学
术和文化天堂，但新哲学的圣地在伽利略的故乡佛罗伦萨。霍布斯
几年前（1634—1635 年）游历法国和意大利两国时，已认识到"运
动"（Bewegung）是世界的原则，哲学家的使命就是要将运动的原
则运用于自然、人心、政治的全体领域，在写给威廉·卡文迪什的
信（1635 年 8 月 25 日）里，他就曾说道：自己现在要做的，便是
将运动的原则运用于对灵魂和激情的解释，而且希望做第一个全面

---

① 滕尼斯评价黎塞留的统治为 klugem Regiment（英明的政制）。Ferdinand
Tönnies，*Thomas Hobbes. Leben und Lehre*，Stuttgart：Friedrich Frommann Verlag，1975，
S. 22.

而理性地思考这一问题的人①。他在英国翻译、介绍伽利略及其学生卡斯特里（Castelli）的著作，闻名于巴黎知识界。

不仅如此，霍布斯迫切地希望将自然和政治领域结合起来，并且视之为必然的科学任务。面对意大利逐渐兴盛的现代文化，他看到的不光是佛罗伦萨的自然科学之光，而且还有作为现代政治孕育之所威尼斯的政制。当时，威尼斯既处于同教会对抗的前线，又按照古罗马的榜样建立起意大利最强大的城邦。在人文主义时期，霍布斯曾翻译威尼斯民主主义者 Fulgenzio Micanzio 的作品，威尼斯在17 世纪初为了寻求独立、建立世俗制的城市国家，同教皇国代表的欧洲教会势力展开激烈的斗争，除此之外，国内民主派和贵族派间的政治对抗，都让霍布斯产生了巨大的兴趣，在人文主义的大背景里，民主制和贵族制的争执又推动了"塔西佗主义"的复兴，1580年以来，尤利乌斯·利普修斯（Justus Lipsius）是"塔西陀主义"复兴的旗手，霍布斯亦参与了这场讨论。如果说威尼斯的民主派（如 Boccalini、Sarpi、Micanzio）力图在塔西佗的作品中寻找自由城邦的公民政治德性，那么霍布斯则同他们针锋相对，赞成利普修斯将塔西佗解读为"绝对君主论者"，他在 1620 年与人合作匿名发表了题为"荏苒幽暇"（Honre Subsecivae）的文集，其中最重要的一篇，莫过于他对塔西陀的《编年史》的评论，从"塔西佗主义"展现近代"国家理由"理论的雏形②。他在同一时期翻译修昔底德，亦在回应他对威尼斯政制的态度，批评民主制下的私人激情和党派意见造成的政治体分裂的危机③。滕尼斯说，除了对伽利略的推崇，

---

① Ferdinand Tönnies, *Thomas Hobbes. Leben und Lehre*, Stuttgart: Friedrich Frommann Verlag, 1975, S. 15.

② 详细可见［美］理查德·塔克《哲学与治术：1572—1651》，韩潮译，译林出版社 2013 年版，第 33—70 页。

③ 详细参见 Jürgen Overhoff, *Hobbes's Theory of the Will. Ideological Reasons and Historical Circumstances*, Lanham: Rowman & Littlefield Publishers, 2000, p. 95. 霍布斯在他的修昔底德的译本导言里，亦引用了利普修斯的评述。

霍布斯关于威尼斯贵族政体的一系列文章令其在巴黎知识圈留下了
显赫的声名①，不过30年代以来的霍布斯已不再局囿于人文主义话
语讨论政治，而要为政治找到确定无疑的自然秩序的前提，用不会
出错的推理工具考察政治秩序如何统一。

　　这样，无论从外在的时空还是内在的信念来讲，霍布斯都站在
了新哲学的起点。在巴黎，他通过梅森结识了伽桑狄等人，并同伽
桑狄的圈子保持着密切的关系，在晚年的自传里，他这样评价梅森：
"（梅森）是一位有学问的、智慧的、特别善意的男人，他的书房胜
过了一切学者的房间，因为所谓的教授不过都是膨胀着追名逐利的
欲望的人……"② 他将伽桑狄称作世上最温柔的人③，尽管巴黎的新
哲学家大多是教会人士（如梅森）或在教会掌控下的索邦大学的教
授（如伽桑狄），然而他们都已成为伽利略的信徒，并且同荷兰、瑞
典的流亡知识分子以及出版商保持着密切的往来。滕尼斯一语双关
地写道："这些学者聚会在一起，不过他们并非用神圣者的画像，而
是用圆形和方形装点修道院斗室的墙壁。"④ 借霍布斯之口，他道出
聚集于新时代哲学旗帜下的知识共同体的特征，首先，他们同旧式
大学或者经耶稣会改革的大学不同，不会服从于某一僵死的教条，

---

　　① Ferdinand Tönnies, *Thomas Hobbes. Leben und Lehre*, Stuttgart: Friedrich Frommann
Verlag, 1975, S. 22. 或许由于材料限制，又或许强调霍布斯的机械论的世界观才是其
思想的根本，滕尼斯在霍布斯人文主义方面着墨颇少，这里也只限于一笔点出他早年
关于威尼斯政体的研究。后来的霍布斯研究在他的人文主义时期方面做了更全面、更
深入的探讨，尤其霍布斯同培根的"随笔"间的关系以及由此勾连的同意大利人文主
义的联系，如 Karl Schuhmann 的经典讨论：Karl Schuhmann, "Francis Bacon und
Hobbes' Widmungsbrief zu De Cive", in *Selected papers on Renaissance philosophy and on
Thomas Hobbes*, ed. Piet Steenbakkers and Cees Leijenhorst, Springer Science + Business
Media Dordrecht, 2004, pp. 1 – 24.

　　② 转引自 Ferdinand Tönnies, *Thomas Hobbes. Leben und Lehre*, Stuttgart: Friedrich
Frommann Verlag, 1975, S. 23.

　　③ Ferdinand Tönnies, *Thomas Hobbes. Leben und Lehre*, Stuttgart: Friedrich Frommann
Verlag, 1975, S. 34.

　　④ Ferdinand Tönnies, *Thomas Hobbes. Leben und Lehre*, Stuttgart: Friedrich Frommann
Verlag, 1975, S. 23.

不会以学术谋取私人地位的上升，更不会在教权和世俗政权之间保持暧昧的关系①；其次，他们也有别于分散在社会里的俗人，而是谋求在共同世界观的基础上锻造出为新时代知识分子共识的学术术语，同不断变化着的、流俗的公共意见区分开来②。

在学者共同体内部，笛卡尔同霍布斯之间的争论便具有决定性的意义，它涉及学者共同体的领袖地位，而且客观上关乎新哲学的解释力度与辐射度问题，滕尼斯的聚焦之处也在于此。自从来到巴黎，霍布斯便无可逃避地卷入同笛卡尔的交锋当中，作为他们俩的中间人，梅森依次将笛卡尔的《折光学》（*Dioptrik*，1637）和《第一哲学沉思》（*Meditationes*，1639—1640）交给霍布斯评论。他们的对话令整个巴黎学界瞩目，《折光学》站在伽利略以及开普勒的思想肩膀上，清除了古代灵魂论里的"感觉质"学说，用纯粹机械的方式解释视觉现象③；《沉思》进一步地从纯粹"我思"的观念重建世界的实在性。

据滕尼斯的考证，早在 1630 年，霍布斯实际上就在考虑用运动的原理解释光和声音的现象，因而相较笛卡尔，他在这个问题上更

---

①　霍布斯对耶稣会抱有非常反感的态度，除了在著作里否定灵的黑暗、批评耶稣会大学讲授这些黑暗的教条，在早年的时候，他便认识到耶稣会及其继承的天主教传统（阿奎那和苏亚雷斯的自由意志学说）里就存在着否定世俗政权的思想根子，17世纪初的巴黎耶稣会士谋杀亨利四世的事件曾深深地震动霍布斯。

②　Ferdinand Tönnies，"Philosophische Terminologie in psychologisch – soziologischer Ansicht"，in *Ferdinand Tönnies Gesammtausgabe Band* 7，Herausgegeben von Arno Bammé und Rolf Fechner，Berlin：Walter de Gruyter，2009.

③　参见笛卡尔在《论光》第 1 章和第 3 章的讨论。第 1 章的任务是区分感觉与事物，说明它们之间并没有相似性（resemblance），因而否定了"感觉质"学说，"感觉质"源于亚里士多德在《论灵魂》中对感觉的讨论，在亚里士多德看来，"看见"的原因，在于具有可见性的事物呈现自身，或者说是事物散发出"可感知的质"，映射在感知者的灵魂上；而笛卡尔则切割两者，将感觉变成感觉者身体内部的作用；第 3 章则将感知活动追溯到身体各组成部分的相互作用。参见 René Descartes，"Treatise on Light and other principal objects of the senses"，in *The World and Other Writings*，translated and edited by Stephen Gaukroger，Cambridge：Cambridge University Press，1998，pp. 3 – 6，pp. 9 – 12.

有优先权。光学问题涉及人的知觉和观念的产生以及性质，充当了从自然领域向人性领域过渡的中间环节。在1630年的论文里，霍布斯已经尝试分割"感觉质"同人的知觉间的关系，在他看来，前者是包含着事物诸性质的实体，它们从事物里持续地放射出来，使有生命者的灵魂（spiritus animales）运动，产生幻觉（Phantasma），不过所谓幻觉并不是感觉质的内容，而是有生命者的大脑作用于灵魂的行动，也就是说，知觉并非依附于感觉质，知觉的行动就是灵魂自身的运动。① 如果说在1630年，霍布斯尚未完全抛弃"感觉质"概念，那么到了笛卡尔的著作问世时，他对于这个问题的思考已相当成熟。1638—1640年间，他曾写过一篇拉丁文论文回应笛卡尔②；收到梅森寄来的《折光学》手稿后，他在1641年致梅森的信里明确地指出了自己的看法。作为新哲学阵营的一分子，霍布斯当然同意笛卡尔对亚里士多德"感觉质"学说的反驳，然而他接着集中批评笛卡尔在"运动"与"倾向"（conatus）之间所做的区分，在笛卡尔那里，实在的运动和运动的倾向被区分开来，由于朝向某一特定方向的运动倾向可能受到另外力量的阻碍，故而不会必然地变成实在的运动③。但在霍布斯看来，当笛卡尔区分运动和倾向，他就犯了矛盾，没有一以贯之地遵循机械论的原则，相反，霍布斯试图指明，倾向本身就是运动：

---

① 参见 Thomas Hobbes，"Appendix I. A short tract on first principles"，in *The Elements of Law. Natural and Politic.* ed. M. M. Goldsmith，New York：Barnes&Noble INC，1969，p. 206. 这篇文献是滕尼斯于1878年英国之行里发现的手稿，它藏于哈德威克庄园的档案馆里，滕尼斯将它发掘出来、证实它为1630年的手稿并取名为"第一原则短论"，收为《法的要素》的附录1。

② 据滕尼斯的考证，这篇拉丁文文献是霍布斯哲学体系第二部分（《论人》）的最初手稿，题为"光学论文摘要"（Excerpta de Tractatu Optico），它被滕尼斯收录为《法的要素》的附录2。

③ René Descartes，"Treatise on Light and other principal objects of the senses"，in *The World and Other Writings*，translated and edited by Stephen Gaukroger，Cambridge：Cambridge University Press，p. 54.

　　大众轻易就能理解，倾向如果不是运动的话就不存在可能性。因为人能够用眼睛，从下落的物体中，辨认物体没下落时的倾向。然而当物体受到支持时，人们无法认识到运动，因此，对人们而言，极少矛盾的结论是：倾向就是运动，它是从太阳到眼睛的运动。从哲学思维来讲，人们希望找到倾向的观念，也就是描绘、描述这个倾向，不过从倾向中区分运动的假设不仅很难接受，也是不可设想的。我通过自己的设想来补充笛卡尔的设想。由思维得到的结论是："看"就是通过一种效果发生的，这个效果从外界对象那里引申出来，一切效果都是运动，从太阳到眼睛的运动被称作"扩张"（dilatatio），反过来，进一步的扩张不能不经过收缩（Zusammenziehung）而发生。我们隔着很远的距离看太阳，或者收缩和舒张的运动在太阳内部发生，或者通过太阳的效果无法让视觉感受到。①

　　对应笛卡尔关于"广延"和"心灵"的实体二分，他在知觉层面保留"倾向"，因而同他分隔灵魂和身体、保留灵魂"倾向"的做法一致，比如他在《折光学》里指出：如果灵魂通过出神（extase）或沉思而发生偏离，那么尽管周围的事物还在触动他，身体却不会再有感觉，由此感觉着的就不是身体，而是灵魂。② 这意味着霍布斯不仅要在知觉或感觉层面批判笛卡尔（如他在反驳《折光学》时认为出神不过是灵魂的运动朝向了另外的方向，而不是变成了别的什么东西或没有了），更要深入到灵魂或理智的层面澄清灵魂与身体的关系，进一步地扫除笛卡尔学说内残余的唯灵论。在为笛卡尔的《第一哲学沉思集》所写的反驳（1641 年）里，霍布斯指出笛卡尔由"我思故我在"（cogito ergo sum）推导出"我是一个精神、一

---

① 转引自 Ferdinand Tönnies, *Thomas Hobbes. Leben und Lehre*, Stuttgart：Friedrich Frommann Verlag, 1975, SS. 103 – 104.

② 这段话源出笛卡尔《折光学》第 4 论，翻译参照滕尼斯的译文。原文对应 Charles Adam 与 Paul Tannery 编写的《笛卡尔全集》拉丁文版第 4 卷第 109 页。

个灵魂，一个理智，一个理性"是错误的，因为如此一来，我们同样可以说："我在散步，因而我就是散步。"① 为了避免这个矛盾，我们必须区分主体和功能，不仅如此，思维必须被认为是从事着思维活动的物质的机能，如果不是这样的话，我们要么就会得到一个人的思维产生另一个人的思维的悖谬，要么就陷入"我思维我思维……"这样无穷无尽的同语反复。在霍布斯看来，主体必须是物质性的身体而不是别的什么东西，而思维与身体的正确的秩序应该是这样的：

> 推理（思维）将取决于名称，名称将取决于想象，想象也许（我觉得）将取决于物体性器官的运动；因此精神无非是在有机物体的某些部分里的运动。②

毫无疑问，作为新哲学世界观的信仰者，霍布斯同笛卡尔在原则上并无根本分歧，两者都想把几何学的解释变成普遍通用的解释，用新的物理学原则为人性学说奠基。如果说笛卡尔的工作更多体现在生理学和医学领域，那么霍布斯的工作则体现在心理学、伦理学和政治学方面③。不过，滕尼斯透过他们的些微差异，恰恰看到霍布斯代表了更彻底的、更极端的现代精神，笛卡尔的思维与广延的二元论仍然留下了亚里士多德主义的尾巴，而霍布斯的纯粹身体的学说则把机械论的原理推展到极致。他们之间的分歧既关乎自然秩序

---

① 出自霍布斯的第二个反驳，针对笛卡尔的第二沉思，不过在笛卡尔的第二沉思里并没有加入这个内容，而是说："一个在怀疑，在领会，在肯定，在否定，在愿意，在不愿意，也在想象，在感觉的东西。"笛卡尔在反驳里也澄清了他是从功能来讲理智这个概念。

② 参见霍布斯的第四个反驳。［英］托马斯·霍布斯："第三组反驳 一个著名的英国哲学家作，和著者的答辩"，《第一哲学沉思集》，庞景仁译，商务印书馆 1986 年版，第 179 页。

③ Ferdinand Tönnies, *Thomas Hobbes. Leben und Lehre*, Stuttgart：Friedrich Frommann Verlag, 1975, S. 97.

同人类世界的关系；也关乎人心的性质以及为伦理和政治生活敞开
的可能。

随着英国国内议会军胜利的前景日益明朗化，许多保皇党贵族
纷纷流亡到巴黎，其中就包括了霍布斯的庇护人威廉·纽卡斯尔以
及年轻的威尔士亲王（后来复辟时代的英国国王查理二世），霍布斯
依旧是他们的座上宾，甚至被纽卡斯尔推荐担任亲王的数学教师①。
局势的变化对他的政治态度产生了微妙的影响，对新哲学的探索更
是发挥了潜移默化的作用，因为他一以贯之地遵从理性的推导。除
了论及霍布斯与笛卡尔的争执，滕尼斯针对霍布斯巴黎时期生活的
另一重聚焦，乃是在《论公民》的初版（1642 年）和再版（1647
年）之间他的政治态度的明确变化。

我们知道，无论《法的要素》还是《论公民》，霍布斯都在试
图回应内战前的政治危机，如果说《法的要素》有意同斯特拉福德
的分权学说抗衡，那么《论公民》则把视域扩大到英国乃至整个欧
洲的时局，在《论公民》的前言里，他写道：内战爆发前，被统治
者的权利和公民应当服从的问题炒得沸沸扬扬，故而他把哲学要素
的第三部分即"论公民"提到前面来写②，滕尼斯敏锐地看到，霍
布斯此时着眼的是一切基督教国家面临的危机即公民战争，而其中
最根本的危机就是教会权力对政治主权的侵害，它成了所有个人意
见甚至个人信念的来源，17 世纪初，英法的世俗王权多次遭遇天主
教徒的暴乱行动，如英格兰的火药阴谋，法国的拉瓦莱克刺杀亨利
四世案，此前反王权的案件尚且零星点点地发生，40 年代以来，英
格兰局势急剧恶化，尤其短期国会之后，鼓吹民主的清教徒变成最
狂热的内战煽动者，战火燃遍国家的各个角落。

---

① 霍布斯本人并不满意这项任命，在 1646 年的一封写给索比埃尔的信里，他指
出相比于数学，他更期望教王子政治，将他在《论公民》里阐述的政治原理教给王子，
其中的要义便是基督教国家的政教分离，否定教会干预世俗的政权。

② ［英］霍布斯：《论公民》，应星、冯克利译，贵州人民出版社 2003 年版，第
13 页。

　　无论天主教还是后来的新教诸教派，其中都包含着危及世俗政权的种子，因为信仰本身就意味着对现实政治和秩序规范的要求，一直以来，天主教的教皇统治和教阶制度就同世俗王国存在着无比强大的张力①，在文艺复兴时期的意大利，马基雅维利率先将民族国家独立于教皇统治的需要提出来，伴随着近代的新教改革，信仰与政治的冲突变得更加复杂，此前政教间有机的和谐关系分裂开来，教徒要求个体的独立、从自身寻求信仰的确证，他们因为信念结合成信仰和政治的共同体，尤其加尔文教徒对上帝之国的强烈渴望甚至焦虑感，激发出极端理性的政治设计欲望和行动能力。

　　滕尼斯说，这一认识在霍布斯那儿是如此深刻。在《法的要素》里，教会问题仅被视作现代政治的一个困难所在；然而到了《论公民》里，霍布斯用整个一章的篇幅讨论"上帝之国"在公民共同体（bürgerlichen Gemeinwesen）之中的意义，讨论它的权力界限，霍布斯通过考证《旧约》和《新约》，指出上帝一方面通过自然的理性；另一方面用律法教导世人获得永生，然而他将推断具体事务、判断具体事务的权责交给了世俗的主权者，从上帝授意摩西建立王国制度的时代开始即如此，这样一来，不仅现世决断的权利归属主权者，

---

　　①　关于中世纪天主教的教会与世俗王国间的政治关系的阐释，多少可以追溯到阿奎那的学说。我们知道，阿奎那区分了三种不同的生活，即自然的生活、政治的生活和神圣的生活，而它们由分属三种不同的法来规范，即自然法、人法和神法，不过一切都由神法统摄，基督教世界的君王也必须服从教皇的意志，近代的苏亚雷斯和耶稣会将这一学说继续发扬光大。参见［意］托马斯·阿奎那《阿奎那政治著作选》，马清槐译，商务印书馆1982年版，第106—108页。

而且此后教会的主教也必须由主权者任命。①

　　随着霍布斯逐渐明确国家和教会的关系，滕尼斯认为他的主权学说越发理性。在《法的要素》里，霍布斯强调人民和教会畏惧君主是保持和平的不二法门，然而他同时看到，当前人心不安、党派间剧烈冲突和争执使这一原则根本无法实现②；当他流亡巴黎，写作《论公民》时，他才真正开始从几何学一般精确的自然法推理适于所有人的政治原则③，与笛卡尔不一样，霍布斯并不相信人靠自然理性（"我思"）就能形成上帝及其一系列属性（如无限、全能）的概念，这样一来，他就阻隔了近代科学世界观与基督教之间的通路，否定

---

　　① 参见霍布斯的《论公民》第十六章和第十七章。同样值得注意的是霍布斯对"教会"概念的语义还原，它原初的"集会"之意同"国家"概念一致，前者必须以后者作为条件。塔克指出，霍布斯写作《论公民》时，尚且保留对英国国教会的尊重，尽管他区分了精神的事务和现世的事务，并且认为主权者任命教会主教，但是涉及超自然的理性启示时，他仍然将解释的权力交给教会。40 年代以来，霍布斯的观念发生了改变，他同教会人士也进一步地交恶，甚至非常极端地认为，一切崇拜必须置于主权者的控制之下，自然宗教就是公民宗教，古希腊罗马的宗教形态就证实了这一点。不过，塔克似乎错误地引用了文本，他引用的这段话是滕尼斯编订的《法的要素》中"论政治体"的第 6 章，这部作品完成于《论公民》之前，霍布斯写作《论政治体》时，可能用公民宗教猛烈地批判教会的绝对主义。参见［美］理查德·塔克：《论公民》，导言，应星、冯克利译，贵州人民出版社 2003 年版，第 265 页。Ferdinand Tönnies, *Thomas Hobbes. Leben und Lehre*, Stuttgart: Friedrich Frommann Verlag, 1975, S. 36.

　　② Thomas Hobbes, *The Elements of Law: Natural and Politic*, ed. M. M. Goldsmith, New York: Barnes&Noble INC, 1969, p. 1.

　　③ 参见《论公民》的献词（1641 年）：凡是使现代世界有别于古代野蛮状态的事物，几乎都是几何学的馈赠。因为我们归功于物理学的，物理学又归功于几何学。道德哲学家若是把自己的工作做得同样成功……对人类行动模式的认识，如果能像数字关系一般确切……作为哲学体系的第三部分，《论公民》并不能像施特劳斯说的那样，同霍布斯的第一哲学分割开来看。

了它们协调一致地组建政治生活的可能性①，在 1646 年写给索比埃尔的信里，霍布斯谈到了重版《论公民》将会面临的困难，他一方面归咎于固守教条的天主教大学教授；另一方面则归咎于笛卡尔这样的在旧信仰与新科学之间来回摇摆的墙头草，他们教导出的公众都是自以为是的鉴赏家，按照自己的趣味任意怀疑他的主权学说、把自己的意见当成真理。②

　　因此，霍布斯批评基督教是要为主权消除障碍，进而从主观的个体意愿出发，重新探讨构建政治共同体的可能性。就像塔克指出的，霍布斯的伦理观念并不依赖于可疑的真理（Truth）原则，相反，它依赖于取消了任何先天善恶意涵或真假意涵的便利（convenience）原则，也就是说，确保所有人在某些意见上达成一致，并把一致的决断标准同一个绝对统一的主权者等同起来③。由此一来，霍布斯不再执着于对君主制的热情，而是考虑从自然状态转向政治共同体的进程中，统一意志（una voluntas）或主权本身如何构建。《论公民》多少延续了《法的要素》里的关于国家之前的原始民主制的观点，然而它将原始民主制中每个人同每个人在特定时空里的订约行为变成了关于一个人（Person）或会议（Assembly）的理性设计④，这个环节是先于任何政体类型的理论前提。滕尼斯对比了

---

　　①　参见霍布斯对笛卡尔的第十个反驳，霍布斯的批评在于：我们用无限远、无限完满的方式想象那个永恒的实体，并不能得出那就是上帝，也不能得出"至上明智""全能"这些我们无法知晓的属性观念。因为我们的观念仅仅源于过去事物的影像或记忆。［英］托马斯·霍布斯："第三组反驳 一个著名的英国哲学家作，和著者的答辩"，《第一哲学沉思集》，庞景仁译，商务印书馆 1986 年版，第 187—189 页。另外，笛卡尔在《谈谈方法》里讲到怀疑和沉思的前提的若干前提，第一条就是不违背国家的律法和"从小时就通过上帝的恩典被教导的宗教"。［法］笛卡尔：《谈谈方法》，王太庆译，商务印书馆 2000 年版，第 19 页。

　　②　Ferdinand Tönnies, *Thomas Hobbes. Leben und Lehre*, Stuttgart：Friedrich Frommann Verlag, 1975, S. 25.

　　③　Richard Tuck, "Introduction", in *On the Citizen*, edited and translated by Richard Tuck and Michael Silverthorne, Cambridge：Cambridge University Press, 1998, p. xxviii.

　　④　对比《论公民》第 5 章第 6 节与《法的要素》第二部分第 2 章第 1 节。

1647 年的第二版《论公民》和 1642 年的第一版《论公民》，发现霍布斯在后来补充的"致读者的前言"里特别指出：

> 我在讨论中贯彻始终的目标是……不使人觉得公民应该更多地服从君主制国家，而非贵族制或民主制国家。我虽然在第 10 章中提出若干论证，强调了君主制优于另一些国家形态（我承认，这是本书中唯一未加证明而只是作为可能性提出来的观点），但我在所有的地方都明确指出，每个国家都必须掌握至高无上的平等权力①

如此一来，我们便可以理解他为何拒绝索比埃尔在第二版《论公民》的扉页将他标注为"威尔士王子的教师"，滕尼斯在巴黎发现的霍布斯同索比埃尔的通信充分揭示了霍布斯的真实态度：在 1647 年的早先时候，这位冷静的政治思想者已经走到王权（königlichen Sache）的对立面②。他的态度变化，除了源于英国局势的改变，议会军逐渐掌握了国家主权，更重要的是坚定了理性的信念，单纯从理性出发探索现代政治的原则，而非胶着于某一特定的政体；他完全有理由认为，固执地坚持某一特殊政体只不过是非理性的党派狂热的表现。

特别值得注意的是，滕尼斯在此看到的，不仅是霍布斯政治态度转变这一简单的事实，而且是理想的现代个体的行动意义问题：

（1）首先，霍布斯同诸如索比埃尔这样的在宫廷、贵族、教士间来回游走的骑墙派知识分子形成了极大的人格反差；我们知道，滕尼斯撰写霍布斯传时，很注重故事背后的性格描写，同索比埃尔这种希望攀龙附凤的新哲学家不一样，霍布斯持守着言行一致的信

---

① ［英］霍布斯：《论公民》，应星、冯克利译，贵州人民出版社 2003 年版，第 265 页。

② Ferdinand Tönnies, *Thomas Hobbes. Leben und Lehre*, Stuttgart: Friedrich Frommann Verlag, 1975, S. 30.

念，努力在沉思和行动间达成一致。

（2）不仅如此，无论心灵还是实践的层面，霍布斯都成了一位真正的"世界公民"，在滕尼斯的理解里，"世界公民"包含了两重含义，第一，作为流亡巴黎的英国知识分子，霍布斯自觉地认同自己是一位自由的思想家（Freidenker），在单纯精神的意义上，他仿佛回到了原初孤独的境地，没有束缚和依傍，然而他已成长为一位成熟的思想者，以纯粹的理性沉思自然秩序和人世秩序；第二，霍布斯已从贵族社会的视角摆脱出来，尽管他此前将"高贵"和"诚实"的德性合为一体的新贵族形象视作理想的人格，新贵族超越了所有党派和等级，平和而冷静地行动，然而他此时不得不承认，这种看待社会的视角仍然是贵族的俯视视角，霍布斯并不是加图，他对时代格局的变化和新思想持开放的态度，而且主动地投入学者共同体的行动，共同体对他来说不光意味着围绕科学展开平等、自由的对话，更是一种取代了贵族俯视视角、全面看待世界的视域。世界的未来不再指向被宗教战争摧毁了的君主制国家，而是指向新生的荷兰共和国，指向由商业和科学主导的光明国度：

> 霍布斯意识到，英国与荷兰处在势均力敌的位置，英国应该像荷兰那样变成科学思想汇聚的自由处所（Freistätte）。他感到自己受到召唤，他致力于思索的政治学说必须在自己的祖国、在这片自然的土壤里扎下根来。新的英国必然被塑造成一个完全理性的、世俗的、由市民组成的国家，为此，他要去扫灭古老的有机论谬误；新的英国必然被提升为一个由科学之光普照的国度，因而，他要去摧毁黑暗与迷信的王国，这样的思想和希望如此有力地攥住了我们的哲学家的心灵。①

---

① 滕尼斯的这段话是对霍布斯的《论公民》"致读者的前言"的评论，在他看来，霍布斯此时已成为一位共和主义者，霍布斯为第二版《论公民》撰写的前言，面向的不仅是英国的共和主义者，而且是荷兰的读者。在此之前，他已经研读了塞尔登的《海权论》以及塞尔登同格劳秀斯的争论，认识到英国将同荷兰对垒、争夺海洋霸权的命运。Ferdinand Tönnies, *Thomas Hobbes. Leben und Lehre*, Stuttgart: Friedrich Frommann Verlag, 1975, SS. 36 – 37.

对霍布斯而言，"共和国"本身超越了传统的政体类型（民主制、贵族制与君主制）的局限，内含着现代政治最深刻的理性前提。

三　第三阶段（1649—1679 年）：现代共和主义和世俗的时代

霍布斯的共和主义思想凝聚在《利维坦》一书里，他的第三个人生阶段也正围绕《利维坦》的产生和辩护而展开。随着 1649 年查理一世被胜利的议会军审判并架上了断头台，英国的主权易主，被"残缺议会"（Rumpfparlament）以及随之而起的克伦威尔掌握，长久为思乡的情绪折磨的霍布斯此时既为归乡的热情所主宰①，亦将自己的全部精力都投入到理性地设计新国家的事业上来，为此，他甚至停顿了哲学体系的创作工作。1651 年诞生的《利维坦》即他的这一情感和思想的产物。

正像滕尼斯所说的，在《利维坦》之前，没有他的哪部作品像这本书那样，直接地指向政治的实践，意图谋划政治的全局。他的第一部政治著作《法的要素》是站在贵族社会的"俯视"立场写就的作品，充满了对诸党派立场向好趋势的怀疑，更准确地说，它是霍布斯的雄心同现世处境之间的深刻张力的产物②；随后的第二部政治著作《论公民》是霍布斯的理性主义世界观时代的产物，他着重于理性地、如几何学般准确无误地思考人从自然人过渡到公民的道德或自然法义务，通过还原政治体的建立过程，他确定了诸政体的理性基础，此基础既可以说成统一的主权人格、会议，也可以说成

---

① 1649 年 1 月查理一世被议会军斩杀，同一年 9 月，霍布斯在写给友人伽桑狄的信中讲道："对于我这个岁数来说，我仍然还有一个良好的健康条件。我照料着自己，在有利的条件下返回英国。"参见 Thomas Hobbes, *The correspondence. Volume* Ⅰ: 1622 – 1659, edited by Noel Malcolm, Oxford：Clarendon Press, 1994, p. 179.

② 对比《法的要素》的导言：And it would be an incomparable benefit to commonwealth, if every man held the opinions concerning law and policy here delivered. 以及第 1 章第 2 节：For I shall leave men but as they are, in doubt and dispute. 参见 Thomas Hobbes, *The Elements of Law*, *Natural and Politic*, ed. M. M. Goldsmith, New York：Barnes&Noble INC, 1969, p. xvi, p. 1.

全体人民（people）①；只有到了《利维坦》，他才"无所不包地"（umfangreich）探讨了国家的形成过程与内在的理性结构，除此之外，为作为"共和国"（commomwealth/Gemeinwesen）的国家之现实化提出了具体的方案，对此，我们可以提供的一个证据是：霍布斯写作其余作品惯常使用的是拉丁文，而《利维坦》一书既然完全为了祖国的人民而写，故而他使用了英语。

滕尼斯解读《利维坦》一书的意图时，尤其着重于将它置入"共和主义"的时代背景②，以霍布斯鲜活的现实眼光看待这部作品的内容。《利维坦》既道出了流亡者和自由知识分子的共同心声，也表达了他在长久的沉思、争论和游历观察过程中逐渐确认下来的现代欧洲政治的发展趋势，它终将走出古老的意大利所代表的古今冲突、政教焦灼、统治与奴役激烈对抗的历史，而是朝向由荷兰、英

----

①　特别需要注意到霍布斯在《论公民》第十二章第8节对"人民"（a people）和"人群"（crowd）这两个概念的区分，霍布斯说人民就等同于单一的实体，单一的意志，只是对应各个政体，它的具体表现各不相同：在民主制和贵族制中，公民是人群，但［掌权的］议事会是人民；而在君主制中，臣民是人群，但［悖谬的是］君主是人民。不过无论何种政体，它的前提是自然人要经历人民化的过程，要成为"人民"。这是霍布斯从理性世界观为现代政治确定的根本方向。

②　滕尼斯对于霍布斯的"共和主义"方向的解读预见了现代共和主义政治史学的某些核心关切，如斯金纳和波考克等人的讨论。首先，滕尼斯的社会理论式的解释同斯金纳等人的语境学派一样，都非常重视事实效力（de facto）在观念史研究中的地位；其次，滕尼斯对霍布斯的"共和主义"的判断切中了他们对"共和主义"诠释的内容，比如在斯金纳看来，霍布斯的政治思想否定了古典共和主义的"统治与依附"意义上的自由（即自由人降为奴隶的身份），在这个意义上，古典共和主义必然要同确定的政体类型关系到一起，与之相反，霍布斯提供了新的自由意涵，它可以被追溯到运动学的一条基本原则：物体不受障碍地运动就是自由，即不被彰明较著的干预力剥夺、拥有事实上的自由，这一自由观也被伯林称作"消极自由"，它试图超越过去的优良政体的限制。从这个意义上讲，现代共和主义者认为即使霍布斯笔下的绝对君主制，也能够担负得起"共和国"（commonwealth）这一称号。参见［英］昆廷·斯金纳《霍布斯与共和主义自由》，管可秾译，上海三联书店2011年版。

格兰代表的现代商业、科学和信仰自由的共和国时代。① 为此，滕尼斯的讨论返回并重新聚焦、回应此前关切的两个问题：第一是政教分离问题，就此而言，霍布斯并不止于重复教权应当服从政权的观点，而且敏锐地沉入人心世界，抓住诸种"灵的黑暗"的学说危及主权的媒介，即天主教支配下的旧式大学，在他看来，新的共和国应当沿着世俗化的方向行进，瓦解过去的大学体制，让科学的世界观扎下根来，才能彻底根除鬼神信仰对思想和生活的危害；第二是政体问题，《利维坦》不仅继承并推进了《论公民》关于政治体之理性基础的讨论，而且非常具有现实意识，它从征服者和被征服者（臣民）之间的权利与义务的关系，为新成立的共和国的统一主权辩护，这一讨论明确地针对流亡的保皇党和英国国内的诸反对势力，敦促他们服从共和国的统治。

从第一个问题来看，《利维坦》的上半部分（"论人"和"论国家"）分别对应《法的要素》的"论人性"与"论政治体"，也分别对应《论公民》的"自由"和"统治"；它的下半部分对基督教国家之政治体系、教会的国家和法权学说及其植根的《圣经》传统做了条分缕析的批判，如果说《论公民》的圣经批判主要着力于区分教权和政权、同时论证教权应当服从政权，进而在世俗的主权者那里实现统一，那么《利维坦》则进一步地向内探究基督教时代教会统治背后的荒谬性所在，它们建立在误解《圣经》的基础上，建立在魔鬼学（Dämonologie）与异教的宗教残余基础上，建立在空虚的哲学与神鬼传说之传统的基础上，建立在压制理性的基础上，而这一切都不过是罗马教会和本国的长老教会为了自己的世俗利益（weltlichen Vorteile）人为制造出来的灵的黑暗。就此而言，之前在

---

① 施特劳斯同样认识到了这一点。在他看来，霍布斯早期作品聚焦的贵族德性是亚里士多德主义的翻版，在文艺复兴时代意大利的宫廷和贵族文学（如卡斯蒂廖内的《侍臣论》）里都可以看到对应之处，在此之后，霍布斯越来越背离了贵族德性，在《利维坦》里，霍布斯创建了城市自由中产阶级的独特道德。参见［美］列奥·施特劳斯《霍布斯的政治哲学》，申彤译，译林出版社 2012 年版，第 61 页。

权力的层面批判罗马教会和长老教会的做法是不够的，像亨利八世和伊丽莎白反罗马教廷的政策也只是暂时的，它并不能从根子上刨去灵的黑暗，正如霍布斯所说：

> 亨利八世和伊丽莎白女王便不难用符咒把她们（神魔）赶出去了。这个罗马幽灵现在跑出去，在中国、日本和印度等瘠薄的"无水之地"上来往传道；但谁又能说他们将来不会回来、甚至带回一群比自己更恶的鬼来，送到这打扫干净的屋子里并住在这里，使这儿最后的景况比先前更不好呢？因为现在声称上帝国在今世、并企图从中取得不同于世俗国家权力的另一种权力的人不只是罗马教会的教士而已，此外还大有人在。①

这意味着，我们仍需在理智的层面经历"祛魔"的工作。霍布斯非常清楚，人自然地便是由激情（Leidenschaft／passions）推动着做出自觉的行动②，故而无可避免地会受到假象的欺骗，因为他自以为表面上看到的便是满足了自己利益的东西，而巫师或教士就会诱导人去想象那些不可见的力量，引起人的畏惧、促使他们服从，这也是神魔之所以能够主宰人心的理由所在。然而霍布斯并没有放弃希望，即人通过规训或教化能够认清自己的真正利益，然而这不能依靠自然人自己的力量实现，就像巫师或教士会想办法调动人的想象、控制他的行动，个人热情往往只是愚妄无知加上感情冲动而形成的，跟国家的正义与和平都背道而驰，故而教化只能依靠"国家"这个纯粹理性建构的统一体实现：不仅教权要服从政权，而且教育的权威也要隶属于主权，国家要支配一切教学的机构，如果说在基

---

① ［英］霍布斯：《利维坦》，黎思复、黎廷弼译，杨昌裕校，商务印书馆 2014 年版，第 569 页。

② 参见《利维坦》第 6 章，自觉运动源于外在事物引起感官和人的内部器官的运动，使人产生了一种向外运动的意向，这就是激情，德语词 Leidenschaft 很恰当地表达了霍布斯的"激情"概念，因为 Leiden 是被动忍受的意思。

督教统治的时代里，大学（Universitäten）是教会迷惑人民、散布同人类和平冲突的学说的场所，那么新国家就要占领它们，推动它们的世俗化并服务于良好的世俗统治，保证公民认识并履行自己的义务：

> 因为大学是世俗学理与道德学说的泉源，传道士与士君子都从这里汲取自己所能找到的泉水，并把它在讲坛上和谈话中洒在百姓身上；既然如此，我们就应当特别小心使之洁净，不让它为异教政治家的毒素和装神弄鬼的符咒所污染。通过这种方式使大多数人知道他们的责任之后，就不至于那样被少数别有用心的人用作扩张野心的工具，危言国家了。同时也可以使他们对于那些和平与防务所需的捐税，不至于那样牢骚不满。统治者本身也就没有理由要靡费国币维持过大的军队，而只需足以保卫公众自由，使之不受外敌侵犯与侵略就行了。①

大学，或者说整个教育体系的世俗化改革并不止于霍布斯在《利维坦》里提出的必要性或基本纲要，而是他将近三十年余生里最关心的议题之一。在克伦威尔的时代，霍布斯的教育改革实践就是浓墨重彩的一笔，1652 年冬，霍布斯返回英国，此后即便同克伦威尔政府保持着若即若离的关系，或者毋宁说作为一个冷静的、谨慎的观察者注视当下的处境，思索英国近代的历史，但对教育改革的事业，他公开地投入了自己的全部热情。在克伦威尔独裁的共和国时代，国家主权的力量已然冲破了罗马教皇的干涉，然而国内的长老教会（Presbyterianismus）仍然具有强大的精神支配力量，我们知道，英国内战爆发出的强大破坏效果便源于清教徒的不安的激情，在此之后，从残缺议会直到克伦威尔掌握权力，由长老会代表的有

---

① ［英］霍布斯：《利维坦》，黎思复、黎廷弼译，杨昌裕校，商务印书馆 2014 年版，第 580 页。

组织的宗派被视作"良心自由"（Gewissensfrei）的化身，他们控制了英国的大学、科学院和教育机构，霍布斯的《比希莫特》的主要批判对象就是英国的长老会。而他晚年涉及科学、信仰、教育改革的争论也是在同长老会对抗的大背景之中展开的。

在《利维坦》里，霍布斯曾谈到基督教权力的蜘蛛网结构如何通过"综合"的方式编织起来，又相应地应当如何通过"分析或解扣的办法"分解开来：（1）罗马教皇的权力被女王伊丽莎白全部解除，这样便解开了第一个结；（2）英格兰的长老推翻了教皇权力，于是便解开了第二个结；（3）几乎在同时，长老的权力也应该被剥夺，我们应该返回原始基督教徒的独立状态。① 无疑，霍布斯眼下的现在就处于第三个关节点，对他来说，原始基督教徒的"良心"状态就是当前的每一个作为私人的基督徒应当成为的那个样子，除了上帝之言（Worte）本身，他的良心不受任何权力的凌驾，就这一点而言，霍布斯多少开启了未来康德的道德哲学之路，当他说"上帝之言加诸在每个人的信仰之上，发挥作用，并不永远按着栽种和浇灌人的目的，而是按照上帝的目的本身"之时，他将人的内在信仰变成了每个人自己遵循上帝之言的事情；但是，这种良心状态又不能反过来自认为有理性、足以压制别人的意见或让别人服从多数人的意见，这是教会和教派黑暗的根源，相反，即使信仰（更准确地说私人领域之间）的权力关系之获得与维持也应当依照世俗权力的逻辑，依靠诸如"智慧""谦卑""对教义的明晰了解""交谈的诚恳"这样的德性，不能压制由自然科学和天赋理性孕育出的道德②。

以《利维坦》确立的原理为纲，霍布斯同长老会教徒展开了持

---

① ［英］霍布斯：《利维坦》，黎思复、黎廷弼译，杨昌裕校，商务印书馆2014年版，第566页。

② ［英］霍布斯：《利维坦》，黎思复、黎廷弼译，杨昌裕校，商务印书馆2014年版，第566—567页。

久而剧烈的争论①，最著名的莫过于同长老会教士、英国皇家学院院士约翰·沃利斯（John Wallis）的辩论，1655 年霍布斯的《论物体》出版，曾引起皇家学院内部的剧烈波澜，他在书中论述的逻辑学、第一哲学与自然哲学挑起了不少自然科学家和宗教人士的愤恨②，沃利斯便是其中有力的反对者，从表面上看，他们争论的焦点是几何学和代数学孰者优先的问题，然而正如滕尼斯敏锐认识到的，他们的争论并非停留于此，而是延伸到宗教和世俗教育这一根本问题：沃利斯评价霍布斯的"人格"（Manners）时，批评其"利维坦"学说将全部主权力量加诸大学，从而伤害了大学，而霍布斯则针锋相对地回应了沃利斯的批评，进而明确提出了他的俗人大学（lay - u-niversity）的观念，俗人大学既立足于科学本身，也有益于共和国，在《给数学教授上的六堂课》（*Six Lessons to the Professors of the Mathematics*，1656）里，霍布斯写道：

> 我并不希望有任何东西强加于大学之上，至少在我看来，我希望找到既对共和国好又对大学好的方案。……尽管教皇与国家权力之间的竞争已经远去，然而（本国）教会与国家权力之间的竞争明显地暴露出来。大学就是一个人造的机构或身体，而不是由一群支持教会权威并且希望从共和国分离出去的人聚合成的东西。你如此惊呼道：即使我并非推荐自己的《利维坦》作为大学讲授的内容，我也推荐建立一所新的俗人大学，在这

---

① 据滕尼斯的考证，1653 年以来，霍布斯便参与到大学改革的事业。起因是克伦威尔想在英格兰北部建立一所新的大学，霍布斯希望借此铲除、摆脱旧式大学的影响。参见 Ferdinand Tönnies, *Thomas Hobbes. Leben und Lehre*, Stuttgart：Friedrich Frommann Verlag, 1975, S. 51.

② 马尔蒂尼在《霍布斯》一书里讲述了《论物体》的出版所引起的宗教、数学和科学的论争，他总结了争论的两方面原因：一是霍布斯给皇家科学院人士造成了自大而暴躁的印象；二是他的逻辑学和自然哲学的观点，即科学建立在演绎基础上、拒斥实验的方法，这一原则让科学院人士大为光火。参见［美］马尔蒂尼《霍布斯》，王军伟译，华夏出版社 2015 年版，第 18—23 页。

所大学里，俗人们应当学习物理学、数学、道德哲学以及政治学，正如教士们学习神圣者的教诲那样。这难道不是有益的事情吗？这难道不会改善人的自然，且无须靡费公共费用吗？它所需的无非是一所房子，再聘请几位教授。为了让学生们更好地学习，无须他们的父母送他们入学，也并非像送他们去从事商业那样，为获取生计而学习。它只是向朴实者（such ingenuous men）开放的场所，他们有支配自己的时间的自由，而且纯粹地热爱真理。①

从第二个问题来看，《利维坦》作为时代之书，另一重要的意图就是为内战后的共和国（commonwealth）的合法性辩护，故而聚焦征服者与被征服者的权利问题，它不仅探讨了人民授权与国家人格建立的理论过程，而且从现实的角度充分地运用这些原理，鼓动所有流亡的英国人和依然陷入内战狂热的各派人士遵循理性的教诲、团结在新的共和国主权的旗帜下。在后来的一篇申辩文章里，他自豪地宣称《利维坦》让一千位绅士忠诚地服膺于当前的共和国②。然而这份宣言也成了他同保皇党（包括他的两位庇护者，威廉·纽卡斯尔伯爵和威尔士亲王）公开决裂的证书③，此后他陷入保皇党人士无穷无尽的诋毁、宗教法庭的没完没了的审查泥潭里，直到生命的最后一刻。

在《利维坦》的"综述与结论"部分，霍布斯谈到当下的局势时说：看看最近印行的各种英文书籍，我们就知道，内战至今还没

---

① Thomas Hobbes, "*Six Lessons to the Professors of the Mathematics*", in *The English Works of Thomas Hobbes* Vol. Ⅶ, ed. William Molesworth, London: Longman, Brown, Green and Longmans, 1969, pp. 344 – 345.

② Thomas Hobbes, "*Six Lessons to the Professors of the Mathematics*", in *The English Works of Thomas Hobbes* Vol. Ⅶ, ed. William Molesworth, London: Longman, Brown, Green and Longmans, 1969, p. 336.

③ Ferdinand Tönnies, *Thomas Hobbes. Leben und Lehre*, Stuttgart: Friedrich Frommann Verlag, 1975, S. 51.

有充分地使人认识到，在什么时候臣民对征服者负有义务，也没有使人认识到征服是什么，或征服怎样使人有义务服从征服者的法律。在这个看似轻描淡写的理论问题背后，滕尼斯逼真地还原了恐怖的事实：那些负隅顽抗的、对王室忠诚的"骑士"在海外实施着残忍的暗杀行动，他们犯下了杀害共和国驻海牙和马德里使节的罪行。①这些行动让霍布斯更加确信：无论在何种政体之下，私人的狂热都是无知与激情的结合体，它同政体背后的真正的实体（Substance）即国家的正义与和平背道而驰。因而当务之急是澄清服从者的权利与义务，之后再谈征服者的权利与义务。无论哪个方面，都需要理论家诉诸理性的推理和超越个人利害得失的公正信念。霍布斯是这样定义服从（obedience/Gehorsam）的：

> 当一个人有自由服从征服者时，如以明确的言辞或其他充分的表征，表示承认成为其臣民，这个时候就是他成为征服者的臣民的时候。②

这样看来，"服从"涉及两个关键的问题：第一，为什么要服从？在什么时候自由地服从才是合法的？第二，服从者为什么要以明确的言辞或其他表征将服从展现出来？

（1）对于第一个问题，霍布斯着眼的不光是内战导致个体重回自然状态的困境、因而个体为了自己的安全和自由而服从征服者，而且是个体与征服者之间的关系结构，也就是说，个体不是真的再度返回自然状态，再经历一遍恐怖的人人为敌的过程，最终缔结统一的主权，而是在同主权的关系结构里（这又要追溯到霍布斯讲的

---

① Ferdinand Tönnies, *Thomas Hobbes. Leben und Lehre*, Stuttgart: Friedrich Frommann Verlag, 1975, S. 40.

② ［英］霍布斯：《利维坦》，黎思复、黎廷弼译，杨昌裕校，商务印书馆2014年版，第572页。

"记忆"的心理机制）置换主权者而已①。霍布斯接着区分了两种服从者的情形，一种是平民；另一种则是士兵。

就前者而言，他说："一个人对自己原来的主权者所负担的义务如果只不过是一个普通臣民的义务的话，那么对于他说来，有自由服从的时候就是他的生命处于敌人看守和防卫范围以内的时候。因为这时他已经不再得到原有主权者的保护，而只凭自己的贡献受到敌人的保护，这种贡献在任何地方都被认为是合法的。"②

相对于平民，士兵的情形更复杂，因为他们不光作为公民，要在两种主权者之间做义务的置换，而且在公民的身份之上，他们拥有武器，担负着直接在战场同敌人厮杀的义务。霍布斯明白自己要小心翼翼地处理士兵的责任问题，因为对士兵的讨论实际上明确针对着国内仍然对新生共和国抱有不安之感的诸武装力量，也潜在地指向了流亡海外的狂热保皇党人。霍布斯说："一个人如果除开臣民的义务以外还承担了一种新的士兵的义务，那么当原有权力当局还在继续战斗并在其军队或守备队中发给给养时，他就没有臣服于一个新的权力当局的自由，因为在这种情况之下，他不能埋怨说，没有得到保护和没有得到当兵的生计。"③然而，当1649年查理一世被斩杀，也就是说，作为君主制国家的英国的主权者已经不存在了，凝聚在君主这个人格（Person）里的人民瓦解成人群，更无所谓主权者为士兵继续提供武器和战争补给的条件，国内的抵抗者理所当然地应该放下武器，服从新的主权者，正如霍布斯所说："当这一些（指'原有的权力当局还在继续战斗并在其军队或守备队中发给给养的情形'）也失去了的时候，一个

---

① 这里的说法对应霍布斯在《利维坦》第二十一章"论臣民的自由"里谈到的服从者的义务，此处并非讲述自然状态里的征服，而是主权者置换意义上的征服。

② ［英］霍布斯：《利维坦》，黎思复、黎廷弼译，杨昌裕校，商务印书馆2014年版，第572页。

③ ［英］霍布斯：《利维坦》，黎思复、黎廷弼译，杨昌裕校，商务印书馆2014年版，第572页。

士兵便也可以向他感到最有希望的方面去求得保护，并可以合法地臣服于他的新主人。"① 这样的原则也同样适用于海外的流亡者，他们既没有所谓的主权者，更没有权利幻想一个超出共和国界域的内战战场、谋杀共和国的公民。相反，他们理应表达对新主人的服从，即返回自己的祖国，霍布斯于 1652 年的回国行动充分地证明了自己的理论与实践的一致。

（2）第二个问题，即服从者向征服者表达"服从"的情形，实际上同征服者的义务紧密相关，因为征服根本不是在战场取得胜利那么简单，不是像古代的罗马人那样，用武力平定了某行省，便宣称自己征服了他们，毋宁说，征服的本质是被征服者用征服双方都能理解的表征向征服者表明自己的服从，也就是在自己的理智框架里承认征服者拥有了主权，并且用话语的方式同征服者立约、表明征服者成了主权者。而征服者这一方同样要理性地对待契约，他的义务就是不能追溯历史，霍布斯从自己和保皇党人的亲身经历出发，完全有理由要求受到当前的理性契约的保护，即现在的主权者不能追溯当前的服从者作为过去的反抗者的历史，更不能逼迫服从者去承认征服者过去的历史，正像他说的：

> 因此我就提出以下一点作为对任何国家的死亡都最起作用的一个因子：征服者不但要求人们将来的行为臣服于他们，而且要求人们赞同他们过去的一切行为。其实世界上根本没有什么国家的开业创基在良心上是说得过去的。②

从对于征服者和服从者各自的权利与义务的规定中，从理论到实践的贯彻过程中，霍布斯彻底地实现了理性主义世界观和现代共

---

① ［英］霍布斯：《利维坦》，黎思复、黎廷弼译，杨昌裕校，商务印书馆 2014 年版，第 573 页。

② ［英］霍布斯：《利维坦》，黎思复、黎廷弼译，杨昌裕校，商务印书馆 2014 年版，第 574 页。

和主义的融合，在滕尼斯笔下，这一融合既意味着霍布斯自我教育历程的完成，也为我们提供了理解行动者之思（Denken）的鲜活契机。由此，滕尼斯在现代理想行动者成长的意义上，展现现代观念之树从根基处长出枝干、绽开花朵直到结成果实的全部经过。

第 三 章

重新定位霍布斯的现代思想启蒙

科学正如植物，它的成长和分枝，无非源于根部的持续滋养。①
——霍布斯

在霍布斯的人生史之外，对于其学说（Lehre）的梳理和解读构成了滕尼斯的研究文本的另一重内容，同他眼中的霍布斯的鲜活生命历程对应，现代观念世界就像一棵长青之树，伴随着主人公的生命活动一点点地生根发芽。在滕尼斯之前，没有人如此这般巨细无遗地呈现霍布斯的思想体系，就像他晚年的助手布罗克道夫男爵（Cay von Brockdorff）总结的那样，滕尼斯上承德国古典文人阶层的"语义学"（Philologie）传统，代表了以历史的、批判的方式系统研究霍布斯文本的时代的开始②。同样，我们也可以说，滕尼斯由此下

① "It is in sciences as in plants; growth and branching is but the generation of the root continued." 引自 Thomas Hobbes, "*Six Lessons to the Professors of the Mathematics*", in *The English Works of Thomas Hobbes* Vol. Ⅶ, ed. William Molesworth, London: Longman, Brown, Green and Longmans, 1969, p. 188.

② 转引自 Tomaž Mastnak, "Hobbes in Kiel, 1938: From Ferdinand Tönnies to Carl Schmitt", in *History of European Ideas*, 2014, pp. 1 – 26.

启现代社会和政治研究，为社会科学提供了现代意识的立足点。①

对滕尼斯而言，霍布斯从自然、人性、社会直到政治的全部领域奠定了现代性的总体格局。在他提供完整的解释体系之后，尤其在政治哲学和社会科学的领域，霍布斯的学说被置于聚光灯下，成了学界理解与反思现代性的主要对象。伴随着 20 世纪上半叶德国与欧洲政治的持续动荡，革命以及两次世界大战让欧洲大地沦为焦土，滕尼斯此前着力刻画的作为科学世界观的启蒙者、自由的政治行动者、提倡共和主义宪政国家的霍布斯形象引起德国学界持续不竭的辩论，各方或公开地或潜在地将滕尼斯的解释视作对话乃至批判的对象。对话本身意味着学界各派关于现代性意识的分流，而无论反思者抑或批评者，他们皆从各自的角度彰显了现代生活的复杂面向，同时也为不同的政治实践取向铺开了道路，也许没有谁像霍布斯那样，从根本上主宰了人们对现代社会和政治的想象。

就此而言，如果说我们此前追问滕尼斯研究的最初问题意识与它的格局，因而需要带着历史的眼光，去追溯他的先辈和同时代人的思考、他的生活和运思的真实处境，那么当我们此刻着手探讨他笔下的霍布斯的观念世界，试图诠释它的意义甚至重估它的价值时，就应当首先在现代性展开的过程里直至其最危急的时刻，将它置于同后来者的对话之中，突破意识形态的迷雾，回过头来还原滕尼斯的解释原型，澄清他由霍布斯研究道出的现代理性启蒙之义。

《霍布斯的生平与学说》中的"学说"部分既是后世霍布斯研究的导引和聚焦所在，更在此后硝烟弥漫的 20 世纪，为怀揣着不同政治意图的解读者提供了争执的原初战场。在滕尼斯身处的帝制时

---

① 参见《共同体与社会》的第二版前言，Ferdinand Tönnies, *Gemeinschaft und Gesellschaft. Grundbegriffe der reine Soziologie*, Darmstadt：Wissenschaftliche Buchgesellschaft, 1979, SS. XXV – XXXV.

代，尽管社会和政治矛盾尚没有演变得像 20 世纪那般剧烈，然而它已经萌发了未来种种张力的种子，正如我们之前指出的那样，德意志帝国成立后的第一个十年已经悄然彰显了未来的危机：急速的工业化、资本化以及现代官僚体制配合着高速运转的国家机器，让人心变得越来越躁动不安，而 1878 年俾斯麦政府的保守主义转向使得此前积郁的社会矛盾和阶级仇恨公开暴露出来，撕裂着国家机体。在此刻，相比于同时代不顾一切地作出激进抗击行动的共产主义者或政治左派抑或保守而讷于现实局面的普鲁士官方学者，滕尼斯和青年时代的偶像尼采一样，很早就跳出了意识形态的魔圈、摒弃了博学者的假象，从霍布斯学说中看到了现代世界的无限魔力，严肃地正视它的复杂性。

在康德复兴的大背景里，滕尼斯以霍布斯的生命和思考历程为纲，从心理主义和精神科学的潮流中脱颖而出，受道德哲学特别是人类学的启发，奠定了理想的现代行动者形象，试图培育新的理性人格、鼓舞诸政治团体和大众的启蒙。然而与此同时，他对霍布斯思想体系的阐释，也将现代人性和生活的复杂面貌带入学者们的视界：激情和理智、欲望与想象、冷酷与热情、保守和自由、专制与宽和，一切既伴生又矛盾的价值在此交缠冲突，滕尼斯的研究就像开启了潘多拉魔盒那样释放出无可阻挡的理论力量，揭开了"现代性"这一美杜莎的面纱。就此而言，无论对于他还是后来的学者而言，霍布斯研究都只是思考的开端而不是终结。①

---

① 　Niall Bond 非常敏锐地看到，滕尼斯的霍布斯研究在 20 世纪 30 年代的政治危机中扮演了极其重要的角色。参见 Niall Bond, "Tönnies, Hobbes and Locke", in *Understanding Ferdinand Tönnies*' "*Community and Society*", Münster: LIT Verlag, 2013, pp. 131 - 132. 施米特与施特劳斯的霍布斯研究既是针对滕尼斯的解释，也展现了对现代性的不同看法，其影响直到今天，然而 Bond 既没有展开谈这一问题，也没有把他们之间的理论关系讲清楚，更不用说道出这些关系的实质。本章从他们三人的理论关系入手，试图还原滕尼斯的霍布斯研究的真实意义。

第一节　20 世纪 30 年代的政治危机：
现代秩序的核心时刻

自从滕尼斯的霍布斯研究发表以来，它就如探照灯一般照亮了未来社会和政治争执的舞台，直到德国"一战"战败，过渡到魏玛时代，滕尼斯笔下的霍布斯的自由主义学说在德国受到普遍的重视。在这一时期，帝国瓦解、经济凋敝、协约国的宰制、多党联合的魏玛共和国的内部分裂倾向以及疲软无力的政治决策，统统激化了强烈的民族主义和保守主义情绪。各个思想家对"霍布斯"所持的不同观点，实际上关乎他们对魏玛共和国乃至德国未来命运的判断，日趋保守的德语学界兴起了对现代自由主义传统进行全方面的批评，在政治思想的领域，首要的是重新检讨、批判作为现代自由主义或共和主义开端的霍布斯的理论遗产，他们针对的便是此前由滕尼斯刻画的经典霍布斯形象及其大众启蒙的意图。①

对保守主义者来说，霍布斯的学说富有诱惑力之处，乃是其中关于个体与国家之间关系的论述中包含着一种强烈的理论张力：一方面，他对个体的自然权利和遵循自然法的理性能力的探讨被视作现代自由主义的源头；另一方面，他的"利维坦"意象又无限地凌驾于个体对自由的诉求②，这也是他们批判、重建霍布斯学说的理论根源。滕尼斯此前的经典解释在于：霍布斯奠定了现代制宪的法权

---

① Tomaž Mastnak，"Hobbes in Kiel，1938：From Ferdinand Tönnies to Carl Schmitt"，in *History of European Ideas*，2014：41（7），pp. 1 – 26.

② 施米特在《霍布斯国家学说中的利维坦》中写道："利维坦作为政治统一体的象征，并不是随便什么形体（Corpus）或任意一种动物，而是来自《旧约圣经》的一个形象。"我们需要注意到，霍布斯本人将"国家体"视作人模仿自然构建的一个体，施米特正是在神话的意义上破解个体理性构建国家的能力。参见［德］施米特《霍布斯国家学说中的利维坦》，应星、朱雁冰译，华东师范大学出版社 2008 年版，第 42页。

国家（Rechtsstaat），作为公民的个人在宪制的前提下保有自由的权利。而这一解释又因为魏玛共和国的孱弱、保守主义与极权主义危机的蔓延，遭到了有意地质疑和攻击，20 世纪 30 年代以来，面对德国的国家社会主义与俄国的共产主义极权势力的扩张，欧陆知识界的视线聚焦于"极权主义国家"的讨论，促成了霍布斯在"个体主义者"同"集权主义者"的角色间的裂解①，这一裂解的局面本质上又表现为"国族化的解释"同"科学—系统化的解释"之间的张力②。

在国族化了的德语学界，从莱比锡的右派知识分子赫尔穆特·舍斯基（Helmut Schelsky）到卡尔·施米特（Karl Schmitt），他们接过了"国家全体"的话语权柄，相继对霍布斯做德意志化的解释，着力于清洗一切个体主义和自由主义的哲学痕迹，一步步地修改直至颠倒滕尼斯的霍布斯形象，共同完成对霍布斯的国家学说的保守主义意识形态的改造工作，最终迎合并推动国家社会主义的兴起，施米特由此被称为"第三帝国的桂冠法学家"。

1）舍斯基的《霍布斯学说中的极权国家》（1937 年）可以被视

---

① 20 世纪 30 年代初，关于霍布斯的两种定位的争论已然在毗邻的法国学界开始，并且处于学术争论的中心，此后蔓延到德国。无论舍斯基还是施米特的文本都提及法国学者 Joseph Vialatoux 同 René Capitant 的争论，前者称霍布斯的哲学是极权主义国家学说的原始形象，它不仅反对基督教与教会的形而上学，而且铲除个人主义和无政府主义的根基；后者则针锋相对地维护传统的霍布斯形象（意指滕尼斯的霍布斯形象），即在国家中保留了个人自由。无论何种解释都打上了时代的烙印且都是片面的，不过是分裂确乎保守主义解释的开端。参见 Helmut Schelsky, "Die Totalität des Staates bei Hobbes", *Archiv für Rechts – und Sozialphilosophie*, Vol. 93, No. 3（2007）, SS. 176 – 177. ［德］施米特：《霍布斯和笛卡尔思想中作为机械装置的国家》，《霍布斯国家学说中的利维坦》，应星、朱雁冰译，华东师范大学出版社 2008 年版，第 131—132 页。

② 参见 Carl – Göran Heidegren, "Helmut Schelsky's 'German' Hobbes Interpretation", *Social Thought & Research*, Vol. 22, No. 1/2（1999）, p. 26. 事实上，早在"一战"前德国同西欧诸国对抗的危机中，学界内部的日耳曼"文化"反对西欧"文明"的普遍舆论（如德语知识分子共同发表的 1914 年宣言）就已经种下分裂的萌芽，它逐渐渗透到人文和社会科学诸领域。

作改造的第一阶段①：即对于霍布斯的政治行动论的改造。尽管他沿袭了滕尼斯的研究传统，试图以心理学尤其是行动论的人类学方式为政治奠基，然而他同时深受现象学的影响，对于"当前时代之政治/哲学任务"的明确意识使他提出了一种类型学（Typologie）的思维，即区分本体论的心理学和动力论的心理学、区分智识的生活和行动的生活，由此，他斩断霍布斯那里的从自然到理性的连续的科学体系，否定将本体论（霍布斯的物体学说）当作政治行动的基础，同样我们可以说，他将霍布斯的体系倒置过来，视政治行动为本原者，对他来说，霍布斯是决绝的政治行动论者：一方面，霍布斯从经验出发定义的权力、荣誉、语言等人类日常生活的概念，都不是在理论真理的意义上成立的，而是属于行动领域的实践真理；另一方面，理智理性绝非行动的先行者，相反，它只是实践生活的功能或工具。② 因此，霍布斯的一切理性主义、机械主义的自然哲学以及个人主义的心理学都应当被弃之不顾，就像马基雅维利、维科、尼采、索雷尔那样，霍布斯只应当被视作一位致力于实践生活的政治行动家。

　　进一步地说，我们必须完全从政治的视角看待人，这样的逻辑就不再是个人通过自然法的理性去构建法权国家，而是倒过来，以极权国家为前提，将人的全部存在和世界观彻底地政治化。如果说在此之前，滕尼斯将霍布斯那里的所有政体都追溯到"共和国"

---

　　① 后来在为1981年出版的《托马斯·霍布斯的政治学说》（*Thomas Hobbes. Eine politische Lehre*）所写的前言里，舍斯基承认他早年从事霍布斯的政治学说的研究源于自己的纳粹热情，然而他同时希望以一种自由的科学精神来诠释纳粹哲学，这促成了他将心理学和人类学的研究同纳粹极权主义结合到一起。我们需要注意到，舍斯基的改造工作并不是一个独立的事件，而是他所在的莱比锡学派共同的事业，他的哲学人类学的分类观点深受他的老师盖伦（Arnold Galen）的影响，而他的另一位老师、在纳粹时代接替滕尼斯担任德国社会学会主席的弗莱尔（Hans Freyer）在这一阶段写成的《马基雅维利》（*Machiavelli*，1938）是纳粹政治改造的另一尝试。

　　② Helmut Schelsky, "Die Totalität des Staates bei Hobbes", *Archiv für Rechts – und Sozialphilosophie*, Vol. 93, No. 3 (2007), S. 179, S. 183.

（Commonwealth）原型，即全体自由人经自由集会、共同立宪，合而成为一个政治体，那么舍斯基则完全颠倒过来，看看他如何曲解（umbedeuten）作为霍布斯政体之基的民主制，这一点就变得格外清楚：

> 对于霍布斯来说，民主制就是人民对国家主权的认识（recognition），而非对国家主权的运用（exercise）。在后一种情况下，权力（power）就变形为权利（right），这不再适合于讨论公民纯粹的、单纯的服从。就公民同国家的关系而言，公民对国家应是发自内心的服从或忠心的服从。①

作为一位推崇世界观改造的哲学人类学家，舍斯基十分重视国家在纯粹政治的层面对公民的思想规训（Zucht/discipline），因而在曲解霍布斯的基础上，他完全有理由重复此前德意志帝国时期的普鲁士学派对自由主义的惯常否定方式，批评霍布斯没有重视历史以及由历史形成的种族边界对国家生活的作用。当然，这里所谓的"历史"并非霍布斯讲的家产制历史即由宗法或专制确定的主奴关系的历史②，而是黑格尔讲的国家朝向最终历史目的，这道出了公民服从国家的义务的本质，他认为霍布斯既缺乏论述具体历史目的如何规定国家以及公民同国家间的关系，也没有阐释国内政治何以根据"国族的、历史的、由空间决定的目的"决定对内对外的政策。舍斯基认为自己完全有理由将这一原则添补到霍布斯的国家学说里，从而应和国家社会主义的政治动员运动，将作为政治体的极权国家同恩斯特·荣格尔（Ernst Jünger）所说的作为政治体行动的"全体动员"（die totale Mobilmachung）紧密结合在一起。直到施米特那里，

---

① 原文出自舍斯基1981年版的《霍布斯的政治学说》第330页，这里转引自Carl-Göran Heidegren，"Helmut Schelsky's 'German' Hobbes Interpretation"，*Social Thought & Research*，Vol. 22，No. 1/2（1999），p. 29.

② 参见《利维坦》第二十章。

舍斯基仍然保留着的世俗国家建构这一最后的面纱被取下来了，保守主义完成了神学的顶层设计。

（2）施米特的《霍布斯和笛卡尔思想中作为机械装置的国家》（1937 年）和《霍布斯国家学说中的利维坦》（1938 年）可被视作改造的第二个阶段，即将霍布斯的政治行动论进一步地改造为政治神学。首先，同舍斯基一样，施米特自觉认识到的任务是要颠倒霍布斯的自由主义形象，他站在国家的立场，试图消解霍布斯的个人主义、个体心理学机制以及由此而来的私人之间的自然状态问题，从这个意义上讲，他亦将滕尼斯版本的霍布斯当作批判的靶子。在一封写给朋友的信中，他曾承认："如果没有滕尼斯，《霍布斯国家学说中的利维坦》一书的产生便无法想象。"① 然而所谓"无法想象"却是以同滕尼斯的思想背道而驰的方式实现的。

施米特试图表明：霍布斯学说的精髓在于那个被称作"利维坦"的神话形象；靠着《约伯记》里的海兽名所营造的恐怖感，霍布斯本希望终结英国的内战，进而确立起具有统一的、绝对的政治权力的现代国家；然而悖谬的结果在于，霍布斯本人恰恰没认识到这个神话形象背后的象征力量，当他一开始把"利维坦"定义成一个人造的机器并保留了公民私人的信仰权利时，他既无法阻止国家在未来蜕化成一个纯粹技术化的、没有灵魂的空壳，也无法抗拒由内部分裂的各种私人力量发展出的间接权力将它宰杀净尽，以至于从具体的生存意义上讲，国家根本就没有作出统一的政治决断的能力。在施米特看来，霍布斯版的"利维坦"其实是一个失败的政治象征，从霍布斯开始，到启蒙时代，再到 19 世纪的自由主义时代，国家逐

---

① 施米特于 1979 年 7 月 13 日写给 Angelo Bolaffi 的信，转引自 Tomaž Mastnak, "Hobbes in Kiel, 1938: From Ferdinand Tönnies to Carl Schmitt", in *History of European Ideas*, 2014: 41（7），p. 20. 同样需要注意到的，施米特在 1920 年代曾集中研究和解读滕尼斯的社会学术语，在《政治的概念》一书里，施米特将滕尼斯的"共同体"与"社会"之间的对立视作跨越自由主义最后一道屏障，过渡到友与敌之对立的踏板。

渐沦为一个没有灵魂的机器①。

比舍斯基更进一步，施米特不仅要以纯粹政治行动定义霍布斯的国家学说，而且要将它彻底地神学化，因为施米特比舍斯基更悲观地认为霍布斯学说存在着断裂，这种断裂根本无法依靠世俗政治的教化克服，它必然要求我们将利维坦的神话力量重新带入现实，在一处明显同滕尼斯论述"法权国家"之形成过程的对话里，施米特这样说道：

> 自然状态的恐怖驱使充满恐惧的个体聚集到一起；他们的恐惧上升到了极点；这时，一道理性的（ratio）闪光闪现了，于是乎，新的上帝突然间就站在他们面前。这个上帝是谁？这个上帝为备受恐惧煎熬的人们带来了和平与安全，把狼变成公民，并通过这个奇迹而表明自己是上帝……②

就这个情境而言，施米特对霍布斯的实质批评是：恐惧的"自然人"仅出于安全需要缔结的契约，根本无法消解他们之间根深蒂固的敌意，换句话来说，这个叫作"利维坦"的上帝并不是实实在在地真驾临了，它只是一句誓言（beschwören），是霍布斯讲的"有朽的上帝"（deus mortalis）而已，它只是法律、或者说言辞构造出的机器，而非每个人灵魂里的上帝，为了保证主权的绝对统一以及

---

① 在《霍布斯国家学说中的利维坦》里，施米特细致地梳理了作为政治神话象征的"利维坦"在近代被消解的过程：首先，18 世纪法国的启蒙运动者秉持人类进步论，他们相信，历史的发展将使人性变得完善，最终也就将国家视作多余的东西取消掉；然后，由犹太哲学家一脉传承下来的"内在信仰"与"外在统治"的区别，同启蒙思想一同汇聚到德国唯心论和随后的浪漫主义里，国家相对于丰富的精神，成了一个僵死的东西；最终到了 19 世纪的自由主义叙事里，国家成了一个完全技术化的、中立的、没有灵魂的机器。

② ［德］施米特：《霍布斯国家学说中的利维坦》，应星、朱雁冰译，华东师范大学出版社 2008 年版，第 68 页。同时对比施米特引述滕尼斯关于从自然状态到政治状态之间的"制宪议会"的讨论，其间，群众遵循自然法转变为人民，第 107 页。

政治决断被坚定地执行，他决绝地要将现代国家带入政治神学的结晶塔①。

　　要彻底地理解施米特的政治神学之意，就应当结合他早期的纲领性作品《政治的概念》（*Der Begriff des Politischen*，1932）来看。其意图无疑针对着魏玛的民主政体以及凡尔赛体系的无效约束，魏玛的状况其实正是霍布斯的"利维坦"恶化了的现实版本，它的民主制（或者说松散的国家权力）和自由主义文化释放出多元的价值瓦解了国家统一的政治决断力，它的实质就是将个人的好恶置于国家的权利之上；相反，施米特迫使我们意识到：在这个世界大战随时爆发的时代，民族之生死存亡的斗争也即他的动态化的概念"政治"（Politischen）不仅是最首要的生存体验，甚至是唯一的生存伦理，"政治"即区分敌友、促使国家随时投入战争：它"要求国民随时赴死和毫不犹豫地消灭敌人"。为了克服文明状态对战争的彻底遗忘，施米特重新恢复了霍布斯的自然状态的尊严，并将之等同为政治状态，一方面，这里的自然状态已经不是霍布斯讲的私人间的战争状态，而是由启示构建的主权统一体面向他者的战争姿态；另一方面，战争的动力之源也非霍布斯所说的畏惧、猜忌、虚荣这些被动的激情，而是主动的意向、毫不迟疑的决断和行动。即便如马什克所说，施米特以国家为旨向的政治神学同纳粹以民族/国族为旨

---

　　① 在1963年版的《政治的概念》的补注里，施米特用"霍布斯的结晶体"之图象，重新描绘了霍布斯体系本身的政治神学意涵：他的学说的封顶是启示的真理，往下走是解释这个真理的世俗权威，处于最底层的是需要庇护的臣民。施米特声称，问题不在于从最下面的个人心理学的角度追问霍布斯的主观信念，因为向上推演的话，最上层的那个启示的真理就变成了相对的东西（比如基督教的耶稣可以被替换成伊斯兰教的真主）；问题的根本毋宁是从上至下达成的统一的、具有唯一真理的神学政治体系。参见［德］卡尔·施米特《政治的概念》，吴增定译，上海人民出版社2015年版。

向的意识形态间不无抵牾①，然而它的方案确实离滕尼斯殚精竭虑捍卫的魏玛民主制与大众启蒙的观念越来越远。

第二节　霍布斯解释中的现代神学—哲学之辩：以施米特同滕尼斯的争论为导引

晚年的滕尼斯亲身见证新生力量对魏玛民主制的攻讦，并且敏锐地认识到施米特的"政治神学"在整个风潮转向过程中的引领地位，这首先不得不追溯到马克斯·韦伯在"一战"后的政治思考，韦伯为整个 20 年代的政治辩论奠定了基调：理性化和"祛魅"发展到了今天，所有过去的身份等级都被拉平，所有人都成为官僚制机器中的一个零件，尤其在德国帝制被推翻的历史条件下，大众民主变成铁一般的事实，我们如何摆脱无灵魂、无心肝的"铁笼"状态？领袖、议会（政党）和人民如何有机地结合起来，造就既具有清醒的眼光、敢于担负责任的政治人格，又不丧失掉对于民族未来世代

---

①　马什克提醒读者注意，施米特对霍布斯的国家改造同纳粹的民族至上的思想并不相符，前者仍然在法权国家和民族主义之间保持着一种平衡感，重视客观法权对支配国家的保护与公民的服从义务时的作用，马什克从施米特 1936—1938 年的思考证实了这一点，然而从后者的角度看，即使将国家主权抬到无上高的位置，它也会遏制民族生活的最深刻的泉源。在施米特与正统的纳粹解释之间，存在着所谓霍布斯主义与卢梭主义之间的张力。舍斯基甚至中肯地将施米特的现实遭遇同霍布斯本人做了类比。参见［德］马什克《论施米特的"利维坦"》，载《霍布斯国家学说中的利维坦》，应星、朱雁冰译，华东师范大学出版社 2008 年版，第 184—185 页。

具有教化意义的政治信念?①

就此而言，施米特提出的决断主义（Dezisionismus）与神权政治的构建既是在民主陷入困境的大环境下针对政治的形式主义和法律的实证主义的批判，又是韦伯的信念伦理的延续：首先，他将主权/主权者定义为"对例外状态（Ausnahmezustand）的决断者"，这一决断并非针对某个一时一地的紧急状态，毋宁说，由主权者决定是否出现了紧急情况，应当采取怎样的措施，也就是讲，主权者绝对地高于法律，处于正式生效的法律约束之外，这一定义无疑是对韦伯的国家概念的推进，对"为政治为生"的政治家的人格向着信念方向的推进②，暂且不去评论施米特是否以及在多大程度上逾越了韦伯由新教伦理确立的理想政治家的品质（激情、责任感、判断力），不讨论他的"决断主义"如何改造韦伯的信念伦理观，施米特已然将主权者的决断推入启示的领域，还原成克尔凯郭尔所说的、向着信仰的一跃（Sprung），进而从主权概念自然地过渡到政治神学，按照施米特的说法，"主权概念的社会学"超越了任何特定时代的社会性载体，它是彻底系统化的结构，是伴随着现代国家产生的形而上学根基，其背后又是上帝和神学的问题③，比如现代法治国家

———————————

①　我们需要注意到，滕尼斯在 20 年代对施米特的批评是对《社会学的主要问题》（*Hauptprobleme der Soziologie*，1923）一书评论的组成部分，这部集子是韦伯逝世后，德国社会学界为其撰写的纪念文集。施米特的《主权概念的社会学与政治神学》（这篇论文即他 1922 年出版的《政治神学——主权学说四论》的前三章）便是其中的组成部分，滕尼斯在 1926 年发表的《论民主国家的社会学》（*Zur Soziologie des demokratischen Staats*）对这部文集里的文章做了回应，他既把问题意识拉回到了韦伯晚年关于"政治作为志业"的思考，又从整个近代政治思想的格局里重新理解德国的民主道路，以及社会学这门学科在政治研究方向上的定位。以下的讨论遵循着滕尼斯在《论民主国家的社会学》中的讨论，参见 Ferdinand Tönnies，*Schriften zur Staatswissenschaft*，hrg. Rolf Fechner，Wien：Profil Verlag，2010，SS. 263 – 323.

②　对比施米特的《政治的神学——主权学说四论》第一章与韦伯的《以政治为业》。

③　［德］施米特：《政治的神学——主权学说四论》，载《政治的概念》，刘宗坤译，上海人民出版社 2004 年版，第 29—30 页。

的确立就不能同自然神论的胜利分割开来。

不可忽视的是，在此过程中，施米特无论讨论主权决断还是神学政治，都离不开对霍布斯的解读，或者说，霍布斯是他定位现代政治品质的坐标：第一，在施米特看来，霍布斯首先是近代决断论的代表，拉丁文版《利维坦》的第二十六章提供了他需要的例证，即"权威而非真理制定法律"（authoritas non veritas facit legem）①，以此强调主权命令的最高优先地位，反对将国家视作法律秩序本身或者说僵死的形式化的机构；第二，施米特更进一步地将霍布斯的主权者刻画为人格主义与决断行动结合成的"具体的国家主权者"，它同"抽象的有效秩序"截然不同，为此，他引用了英文版《利维坦》的第四十二章论证这一点，"因为服从、命令、权利和权力都不是权力的偶性，而是人格的偶性"②，也就是说，现实的服从和命令都不是源于像法律和制度那样规定好的权力本身，而是源于如韦伯所说的"卡里斯玛"的人格，源于权力的主体时刻要将权力实现出来，主权者就是一位活生生的决断者，从这个意义上讲，施米特将霍布斯定位成一位有别于客观科学主义者的行动论者；第三，施米特进一步逾越了近代国家创生的法理表象，意在表露国家与神学的伴生和同一，霍布斯的利维坦意味着的如机器一般的精确构造同它的神话象征的鲜活人格之间的张力，只待未来完全呈现出来。

---

①　施米特引用的这句话出自 1670 年出版的《利维坦》拉丁文译本，对应原初的英文本第二十六章第 22 段，在此，霍布斯论证的是自然法的解释不能依靠道德哲学的作家，因为道德哲学家讲的东西天然就合乎理性，但是它们并不是法律，唯有通过主权者才能成为法律。不过需要注意到的是，霍布斯在此讨论的是主权者对民法（civil law）的解释问题，更准确地说是国家建立起来以后，对于某些非适用于所有人以及所有情形的自然法解释、裁断就必须交由主权者。而不是像施米特赋予的那样强的行动意涵。这一偏差正显示了他同滕尼斯理解间的张力。

②　施米特引用的这句话源于霍布斯的《利维坦》第四十二章讨论教权和世俗政权关系，霍布斯的意思是我们可以认为世俗权力需要服从神权，就像手段（技艺）必须服从于目的，然而我们并不能认为作为一个权力主体要服从另一个权力主体，即世俗主权者要服从教皇。参见［英］霍布斯《利维坦》，黎思复、黎廷弼译，杨昌裕校，商务印书馆 2014 年版，第 466 页。

　　在 20 世纪 20 年代，滕尼斯已经注意到施米特的霍布斯解释正是通过倒转霍布斯本人的意图，将现实政治引入一个新的方向[①]：尽管在施米特同制度主义或法律实证主义派的争论过程中，滕尼斯赞同施米特的见解，即主权先于且高于法律或制度本身，因为主权在霍布斯那里意味着政治意志的绝对统一，而法律则是主权颁布或解释的对象，是主权意志的落实，这是保证政治共同体不陷入混乱与分裂的前提，然而滕尼斯并不认同施米特进一步地推论，即将主权完全人格主义化（Personalismus），后来舍斯基的推论同它一脉相承也证实了这一点，在施米特这儿，作为僵死机器的利维坦不可能履行代表职能，如果它要在世俗层面有生命，就必然要成为不受任何既定法律规定约束、独自去决定例外状态的具体的人，而它必然又不能停留于此，一定要朝着绝对普遍化的目的、向着信仰纵身一跃，成为绝对权威，在施米特这儿，它只有一种可能，也就是代表着上帝统一的基督肉身——天主教会的临现，我们看到，在俾斯麦终结文化斗争（1878 年）之后，天主教势力一直如幽灵般飘浮在德意志的上空，生长在天主教世家的施米特在《罗马天主教与政治形式》（1922 年）曾不无自豪地如此描述天主教的普世主义：罗马天主教的弹性实在惊人得很，可以同各种截然对立的运动和群体结盟[②]。

　　不过，施米特的推论必然导向的结果，是滕尼斯从认识现代性的出发点上就无法接受的虚假事实，因为施米特彻底地走向了由霍布斯奠定的政治世俗化趋势的反面[③]。如果我们的视线仅局限在德意志帝国以来的政治进程，滕尼斯同施米特的争执可以追溯到俾斯麦时代的"文化斗争"与"反文化斗争"运动，追溯到滕尼斯一生都

---

　　① Ferdinand Tönnies, *Schriften zur Staatswissenschaft*, hrg. Rolf Fechner, Wien: Profil Verlag, 2010, SS. 320 – 321.

　　② ［德］施米特：《罗马天主教与政治形式》，载《政治的概念》，刘宗坤译，上海人民出版社 2004 年版，第 48 页。

　　③ 参见 Ferdinand Tönnies, *Schriften zur Staatswissenschaft*, hrg. Rolf Fechner, Wien: Profil Verlag, 2010, S. 321.

在反思的 1878 年——德意志保守化转向的时刻①。对滕尼斯来说，所谓天主教及其政党的复苏只是一个没有精神内核的假象，在俾斯麦那里，它不过充当了权力的工具，俾斯麦挑起文化斗争离不开对信仰天主教的南部巴伐利亚和东部波兰分离势力之威胁的焦虑，而结束文化斗争又是因为对国内自由主义和社会主义政党力量崛起的担心②，这恰恰说明天主教的普世主义只不过是无根的浮萍，被现世的权力利用，实际上，霍布斯早就揭示了宗教的虚假及其被权力捏造的本质，滕尼斯说：

> 在我看来，人们必须总是要思虑现代国家发展的全部进程，并且要将它同中世纪教会的瓦解过程放到一起，考察它们的交互影响。过去占统治地位的、就其观念而言完全是普世机构的中世纪教会彻底衰落了。尽管今天的罗马教会早就被刨去了根子，然而同这个趋势一点也不冲突的事实是它努力地、理性地适应国家政制，对此，虽然它无须抛弃对另一个领域的诉求和教义，然而对待国家事务，它必须沉默。③

不过在施米特这里，比单纯的神学政治更要命的是它必须经历人格化的阶段，更准确地说是神学意义上的位格化的阶段。就此而言，他同样有意地转换了霍布斯的人格主义的含义，如果说时刻制造着敌人的主权决断者是施米特心中的最高政治典范，那么它不过是霍布斯那里最基础的、最低度理性的共和国形态。在此前的一篇

---

① 可参见滕尼斯的《共同体与社会》的第二版序言以及他在 1929 年出版的《围绕 1878 年的社会党人法的斗争》（*Der Kampf um das Sozialistengesetz* 1878，1929），后者明显模仿霍布斯的《比希莫特》笔法。正如 1640 年英国内战前的辩论是霍布斯一生聚焦的时刻，1878 年的德国保守化转向是滕尼斯一生聚焦的时刻。

② 详见俾斯麦的《思考与回忆》第二十四章论述。

③ Ferdinand Tönnies，*Schriften zur Staatswissenschaft*，hrg. Rolf Fechner，Wien：Profil Verlag，2010，S. 321.

回应社会主义者海因里希·库诺（*Henrich Cunow*）的文章里①，滕尼斯曾以克伦威尔为例，谈及霍布斯的共和国框架里的"恺撒制"（Zäsarismus），借用特奥多尔·蒙森的这一概念，他将霍布斯的主权问题置于历史的视域，这一问题既客观地关乎《利维坦》的写作背景与思想定位，也可以充分地回应施米特的"误读"，无疑，"恺撒制"是近代民主政治框架里最接近人格主义的类型，就像在克伦威尔身上突出表现的特征，由他展现的现代恺撒，既非传统基于血缘、世代传位的君主，也不是由上帝恩典册封的皇帝，而是通过革命、集"公民意志"于一身、以军事力量为充分保障的现世人格，他是掌握着金权力量的第一公民，《利维坦》的契约国家理论为此奠定了基调。

即便如此，在滕尼斯看来，"恺撒制"只是最低度的理性国家的形态，因为从理论上讲，它即霍布斯笔下的契约君主制的原型，而君主制又以可见的方式直接地体现了人民意志的统一；从现实上讲，它通常又是革命事件的产物，是从混乱的无序状态中产生的新秩序，因而最纯粹地同无序对立。无论从克伦威尔，还是从后来法国大革命时代的拿破仑身上体现的，现代恺撒往往是在一场革命中代表人民意志同时掌握着金钱和武装的最高军事统帅（Generalisimus）②。可是一旦跨越从无序到新秩序的临界点，将秩序的延续问题乃至现代商业社会纳入进来考虑时，主权表象就不再够用了，只有当主权

①　Ferdinand Tönnies，"Die Politik des Hobbes. Eine Entgegnung"，*Schriften zur Staatswissenschaft*，hrg. Rolf Fechner，Wien：Profil Verlag，2010，SS. 7 – 16.

②　参见滕尼斯对"恺撒制"的定义：es ist die Monarchie des durch eine Revolution，eine bewußte，rationale Neugestaltung des Staates emporgebrachten Generalismus，"par la volonté du peuple"，der Zäsarismus. 事实上，"恺撒制"是19世纪文献中出现的概念，它源出特奥多尔·蒙森在《罗马史》（第五卷第十一章）里关于恺撒独裁之特征的分析，其实质是军事独裁者煽动人民打倒旧的等级体制、集一切权力于一身，韦伯后来将这个概念同"波拿巴主义"混同使用。在这里需要突出强调的是滕尼斯对霍布斯的解读背后的历史维度，他讲到这个概念的时候，很可能想到的是法国大革命时的军政府以及后来的拿破仑统治，在此他借用了米拉波的说法。

彻底地观念化，政治理性的发育进程才达到完善。滕尼斯说，如果看看英国的现代化历史，这一点就很明确了，光荣革命之后，英国成功地转型为现代商业国家，并且将权力的触角伸向世界的各个角落，霍布斯的思想真正植入自己祖国的土壤，从18世纪的政治经济学派直到19世纪的功利主义者都是霍布斯学说的继承者，究其实质，他们不仅道出国家拥有不可分割的主权和无限制的立法权，而且非常重视国王、贵族与人民在政治建构中的共同作用，换言之，主权不只意味着国王的那顶看得见的王冠，而且溶解在政治社会的各阶层人民的观念里，成为他们政治参与的自觉意识，尤其19世纪下半叶以来，下议院在英国国内和海外政治行动的决断上发挥了最关键的作用，它既成为连接国内上层政治意志和下层商业社会的枢纽，又是打通母国和海外殖民地、构建整个日不落帝国的中心环节①，政治并不像施米特所说的那样，被社会或文化这些所谓的多元主义的要素分割了，相反，人的社会连带性本身就是政治得以形成和实现的前提。

在滕尼斯看来，施米特将霍布斯自然法的观念人格置换成纠缠着神话意象的上帝的神圣位格，实际上最彻底地威胁着现代大众的心智启蒙。到了国家社会主义运动愈演愈烈的30年代，滕尼斯对施米特的思想怀着越来越明显的忧虑，因为后者逐渐变成了现实②，在1930年写给自己的学生（爱德华·雅可比）的一封信里，他带着不

---

①   参见 Ferdinand Tönnies，"Die Politik des Hobbes. Eine Entgegnung"，*Schriften zur Staatswissenschaft*，hrg. Rolf Fechner，Wien：Profil Verlag，2010，S. 14. 同时可参考滕尼斯对19世纪下半叶英国政治的分析，集中于对的 Joseph Chamberlain 在下议院推行的保守主义关税改革和殖民政策。Ferdinand Tönnies，"Die Krisis des englischen Staatswesens"，*Schriften zur Staatswissenschaft*，hrg. Rolf Fechner，Wien：Profil Verlag，2010，SS. 17 – 25.

②   逝世于1936年的滕尼斯自然无缘看到施米特完成的两部霍布斯研究著作，不过在后者20年代的政治神学作品里，滕尼斯已经充分认识到施米特的意图以及他的霍布斯研究所要达到的目的。1933后，纳粹党掌权，滕尼斯所在的基尔市迅速纳粹化，在他逝世后，他的学生布罗克道夫在基尔举行的"霍布斯国际大会"上公开宣布：霍布斯研究的新一阶段诞生了，主角便是施米特。

乏嘲讽和戏谑的笔调写道：

> "我此前已经多少了解他（施米特），不过我对他的言行完全不习惯，也没有领悟其言行的才华。我相信自己无可避免地会对他产生这样的印象：无论过去还是现在，他都怀揣着一种强烈的理念的兴趣，却少有面对材料本身的兴趣。"①

第三节　重返"整全的知识"：施特劳斯的霍布斯解释及其同滕尼斯的对话

　　滕尼斯同施米特的争论，不但意味着捍卫魏玛共和国同鼓吹纳粹的政治态度间的对立，而且是对现代秩序及其未来走向的看法的根本分歧。通过阐明滕尼斯的霍布斯研究的初衷以及他在 20 世纪二三十年代同施米特之争的实质，我们多少可以认清一个事实，即滕尼斯的霍布斯研究一以贯之地针对德国的保守主义立场。如果说俾斯麦时代的保守主义更多地表现为基于传统容克统治的、"自然的"保守主义，就像马克思讽刺的，要么像历史主义者那样"返回原始的条顿森林寻找自由的历史"，要么像唯心主义者那样为自然秩序盖上唯灵论的印章②，而滕尼斯自觉意识到的学术使命，便是"不合时宜地"将视线投向近代社会国家（Gesellschaftsstaat）的典范——

---

　　①　这封信讲述的内容起因于 1929 年，滕尼斯主持英国"国际霍布斯学会"成立大会，没有邀请施米特，施米特对此颇多抱怨。1930 年雅可比在柏林拜访施米特时，施米特向他讲述自己的不满情绪，故而写信向滕尼斯报告了这一情况，这封回信是滕尼斯的说明。引自 E. G. Jacoby, *Die moderne Gesellschaft im sozialwissenschaftlichen Denken von Ferdinand Tönnies*, hrg. Arno Bammé, München – Wien：Profil Verlag, 2013, S. 26.

　　②　重点对比黑格尔的《法哲学原理》第 275—286 节以及马克思的《黑格尔法哲学批判》对这个部分的批判。参见［德］马克思《黑格尔法哲学批判》，中央编译局译，人民出版社 1963 年版，第 37—62 页。

英国①，在自由主义的源头霍布斯那里，寻求现代大众启蒙之道。随着德意志帝国在"一战"后瓦解，天然束缚着德国人的自我想象和怨恨他者的锁链解开了，旧的容克和路德教幽灵、天主教势力、共产主义、无政府主义以及相伴而来的无穷无尽的革命在整个国家肆意蔓延，像持续不断的海浪那样冲击着脆弱的魏玛共和政府，一直延续到20世纪30年代，纳粹掌握了整个国家机器，在这个过程中，由"第三帝国桂冠法学家"施米特指引的已经不再是自然的保守主义，而是混杂着自负和仇恨，积极制造敌人的极端精神性的保守主义，就此而言，滕尼斯的霍布斯之思在此时刻仍然具有重要的意义，而且只有在这个时刻，他借霍布斯道出的理性启蒙的意义才以一种迫切的、极其深刻而完整的形态表现出来，即现代理性的本质不仅是理智人格的构建，更是人的心灵秩序的平衡，由此投射出一个自觉协调的民主政体。②

要理解这一点，我们仍需返回滕尼斯同施米特之间的神学—政治论争，预先经历一番艰难的跋涉。相较于滕尼斯对待施米特作品的冷淡态度，施特劳斯的批评倒从完全相反的方向，为我们指引了一条返回滕尼斯解释的道路。最初，在为施米特的《政治的概念》一书撰写的书评（1932）里，施特劳斯曾提出一个著名的判断，即施米特是在一个自由主义的世界里承担起对自由主义的批判，尽管

---

① E. G. Jacoby, "Vorwort", In *Briefwechsel 1876 – 1908*, Herausgegeben von Olaf Klose, E. G. Jacoby, Irma Fischer, Kiel：Ferdinand Hirt, 1961, S. X.

② E. G. Jacoby 非常准确地用"从自然状态到原始聚集"（vom Naturstand zur Ur-versammlung）的说法归纳滕尼斯的霍布斯研究的前后重心。"自然状态"以及自然法学说针对保守的历史主义者，意在论证突出现代商业社会的理性人之间的对抗；而"原始聚集"则是滕尼斯在1926年在《论民主国家的社会学》以及随后的1930年《人民聚集学说与霍布斯"利维坦"中的原始聚集》两篇论文里提出的核心理论，主要针对的便是极权主义，意在突出公民的政治权利与奠定共和政制的理性能力。E. G. Jacoby, *Die moderne Gesellschaft im sozialwissenschaftlichen Denken von Ferdinand Tönnies*, hrg. Arno Bammé, München – Wien：Profil Verlag, 2013, SS. 24 – 27.

如此，他的非自由主义的倾向却受制于无法克服的自由主义思想体系。① 为什么这么说呢？我们知道，施米特之所以将霍布斯的"利维坦"视作失败的政治象征，因为自霍布斯始，近代国家的发展趋势便是日益成为一个无生命的机器，政治的生活同非政治的生活之间产生了不可跨越的鸿沟，现在的自由主义者希望通过社会的多元文化推导国家的基础，然而这一企图在当前遭遇的种种困境不过证明了：他们有意或无意地回避"政治"这一不得不去面对的生存要素，因而根本无法解决命运的冲突，对施米特来说，"政治"（Politischen）直接地就要否定由霍布斯塑造的、以追求个体之安全需要和舒适为目的的现代道德，也就是说，政治就是划分敌友，就是公民随时要毫不犹豫地投入战争，由此，他就让霍布斯力图消解的私人间的自然状态，重新以一种积极的、主动的国与国之间的自然状态显现出来。

　　然而，就像施特劳斯敏锐认识到的，如果我们仍然在政治哲学的视域之内理解施米特的"政治"概念，而非盲目跳入政治神学的罗网②，那么正因为它的论战特征，导致了其立足的整全的知识（integren Wissen）未经明确分辨，故而只能被理解为在自由主义同一的水平线上、完全消解现代道德的否定性力量，更要命的事实是，它的确定又离不开具体的政治现实，因此直接转化成对现实的摧毁性效果，即国内的极权主义与国家间的自然状态的叠合③，对此，施特劳斯一针见血地提出了这样一个问题：

---

①　［美］施特劳斯：《〈政治的概念〉评注》，刘宗坤译，载［德］迈尔《隐匿的对话——施米特与施特劳斯》，华夏出版社 2002 年版，第 209 页。

②　迈尔将施米特和施特劳斯的进路归纳为"政治神学"和"政治哲学"之间差异，并且把握到它的实质是两种生存立场。参见［德］迈尔《施米特、施特劳斯与〈政治的概念〉》，汪庆华译，载《隐匿的对话——施米特与施特劳斯》，华夏出版社 2002 年版，第 11—12 页。

③　我们需要注意到施特劳斯对施米特"政治"概念的概括：后者将政治的状态变成了自然状态，当然，此时自然状态涉及的主体是国家。

一种纯粹和整体的知识永远不能是冲突性的，除非它偶然如此；况且一种纯粹和整体的知识也不能从"特定的政治现实"和时代状况中获得，而只能借助于追本溯源，回到"尚未损害、尚未败坏的自然"来获得。……只有在充分理解霍布斯的基础上，才有可能彻底批判自由主义。①

我们知道，在反思施米特对现代自由主义批判的前提下，施特劳斯也开启了全面的霍布斯解释道路，意图揭示在他看来施米特所没有讲出的整全知识或原初自然。施米特聚焦霍布斯"利维坦"的神话意象及其政治修辞遮蔽了对政治背后的人性和道德状况的考量，因为对他而言，道德是自由主义者的逃避生存问题的畏怯言辞，它恰恰使政治本身变成非政治的东西，故而他逾越了霍布斯的道德或自然法问题，直接诉诸政治，更准确地说是作为神话象征的政治，但是如果在哲学的意义里发问，他便无可回避地要对政治的形而上学基础做出回答；② 相反，作为一位真正的政治哲学家，施特劳斯试图对霍布斯学说做整体化而严肃的解释，这就意味着，他既超脱出对当下一时一地的"具体政治现实"的观察的局限，也着力在古今思想比较的视域背景里重估霍布斯政治哲学的形而上学基础即他所谓的道德哲学（moral philosophy）或者说人性理论，由此，施特劳斯的霍布斯研究重新站在了滕尼斯从一开始就奠定的研究地基之上，

---

① ［美］施特劳斯：《〈政治的概念〉评注》，刘宗坤译，载［德］迈尔《隐匿的对话——施米特与施特劳斯》，华夏出版社 2002 年版，第 209 页。

② 在迈尔看来，施特劳斯并不是在施米特的观点之外另起炉灶，相反，他以哲学的视角将施米特没有讲出来的内容以及模糊之处透彻地讲了出来。其要害就是如海德格尔那样，解构近代政治的哲学基础，开辟出一个真正的视域。［德］迈尔：《施米特、施特劳斯与〈政治的概念〉》，汪庆华译，载《隐匿的对话——施米特与施特劳斯》，华夏出版社 2002 年版，第 12 页。

而它结出的果实即 1936 年出版的《霍布斯的政治哲学》①，在一开头，施特劳斯就指出：

> 在霍布斯的先行者当中，没有一个人曾经尝试过，要跟整个传统实行明确彻底的决裂，而这个决裂，是近代世界面对正当人生问题的题中应有之意。霍布斯第一个感觉到，必须探寻一个关于人和国家的新科学（nuova scienza），他也第一个找到了这个新科学。此后所有的道德思想和政治思想，都明确地或缄默不宣地建立在这个新学说的基础上，为了说明它在政治上的重要性，我们可以强调，近代形式的文明理想，无论是市民阶级资本主义发展的理想，还是社会主义运动的理想，都是由霍布斯所创立和阐述的，其深刻、清晰和直率，不论在这以前还是以后，都无人可敌。为了说明它的哲学意义，我们可以指出，没有霍布斯的工作，道德哲学就是不可能的，不但 18 世纪的理性主义道德哲学是如此，而且卢梭、康德和黑格尔的道德哲学也是如此。②

看看施特劳斯的说法，我们就可以发现，他完全接受并继承了滕尼斯关于霍布斯在现代思想格局里的定位判断。毕竟在滕尼斯之

---

① 1935 年，施特劳斯的德文版著作《霍布斯的政治科学及其起源》出版，随后在 1936 年，其英文译本《霍布斯的政治哲学》问世。晚年受纳粹迫害并逝世于 1936 年的滕尼斯无缘了解施特劳斯的研究并对其作出回应，和滕尼斯一样，作为一位超越了对一时一地之具体现实关注的哲人，施特劳斯关心的是整个现代性的发展潮流和困境，其影响直到今天。我们在这里关心的事实，既可以表述为滕尼斯同施特劳斯之间"隐匿的对话"，也可以说他们共同立足的基础——霍布斯与现代道德问题。关于政治哲学与人性理论的关系，参见［美］列奥·施特劳斯《霍布斯的政治哲学》，申彤译，译林出版社 2012 年版，第 10 页。

② Leo Strauss, *The Political Philosophy of Hobbes. Its Basis and Its Genesis*, Chicago: The University of Chicago Press, 1963, p. 1. 其中，nuova scienza 是维科使用的"新科学"这一概念，施特劳斯亦在此既暗示霍布斯同维科的理论关联，又暗示修辞而非自然科学方法才是把握现代道德的要旨。

前，没有人明确将霍布斯视作现代世界的开端者，更不用说对此做出严肃的论证，这一开端的确立，关系到回答"什么是现代人的正当生活（the right life）"，"什么是现代社会的正当秩序（the right order of society）"这两个最本质、最重要的问题①，前者是由霍布斯奠定的现代道德思维，后者则是从此孕育出的各种社会和政治思潮。然而如何理解霍布斯给出的答案？如何理解他同后世思想的关系？如何定位他斩断古今"存在巨链"的事业？施特劳斯同滕尼斯的看法截然对立。

在滕尼斯看来，霍布斯的自然哲学构成了其人性学说和政治哲学的前提②。尽管没有指名道姓地批评，然而施特劳斯针对的对手无疑就是滕尼斯，和滕尼斯一样，施特劳斯作为寻求体系化解释的思想家，聚焦于从人性论基础着手考察霍布斯的政治哲学，但他反对把自然哲学当作解读的基础，可以说，他们的对立意味着在同一战场上的不同立场间的较量。面对以滕尼斯为代表的霍布斯研究传统（包括受他直接影响的 M. Frischeisen‒Köhler 与 Frithjof Brandt 等人的研究），施特劳斯指出，他们受制于霍布斯自己宣称的原则，将道德哲学或政治哲学奠基于自然科学甚至机械论，即一方面把人理解成

---

① "讨论和阐明生活理想（the ideal of life）的确是哲学的首要和决定性的任务。"在此可对比施特劳斯同滕尼斯关于哲学任务的论述，参见滕尼斯的《共同体与社会——文化哲学的原理》，该文曾发表在 1925 年《康德研究》（刊物）上。除此之外，滕尼斯在他繁复的霍布斯研究中已经论证霍布斯思想同各种社会思潮的联系，如他在"霍布斯与政治动物"里讨论"自然状态"作为现代商业社会的原型，在"霍布斯的政治：一个答复"里谈到社会主义法权国家的构建同霍布斯的关系。

② 简单说来，滕尼斯对霍布斯学说的阐释包含了三个理论节点：（1）滕尼斯从霍布斯笔下作为"类"的普遍个体出发，用机械论的物理学原则，构建了人的意志心理学体系，即人由外在的刺激调动起感觉和欲望，继而他产生了自发性的连续想象，只有不断地获取名望、财富和权力并让别人承认他的优势，才能让他快乐；（2）基于上述普遍人性的形象，霍布斯设想了一切人反对一切人的自然状态，滕尼斯创造性地将"自然状态"历史化了，并将此解读成自由竞争的市民社会（或资本主义社会）；（3）市民社会中的个体为了自我保存，通过契约共同缔造了一个理性建构物，即利维坦，滕尼斯将它表述为"自由主义的法权国家"，其根本原则即国家庇护公民，并在公民应当服从的法律范围外赋予他们一切自由。

激情的动物，也就是说，既视激情为道德的唯一材料，又将它完全追溯到感性知觉；另一方面则利用所谓不会犯错的分解与综合的方法推演道德、政治生活的各种形态。但是如此一来，把握霍布斯道德哲学真相的视域（Horizon）却被遮蔽了，人们逐渐习以为常地视政治哲学为自然科学的附属品，最终导致的结果就是价值被事实消解：

> 霍布斯政治哲学里蕴涵的那个道德态度，是独立于近现代科学的基础的……这个道德态度在霍布斯之后，特别地被他为之敞开大门的机械论心理学所掩盖，最后被社会学所遮蔽。①

就像海德格尔解构形而上学传统（Destruktion der Metaphysik）那样，施特劳斯一开始要做的工作，便是彰显霍布斯道德哲学的真正视域②。在他看来，霍布斯对人性以及政治的思考独立于自然科学，而且从本质上说，他是在亚里士多德奠定的古典德性的语境之中通过最终同它彻底裂解而形成了自己的"道德态度"（moral attitude），只有从古今比较的语境出发，我们才能洞悉并判定霍布斯道出的现代人性的实质，同样，也只有以此作为视域或指导线索（Leitfaden），我们才能真正照亮克服现代自由主义危机，回返原初自然的道路。

为了颠覆滕尼斯的解释，施特劳斯首先重构了霍布斯的思想传记，这源于他对霍布斯前科学时代（17世纪30年代之前）文献的

---

①　［美］列奥·施特劳斯：《霍布斯的政治哲学》，申彤译，译林出版社2012年版，第5页。施特劳斯所说的从心理学到社会学的脉络，暗示的正是滕尼斯的解释，在后来的《自然权利与历史》（1949/1953）一书里，施特劳斯将社会学等同于事实与价值二分的实证主义的产物。

②　迈尔非常敏锐地指出施特劳斯的霍布斯研究背后的现象学前提，［德］迈尔：《施特劳斯的霍布斯批判》，朱雁冰译，载《隐匿的对话——施米特与施特劳斯》，华夏出版社2002年版，第159页。

发掘和价值重估，在 1934 年的英国之行里，他重走了滕尼斯当年的
道路，并且幸运地阅读了霍布斯的一批从未公开过的手稿，它们藏
于当年卡文迪什家族的一座位于德比郡的城堡（霍布斯早年做卡文
迪什家庭教师时曾在此驻留），其中尤其值得提及的是霍布斯为亚里
士多德《修辞学》做的两篇英文汇纂（约 1635 年）的手稿以及一
部题为"论文集"（Essays）的手稿①，加上霍布斯的《伯罗奔尼撒
战争史》译本前言，《法的要素》《论公民》《利维坦》以及《论
人》② 中对人的诸道德形态的定义，施特劳斯编织出了一幅作为人
文主义者的霍布斯图景。按照施特劳斯的说法，早在熟悉近代自然
科学以前，霍布斯就已经形成了他的人性概念，即激情（passions）
构成了人性的内容和政治的基础，然而他最初描述激情的时候，并
非诉诸自然科学的术语，而是同当时的人文主义者一样，使用亚里
士多德的修辞学方法。为了说明这个事实，施特劳斯将他后来成熟
期的政治哲学文本《法的要素》《论公民》以及《利维坦》中的关

---

①　参见施特劳斯在《霍布斯的政治哲学》前言里对于所谓霍布斯"早期著作"
的梳理。关于施特劳斯的 1934 年"纵情语文学"（philologische Ausschweifungen）的转
向以及他在英国之行的具体发现，参见迈尔的描述，迈尔本人是《施特劳斯全集》的
编纂者。［德］迈尔：《施特劳斯的霍布斯批判》，朱雁冰译，载《隐匿的对话——施
米特与施特劳斯》，华夏出版社 2002 年版，第 154—155 页。同样需要指出的是，施特
劳斯所说的霍布斯的《修辞学》汇编此前已为 Molesworth 爵士收录在《霍布斯英文著
作全集》第 6 卷。

②　迈尔指出，施特劳斯在查茨沃斯城堡找到了霍布斯的《论物体》和《论人》
手稿。按照滕尼斯之前的考证，霍布斯在 1637 年左右就萌生了写作《论物体》《论
人》这两本书的计划，施特劳斯发现的应该是这一时期的手稿。不过在滕尼斯看来，
霍布斯《论人》一书的构思与同一时期对笛卡尔光学问题的关注一致，《论人》的实
质是对感知的讨论，而施特劳斯则用霍布斯对亚里士多德的《修辞学》的模仿来解释
这一点。滕尼斯的说明，参见 Ferdinand Tönnies, *Thomas Hobbes. Leben und Lehre*, Stutt-
gart: Friedrich Frommann Verlag, 1975, S. 19.

于各种激情形态的定义，同他早期的修辞学摘录并置到一起①，证明它们之间在形式和表述上的类似。

然而在实质内容方面，霍布斯基于他的人生经验、有意识地针对亚里士多德以及中世纪的德性传统思考激情，并且从根子上与传统决裂，其要旨就是用保全自身的自然权利学说取代以至善为目的的古典自然法②，进而由保全自身的根本原则，推演出作为否定性品质的"虚荣"与作为肯定性品质的"对暴力死亡恐惧"，这是霍布斯政治哲学的核心，同亚里士多德的伦理学原则相悖，进而，霍布斯同亚里士多德影响下的从中世纪到文艺复兴时期的人文主义分道扬镳。施特劳斯并非通过一种外在的经验做解释，为了诠释"断裂"的发生过程，他再度重构霍布斯的思想传记，这回，他注意到了霍布斯从亚里士多德的哲学转向修昔底德的历史，据施特劳斯的说法，霍布斯是怀着哲学的意图转向历史的，而他的转向又离不开政治哲学在 16 世纪向历史过渡的大背景，霍布斯在《伯罗奔尼撒战争史》前言里曾提到同时代政治史家利普修斯，其代表的"史鉴"（historical teachings）写作传统一直延续到培根对传统伦理学所做的系统性的批判，这一脉最明白地道出了古典哲学向历史转向的哲学意涵：古典哲学局限于对德性做英雄史诗式的描述，忽略了研究现实生活

---

①　施特劳斯为此提供了不少证据，第一，奥布里在《霍布斯传》里证明霍布斯对亚里士多德的《修辞学》和《动物志》非常感兴趣；第二，查茨沃斯的霍布斯文献里，有一篇《尼各马可伦理学》汇纂，这篇汇编是霍布斯基于帕多瓦的亚里士多德主义者 Franc Piccolomini 的解读摘录的；第三，霍布斯在《伯罗奔尼撒战争史》译本前言指出"亚里士多德之于哲学，独占鳌头"；第四，霍布斯对《修辞学》的阅读、摘录以及教学工作；第五，也是最重要的，霍布斯的三部政治哲学著作，即《法的要素》《论公民》《利维坦》论述"激情"的诸形态，同《修辞学》对应。

②　［美］列奥·施特劳斯：《霍布斯的政治哲学》，申彤译，译林出版社 2012 年版，第 5 页。

中的人的本来面目，更拙于谈论如何耕作与栽培心灵①。由此，霍布斯认识到规范和事实的差别，意识到理性的孱弱和激情的绝对支配力量，进而，他通过比较人的不同意图，分离出主观的善与恶的事实，建构了一套超历史的道德体系。

施特劳斯并非孤立地理解所谓霍布斯同亚里士多德主义的决裂，他在思考这个问题的时候，同时着眼于霍布斯政治哲学的人性论预设与未来黑格尔的自我意识运动之间的理论关联②。实际上，到了黑格尔那里，霍布斯曾喻示的断裂才完全以一种历史辩证法的方式彰显出来。从霍布斯到黑格尔，现代道德的意涵越发清晰，它并非一种先天的完美伦理品质，而是意味着从原初的、不完美的起点出发，在历史过程中逐渐彰显自身内部的矛盾，最终扬弃自我：

> 亚里士多德把城邦的发生与起源，描述为产生于原始共同体的完美共同体；当他这样做的时候，对完美的有机体的理解阐释，是主线和主要假设……霍布斯的思路相当不同，对他来说，人类原始条件的不完美性，或自然状态的不完美性，不是

---

① 施特劳斯在此引用培根的《学术的进展》第二卷第 20 节。需要注意到的是，无论培根还是霍布斯看来，古代的伦理学与修辞学之间存在着非常大的张力。培根认为古代哲学家把人性抬高到一个虚假的地步，相反，逻辑学是调控人的理智和激情的学问，值得现在的学者研究，并且作为培育心灵的"解释性的传授方法"；奥布里的《霍布斯传》曾提到，霍布斯表示过亚里士多德是历史上最糟糕的教师、政治家和伦理教师，但是他的修辞学和对动物的论述却很精彩。问题在于：施特劳斯以霍布斯的《修辞学》编纂论证他早年的亚里士多德主义是否恰当？

② 根据迈尔的报道，施特劳斯在 1933—1934 年间居留巴黎时，曾提交了两个霍布斯研究的计划，其中的一个计划就是对霍布斯和黑格尔的比较分析。他之所以萌生这一想法，既与他当时同巴黎的黑格尔主义者科耶夫的密切交往与理论争论有关，也关系着他长久以来就在思考着的自然法和历史主义问题。参见［德］迈尔《施特劳斯的霍布斯批判》，朱雁冰译，载《隐匿的对话——施米特与施特劳斯》，华夏出版社 2002 年版，第 153—154 页。在最终成书的《霍布斯的政治哲学》里，施特劳斯在两处谈到了霍布斯与黑格尔的理论关联，第一处是在第四章末尾讨论恐惧与"主奴意识"的关系；第二处是在第六章讨论个体意识同政治体的关系，它们依据的文本都是《精神现象学》的"自我意识"部分。

通过考察国家作为完美的共同体这个业已澄清（即使只是粗略地澄清）的观念而感知的，而是通过对自然状态的经验的充分理解而认识的。检验的标准，未经事先确立，未经事先论证，而需要自行产生，自行论证。所以，霍布斯没有追随、仿效亚里士多德，而是开辟了通向黑格尔的道路。……这两位哲学家都无意借助一个超越不完美状态的标准，去衡量不完美的状态；他们简单地只是在"袖手旁观"，让不完美的状态凭依自身的运动，自行宣告无效……一种内在考察检验的前提，必然体现在一个典型历史的框架之内；这个前提，对霍布斯和黑格尔来说，都是对服从（obedience）的道德的拒绝。①

在此，我们大致展现了施特劳斯在 30 年代的《霍布斯的政治哲学》一书中重构的霍布斯思想传记，可以明显地看到，施特劳斯从两个方面对滕尼斯发起了挑战：

第一，他们之间在霍布斯文本解释上的冲突，涉及对核心文本的评价、选择以及对它们的整体脉络的把握，从滕尼斯这一方看来，施特劳斯的新解释将面临一些困难。我们知道，滕尼斯以详细的霍布斯生平和著述史考据为基础，忠实地遵循了霍布斯本人在 17 世纪 30 年代末、即所谓"科学阶段"确立的哲学体系，从逻辑学、第一哲学、物理学、心理学人类学、伦理学说直到国家学，呈现霍布斯

---

① ［美］列奥·施特劳斯：《霍布斯的政治哲学》，申彤译，译林出版社 2012 年版，第 124—126 页。同时参照 Leo Strauss, *The Political Philosophy of Hobbes. Its Basis and Its Genesis*, Chicago：The University of Chicago Press, 1963, pp. 105 – 106.

"学说"的完整面貌①，施特劳斯则针锋相对地力图还原出一个如奥特肖特所言的"未受科学污染的"人文主义者霍布斯②，这里首先涉及的文献学问题在于：在1640年的《法的要素》之前，霍布斯并没有系统性的政治哲学文本，也就是说，所有成熟时期的文本都受到了科学污染，因而施特劳斯不得不通过两种方式达到他的解释意图，一是借助若干早期的人文主义随笔与笔记，并且以1640年后的文本的相关论述做推测，重建早期未受污染的"道德态度"③；二是用人文主义的语境提供解释依据，尤其从历史和修辞的角度，重新解读由滕尼斯最早系统地考察过的霍布斯同培根关系问题④。不过我们注意到，关于霍布斯的早期文献，施特劳斯并没有比滕尼斯发现更多的材料，对比一下他们二人的文本，施特劳斯呈现的霍布斯早年的人文主义生活历程既完全复述了滕尼斯著作的相关章节，前者提及的所有文献也都能在后者的论述里找到说明⑤，然而两人对同一

---

① 参见 Ferdinand Tönnies, *Thomas Hobbes. Leben und Lehre*, Stuttgart: Friedrich Frommann Verlag, 1975, SS. 114 – 115. 滕尼斯使用的霍布斯的核心文本都是公开出版的著作，包括《论物体》《论人》《论自由、必然性与偶然性》（同 Bramhall 神父论自由意志）、《法的要素》《论公民》《利维坦》。滕尼斯在此讲述的科学分类以及次序源于霍布斯在《论物体》第一部分第6章第6—7节的讨论，此后的《论人》虽然对第一哲学和物理学部分做了略微修改，然而大致的学说框架即如此。当然，霍布斯在谈到国家学说（civil philosophy）时承认，在它之前的所有学问都要遵循综合的方法，然而国家学说有其特殊之处，即使不懂得综合的方法（也就是从自然科学始构筑政治体），也可以用一套分析的科学方式，像《利维坦》导言处讲的拆分人造人。

② Michael Oakeshott, *Hobbes on Civil Association*, Indianapolis: Liberty Fund, 2000, p. 149.

③ 参见施特劳斯在前言里的方法论说明，［美］列奥·施特劳斯：《霍布斯的政治哲学》，申彤译，译林出版社2012年版，第6页。

④ 我们需要注意到，施特劳斯在一个小注里谈到霍布斯和培根的关系时，曾特意指出培根对古典道德的批判同他对古典物理学的批判是并行的，在此，他有意识地回应了滕尼斯。参见［美］列奥·施特劳斯《霍布斯的政治哲学》，申彤译，译林出版社2012年版，第6页。

⑤ 对比 *The Political Philosophy of Hobbes*, pp. 30 – 33 与 *Thomas Hobbes. Leben und Lehre*, SS. 2 – 18. 尤其滕尼斯在第18页谈到霍布斯早年的一系列随笔和手稿藏于卡文迪什家族的城堡（Stammschlösser）里，施特劳斯正是在此发现了他看重的文献。

内容的解读判若云泥，在纯粹文献考证的表象背后，关乎他们之间差异的实质问题是：如何理解霍布斯的政治哲学与政治科学背后的伦理经验？在滕尼斯这里，它表现为近代理性启蒙人格的生成以及内含于其中的理想世界图景的展开；在施特劳斯那里，它则表现为新的道德同旧的修辞之间的纠缠和张力。

第二，同上述问题紧密相关，施特劳斯与滕尼斯以不同的思想史视角切入霍布斯解释：首先，他们同样以古今之变作为思考的出发点，将霍布斯置于古今之变的大格局中的枢纽位置，然而他们理解古今的维度既不一样，最终的评价结果也针锋相对；其次，他们对霍布斯影响下的现代理论脉络的判断也不同，正如施特劳斯在书中明确指明的那样，他将霍布斯的畏死激情视作自我意识运动的起点，他对霍布斯的理解离不开黑格尔所主导的理论想象，当然，这一黑格尔的形象同 20 世纪 20 年代以来黑格尔主义在法国的复兴大背景密切相连①，与此同时，他彰显这个视域又是为了超越它；而滕尼斯的解释既植根于新康德主义思潮，其理论想象自然无法同康德代表的现代自由主义的理论谱系分割开来，它又试图在此基础之上、向着未来推进人心之教化的事业。可以说，施特劳斯和滕尼斯间的较量聚焦于霍布斯所引出的古今之变的议题，亦从根本上关乎现代人性和政治的未来可能道路。

---

　　① 施特劳斯的霍布斯研究很大程度上受到法国的黑格尔主义复兴思潮的影响，黑格尔在法国的复兴又离不开马克思与海德格尔思想的渗透，其标志就是 1929 年让·华尔（Jean Wahl）发表《论黑格尔哲学中的苦恼意识》，他率先提出必须透过黑格尔后期僵硬的体系，看到早期思想中精神和情感，将枯燥的辩证法还原为生命的体验。由此，《精神现象学》被抬高到黑格尔的文本体系之首，替代了此前《哲学全书》的位置，尤其是其中的"苦恼意识"一章，成了黑格尔、马克思、海德格尔思想交汇点，施特劳斯的霍布斯解释亦是将苦恼意识的起点追溯到霍布斯，视霍布斯为近代人性的起点，在此论证过程中，我们需要注意施特劳斯关于霍布斯（畏惧）与笛卡尔（慷慨）对人的基础"激情"解释的区别，以此，施特劳斯从另一个方向回应了滕尼斯关于霍布斯与笛卡尔的关系讨论。参见［美］列奥·施特劳斯《霍布斯的政治哲学》，申彤译，译林出版社 2012 年版，第 68—70 页。

第四节　何种启蒙：古典主义与现代科学

施特劳斯在《霍布斯的政治哲学》中认为，霍布斯同亚里士多德的决裂是通过转向柏拉图的"理念主义"（idealism）实现的①，因为亚里士多德的伦理思想仍然受制于语词范畴或日常修辞的影响，而柏拉图则诉诸永恒的理念或者说事物的超验存在，从这个意义上讲，霍布斯回到柏拉图的目的，是为了以绝对的政治理性为政治体奠基。然而，如果说在柏拉图那里存在着真正的德性（true‑virtue）和虚假的德性（pseudo‑virtue）之别，那么霍布斯则借此将此前正义的"恐惧"与非正义的"虚荣"之间的对立，提升为理性与激情本身的对立，因而在同柏拉图一致的水平线上彻底颠覆了柏拉图的意思，也就是说，霍布斯坚决地要求阐释一个不受激情影响的、纯粹理性的政治哲学，事实上无非在企望理性的规范同激情一致，或者说让理性成为求生激情的工具，更进一步地，施特劳斯如此诘责霍布斯：

> 新的政治哲学放弃了对于最根本的、最急迫的问题的全部探讨。对于真正首要问题的忽略，是由霍布斯关于政治哲学的理念是理所当然的这一信念所造成的后果。霍布斯对政治哲学的可能性和必要性不加质疑；换句话说，他并不在开始的时候提出问题，"什么是德性？""它是否是可教的？"……他开始阐发他的政治哲学，不是从德性的本质这个问题着手的，也不是在人的理念这个意义上，从人的本性的问题着手的，而是在所

①　在此后的《自然权利与历史》里，施特劳斯重申了这一观点，参见［美］列奥·施特劳斯《自然权利与历史》，彭刚译，生活·读书·新知三联书店 2003 年版，第 171 页。

有的人们接受教化之前的本来面目这个意义上，从人的本性的
问题着手的。①

在施特劳斯看来，正是因为霍布斯用人的天然激情置换了理性，
放弃追问"人应当如何生活"这一善本身以及它何以可教的问题，
更不用说回答最好政制（regime）和德性的实践问题，他开启了现
代性的第一次浪潮，通过一步步地下降"应在者"（the ought）的地
位，使之符合"实在者"（the is）。② 不仅如此，施特劳斯同时认识
到，由霍布斯开启的理性启蒙，并非只有在古今之变的大格局里颠
覆古典德性这个单一维度的问题，它亦同霍布斯以及斯宾诺莎的神
学—政治批判紧紧地关联在一起，其中渗透着哲学同信仰之间的根
本冲突，霍布斯政治哲学的出发点是要捍卫世俗主权者对宗教问题
的绝对主宰的权力，与此不可分离地，是它对此后的道德和政治领
域的发展产生的影响，霍布斯的思想本身既带有自然神论的根源③，
他提出的宗教依附于世俗权威的方案也为现代宗教的世俗化打开了
大门，现代性越来越向着依靠人类的手段或技术在尘世建立天国的
道路行进，然而到了世纪末，它将自身内在的悖谬性完全地、彻底
地彰显出来，在尼采笔下的"末人"那里，我们可以清楚地看到现
代性的毫无意义的终极画面：人完全变成技术的奴隶，沦为纵欲的

---

① ［美］列奥·施特劳斯：《自然权利与历史》，彭刚译，生活·读书·新知三
联书店 2003 年版，第 183—185 页。参照 Leo Strauss, *The Political Philosophy of
Hobbes. Its Basis and Its Genesis*, Chicago：The University of Chicago Press, 1963, pp. 152 -
154.

② ［美］列奥·施特劳斯：《现代性的三次浪潮》，丁耘译，载《苏格拉底问题
与现代性》，华夏出版社 2008 年版，第 32—46 页。

③ 霍布斯指出，他思考政治和信仰的出发点是自然理性（natural reason）。滕尼
斯曾对霍布斯的自然神论的思想源流做过追溯，这一讨论基于澄清霍布斯同培根的自
然哲学观的区别，滕尼斯指出，并非培根的实验的自然哲学赢得了霍布斯的好感，而
是爱德华·赫伯特（Eduard Herbert）与彻伯里男爵（Baron Cherbury），尤其后者的
《论真理》（*De veritate*, 1624）的自然宗教观念影响了霍布斯。参见 Ferdinand Tönnies,
Thomas Hobbes. Leben und Lehre, Stuttgart：Friedrich Frommann Verlag, 1975, S. 6.

狂徒或无心肝的专家；在科学的领域里，无论实证主义还是历史主义，都不过是否定了永恒价值的相对主义，现代人越来越感到无所适从，他们再也不知道什么是善、什么是恶，也不再相信自己有能力知道它们。

　　如果说韦伯及其继承者敏锐地认识到了世俗化背后的伦理困境①，那么在犹太哲人施特劳斯看来，霍布斯与斯宾诺莎的所谓理性启蒙从一开始没有提供真正的知识，提供的只是一种对力量或权力（potentia）的新信仰而已②。相反，在古今之辩、信仰与理性之辩的交缠和纠结中，施特劳斯思索着走出现代困境的方式，并从霍布斯和斯宾诺莎的现代启蒙转向了中世纪阿拉伯哲人的哲学启蒙（die philosophische Aufklärung）。在他看来，阿拉伯的哲人们思索柏拉图的律法，即柏拉图所谓原始的涵盖一切的政治体秩序，它将宗教和政治合二为一，作为宗教、政治、道德的律法，在整体的、生存的层面规范个体，一条回归"柏拉图式的古典政治哲学"的道路③。

---

　　①　我们需要注意到施特劳斯对韦伯的批判，在《自然权利与历史》的一处长注里，施特劳斯认为韦伯过高地估计了神学层面上的发生的革命的重要性，而过低地估计了理性思想层面的革命的重要性，韦伯没有注意到 16 世纪爆发的哲学领域的传统断裂，因而他本人也最终陷入现代启示（信念伦理）与科学（责任伦理）的无解矛盾中，施特劳斯的这一批评同样适用于施米特对韦伯学说的继承以及向启示化方向的推进。[美] 列奥·施特劳斯：《自然权利与历史》，彭刚译，生活·读书·新知三联书店 2003 年版，第 62—63 页。

　　②　参见施特劳斯在《自然权利与历史》里对 potentia 的词义辨析，尽管霍布斯和斯宾诺莎并不一样，前者仍然区分了自然权利与自然法，后者的自然主义否定了两者的差异，然而霍布斯的国家（最高权力）实际上在最大程度上统一了力量与权威、最强烈的情感与最神圣的权利本身，因此可以说霍布斯与斯宾诺莎的最终目的是一致的。[美] 列奥·施特劳斯：《自然权利与历史》，彭刚译，生活·读书·新知三联书店 2003 年版，第 199 页。

　　③　根据迈尔的讲述，施特劳斯在研究霍布斯的时候，一个一以贯之的线索就是霍布斯的神学—政治论观点。在 1929—1930 年间，施特劳斯经历了一次重要的思想转折，便是他接触到了中世纪阿拉伯哲学家迈蒙尼德等人的作品，由此找到了以哲学弥合政治和信仰的"柏拉图式的政治哲学"道路。参见 [德] 迈尔《哲学与律法：转向柏拉图式的政治哲学》，朱雁冰译，载《隐匿的对话——施米特与施特劳斯》，华夏出版社 2002 年版，第 137—138 页。

不过，我们并非要在这里详述施特劳斯的转向，也无须赘言他的这次转向为 20 世纪政治尤其战后的美国政治思潮带来的强大影响，而要以他早年对滕尼斯的霍布斯解释的挑战，反观滕尼斯的解释原型与实质意涵。为此，我们可以将英国政治哲学家奥克肖特的辩护作为导引，他本人既受德国观念论传统和英国政治语境研究范式的影响，同滕尼斯颇具亲合性，亦潜在地重新复活了滕尼斯的理论意识①。

奥克肖特曾对施特劳斯的《霍布斯的政治哲学》有过一个著名的批评：其过分狭隘地、太过精确地区分霍布斯著作中的"科学"（science）与"非科学"（non‑science）的部分②，施特劳斯将霍布斯的科学概念局限在自然科学领域，将之等同为霍布斯对欧几里得的几何学或伽利略的"一切存在即运动"的物理原理的发现，从而否定了以科学为政治奠基的可能，更没有深入地谈论科学的价值，然而，就像奥克肖特澄清的，（以滕尼斯为代表的）传统的、对霍布斯学说做自然科学的解释并非像施特劳斯理解的那样，将霍布斯视作一个自然科学家，或者说将政治的世界看成自然世界，相反，霍布斯所服膺的几何学对他而言是一种认识论（epistemology），为解释感觉和激情提供了比所谓道德态度更坚实的基础。③ 事实上，滕尼斯

---

① 1929 年，滕尼斯在英国主持创办了"国际霍布斯学会"，将霍布斯研究的传统亲手植入回英国，而德国学界则经历着对霍布斯的意识形态改造。作为英国学者的奥克肖特受到滕尼斯解释的影响，参见 Efraim Podoksik 的研究，不过他对滕尼斯的解读过于简单，甚至不乏错误，如将滕尼斯视作一个纯粹的保守主义者，否定个人主义，而将奥克肖特视作克服自由主义和保守主义矛盾的成功范例。Efraim Podoksik, "Overcoming the Conservative Disposition: Oakeshott vs. Tönnies", *Political Studies*, Vol. 56 (4), 2008, pp. 857–880.

② Michael Oakeshott, *Hobbes on Civil Association*, Indianapolis: Liberty Fund, 2000, p. 151.

③ 在后来的《自然权利与历史》（1949/1953）里，施特劳斯明显回应了奥克肖特对他的批评并且补充过去观点的不足，在此，他承认自然哲学对霍布斯的重要性，尤其是过去忽视了的德谟克利特—伊壁鸠鲁这一脉的唯物主义物理学的影响，然而这种机械的自然观根本无法摆脱怀疑主义的诘难，故而他认为霍布斯仍然借助柏拉图的理想主义世界观为主体创造了"安全岛"。参见［美］列奥·施特劳斯《自然权利与历史》，彭刚译，生活·读书·新知三联书店 2003 年版，第 173—175 页。

完全认可"人生经验"甚至"修辞"在霍布斯思想形成过程中的决定作用，然而对他来说，霍布斯的所谓"前科学时期"的生活经验绝不意味着各个孤立的事件，或者被抽象成一个修辞，在滕尼斯对霍布斯人生史的详细记叙之中，我们可以看到，它们如何立足于他当下的经验，作为囊括着历史意识并构建未来生活的环节，被有机地融入一个理想的现代人性的不断丰富的成长过程当中；与人生史相伴，它们更是要被知识化、普遍化，从一个确定无疑的起点，持续地生成一个既适用于他个人又适用于任何集体人格的完整知识和教化的体系。从这个意义上来说，滕尼斯以解读霍布斯的方式展现了更复杂的"科学"解释的脉络、恢复了歌德与青年黑格尔时代的"科学"（Wissenschaft）尊严①。

施特劳斯反自然科学、重修辞的解释取向，本质上源于他对古代德性向着现代"相对主义"道德退化的忧虑，因此对待古今之争，他将自己的全部注意力都集中在伦理学领域②，通过文艺复兴时代的人文主义语境，以古典伦理学向历史转化即由"体"转"用"的总体趋势定位霍布斯的理论使命，暂且不提施特劳斯提供的材料是否站得住脚，或者他提供的人文主义的语境解释是否恰当③，相较于施特劳斯在古今之争问题上的"狭义"解释（当然，在施特劳斯本人眼里，政治哲学是最具普遍性的解释），滕尼斯展现了远为丰富的维

① 参见洛维特对比歌德的"源始现象"与黑格尔的"绝对者"。［德］洛维特：《从黑格尔到尼采》，李秋零译，生活·读书·新知三联书店2006年版，第7—11页。

② 而这又归结于施特劳斯将现代性的一切危机都视作政治哲学的危机，在《什么是政治哲学?》里，施特劳斯将政治哲学的明确目标视作获得好的生活、好的社会的知识，因而政治哲学是最普遍的学问。参见［美］列奥·施特劳斯《什么是政治哲学》，李世祥等译，华夏出版社2011年版，第1—19页。

③ 施特劳斯在解释霍布斯学说的亚里士多德出身时遭遇到不少困难，比如他在用《修辞学》做文本比较，既没有澄清修辞学在亚里士多德体系中的地位，也没有分清楚伦理学和修辞学的差异。这也可能解释了，奥克肖特在批评施特劳斯的一处指出，为什么后者误读了罗伯逊，罗伯逊在其霍布斯著作中的一章标题，scholar（学者）不仅被施特劳斯理解为人文主义者，而且是同亚里士多德主义的人文主义者无异。Michael Oakeshott, *Hobbes on Civil Association*, Indianapolis：Liberty Fund, 2000, p. 155.

度：在知识构成上，古代的世界图景（Weltbild）构成了最基础、最普遍的解释框架，依照从宇宙到事物再到人世的秩序，它分别表现为"地心说""泛灵论""人神同形同性论"①；在时空跨度上，包含了从古代闪米特人、希腊人、罗马人直到中世纪的欧洲诸民族的历史。不过，实质的问题并不在于我们表面上看到的视域范围的差异，而是关乎他们对古代世界的不同理解②。

　　在施特劳斯眼中，自从苏格拉底将哲学从天上唤回人间，追问人世善恶的"政治哲学"便成了所有学问的根基，古代世界的尊严依赖于对"苏格拉底问题"作出的回答，按照他的说法，这个问题决定了哲人的隐微的教诲和显白的教诲之别，甚至漫长古代历史进程中的哲人和民众本身的区分。然而，这样的解释却简化了古代观念和历史之间交缠、作用的复杂性，摒弃历史内含的种种变形和转换的事实，以如此方式理解现代学术与政治，不免和施特劳斯本人批评的"相对主义"一样，共同地堕入意识形态的深渊③。

　　正像在苏格拉底之后，哲学经德谟克利特、柏拉图和亚里士多德实现了第一次体系化的构建，形而上学的奠基工作而非人世的伦理反思被置于哲学思考的基础，同时，学术的诸领域按照哲学的理

---

　　①　Ferdinand Tönnies，*Thomas Hobbes. Leben und Lehre*，Stuttgart：Friedrich Frommann Verlag，1975，SS. 79 – 80.

　　②　需要注意到的是，滕尼斯对古今之别的时间定位，聚焦于1200—1500年以及1500—1800年两个时间段，前者是基督教信仰哲学化的阶段，其中，阿拉伯哲人扮演了十分重要的角色，他们用亚里士多德主义证成信仰的必然性，在这个意义上同施特劳斯笔下的形象形成了鲜明对比；后者是现代自然科学逐步瓦解基督教世界观的时期，霍布斯正是这一时期的最重要的产儿。滕尼斯要强调的是，无论这两个时期的科学意涵具有多么大的反差，它们都对科学知识和理性有着决定性的追求，这也是我们得以公允地理解历史以及霍布斯之思想出身的基础，参见 Ferdinand Tönnies，*Thomas Hobbes. Leben und Lehre*，Stuttgart：Friedrich Frommann Verlag，1975，S. 79.

　　③　奥克肖特曾讲到政治中的理性主义如何堕入糟糕的意识形态的，靠着书本生活的最大困难之一便是使心灵本身干涸，产生理智的不诚实，这就像他首先关了灯，然后抱怨自己看不见，说自己是"一个在黑暗中孤独行走的人"一样。［英］奥克肖特：《政治中的理性主义》，张汝纶译，上海译文出版社2004年版，第31页。

性秩序确定下来，到了亚里士多德，古代哲学的基本面貌才真正形成。① 滕尼斯正是以亚里士多德的学说体系及其实际效果为依据，切入对古代世界的分析。在他看来，古人对他们自己的本性和政治的秩序的认识，不可退避地以对宇宙和神圣者的理解作为前提，更进一步地说，由"人在宇宙中的位置"的目的论世界观（Weltansicht）问题根本上确立了"人就其本性而言就是社会动物"的目的论生活观（Lebensansicht）问题，因而要真正理解古代世界，或者说，要还原霍布斯的近代启蒙同古代共同的却彼此对立的话语平台，我们就不能不注意到，以物理学（physics）为核心贯通人与神圣者"存在巨链"的亚里士多德哲学体系②，它既保留了古希腊时代自然哲学之质朴的、直观性的特征，又以向着目的生成的自然学说铺展了迈向最高神圣者的天梯，因而在漫长的古代思维格局中发挥的决定性的作用，尤其在中世纪占据了支配地位。自 13 世纪以来，亚里士多德的哲学由阿拉伯哲学家传入欧洲，同基督教信仰充分融合，确立了从上帝到人世的完整的理性秩序。对身处中世纪的基督徒来说，论证上帝的存在（Dasein）成了最焦虑的问题和使命，伴随着教会同异教徒论辩、不断征服异教徒的进程，亚里士多德哲学越来越变成精巧的辩证法体系，教父哲学家们用理性的逻辑论证上帝存在、创世，维护上帝的业绩，建立了完整的教育体系（所谓"四艺"），培养青年对信仰的忠贞（神学），靠哲思（哲学）和论辩术（艺学）

---

① ［德］文德尔：《哲学史教程》，罗达仁译，商务印书馆 1997 年版，第 137—140 页。

② 滕尼斯所谓亚里士多德的物理学，并非单指亚里士多德的《物理学》文本的内容，而是涉及他的所有关乎"自然"的形而上学原理的作品（《范畴篇》《物理学》《形而上学》）以及"自然"形态的作品，包括天文学（《论天》）、动物学（《动物志》）、心理学和认识论（《论灵魂》）。

平衡自我心灵以及教化世人的才能。① 亚里士多德主义在古代和中世纪经历着复杂的意义形成和转化的过程，它同实践亦紧密地关系在一起，尽管政教关系和社会生活纷繁复杂，但它总体上维持了人心、政治和信仰间的平衡，欧洲的天主教帝国与教皇之间、各个帝国之间皆保持着相对和平的均势状态。

　　然而到了 16 世纪，由它牢牢捍卫的信仰和教阶制度却遭遇到了前所未有的挑战：伴随着地理大发现，前所未见的世界历史图景在欧洲人面前展开了，他们感到活动的范围向着无限的空间延展，过去的"恋居者"逐渐突破教区和封建庄园划定的有限的生活空间，自由地迈向未知的领域；从殖民地掠夺而来的大量贵金属财富和奴隶涌入母国，刺激了人们获利欲，国内的传统的经济模式逐渐退出历史舞台，专以营利为目的商人阶层兴起，他们在欧洲乃至整个世界范围里流动，他们的商业贸易从内陆扩展到海洋，由内海扩大到海外殖民地②；世俗国家渐渐积累起大量的财富，宫廷在土地贵族和新生的商业贵族的支持下，掌握了强大的国家动员能力，试图有组织地摆脱教会的控制，从这个意义上讲，16 世纪蔓延整个欧洲的宗教改革既是信仰的革命，也是现代世俗国家秩序的自我构建③。

　　与现实的生活场景一同改变的是欧洲人的心灵，在日益丧失了

---

　　① 需要注意的是，滕尼斯认为 1200 年是中世纪历史的重要转折点，在此之前，人们对信仰还没有形成冷静的理性结构，往往只是遵从习俗以及对古希腊罗马文献的引用，然而在此之后，亚里士多德主义变成了最强大的维护信仰的工具，人心变得愈发精致。Ferdinand Tönnies, *Thomas Hobbes. Leben und Lehre*, Stuttgart：Friedrich Frommann Verlag，1975，SS. 78 – 79.

　　② 关于社会史意义上的古今之变，详细可参见滕尼斯的《近代的精神》（1935）一书，他曾谈到现代商人阶层的三种起源：第一种是村庄里作为商人的农场主（Der Landwirt als Geschäftsmann）；第二种是市镇里的"自由师傅"（Freimeister）；第三种是普遍的商人（allgemeine Händler）。Ferdinand Tönnies, "Geist der Neuzeit", in *Ferdinand Tönnies Gesamtausgabe. Band* 22，Berlin：Walter de Gruyter，1998，SS. 48 – 52. 不过在这里，我们仅满足于智识和心灵秩序层面的讨论。

　　③ 可参见［德］席勒《三十年战争史》，沈国琴、丁建弘译，商务印书馆 2009 年版，第 2 页。

熟悉和亲切感的、慢慢变得陌生的世界，他们对自我和世界构成的怀疑逐渐瓦解了过去由信仰形成并经古代逻辑证明了的普世秩序。就在此时，由亚里士多德主义拱卫的作为"第二个伊甸园"的宇宙，经哥白尼"日心说"的发现已然坠落①，此后，伽利略的力学发起了针对事物之"泛灵论"的革命，哈维的解剖学和生理学发起了针对人之"人神同形同性论"的革命，近代自然科学一点一点地从宇宙、自然推进到人心深处，要求人为自己重新缔造一个确定无疑的世界。就像笛卡尔在《第一哲学沉思集》里讲到的怀疑次序，人从一开始，面对的是无可分辨真假的世界，他只有从远及近地一点点逼近同自己亲近的事物，进而从自己的感觉向内探究观念的真假依据，直到确立"我思"这一无可撼动的认识立足点，再由"我思"表象无限完满的上帝观念，最终借此恢复世界的真实性。

霍布斯就生在这样的剧变时代，触动他的不光是像蒙田或笛卡尔那样对认识的怀疑，对个体心灵确定性的渴求，更是战争或革命导致的人世秩序的颠覆，因而对肉身随时成为"无"的深深的焦虑感②，由此延伸出对政治规范性基础的弹尽竭虑的沉思：霍布斯要在摧毁掉一切传统的、习俗的、自然的内容的基础上，通过理性的方式，在自身之内创造出一个确切无疑的世界，政治便处于这个世界的顶端③，就此而言，霍布斯比笛卡尔走得更彻底，因为新秩序的基

---

① Ferdinand Tönnies, *Thomas Hobbes. Leben und Lehre*, Stuttgart：Friedrich Frommann Verlag，1975，S. 91.

② 对比笛卡尔的《谈谈方法》第二部分的开头："那场尚未结束的战争把我招引到那里（日耳曼），……我成天独自关在一个暖房里，有充分的闲暇跟自己的思想打交道。"

③ Thomas Hobbes, *The English Works of Thomas Hobbes* Vol. Ⅰ, ed. William Molesworth, London：Longman, Brown, Green and Longmans, 1969, pp. vii－xii. 此后，施特劳斯在《自然权利与历史》里多少纠正了此前的判断，尤其突出霍布斯对柏拉图和亚里士多德的理性主义的继承，不过他将注意力集中在霍布斯克服怀疑主义，为独断论奠基。［美］列奥·施特劳斯：《自然权利与历史》，彭刚译，生活·读书·新知三联书店 2003 年版，第 171—176 页。

础不仅要推到"我思"的认识确定性，更是要推到肉体的存在。即使苏格拉底也无可置疑地承认"我存在"这一基础性的事实，"存在者存在"这一前提绝对不容否定①，施特劳斯亦认同苏格拉底必然同意霍布斯的自然权利②，然而他们对存在的理解是不一样的，在苏格拉底这里，对存在的规定在于人要通过日常意见达到对于善和真理的知识，这是"理念"（eidos）最本来的意涵，与此同时，他也自愿地选择服从雅典城邦的法律，从容赴死。③ 在施特劳斯眼中，霍布斯不像古人那样去追问美德本身及其可教性的问题，其理由多少在于：同此前自然科学式的解释有意对抗，施特劳斯认为霍布斯那儿的决定性的、恶的品质"虚荣"，根本上同知觉也即身体毫无关系，因而丧失掉了自然权利的基础，它对政治体的正当性和必然性始终是个挥之不去的威胁，更准确地说，政治体这个人造的存在物就是最大的虚荣者，是骄傲之王（king of the proud）④。

　　然而，同施特劳斯对"虚荣"这一破坏性激情的太过强烈的解读相对，滕尼斯有意突出激情所立足的知觉或身体的基础。事实证明，霍布斯上承威廉·哈维（William Harvey）的人体有机体学说，

---

　　① ［德］海德格尔：《存在与时间》，陈嘉映、王庆节译，生活·读书·新知三联书店 2014 年版，第 16—17 页。尽管海德格尔认识到巴门尼德和苏格拉底以来的哲学家无一例外地将存在同存在者画上了等号，然而他仍然区分了古代哲学和近代主体哲学，古代哲学相较于近代哲学更贴近存在本身，而自笛卡尔起，近代哲学便以不断加深主体化的方式恶劣地遮蔽了存在。

　　② ［美］列奥·施特劳斯：《自然权利与历史》，彭刚译，生活·读书·新知三联书店 2003 年版，第 189 页。

　　③ 对苏格拉底之死的事件，不同的思想家的解读并不一样，背后的实质问题在于：哲学和律法的冲突。黑格尔在《哲学史讲演录》里，将苏格拉底之死视作两种正当权利的悲剧性冲突，而苏格拉底正是通过悲剧性的死，证明希腊世界的精神走入了终结；文德尔班给予这个事件不一样的面貌，他是从苏格拉底哲学内部看待这件事情的，即苏格拉底的哲学尽管将一切德性的基础奠定在对善的认识上，但是这并不意味着他会以此衡量和检验城邦的每一个具体的行为，而是要求普遍地服从城邦的法令。施特劳斯在苏格拉底身上看到的则是哲学生活和律法生活的统一。

　　④ 出自《利维坦》第二十八章的最后一段，霍布斯在此是要突出利维坦的有朽性。

下启威廉·配第（William Petty）的国家有机体论和政治算术技
艺①，认为一切激情源于身体并受制于身体，具有身体所施加的自然
界限，多少受后来的斯宾诺莎的思想进路的影响，滕尼斯比霍布斯
本人更强有力朝向了身心平衡论的解释，由此打通后者的自然权利
学说和自然法学说之间的桥梁；② 在此基础上，正如滕尼斯认识到
的，相比于夹缠着习俗主义的古代伦理，现代的道德和伦理学说非
但没有减少对于德性以及共同体秩序的追求，反倒比任何时候都焦
虑于此，自笛卡尔和霍布斯以来，哲学家都无比坚定地相信，没有
经过自己理智的反复论证和确认、经自己的力量在意识里形成规范
的观念，德性和共同体秩序的构建就无从想象③，那么何以将霍布斯
归为现代相对主义和虚无主义的创始人呢？与此相反，滕尼斯非常
强调由霍布斯首创的近代世俗教育，后者有意地与同一时期的耶稣
会收紧信仰的改革背道而驰，从学科分类直到教与学关系的总体规
划，无不渗透着以严格理智的方式确立道德和伦理内容的思想追求。

　　透过对霍布斯的解读，滕尼斯得以在现代伦理和教化的思想版
图里确立起点，只待朝向未来一步一步地丰富它的内容。是否像施
特劳斯坚信的那样，霍布斯的精神必然在他所刻画的黑格尔的绝对
自我意识那里完成呢？或者像他所认为的，近代科学靠自信彻底扬
弃了古代的伦理，就是其唯一的规定性呢？滕尼斯给出了不一样的
答案，这个答案被施米特以"多元主义"、施特劳斯以"相对主义"
的理由拒斥了，总而言之，被神学或政治的绝对主义否定了。滕尼
斯的理论想象则基于从霍布斯到康德的理论谱系，他精心呵护着现

---

　　① 关于哈维对霍布斯的影响，可参见后者的《论物体》导言，另外，据滕尼斯
说，霍布斯与配第曾于 1648 年在巴黎共同研习 Vesalius 的解剖学。

　　② Ferdinand Tönnies, *Thomas Hobbes. Leben und Lehre*, Stuttgart：Friedrich From-
mann Verlag, 1975, SS. 126 – 127.

　　③ 这一点对应韦伯在《新教伦理与资本主义精神》里讲到的加尔文教的情况，
加尔文教非但没有取消甚至减缓信仰的焦虑，反倒更进一步地加剧了信仰世界的心灵
斗争。可以说，两人分别从哲学和神学的角度对近代思想做了相同的判断。

代性自生的善端，在康德哲学里，我们看到了霍布斯的理性主义思想的延续和发展，由康德确立的"图示化"的思维框架不仅将霍布斯的观念学说用一种更精致的方式表现出来，更是向审美的判断力敞开大门，理性将再度全面反观古典的精神，构筑同现实的有机关联乃至新的伦理生活形态①，正如歌德说的，霍布斯这代新科学的创立者推翻了第二个伊甸园，为现代科学之树种下了果实，只待它自己慢慢绽放，开花结果。而我们现在，就从作为根部的霍布斯的思想世界，展开这棵大树的成长轨迹。

---

① 对比滕尼斯对霍布斯国家学说的解读以及施特劳斯对滕尼斯的误读，前者突出先于政体的社会意志或公民集会，而施特劳斯则强调君主政体的绝对优先性。参见 Ferdinand Tönnies, *Thomas Hobbes. Leben und Lehre*, Stuttgart: Friedrich Frommann Verlag, 1975, SS. 235 – 238；［美］列奥·施特劳斯：《霍布斯的政治哲学》，申彤译，译林出版社 2012 年版，第 71—85 页。

第 四 章

霍布斯的现代理性主义观念体系

"精神有两种意涵，深刻与敏锐。"[1]

——威廉·基迪翁森

如果说作为现代科学之根基的是霍布斯的哲学，那么作为霍布斯哲学之根基的便是他的逻辑学，继而是第一哲学（Philosophia prima）[2] 或者说形而上学。在滕尼斯看来，霍布斯的逻辑学对应他的纯粹思维或概念的学说，类似于伽利略和笛卡尔，思的问题是霍布斯理解科学的起点，这一点因而充分彰显了其理性主义的哲学品格；以逻辑学为前提，第一哲学的任务则是确立科学研究面向实在世界

---

[1] "Der Geist hat zwei Sinne, Tiefsinn und Scharfsinn." 引自 Ferdinand Tönnies, "Eutin", in *Die Philosophie der gegenwart in Selbstdarstellungen Band* Ⅲ, Herausgegeben von Dr. Raymund Schmidt, Leipzig: Verlag von Felix Meiner, 1922, S. 200.

[2] 霍布斯的"第一哲学"概念在此应当做个简要澄清。我们知道，在亚里士多德那里，第一哲学被称作形而上学，是探求事物第一因的学问。霍布斯多少遵循了亚里士多德的分类，他在这里区分第一哲学与逻辑学，对应亚里士多德在形而上学与范畴篇之间作出的分别。据滕尼斯说，霍布斯本人就对"第一哲学"的定义前后做过修改，在写作《论物体》和《论人》之间，他关于可认识和可证明者的判断发生了改变，不过我们在此只需要注意到，霍布斯在《论物体》里区别了逻辑学（logic）和"哲学的第一基础"（the first grounds of philosophy），滕尼斯将后者翻译为"基本概念"。Ferdinand Tönnies, *Thomas Hobbes. Leben und Lehre*, Stuttgart: Friedrich Frommann Verlag, 1975, S. 116.

时的对象，霍布斯发现了身体，奠定了身体在自然世界中的核心地位，这一发现既意味着狄尔泰所说的霍布斯针对伽利略或笛卡尔的纯粹先验哲学的转折，朝向了一种感觉主义的认识学说①，又意味着滕尼斯真正关切的现代主体的身心合一之建构的开端，由第一哲学衍生的物理学和心理学都聚焦于此。

借用滕尼斯自童年时代起便铭记在心的、关于灵魂能力的两重称谓——敏锐（Scharfsinn）与深刻（Tiefsinn）②，我们可以说，霍布斯的思维学说彰显着现代主体的敏锐品质，而身心统一的意识则为深刻品质打开了大门。

第一节　现代理性之思：敏锐与深刻

一　敏锐的思维

在《论物体》"致辞"的一开始，霍布斯就说："我知道，将哲学的各个部分③视作线与形状，这是古人流传给我们的优良传统，同

---

①　转引自 Ferdinand Tönnies，*Thomas Hobbes. Leben und Lehre*，Stuttgart：Friedrich Frommann Verlag，1975，S. 294.

②　"敏锐"与"深刻"是19世纪德国哲学和心理学通常表述灵魂认识能力的两种类型，可以首先追溯到浪漫派作家让·保尔（Jean Paul）所说的"滑稽"（Komik）和"幽默"（Humor）的美学品质，此后，这对概念大量出现在19世纪的哲学和心理学著作里。滕尼斯曾在他的自传（*Eutin*）中提到，自己童年时代在胡苏姆人文学校读书时，曾为校长威廉·基迪翁森（Wilhelm Gidionsen）所讲述的这两重精神品质深深感动。后来 Peter-Ulrich Merz-Benz 在其滕尼斯研究著作《深刻与敏锐：斐迪南·滕尼斯的社会世界的概念建构》里，就重提这对概念，将它们分别对应《共同体与社会》中的"本质意志"与"抉择意志"，Merz-Benz 的讨论启发我们回到这对概念背后的思想意识的形成过程。Merz-Benz，*Tiefsinn und Scharfsinn：Ferdinand Tönnies' begriffliche Konstitution der Sozialwelt*. Frankfurt am Main：Suhrkamp，1995.

③　需要注意到，霍布斯在《论物体》里讲的部分并不是事物的组成部分，而是其本性（nature）的组成或者说规定性。Thomas Hobbes，*The English Works of Thomas Hobbes* Vol. Ⅰ，ed. William Molesworth，London：Longman，Brown，Green and Longmans，1969，p. 67.

时，古人创造了一种最完美的逻辑样式，他们用它发现并证明了如此卓越的理论。"① 尽管霍布斯将自己的逻辑学说托名古典传统，而且我们确实能从亚里士多德主义在中世纪的诸演变形态中找到霍布斯逻辑学的唯名论根源，然而正如滕尼斯指出的，霍布斯对此前唯名论的论题即"普遍者存乎事物还是思维之中"做了迅速的转变（kurze Wendung），消解了普遍者问题所植根的论证上帝存在的焦虑，进而将它转化成主体思维自我建构的问题②。

在《论物体》的第一章，霍布斯对哲学也即滕尼斯理解的"科学"（Wissenschaft）概念做了如下界定：

> 哲学是关于效果（effects）或表象（appearance）的知识，即我们通过正确地推理它们的起因或产生得到的知识；反过来，哲学也是关于起因或产生的知识，即我们首先通过正确地推理它们的效果得到的知识。③

归纳说来，哲学或科学的任务就是从原因推理结果，从结果推理原因。遵循从古希腊一直延续下来的形而上学传统，霍布斯同样将科学视作对事物之原因的探求，然而正如他自己承认的那样，他追随的是哥白尼以来的自然哲学的革命：哥白尼革除了亚里士多德

---

① Thomas Hobbes, *The English Works of Thomas Hobbes* Vol. Ⅰ, ed. William Molesworth, London: Longman, Brown, Green and Longmans, 1969, p. vii.

② Ferdinand Tönnies, *Thomas Hobbes. Leben und Lehre*, Stuttgart: Friedrich Frommann Verlag, 1975, S. 111.

③ Thomas Hobbes, *The English Works of Thomas Hobbes* Vol. Ⅰ, ed. William Molesworth, London: Longman, Brown, Green and Longmans, 1969, p. 3.

的目的因的幻觉①，重生了毕达哥拉斯、阿里斯塔克斯（Aristarchus）、菲洛劳斯（Philolaus）的动力因的绝对地位以及支配它的数的观念。② 如果说哥白尼将运动的唯一原理运用于宇宙，那么此后伽利略便将这一原理运用于普遍的物理世界，哈维将它运用于人的身体，而霍布斯则要在上述三人的基础上将运动原理运用于人的思维世界。滕尼斯敏锐地认识到了这一点，并从表象和效果向着原因推论，共同逼近主体先天的思维结构。

　　首先，在主体面前，一切事物（Dinge）③ 的表象都是单一者，主体在心灵中收集它们并且按照各自的特征赋予名称，进一步地，他将名称结合成句子，而且在他看来，只要句子中的名称皆对应同样的现实事物，那么这个句子就被判断为真的，至于句子本身的结构是怎样的，则取决于主体自己的规定。从这一前提出发，如果指涉同样的东西的名称统一，那么不同的主体就能以相同的方式使用它们。④ 就此而言，科学始于定义，也即从主体安置那些将要被使用的名称开始，这种安置（Festsetzungen）就其本性而言是他的任意活动，人通过运用定义来思考，按照霍布斯的说法，思维就是计算（ratiocination），一切心灵的运作都无非是做加减法：如果一个对象

————————

　　① 如果参看一下霍布斯的《论物体》第26章第1节，这一点就会非常明确，他指出亚里士多德的那个永恒不动的第一推动者是荒谬的，因为那个推动者自己也必然是运动的。Thomas Hobbes, *The English Works of Thomas Hobbes* Vol. Ⅰ, ed. William Molesworth, London: Longman, Brown, Green and Longmans, 1969, p. 412. 不仅霍布斯，可以说整个早期近代的哲学家群体都选择保留亚里士多德"四因说"中的动力因，对他们来说，"动力因"就是唯一的原因，"质料因"和"形式因"本质上都是"动力因"，而"目的因"则是形而上学的幻觉。

　　② Thomas Hobbes, *The English Works of Thomas Hobbes* Vol. Ⅰ, ed. William Molesworth, London: Longman, Brown, Green and Longmans, 1969, pp. viii – ix.

　　③ 我们必须注意区分事物（things/Dinge）与物体/身体（body/Körper）这对概念，在还没有回到科学的对象之前，思维所做的一切工作都只是将他所面对的事物抽象成符号，而只有确立了思维结构，重新以现象学式的方式面对对象本身，作为对象的物体或身体才能变成活生生的、有可感知内容的东西。

　　④ 从名称到定义再到句子，参见《论物体》cap. Ⅱ.4, 9 以及 cap. Ⅲ.2, 9.

尚在远方，我们还无法确定它，那么它们逐渐会得到完整的认识——这就是加法，如果一个对象在我们眼前消失，它们的特征也会逐渐丢失——这就是减法。然而与此同时，所有按照这样的方式思考的人都共同基于一个前提，即：定义的名称本身是无关紧要的，它们都是人为的东西，也是需要不同主体相互约定的符号（verabredete Zeichen），所以说它们的价值不存在于自己身上，而在于人为约定这件事本身，存在于主体间有意识地达成的统一：一个思考着的人既为着个人思考它们，也必须为着许多人的共同使用而思考它们，谁希望自己被称作理性的人，就既要接受普遍的定义，又要保留自己做推论的自由。

科学不光确切地知道表象源于人心的规定，而且要去探讨一般效果的原因。在滕尼斯看来，霍布斯理解的科学先天地便是可演证的（demonstrierbar），这一点之所以可能，是因为他确定无疑地知道：科学研究的对象之起因必然已经包含在我们的定义之中，否则它们就不会作为名称出现在我们做推导的句子里。[①] 也就是说，我们认识到对象的产生，就在于我们自己将对象制作出来，在《论人》（De Homine）里，霍布斯提到了两种纯粹的、先天的演证科学，它们分别是几何学和政治学：

> 对象的产生取决于人自身的任意……就几何学而言，每个几何形的属性的原因存在于每一线条中，而线条又是我们自己描画出来的，因此图形的产生取决于我们的任意。……最后，政治学与伦理学（也就是关于正义与非正义的科学，关于公正与不公正的科学）能被先天地演证，因为我们自己将它们的原则即正义的原因（法律与契约）制造出来。借此，我们知道了

---

① Ferdinand Tönnies, *Thomas Hobbes. Leben und Lehre*, Stuttgart: Friedrich Frommann Verlag, 1975, S. 113.

什么是正义与公正，什么是它们的反面即非正义与不公正。①

究其一生，霍布斯都在思索政治学的构成。在这里，他仅满足于指出他的科学体系中可以被先天演证的部分：纯粹科学之所以可能，是因为它按照运动可演证的运动学（Kinematik）模式，讨论思维物。其中，几何学是纯粹科学的典范，而政治学同样可以像几何学那样，如线条描画图形般地构造一个政治体，我们无法活生生地感知它，却能用观念将它制作出来，依照观念权衡现实。用施特劳斯的话来说，霍布斯为自己提供了一个自然的"安全岛"②。

然而，政治学的领域远比几何学的领域复杂，正像滕尼斯评论的那样，霍布斯在此只是讲到科学的一般性质，尚未浸入认识理论的最深处③。相较之下，在《论物体》里，霍布斯指出了两条不一样的研究政治学（公民哲学）的方法，一条被称作"分析的方法"，供没有学习过几何学和物理学的公民使用，他们按照主权者颁布的法也即自我保存的理性自然法判断各种行为正义与否便足矣，这一方法合乎上述先天科学的最基础的规定，然而还有一条更艰辛的道路，被称作"综合的方法"，人要经历完整的科学体系，才能获得真正的政治真理，其中就包括了不能被先天演证的物理学和心理学：

> 因为要知道心灵运动的原因，并非仅仅通过计算，还要通过每一个人竭力观察自身的心灵运动的经验。因此，他们不仅

---

① Thomas Hobbes, *De Homine*. cap. X, 4, 5. 在此根据滕尼斯的德文翻译，Ferdinand Tönnies, *Thomas Hobbes. Leben und Lehre*, Stuttgart: Friedrich Frommann Verlag, 1975, S. 113. 并参照 Bernard Gert 翻译的英文版, Thomas Hobbes, "On Man", *Man and Citizen*, edited by Bernard Gert, Indianapolis: Hackett Publishing Company, 1991, pp. 41－43.

② ［美］列奥·施特劳斯：《自然权利与历史》，彭刚译，生活·读书·新知三联书店 2003 年版，第 176 页。

③ Ferdinand Tönnies, *Thomas Hobbes. Leben und Lehre*, Stuttgart: Friedrich Frommann Verlag, 1975, S. 113.

通过综合的方法获得了心灵的激情与扰动的知识，而且从同样遵循着综合的方法的哲学的第一原则获知构建政治体的原因与必然性，获知什么是自然权利，什么是公民义务；获得对任何政府而言的政治体的权利的知识以及其他所有属于公民哲学的知识。有鉴于此，政治的原则便存在于人心运动的知识中，存在于从感觉和想象的知识中得到的运动的知识。①

的确，就像滕尼斯细致考证的那样，从写作《论物体》（1655年）到《论人》（1658 年）期间，霍布斯关于"可演证科学"的判断发生了变化，② 然而无论如何，他皆一以贯之地承认：要研究政治学，就不能不去研究什么是正义；要研究什么是正义，就不能不去研究人的权利；要研究人的权利，就不能不去研究人的需要；要研究人的需要，就不能不去研究人的情感（Affekte）；要研究人的情感，就不能不去研究人感知世界的方式，因此，真正的政治学建立在心理学基础上，而心理学则以物理学为前提。③ 就此而言，联结物理学与心理学的知觉学说就特别重要，它关系着自然世界的诸多性

---

① Thomas Hobbes, *The English Works of Thomas Hobbes* Vol. I, ed. William Molesworth, London: Longman, Brown, Green and Longmans, 1969, pp. 73 – 74.

② 滕尼斯考证了《论物体》以及《论人》的原始计划，他发现霍布斯在两部著作里对科学构成的判断并不一样，前者提出的自然哲学的四大组成部分，即"几何学""运动学说""知觉学说""光学"都可以通过真正的演证得知；然而到了《论人》里，霍布斯将《论物体》里的自然哲学的分类改成了："逻辑学""基本概念""运动与大小的根据""物理学或自然现象的知识"。过去，霍布斯将一切物理事实的普遍的因果视作可证明的，而在重新规定体系的时候，情况发生了改变，他只将关于数字和运动的抽象的、几何的知识视作可证明的，物理学和自然现象的知识却不能通过演证得知，相反，它建立在纯粹的假设基础上。参见 Ferdinand Tönnies, *Thomas Hobbes. Leben und Lehre*, Stuttgart: Friedrich Frommann Verlag, 1975, SS. 113 –114.

③ 具体可参见 Thomas Hobbes, *De Corpore*, Cap. VI, 6 – 7. 此外，滕尼斯翻译了《论人》原稿的对应论述："在物理学之后，人们必然要讨论道德（Moral），就道德而言，它是情感（Gemüter）的运动……道德跟随在物理学之后，因为道德起因在于知觉和表象，后者皆是物理学的考察对象。" Ferdinand Tönnies, *Thomas Hobbes. Leben und Lehre*, Stuttgart: Friedrich Frommann Verlag, 1975, S. 115.

质，例如光、声音等，亦关系着作为身体的主体，因为知觉源于外部客体的运动，进而对知觉者的感官产生影响，转化成他的身体自身的运动。由此，知觉学说既是霍布斯所谓演证科学与非演证科学的中介，自然与人的中介，也是从思维通向身体的桥梁。

二　深刻的身体

同纯粹以思维为对象的逻辑学有别，霍布斯将面向实在世界的学说称作"第一哲学"，或"哲学的第一根据"①，从这个意义上讲，霍布斯不是一个严格的唯名论者。正如思维所依据的动力因意识和计算的规则源于从宇宙到心灵的次序，要认识人的身体，就不能不首先将它视作世界体的构成链条的一个环节，恢复思维面前的具体的世界形象。对此，"第一哲学"首先不啻要做一场创世（Weltschopfung）行动，在《论物体》的"致读者序言"里，霍布斯以模仿《创世记》的方式写道：

> 如果你想要成为一位严肃的哲学家，那就让你的理性探入你自己的认识和经验的深处吧，那些混乱的事物必须被清理出去、区分开来，每个事物都必须被赋予名称，被排列清楚，也就是说，你的方法必须类似于创世。创世的秩序是：有光、日与夜分离、天空、发光的世界体（luminaries/die leuchtenden Weltkörper）、有感知的生命体、人。在创世之后，诫令（commandment/Gebot）接踵而至。因此，我们考察的次序是：理性、定义、空间、天体、能被感觉到的诸品质、人；当人成长起来，他就成了服从命令的公民。②

---

① 滕尼斯的注释采纳了霍布斯在《论人》里的分类，即"基本概念"（Grund - Begriffe）指涉形而上学。

② Thomas Hobbes, "The Author's Epistle to the Reader", in *The English Works of Thomas Hobbes* Vol. Ⅰ, ed. William Molesworth, London: Longman, Brown, Green and Longmans, 1969.

在滕尼斯看来，霍布斯在此借《创世记》的神秘写法多少令人感到疑惑，因为其中并没有清楚地说明特殊事物如何从普遍事物那里发源而来，鉴于霍布斯自己就是一个极端否定神学要素的学者，"创世"概念对他而言没有什么实质意义，而且这种说法只在本书前言里出现，此后再无踪迹，因而他毋宁是在用一种修辞的写法展现了既定的宇宙发展史的思想：首先是宇宙和事物的产生，最后是人和文明的产生。①

无论在这个序列之中，各种物体的具体形态如何，霍布斯皆承认其共同的基础：物体或身体都是从其"物质性"（materialle）来说的，它独立于思维或观念。② 既然哲学是要通过正确的思维探求事物的因果知识（De Corp. c. I. 2），而且效果和表象都源于事物的运动或者身体的能力（De Corp. c. I. 4），我们借此能比较它们或认识它们的相似之处（De Corp. c. I. 8），故而物体或身体构成了科学或哲学研究的对象，而且只有它才是科学或哲学研究的对象：

> 哲学的对象，或者说它处理的事物就是每一个身体，我们可以想象它产生的效果，据此我们可以将它同其他身体作比较；或者我们可以组合或分解它，也就是说，我们可以对任何身体的效果或性质具有知识。③

当我们再度返回霍布斯的物体序列，我们发现他遵从了从普遍向特殊过渡的观念，即从宇宙、星球、世界、动物再到人的次序。

---

① Ferdinand Tönnies, *Thomas Hobbes. Leben und Lehre*, Stuttgart： Friedrich Frommann Verlag，1975，SS. 116 – 117.

② "A body is that, which having no dependance upon our thought, is coincident or co-extended with some part of space." 出自 Thomas Hobbes, *The English Works of Thomas Hobbes* Vol. Ⅰ, ed. William Molesworth, London： Longman, Brown, Green and Longmans, 1969, p. 102.

③ Thomas Hobbes, *The English Works of Thomas Hobbes* Vol. Ⅰ, ed. William Molesworth, London： Longman, Brown, Green and Longmans, 1969, p. 10.

那么，单纯从自然的这一面来说，这是否意味着有机体和无机体必然无法分离？再进一步地说，人的身体是否就是自然世界的一部分，而没有任何例外？这一问题让霍布斯处在笛卡尔与斯宾诺莎之间，我们知道，笛卡尔尽管否定了物质世界的目的论，却保留了传统的教条哲学，把目的论贯穿到心灵领域，他认为心灵具有独立的自由意志的能力，可以影响甚至决定身体①。相反，在斯宾诺莎看来，笛卡尔的心灵的自由意志论不啻在自然世界里划定了一个"国中之国"，而他要做的便是将上帝等同为自然，从而彻底地铲除目的论世界图景的根子，呈现给我们一个完全由因果必然法则支配的、普遍同质的自然世界，按照他在《伦理学》里的说法，不仅观念的次序和联系同事物的次序和联系严格相同，而且构成人心观念的只是身体，人生在世的所有努力（conatus）都指向身体的保存和增进身体的活力。② 因而滕尼斯非常准确地将斯宾诺莎的理论归纳为关于"普遍身体"（Corpus Universi）的学说。

从近代哲学史的发展来看，霍布斯的确可以说是从笛卡尔到斯宾诺莎转向的中介，一方面，他否认心灵具有独立的自由意志的能力，可以脱离身体产生运动的倾向；另一方面，他又没有像斯宾诺莎那样，将身体的哲学（自然主义）推进得那么彻底③，这表现在他对自然物体之序列的微妙态度上。之所以说微妙，是因为遍览霍布斯的作品，他从来就没有明确地将有机体从"物体"范畴中分离

---

① ［法］笛卡尔：《哲学原理》，关文运译，商务印书馆1959年版，第2、14页。

② 参见斯宾诺莎的《伦理学》第二部分命题七、命题十三，第三部分命题七、命题八、命题十一。

③ 这多少决定了斯宾诺莎对于"自然状态"的看法同霍布斯不同，在他看来，霍布斯的"自然状态"并没有将自然力量的规则贯彻始终，而是渗透进了可疑的"自然法"。在1674年6月2日写给友人雅里希·耶勒斯的信里，斯宾诺莎说道："关于您问的，我的政治学说和霍布斯的政治学说有何差别，我可以回答如下，我永远要让自然权利不受侵犯，因而国家的最高权力只有与它超出臣民的力量相适应的权利，此外对臣民没有更多的权利。"参见［荷］斯宾诺莎《斯宾诺莎书信集》，洪汉鼎译，商务印书馆2010年版，第227页。

出去。然而按照滕尼斯的考证，霍布斯有意识地在科学分类的问题上间接地介入对不同物体的区分，尤其他的晚年作品如此。如在拉丁文版《利维坦》（1668 年）第九章"论科学的分类"里，他将研究星球或发光体的天文学同研究地球的学问分开，而后者涵盖的矿学、植物学、动物学也彼此有别①。实际上，在更早些时候完成的《论物体》里，霍布斯已经指出两种不同质的身体：自然物体（natural body）与政治体（commonwealth），后者由人的意志和同意制成，因此为了获得政治体性质的知识，首先必须去了解人的倾向、情感与行为。② 从这个意义上说，霍布斯的人性学说结合了思维和身体两重要素，两者发挥着不同的作用，它们的影响密切交织，彼此间不乏强烈的张力。

要理解霍布斯描述的身心一体的状态，首先就要从思维的角度考察身体及其诸属性（properties），不过，此时的情形已不同于以纯粹逻辑的方式对现实世界抽象化、符号化，而是意味着重新直面具象的世界，更准确地说是直视在这个世界中的自我。特别需要注意到的是：对比霍布斯的阐述和滕尼斯的解读，他们之间不乏某种理论定位上的抵牾，前者关心的更多是认识论层面的问题，澄清哲学或科学所要研究的普遍事物，而后者关心的更多是生存论层面的问题，是思维由自我认识呈现自我的构成，正像滕尼斯认识到的那样，霍布斯的逻辑研究与物理研究统统指向他的心理研究③，对他而言，霍布斯的《论物体》不啻现代主体的第一次自我构建的

① Thomas Hobbes, *Leviethan. with selected variants from the Latin edition of* 1668, edited by Edwin Curley, Indianapolis：Hackett Publishing Company, 1994, pp. 49 – 50.

② "The principal parts of philosophy are two. For two chief kinds of bodies, and very different from one another, offer themselves to such as search after their generation and properties." 引自 Thomas Hobbes, *The English Works of Thomas Hobbes* Vol. Ⅰ, ed. William Molesworth, London：Longman, Brown, Green and Longmans, 1969, p. 11.

③ "Wir wissen, daß sein Interesse für die Mechanik ursprünglich an dem psychologischen Studium, an Erforschung der Wahrnehmung hing." 出自 Ferdinand Tönnies, *Thomas Hobbes. Leben und Lehre*, Stuttgart：Friedrich Frommann Verlag, 1975, S. 114.

尝试。

　　滕尼斯从霍布斯关于"可命名事物"类型的定义里，找到了思考这一问题的最初线索，霍布斯提出了四种可命名事物的类型：身体（body）、偶性（accidents）、幻象（phantasms）、名称（names）。① 然而，这四种类型的重要性又不是对等的，正如霍布斯视身体为科学研究的唯一对象（De Corp. c. 1. 8），身体在它们中占据着绝对核心的地位，作为本体，身体分别同其他三者形成知识秩序的三个阶段：首先，科学知识的原始起点莫过于感官获得的幻象以及由此调动的想象，这里关乎身体与幻象的关系（De Corp. c. 6. 1）；接下来，科学自然会去追问它们为什么是这样的，它们成为这样的原因是什么，思维便要将幻象转化成名称，对它做加减运算，这里涉及身体与名称的关系（De Corp. c. 6. 2）；最后，无论表象还是名称，实际上都源于我们在思维中形成的身体的能力（faculties）或力量（powers）的概念，它们就被称作身体的"偶性"②，偶性又是一个身体区别于另一个身体的依据（De Corp. c. 1. 4；c. 8. 2），在此，霍布斯特别强调单个身体的独特偶性根源于所有身体的共同偶性，因此人们应该遵循先认识所有身体或物质的共同偶性，再认识一个事物之区分于另一个事物的独特偶性的次序（De Corp. c. 8. 4）。

　　总而言之，在思维看来，幻象、名称和偶性都不过是身体的属性。和属性不一样，身体是事物，是最普遍的事物，更准确地说就是存在本身，因此它无所谓产生和消解（De Corp. c. 8. 20），霍布斯是这样说的：

---

　　① Thomas Hobbes, *The English Works of Thomas Hobbes* Vol. Ⅰ, ed. William Molesworth, London: Longman, Brown, Green and Longmans, 1969, p. 58. 滕尼斯将 accidents 翻译成"属性"（Eigenschaften），将 phantasms 翻译为表象（Vorstellungen）。

　　② "I define an accident to be the manner of our conception of body." 出自 Thomas Hobbes, *The English Works of Thomas Hobbes* Vol. Ⅰ, ed. William Molesworth, London: Longman, Brown, Green and Longmans, 1969, p. 104.

因此只要是服从自然理性的哲学家，就会认为一个身体既不会生成，也不会毁灭，只不过可能显现为异于我们面前的东西，也就是说，显现为另一个种类（species）的东西，因而被称作另一些名称而已。因此，一个现在被称作人的东西，在另外一个时间就不会称作人，但是一旦一个东西被称作身体，那么它就永远不会被称作非身体。①

相反，身体的属性并非事物，故而既会产生，也会毁灭。因而在自然的序列里，人因为其特殊的感知能力而异于其他的物体，作为自然世界的组成部分，人同所有无生命的事物和有生命的生灵一样，都是不朽者，但恰恰因为有了属于他自己的天赋属性即情感和思维的能力（power），他成了有朽者。由此，霍布斯完全颠覆了古代形而上学直到笛卡尔保留下来的灵魂高于身体的关系，进而彻底颠覆了过去的世界秩序图景。② 人是身心一体者，便注定是走在不朽的身体和有朽的心灵之间的钢索上的动物，而且比一切生灵都更要时刻专注于保持两者间的平衡。

三 感觉中的身心合一

在动物的身体与心灵之间，感觉（sense）既是两者的分水岭，

---

① Thomas Hobbes，*The English Works of Thomas Hobbes* Vol. I，ed. William Molesworth，London：Longman，Brown，Green and Longmans，1969，p. 116.

② 古老的形而上学将灵魂视作更高的东西，它同肉体区别开，但是又同肉体结合在一起，作为理性与理性的意志统治着肉体，笛卡尔延续了这一观点。斯宾诺莎在《伦理学》第五部分前言里说："笛卡尔把心灵与身体看得如此不同，弄到不论对于心身的结合，还是对于心灵自身，都说不出一个特殊的原因，而不得不追溯到全宇宙的原因，亦即追溯到上帝。"不同于通常所认为的斯宾诺莎是笛卡尔的学生，滕尼斯指出：斯宾诺莎应当被看作霍布斯的战友，在他之前，霍布斯已用理性的自然光驱散形而上学的"恩普萨"（Empusa）。不可否认，滕尼斯在解读霍布斯的时候，和此后斯宾诺莎的哲学方向密切相关。Ferdinand Tönnies，*Thomas Hobbes. Leben und Lehre*，Stuttgart：Friedrich Frommann Verlag，1975，S. 124.

也是两者交融的基始领域。对滕尼斯而言，霍布斯对感觉的阐释意味着我们站在起点着手建构身心合一的主体。

我们知道，在笛卡尔与霍布斯之前，过去亚里士多德主义的"感觉质"学说是人们理解灵魂现象的起点，一直统治着基督教大学和诸学派，这一学说将人的知觉起因追溯到外部事物自身释放出的某些性质，比如视觉的起因被解释为所见物体向各方散发出的一种"可见质"，听觉的起因被解释为所听物体向各方散发的一种"可听质"等。① 近代以来，无论笛卡尔还是霍布斯都争相用运动和数学的原理解释人心的事实（Tatsache）②，人性论由此经历了一场"哥白尼式的革命"③，与亚里士多德主义相反，他们将"感觉质"从客观物体置换到主体身上，不再将感觉的内容视作源于客观对象的东西，而是看作起因于主体自身能力的东西。

如果说笛卡尔留下了旧哲学的尾巴，仍需要借怀疑一切和寻找上帝的观念确保感觉不堕入虚假，那么霍布斯则试图彻底地就感觉现象本身（sense itself）作出解释，按照他的说法，感觉是一切现象中最令人感到惊奇的东西，它不能从任何别的东西那里推导出来（De Corp. c. 25. 1）：一方面，感觉是感觉者自己心灵中形成的表象或幻象，而这又要追溯到他的身体内部的相应器官的运动；另一方面，感官的运动又不能同外在事物的运动分离开来，感官无时无刻不受到隔着一定距离的对象施加的压力，如此的压力促使感官本身产生抗力即沿着同压力相反的方向做运动，感官由内向外的运动因

---

① ［英］霍布斯：《利维坦》，黎思复、黎廷弼译，杨昌裕校，商务印书馆 2014 年版，第 5—6 页。

② 对比英文本《论物体》，"事实"概念系滕尼斯德文翻译，对应霍布斯的现象和表象概念。

③ ［德］康德：《纯粹理性批判》，邓晓芒译，人民出版社 2004 年版，第 15 页。正如滕尼斯认识到的，霍布斯的学说是未来的康德哲学的先驱，在霍布斯这里，主体革命实现了，同时，区分感觉和对象使得康德的现象与物自体之别的端倪已然形成。Ferdinand Tönnies，*Thomas Hobbes. Leben und Lehre*，Stuttgart：Friedrich Frommann Verlag，1975，S. 119.

而使感觉者产生了幻觉（De Corp. c. 25.1 - 2）。总而言之，在霍布斯看来，感觉者的感觉不是对外在对象的直接接受或复刻，而是他自己的身体和心灵共同作用的结果，甚至可以说，他的感觉同对象本身毫无共同之处。

霍布斯通过感觉从物体秩序确立自我的逻辑包含着非常复杂的意涵。在生灵最原始的经验里，他如何真实而肯定地意识到自我呢？我们看到，笛卡尔的沉思不断地从各种各样的感觉回溯到"我思维"这一基础结构，此后，黑格尔在《精神现象学》的开端重复了笛卡尔的理论基础，即从对感性世界的无限丰富的认识中抽象出纯粹的我和对象，作为精神运动的开端①。然而霍布斯并非遵循这种理性的确定法则，因为这种法则仍然植根于目的论，相信人天生就是万物的灵长，以上帝赋予的理智俯瞰无限的自然世界，正如霍布斯在反驳《沉思》的意见里批评的，笛卡尔将有理智的东西和理智本身当作了一回事，而没有认识到后者只是前者的一种属性或功能②。相反，霍布斯有意识地立足于自然秩序，按照从普遍者到特殊者的次序，一步步地认识人的特殊属性。

有别于笛卡尔在自然世界里为人划定"国中之国"，霍布斯将人视作动物的一部分，因而人也要服从普遍的动物心理学（Tierpsychologie）③，感觉即为全体生灵所具备，那么当我们以理智为标准衡量它时，它便不可避免地带着一种模糊性，然而当我们反过来以身体为标准衡量它时，它却无比清晰地呈现了身体的当下存在（Da-

---

① 参见笛卡尔的《第一哲学沉思集》的第二个沉思，同时参见黑格尔《精神现象学》的第一章"感性确定性"：我在感性确定性中仅仅是纯粹的这一个我，而对象同样仅仅是纯粹的这一个东西。［德］黑格尔：《精神现象学》，先刚译，人民出版社2013年版，第61页。

② 参见霍布斯的第二个反驳，［英］托马斯·霍布斯：《第三组反驳一个著名的英国哲学家作，和著者的答辩》，载《第一哲学沉思集》，庞景仁译，商务印书馆1986年版，第179页。

③ Ferdinand Tönnies, *Thomas Hobbes. Leben und Lehre*, Stuttgart: Friedrich Frommann Verlag, 1975, S. 145.

sein）的面貌，正像滕尼斯敏锐地认识到的那样，身体的当下存在本身第一次成了心理的事实，后来当尼采用"身体的最高智慧"① 反抗唯心主义的理智时，他是懂霍布斯为近代哲学种下的另一种可能性的种子的，而滕尼斯对此洞若观火②。

在霍布斯这里，单一的、分裂的感觉并不足以确立身体的完整心理形态，单一的感觉如果不以多样的感觉作为基础，那么它就不能被区别、被比较，我们也就根本不可能感受到任何东西，霍布斯举例说：

> 如果我们假设一个人有清澈的双眼，而且他的视觉器官的其余部分都是完好的，然而他却没有任何其他的感觉，此时，他正持续地注视同一个物体且这个物体总是保持同一个颜色和形状，那么我可以说他并没有看到什么，这一情形不过就像我依靠自己的触觉感觉到我的手臂的骨头，所有那些感觉到的东西都是一个东西。③

在更晚些时候写成的一篇对话中，霍布斯将这个道理讲得更清楚：

> A：如果一个新生儿张开眼睛，看着蔚蓝的天空，那么你难

---

① 参见［德］尼采《查拉图斯特拉如是说》，钱春绮译，生活·读书·新知三联书店 2014 年版，第 31—33 页；［德］尼采《瞧，这个人——人如何成其所是》，孙周兴译，商务印书馆 2016 年版，第 10—14 页。

② Ferdinand Tönnies, *Thomas Hobbes. Leben und Lehre*, Stuttgart: Friedrich Frommann Verlag, 1975, S. 120. 多少有些遗憾的是，滕尼斯在点出这一问题的同时，并没有接着深入地探究主体的自我构成，而是过渡到对外部世界的认识。另外，关于尼采与霍布斯的关系，参见 Ferdinand Tönnies, *Thomas Hobbes. Leben und Lehre*, Stuttgart: Friedrich Frommann Verlag, 1975, S. 180.

③ Thomas Hobbes, *The English Works of Thomas Hobbes* Vol. I, ed. William Molesworth, London: Longman, Brown, Green and Longmans, 1969, p. 394.

道不相信尽管他会感受到光，然而一切对他来说都是黑暗吗？
B：完全正确，如果他没有对更早发生之事物的记忆或者其他类
型的感觉（这是我的假设），那么他就处于黑暗里，因为黑暗就
是黑暗，无论颜色是蓝还是黑，对他来说都是没有区别的。①

也就是说，每一个独立的感觉都必须以统一的身心作为前提，
然而正如我们此前讲到的，这种统一性并不是纯粹观念的、从所有
感觉那里抽象出的"我思"，而是由诸感觉相互依赖甚至相互指涉形
成的有型的边界意识，它更像一种不断趋近于绝对统一性观念的协
同感②。就此而言，康德在《纯粹理性批判》的"先验感性论"部
分谈到从外感官到内感官的过渡，实际上重复了霍布斯的洞见。也
许正是因为认识到了这一点，滕尼斯试图为此找到实在的依据，在
他看来，尽管霍布斯本人没有直接表述"有机身体的统一性"这一
说法，然而他必然地将它想象成各种感觉的主体，而且认为它是所
有人都具备的一个共同的、可视的器官，遵循着古代生理学延续下
来的对身体构成的想象即诸神经汇于心，霍布斯同样假设心是感觉
之统一的身体媒介（De Corp. c. 25.6）。③ 由此出发，他借用古罗马
剧作家泰伦斯的"专注"（stupor/Aufmerksamkeit）概念，指出感觉
背后实质的统一性：我们之所以在某一刻对某一感觉有特别强烈的
印象，只是因为这一感觉的强度遮盖了其他感觉的强度，而没有否

① Thomas Hobbes, " Decameron Physiologicum", in *The English Works of Thomas Hobbes* Vol. Ⅶ, ed. William Molesworth, London：Longman, Brown, Green and Longmans, 1969, p. 83.

② 为此，我们应当不断返回霍布斯对"身体"（body）概念的定义：The definition, therefore, of body may be this, a body is that, which having no dependance upon our thought, is coincident or coextended with some part of space. 参见 Thomas Hobbes, *The English Works of Thomas Hobbes* Vol. Ⅰ, ed. William Molesworth, London：Longman, Brown, Green and Longmans, 1969, p. 102.

③ Ferdinand Tönnies, *Thomas Hobbes. Leben und Lehre*, Stuttgart：Friedrich Frommann Verlag, 1975, S. 145.

认其他的感觉也在发挥作用，这正如太阳光通过其多出来的亮光使其他星球的光芒变暗，而非阻止这些星球发亮（De Corp. c. 25.6）。

　　和笛卡尔一样，霍布斯笔下的主体确立起来以后，他将重新面对世界，为世界赋予新的实在内容。为此，霍布斯巧妙地用一个"思想实验"说明这点，如果我们试想世界上的一切事物都被毁灭了，只剩下一个在做哲学思考的人，那么还有什么会留给他作为哲思的对象呢？霍布斯的回答是：这个人将保留世界毁灭前关于世界以及其他所见事物的观念，也就是说，他保留了大量的表象和回忆，虽然他不能获得什么新表象，但是他必然要去计算这些既存的表象，就像它们仍然存在于现实中那样，而就在这个时候，他也的确在虚无中重新造出了一个外在世界。滕尼斯不无深刻地指出：在 17 世纪，为了对抗占统治地位的形式主义（Formalismus）教条，唯物主义的奠基工作势在必行，无论笛卡尔还是霍布斯都致力于此，尽管他们之间的理论差别很大，然而他们都努力将唯物主义当作绝对的教条教导世人，与此同时，通过批判性、"现象学式的"（phänomcnalistisch）对待世界的立场，他们又克服了鄙陋的唯物主义，不过相比于笛卡尔，霍布斯走得更远。①

第二节　原始集会：现代政治的社会基础

　　霍布斯对现代人性的身心二元构成及其统一的理论剖析，不仅

---

　　① Ferdinand Tönnies, *Thomas Hobbes. Leben und Lehre*, Stuttgart：Friedrich Frommann Verlag, 1975, SS. 122 - 123. 需要指出的是，早在该书第一版（1896 年）就使用了"现象学"的概念。尽管事实证明，滕尼斯是在黑格尔的"现象学"意义上使用这个概念（与它同时使用的是"唯心主义"[idealistisch]），然而他对霍布斯的身体和感觉学说的创造性解读，已经为未来的现象学革命揭开了序幕，后者的标志即胡塞尔于 1900 年发表的《逻辑研究》。滕尼斯本人并非现象学派的哲学家，然而他从霍布斯研究敞开的共同体学说深刻地影响了现象学派的哲学家舍勒以及费尔康德等人。

意味着一种看待个体的思想和行动的方式，更支配着他对政治体的想象。就像他在《利维坦》的引言里指出的，如同人天然便处于自然的秩序之中，人亦可以模仿自然制造出一个人造的生灵（an artificial animal）甚至是自然中的最理性、最精美的作品——人造人（an artificial man），人造人和人一样，有心灵也有肉体，还有作为身心一体的生灵的感受、情绪、思维以及行动，因而我们可以通过反观自己、认识自己的方式逼近人造人的真理。① 遵循着认识人性时的从敏锐的思维到深刻的身体的次序，滕尼斯指引我们一点一点探入政治体之复杂肌理的秘密。

一　国家或主权：政治体的心灵

为了理解现代国家的规范及其理性基础，为德意志帝国找到合乎理性的现实落脚点，滕尼斯从事霍布斯研究的原始的问题意识，便在于霍布斯的政治理论或国家学说②。不过作为一位浸淫于体系化知识的严谨的德国学者，滕尼斯非常清楚：只有阅读完霍布斯的所有著作，让他的科学之树自在地生根发芽，尤其在我们对他笔下的现代自然和人性做了充分澄清的基础上，我们才能着手探索政治的性质，就像霍布斯自己承认的，政治学是科学体系的顶端者。而此时，我们的时机无疑已经成熟。

在"霍布斯的学说"部分里，滕尼斯运用古典语文学的方法，对霍布斯的三个不同时期的核心文本中的"国家学说"做了比较式地阅读和批判性地研究，这三个文本即《法的要素》（The Elements of Law，1640）、《论公民》（De Cive，1642）、《利维坦》（Leviathan，1651）。滕尼斯发现，霍布斯对国家之起源和性质的解释，有一个明

---

① 参见《利维坦》引言："自然，也就是上帝用以创造和治理世界的艺术，也像在许多其他事物上一样，被人的艺术所模仿，从而能够制造出人造的动物。"［德］霍布斯：《利维坦》，黎思复、黎廷弼译，杨昌裕校，商务印书馆2014年版，第1页。

② Ferdinand Tönnies und Friedrich Paulsen, *Briefwechsel 1876 - 1908*, Herausgegeben von Olaf Klose, E. G. Jacoby, Irma Fischer, Kiel: Ferdinand Hirt, 1961, S. 11.

显的理性化、抽象化和普遍化的发展过程①，这一点决定了我们如何定位霍布斯讲的"国家"概念。

在早期作品《法的要素》里，霍布斯在第一部分的最后一章的结尾如此描述了国家的产生过程和两种国家类型：

> 我已经指明，促使一个人臣服于另一个人的一般原因是恐惧，舍此之外，他便无法保存自身。因此，一个人由于恐惧，可能会屈服于那个侵犯他的人或那个将要侵犯他的人；或者，人们可能会聚集到一起，一致同意臣服于他们皆恐惧的人。前一种情况是一个政治体（a body politic）自然地产生的原因，由此，支配（domination）、父权（paternal）和专制（despotic）出现了；后一种情况不同于前者，人们基于相互间的同意制造（make）了一个政治体，我们通常称它为一个国家（common-wealth），尽管这个名字皆适用于上述两种情况。②

到了《论公民》，尽管本质的内容没有改变，但霍布斯采用了一套不同的表述方式：

> 那些因为恐惧而屈从的人，不是臣服于一个他们都恐惧的人，就是臣服于他们相信会给他们提供保护的人。战败者通过前者避免被杀；未战败者通过后者避免战败。前一种方式在自然权力存在时就已经有了，它可以说是国家的自然起源；后一种源于加盟各方（the uniting parties）的协商和决策，它是通过

---

① Ferdinand Tönnies, *Thomas Hobbes. Leben und Lehre*, Stuttgart：Friedrich Frommann Verlag, 1975, SS. 244 – 246；Ferdinand Tönnies, "Hobbes and Zoon Politikon", *Ferdinand Tönnies on Sociology：pure, applied, and empirical.* edited by Werner J. Cahman and Rudolf Herberle, Chicago：The University of Chicago Press, 1971, p. 53.

② Thomas Hobbes, *The Elements of Law：Natural and Politic*, ed. M. M. Goldsmith, New York：Barnes&Noble INC, 1969, p. 105.

设计而来的国家的起源。因此，就有两类国家，一类是自然的，就像父权统治和专制统治一样；另一类是通过设计（design）而来的国家，他被称作是政治的。在第一种情形下，主人是通过他自己的意志而去要求公民的；在第二种情形下，公民之通过自己的决定而在他们头上加上一个主人的，无论它是一个掌握着主权的人还是一个掌握着主权的集会（group）。①

滕尼斯曾专门提出霍布斯的这两段话加以讨论。在他看来，相较后来的《论公民》，早期的《法的要素》更多是经验的描述，呈现在我们眼前的便是一幕活生生的一个人由于恐惧屈服于另一个人的景象；而到了《论公民》，霍布斯不止停留于经验的讲法即一个人由于恐惧而屈从的心态，而且谈到了如何合乎目的地理性地设计国家，抛开自然国家不论：（1）首先，那些未战败的自然人为了今后不被战败，也就是说，他们害怕未来由别人主宰他们的生死，这一恐惧调动了他们对于未来的预见，也即霍布斯讲的"自然理性"②；（2）其次，自然理性促使他们每个人聚集到一起，共同地协商和决策，让一个源于他们自己的意志、由他们主动选择的对象掌握主权，履行保护他们未来生命的义务，主权者实际上是所有人共同赋予的一个统一"人格"（persona）；（3）与此同时，霍布斯在这里特别地指出，这个人格不仅可以由一个人（Hominis）承担，也可以由一个团体或会议（Concilium）承担。滕尼斯总结说：在《论公民》里，霍布斯产生了讨论理想国家之形态的强烈意识的萌芽，他强调要有一个由自然理性推动的"聚集"（the uniting parties）存在，它们自

---

① Thomas Hobbes, *On the Citizen*. ed. Richard Tuck and Michael Silverthorne, Cambridge：Cambridge University Press, 2003, p. 74.

② Thomas Hobbes, *On the Citizen*. ed. Richard Tuck and Michael Silverthorne, Cambridge：Cambridge University Press, 2003, p. 6.

由地、有目的、有计划地设计一个国家①。

霍布斯写作《利维坦》时，这一意识达到顶峰。在这本滕尼斯界定为完全"以政治为研究对象"的作品之中②，霍布斯直接宣称，国家就是技艺的作品，是一个人造人；这里讲的"技艺"（Art）是什么呢？在滕尼斯看来，它就是国家之"人格"的形成过程和内在的动力机制。从这个意义上讲，《利维坦》进一步超越《论公民》的地方在于，它创造出了一套"代表"和"授权"的理论，以此重新界定了霍布斯所谓的国家的理性基础。在《利维坦》里，霍布斯正是将代表理论（第十六章）当成自然法（第十五章）与契约建国（第十七章）的中介③，它的原则如下：

> 一群人经本群中每一个人个别地同意、由一个人代表时，就成了一个单一人格；因为这人格之所以成为单一，是由于代表者的统一性，而不是被代表者的统一性。……如果代表者是由许多人组成的，那就必须把多数人的意见当作全体的意见。④

在接下来的第十七章论及契约建国和第十八章论及确定主权者时，霍布斯运用的就是人格和代表的原理。就契约建国而言，滕尼斯所界定的、被称作"建构着的集会"（Konstituierende Versammlung）的一群人⑤。遵循每个人和每个人订立信约的方式，共同将权利授予

---

① Ferdinand Tönnies, *Thomas Hobbes. Leben und Lehre*, Stuttgart: Friedrich Frommann Verlag, 1975, S. 210.

② Ferdinand Tönnies, *Thomas Hobbes. Leben und Lehre*, Stuttgart: Friedrich Frommann Verlag, 1975, S. 255.

③ Ferdinand Tönnies, *Thomas Hobbes. Leben und Lehre*, Stuttgart: Friedrich Frommann Verlag, 1975, SS. 238–239.

④ Thomas Hobbes, *Leviathan*, ed. J. C. A. Gaskin, Oxford: Oxford University Press, 1998, p. 109.

⑤ Ferdinand Tönnies, *Thomas Hobbes. Leben und Lehre*, Stuttgart: Friedrich Frommann Verlag, 1975, S. 238.

一个普遍的人格，即国家：

> 国家的人格是由每个人与每个人订立的信约形成的，其方式就好像是每个人都向每个其他人说，我承认这个人或这个集会，并放弃我统治我自己的权利，将它授予这个人或这个集会，但条件是你也把自己的权利拿出来授予他，并以同样的方式承认他的一切行为。这一点办到后，像这样统一在一个人格中的一群人就被称为国家。①

进一步地，就确定担当国家人格的主权者这一行动而言，作为"建构集会"的一群人发展成作为"具有做决定能力的集会"（beschlußfähige Versammlung）的一群人②，他们遵循多数原则表决：

> 当一群人确实达成了协议，并且每一个人都与每一个其他人订立信约，只要大多数人把代表全体的人格的权利授予任何个人或一群人组成的集会（也就是说，让他们成为自己的代表），那么，其中的每一个人（不论他是赞成者还是反对者）都要以同样的方式将权利授予这个人或这个集会，允许他们做一切行动、一切判断，就像他本人在做这些事一样，只要这些行为的目的是让这群人和平地生活并抵御其他人。③

---

① Thomas Hobbes, *Leviathan*, ed. J. C. A. Gaskin, Oxford: Oxford University Press, 1998, p. 114.

② Ferdinand Tönnies, *Thomas Hobbes. Leben und Lehre*, Stuttgart: Friedrich Frommann Verlag, 1975, S. 238.

③ Thomas Hobbes, *Leviathan*, ed. J. C. A. Gaskin, Oxford: Oxford University Press, 1998, p. 115.

在滕尼斯看来①，这里特别值得注意的地方，就是"一群人"（a multitude of men）在此具备的实质含义，即《论公民》里已然提到的"加盟各方的聚集"。"国家之建立"的前提恰恰是"一群人的协议""本群内部的人达成的协议"。这意味着：

（1）一方面，"国家之建立"不再像早期的《法的要素》表述的那样〔mutual agreement〕②，直接奠基于每一个人和每一个其他人达成的信约的总和，因为这一观点无法解释：何以这些信约能够同时将主权授权给同一个人或集会；换句话来说，国家理应是一个超拔出所有私人关系之上的整体，它不能还原为全部的私人关系③。

（2）另一方面，"国家之建立"也不是纯粹由某种先天的观念或法则决定的东西，它应当同时具有事实的基础④，因为国家首先必须满足每个人在自身中实在感受到的"自我保存"的需要⑤，故而国家的产生是有条件的。由自保的基本需要出发，个人努力追求欲望的满足，同他人形成各式各样的关系（如结盟、斗争、服从），"一群人"在此构成了国家的经验前提。

这样一来，"国家"并非建立在私人与私人之间纷繁多样的协定上，也非依照乌托邦式的幻想，源于一个瞬时达成的、完美的统一

---

① Ferdinand Tönnies, *Thomas Hobbes. Leben und Lehre*, Stuttgart: Friedrich Frommann Verlag, 1975, S. 238; Ferdinand Tönnies, "Die Lehre von den Volksversammlungen und die Urversammlung in Hobbes' Leviethan", in *Zeitschrift für die gesamte Staatswissenschaft*, Bd. 89, H. 1, 1930, S. 18.

② Thomas Hobbes, *The Elements of Law: Natural and Politic*, ed. M. M. Goldsmith, New York: Barnes&Noble INC, 1969, p. 105.

③ Ferdinand Tönnies, *Thomas Hobbes. Leben und Lehre*, Stuttgart: Friedrich Frommann Verlag, 1975, SS. 216 – 217.

④ Ferdinand Tönnies, *Thomas Hobbes. Leben und Lehre*, Stuttgart: Friedrich Frommann Verlag, 1975, S. 248.

⑤ Ferdinand Tönnies, *Thomas Hobbes. Leben und Lehre*, Stuttgart: Friedrich Frommann Verlag, 1975, S. 196.

秩序。而是源于在时间中①逐渐聚集到一起的"一群人"，那么这群人何以不同于自然状态里孤独的、彼此为敌的自然人？

我们知道，在霍布斯笔下的纯粹人人为敌的自然状态里，一个人同另一个人订立信约压根无效，因为信约是许诺未来履行的约定，其中的任何一方都会怀疑对方会履约，或者说，如果没有一个同时高于他们之上的权力威吓不践约者，信约就根本无法履行，用他本人的话讲，即国家成立之前，没有权力可以保证信约必然有效②，这样就更不可能存在着具有统一的意志能力和行动能力的集会③。

二 社会：政治体的身体

为了解决主权观念的困境，我们需要对政治身体更准确地说对集体表象出的政治身体进行考察。滕尼斯敏锐抓住了霍布斯那里从"自然状态"向"国家"转化的中心环节即自然法，进而创造性地将它坐实为社会的规范或社会自身的法④。在他看来，霍布斯的自然法学说有一个极其重要的特征，即同道德判然有别：相对于道德的无条件性，自然法由诸"有条件的设定"构成⑤，之所以称作"有条件的"，是因为自然法要基于每一个体的自我保存的主观需要以及由此衍生的占有和享受的主观需要⑥；然而另一方面，为了个体间的

---

① Ferdinand Tönnies, *Ferdinand Tönnies Gesammtausgabe Band* 15, Berlin: Walter de Gruyter, 2000, S. 555.

② Thomas Hobbes, *Leviathan*, ed. J. C. A. Gaskin, Oxford: Oxford University Press, 1998, p. 96; Ferdinand Tönnies, *Thomas Hobbes. Leben und Lehre*, Stuttgart: Friedrich Frommann Verlag, 1975, S. 207.

③ Ferdinand Tönnies, *Thomas Hobbes. Leben und Lehre*, Stuttgart: Friedrich Frommann Verlag, 1975, S. 213.

④ Ferdinand Tönnies, *Thomas Hobbes. Leben und Lehre*, Stuttgart: Friedrich Frommann Verlag, 1975, S. 200, S. 204, S. 208.

⑤ Ferdinand Tönnies, *Thomas Hobbes. Leben und Lehre*, Stuttgart: Friedrich Frommann Verlag, 1975, S. 207.

⑥ Ferdinand Tönnies, *Thomas Hobbes. Leben und Lehre*, Stuttgart: Friedrich Frommann Verlag, 1975, S. 196.

保存，自然法又必须由每一个体的理性来限制原初的普遍需要，因而变成同主观权利不同的客观的法①，滕尼斯进一步地说，由霍布斯的自然法规定的明确"正义"原则即履行契约的行动实际上预设了个体间承认各自的占有甚至共同使用占有物的情形，它是民法且属于社会的意志②，即使在没有国家的前提下，它无法被必然地保证，但是并不能否认人们遵循民法或习惯法结成集体的可能性，而这种潜在集体意志又必然要追溯到他们共同的自我保存的意识③，也即对于共同体的保存意识。

霍布斯的全部自然法的根基或者说"第一条的自然法"在于：人畏惧自然状态中的暴死，为求自保，必然要竭尽全力寻求和平。由此马上可以推出"第二条自然法"：一个人为了和平与自我保护，会放弃所谓对一切事物的权利，而且满足于同他人构建相同的自由权。在第一条自然法和第二条自然法之间，霍布斯暗示了：时间的端点即在一个人对死感到恐惧之处，面对时刻涌上来的敌人，他感到自己并非无所不能，这必然会促使他和另一个人达成和解，只要直接关系"生与死"这件最本原的事实，他就没有任何违背契约的企图，因为如果不践约，那么他无疑会被重新抛入一个孤立无援的战场，霍布斯说，"在纯粹的自然状态下，因恐惧而订立的契约是有约束力的。"④

进一步地，霍布斯也承认，由原初的二人出发，在战争状态之中，人与人结成的生死联盟（confederation）必然存在。一旦一个人

①　Ferdinand Tönnies, *Thomas Hobbes. Leben und Lehre*, Stuttgart: Friedrich Frommann Verlag, 1975, SS. 202 – 203; Thomas Hobbes, *Leviathan*, ed. J. C. A. Gaskin, Oxford: Oxford University Press, 1998, p. 86.

②　Ferdinand Tönnies, *Thomas Hobbes. Leben und Lehre*, Stuttgart: Friedrich Frommann Verlag, 1975, S. 218.

③　Ferdinand Tönnies, *Thomas Hobbes. Leben und Lehre*, Stuttgart: Friedrich Frommann Verlag, 1975, S. 214.

④　Thomas Hobbes, *Leviathan*, ed. J. C. A. Gaskin, Oxford: Oxford University Press, 1998, p. 92.

希望依靠联盟抵御外人的侵害，那么他欺骗联盟成员便是一件不合乎理性的行为，因为这样一来就不会有任何防卫的联盟会接纳他，他便将自己置于人人皆可屠戮他的境地；他也不能靠着"别人可能不明白是怎么回事"的侥幸作出行动，这种情况是他无法预见的，故而是非常不牢靠的、违反其自保的理性的。总的说来，这时的个体，不再同联盟中的每个个体发生关系，而是同联盟本身产生关联。①

值得注意的是，在《利维坦》里，霍布斯用"社会"（society）概念指称这种防卫的联盟②，滕尼斯紧紧地抓住了这一点，当霍布斯将履行契约的行为称作"正义"（justice）时，滕尼斯便是用"国家意志尚未形成时"的"社会意志"（soziale Wille）概念注解"正义"概念③，与此同时，他用"联盟"（Bund）概念翻译霍布斯在这里讲的 conferderation，用"社会"（Gesellschaft）概念翻译霍布斯的 society④。霍布斯在此论述的防卫联盟亦是如此，不过，它却具有头等重要性，因为人们之所以构建它，完全是为着保存生命之目的，一切德性和好的生活方式都是从中衍生而来的。

以此为基础，当再次返回霍布斯关于契约建国问题的论述时，滕尼斯捕捉到的关键点在于：契约建国并不是一瞬间的事情，不是所有处于相互厮杀、力图将对方置于死地的个体在突然降临的一刻皆恐惧得无以复加，然后如施米特说的"灵光乍现般地"同每个其

---

① Thomas Hobbes, *Leviathan*, ed. J. C. A. Gaskin, Oxford: Oxford University Press, 1998, p. 97.

② Thomas Hobbes, *Leviathan*, ed. J. C. A. Gaskin, Oxford: Oxford University Press, 1998, p. 97.

③ Ferdinand Tönnies, *Thomas Hobbes. Leben und Lehre*, Stuttgart: Friedrich Frommann Verlag, 1975, S. 218.

④ Ferdinand Tönnies, *Thomas Hobbes. Leben und Lehre*, Stuttgart: Friedrich Frommann Verlag, 1975, S. 220. 恰如滕尼斯后来在《共同体与社会》里对"联盟"和"社会"这两个概念的内涵及其关系的界定，"联盟"指的是"社会"的人际关系的本质，即人们为了达成一致的目的，人为建构出的手段。

他人达成了和平的契约（或者说默契的约定），建立起国家。相反，每个人被抛入人人为敌的战争状态的那一刻，就感到了随时殒命的危险，这迫使他寻求防卫联盟的保护，当他处于其中时，他感到生命不会时刻被可想象的暴死的下场威胁，他享受着相对和平的安宁，同时，为了保持这个处境，他明白，不能和联盟的同伴为敌，否则自己将被重新置于危险的境地；不过，少数人的联合并不能使人们得到彻底的安全保障[①]，为了让安全处境变得更确定，他们要一步步地扩大联盟、同其他的联盟间逐步地达成和解、彼此融合，直至联盟扩散到视目可及之疆域的所有人那里。

直到这个时候，他们前所未有地意识到要构建一个超越联盟性质的东西，这个东西意味着：他们无须像过去那样，遇到外部的敌人便蜂拥般地全员上阵攻伐，而是从他们全体之中创造出一个绝对的、统一的人格，指挥他们如何安排自己的生活，如何作出战与和的行动[②]。滕尼斯遵循着自然法，从自然状态中的各种"人民群体"（Volksmenge）推进到一个民族（Nation）即一个有能力构建国家人格的原始集会（Urversammlung）的诞生[③]，当然，他强调的并非是人们在同一时间、同一空间里的聚集这一简单的事实，而是通过联盟在他们每个人心上已经铸成并不断扩大的"社会意志"，即他们不会认为自己无所不能，而是有强烈的意愿去创造一个统一的主权者来保护自己，更准确地说，他们定信约的前提在于，他们已经从观念上认识到了他们共同地处于一个集会当中并最终要由这个统一的集会创造出主权人格，就像滕尼斯总结的那样：

①　Thomas Hobbes, *Leviathan*, ed. J. C. A. Gaskin, Oxford: Oxford University Press, 1998, p. 112.

②　Thomas Hobbes, *Leviathan*, ed. J. C. A. Gaskin, Oxford: Oxford University Press, 1998, p. 114.

③　Ferdinand Tönnies, *Thomas Hobbes. Leben und Lehre*, Stuttgart: Friedrich Frommann Verlag, 1975, SS. 216-217.

即使这个原始集会又瓦解成一切人对一切人开战的自然状态，或堕入无政府主义的泥潭，它的成员无论如何都在观念上保留了有约束力的约定（bindenden Verabredung），这预设了合乎规则的会议总会在未来召开。①

在这个前提上，滕尼斯指出：一方面因为霍布斯讲的"每一个人同每一个其他人订立信约"是有效的事实，即每个人的意志都是平等的；另一方面又因为每一个个体的决定，都要立足于作为统一载体的原始集会，由原始集会吸纳，进而做出建立国家的决议，顺理成章地依据多数原则（Majoritätsprinzip）选举主权者。

在滕尼斯眼里，我们现今身处之时代的底色毫无疑问是"个人主义"，霍布斯从"平等的个人"的预设出发，凭借清醒的理论推演，由自然法规则最终推论出契约国家的产生，这一完整的机制展示了现代国家之合理性的基础，或者说，它构成了衡量现实国家的理性标准。在其中，"原始集会"占据着核心地位，即使霍布斯本人也承认，无论国家采取何种政体模式，它都必然以原始集会为前提，"主权者究竟是谁"则是第二位的问题②，所谓"原始集会"的核心地位意味着：1. 现代政治构建的前提不是一个先在的整体观念（比如中世纪的上帝之国或世界帝国观念），而是每个实在的个体，他们通过自己的实践活动去缔造国家；然而与此同时，2. 政治构建不能直接由每个作为私人的个体直接完成，或者说利维坦无法还原到每个订立契约者的个体身上，因为在霍布斯的"个人主义"理论预设里，由人性推导出的"竞争""猜疑""荣誉"会让人永无休止地陷

① Ferdinand Tönnies, "Die Lehre von den Volksversammlungen und die Urversammlung in Hobbes' Leviethan", in *Zeitschrift für die gesamte Staatswissenschaft*, Bd. 89, H. 1, 1930, S. 15.

② Thomas Hobbes, *On the Citizen*, ed. Richard Tuck and Michael Silverthorne, Cambridge：Cambridge University Press, 2003, p. 77.

入战争状态①，如果不经历心性的转化，通过社会团体也即滕尼斯所谓的普遍的社会体（Körperschaft）的力量形塑个体的社会道德，我们就无法想象何以利维坦能够瞬间形成了即使国家的瞬间临现是可能的，那人性之恶也会随时让利维坦土崩瓦解。相反，在社会团体的承载下，更准确地说，在每个人心中养成的社会性的承载下，就算国家崩塌，人人为敌的暴力蔓延之局面也不会出现，反而人们会努力重建整体秩序。

在晚年写就的一篇专门探讨霍布斯的"原始集会"的文章里②，滕尼斯将霍布斯的"原始集会"问题具体化和历史化了，或者说，他用自己界定的这个"标准类型"去理解德国政治的历史传统，从早期日耳曼部落的战士集会，到中世纪神圣罗马帝国内部的封建领主集会、地方社团集会（Gemeindeversammlung）、教士集会直至1870 年后的议会制，尽管不同时期的政治担当者的人格内涵完全不一样，然而"集会"却是根深蒂固地植根于历史的、构筑德国政治的基本单位，无论从理论还是历史的合理性来看，滕尼斯都坚定地认为：在德国，由集会决定的民主传统必然要保留下来。问题在于：现实的人心恰恰就像霍布斯刻画的战争状态下那样，由利益的想象支配，不求和平，我们又如何构筑政治团体、形成有秩序的国家呢？

政治的问题首先是人心的问题。事实上，就像滕尼斯讲的，霍布斯的国家学说或自然法呈现出一个纯粹理性的思维架构，其内容皆要溯及他的人性论或经验的心理学，换句话来说，如何由政治团体逐步地构筑国家，关键在于人们如何贴近身体，经验地看待它们，

---

① Thomas Hobbes, *Leviathan*, ed. J. C. A. Gaskin, Oxford: Oxford University Press, 1998, p. 83.

② Ferdinand Tönnies, "Die Lehre von den Volksversammlungen und die Urver-sammlung in Hobbes' Leviethan", in *Zeitschrift für die gesamte Staatswissenschaft*, Bd. 89, H. 1, 1930, SS. 1 – 22.

理解它们①。滕尼斯正是基于现实的关怀，由霍布斯的国家学说出发，对霍布斯的整体学说做了全面的反思和重构。

第三节　自然状态：现代社会的原型

我们看到，在滕尼斯关于霍布斯国家学说的重构过程里，存在着两个核心契机：第一，霍布斯以人的主观的、经验的心理学为起点，用表象和感觉激发的欲望学说解构了古典时代直至基督教的道德哲学，"善"与"恶"变成了相对的东西，不同的人非但在味觉、嗅觉、听觉、触觉和视觉的判断中好恶不同，而且对共同生活的行为是否合理的判断也彼此迥异，这样人与人便产生了争执，陷入战争状态里，为了摆脱这一局面，霍布斯找到了新的道德哲学的起点，即立足于"自我保存"，由此推导出一整套自然法规范，希望确保社会和政治的实现②；第二，自然法为人性形塑了社会性的道德，进一步地，具有社会关联的人们自觉形成"原始集会"或社会团体，它们成了构建国家或政治生活的前提，这一点先于任何事实上或理念上的政体问题，换句话来说，无论契约国家在形式上采纳何种政体，都必须要有一个实质的民主力量拱卫着它。

滕尼斯不满足停留于这种形式化的结论，而是要将思维的触角深入社会。我们一旦进入社会的领域，便直观地感觉到：小至个体的内心世界，大至个体之间的连带关系以及由所有个体合为一身的社会，他们无时无刻不生活在自然需要引发的竞争状态和自然法要求的规范状态间的共存和紧张之中。作为政治体的肉身、作为观念和感觉交织的地带，社会体的内在平衡和活力可以说构成了未来社

---

① Ferdinand Tönnies, *Schriften zur Staatswissenschaft*, hrg. Rolf Fechner, Wien: Profil Verlag, 2010, SS. 318 – 319.

② Ferdinand Tönnies, *Thomas Hobbes. Leben und Lehre*, Stuttgart: Friedrich Frommann Verlag, 1975, SS. 196 – 198.

会科学最实质的问题。从这个意义上说，滕尼斯不仅创造性地将霍布斯的"自然状态"阐释为潜藏在文明世界之内同政治互为表里的社会体的状态，更是以积极的方式将之当作谋划未来伦理生活的原始想象空间，带入人们的视域。

一　从政治到社会：视角转换

滕尼斯对社会体的发现，首先基于他有意识地采用尼采的"视角转换"（Perspektiven umzustellen）① 方式，对存在于霍布斯文本中的两种对立的方法论做了反思。我们此前已经提及，在《论物体》里，霍布斯谈到了"道德哲学"（moral philosophy）与"公民哲学"（Civil philosophy）之间的方法差别：

> 公民哲学与道德哲学之间并不相互依附，甚至它们相互分离。因为心灵运动的起因是为人所知的，人们不光通过推理，而且通过花力气观察自己每天的内心运动的经验，就能获知这一点。因此，他们不仅依靠综合的方法，得到了心灵之激情与扰动的知识，而且通过同样的办法，由哲学的第一原理（即运动）推知构建国家的原因与必然性……因此，政治的各种原则存在于心灵运动的知识之内，存在于由感觉和想象的知识得来的运动的知识之内。然而，那些不了解哲学的第一部分（即几何学和物理学）的人，也能靠分析的方法获知公民哲学的诸原理。②

霍布斯讲的分析的方法，就是从观念里的完整"利维坦"出发，将它析解为各个要素，每个要素都有它的原则，以至于我们判断一

---

① ［德］尼采：《瞧，这个人——人如何成其所是》，孙周兴译，商务印书馆2016年版，第12页。

② Thomas Hobbes, *The English Works of Thomas Hobbes* Vol. Ⅰ, ed. William Molesworth, London：Longman, Brown, Green and Longmans, 1969, pp. 73 – 74.

个人的行动是否合乎正义时，全在于评价这个行动是否合乎原则，即最终是否符合主权者的意志。然而，就像滕尼斯所说的，霍布斯关于公民哲学（即政治哲学）的分析方法提供的毋宁是一套观念化的、形式化的标准①，它同道德哲学之构建国家的艰辛推理不无激烈的冲突，比如说：1. 基于经验心理学推导的自然法和原始集会同各个政体的不同原则之间的矛盾；2. 国家之中的事实（de facto）的政治运作同国家对主权者、臣民以及各个团体的权利以及义务的规定之间的矛盾；3. 作为契约国家之前的"原初集会"的自觉秩序同主权权力达成的秩序之间的矛盾。

滕尼斯无疑认识到了上述冲突，一开始，他追随着霍布斯道德哲学的综合道路，从个体的经验心理学推及自然状态直至克服自然状态并为契约政治奠基的原始集会。在"原始集会"这一临界点上，滕尼斯自己的理论意识既延续了霍布斯的综合方法，又突破了分析的框架，这意味着，他试图找到一以贯之的"从下往上"的推进道路：

首先，冲突本身就等同于说：纯粹形式化的主权逻辑并不完全是政治本身，它既不能消解掉人的自然激情，也不应取代对事实政治的思考。后者囊括了作为人性之原初经验的激情，以及由此衍生的种种复杂的、带有政治意涵的事实面向。我们注意到，滕尼斯解读霍布斯的过程，实际上也是从政治史、社会史和思想史的脉络界定并反思其学说的过程②，在他的眼中，霍布斯本人实际上已意识到"形式化地讨论主权权力"这一做法的局限性，或者说，他刻画的现代人性不足以仅在绝对国家维度里落脚，反倒为多角度地思考政治实践和社会生活方式敞开了空间。

---

① Ferdinand Tönnies, "Hobbes and Zoon Politikon", in *Ferdinand Tönnies on Sociology: pure, applied, and empirical*, edited by Werner J. Cahman and Rudolf Herberle, Chicago: The University of Chicago Press, 1971, p. 53.

② 参见 Ferdinand Tönnies, *Thomas Hobbes. Leben und Lehre*, Stuttgart: Friedrich Frommann Verlag, 1975, SS. 87 – 88.

在滕尼斯看来，以财产和货币为媒介的统治方式便是其中最重要的组成部分①，当然，这里讲的"财产"和"货币"的关键，绝非在于物质的含义，而是意味着心理和人性、意味着观念和意见，它们表现为社会关系的内容。我们看到，伴随着西方近代商业社会的确立，掌握财富的资产者成了构筑政治权力的首要担当者，霍布斯之后，由洛克、休谟、斯密和苏格兰启蒙思想家们发展的"政治经济学"继承了霍布斯的经验心理学的遗产，并进一步地思索以财产为起点的资产者个体的德性乃至社会的朴素风尚如何形成，它们又如何形塑合理的现代民主国家。在领会了权力同人性、财产、意见与知识等要素的复杂扭结关系的意义上，滕尼斯将霍布斯的"自然法学说"及其后的"政治经济学"融合到一起，共铸了他的"社会"（Gesellschaft）理论：

> 理性的原则着力于一方面确定由这些个体的意志所形成的理想的关系和联结；另一方面确定由于个体在交往当中的接触而造成的既定财富状况的变化。前者致力于这些关系的形式上的结果，它就是纯粹的法的科学（即自然法），它可以与几何学相媲美；后者致力于这些关系的物质状况，它就是政治经济学，它可以与抽象的力学相媲美。对以上两种科学的运用就是解释社会现实的条件，人类的事务和关系越是由于文化而变得更加发展、更加错综复杂，那么它们的运用就越是证明了它们在理解和处理这些事务以及关系上富有成果。②

以此为基础，一方面，滕尼斯遵循了霍布斯的综合方法，不仅从经验个体的心理学出发，发现了经验意义上的人与人彼此为敌的

---

① 如 Ferdinand Tönnies, *Thomas Hobbes. Leben und Lehre*, Stuttgart: Friedrich Frommann Verlag, 1975, S. 160.

② Ferdinand Tönnies, *Gemeinschaft und Gesellschaft. Grundbegriffe der reine Soziologie*, Darmstadt: Wissenschaftliche Buchgesellschaft, 1979, S. XXII.

自然状态，而且沿着自然法的推演脉络，针锋相对地指出了一套通过契约建国实现的主权秩序，其担当者便是一群自觉担负着政治责任的人组成的"原始集会"，由他们的意志凝结成的主权者行使国家的政治权力；然而另一方面，在霍布斯笔下的每个人皆逐利且心智能力都平等的"个人主义"时代，何以这些人能形成共同的政治意志，达成公共的政治意见呢？或者从心理的角度上说，何以他们能够一致地看待彼此的关系、一致地理解这个政治团体的意涵？在滕尼斯看来，政治经济学传统就是要去化解这个问题的抽象性（即诉诸纯粹"恐惧"），并提供合理的解释，就像他口中的动力学（Mechanik）或引力学（Anziehungslehre）那样，政治经济学将"社会"概念带入政治的思考里，因为它试图诠释个体在经验世界里如何相互"吸引"并自觉地形成彼此肯定的团体，或者说，它要诠释构成"引力"之实质含义的"社会性"（sociability）如何产生，"社会性"如何同外在的具体事物关系到一起，它又如何反过来作用于人们的心灵。

　　就此而言，滕尼斯对霍布斯之最具创造性的解读之处浮出了水面，在滕尼斯看来，国家，准确地讲即作为契约建国之母体的"原始集会"，要被实在地追溯到它形成前的社会团体及其内在的社会意志，用更普遍的方式来说，理论的聚焦对象首要地便是"社会团体"（Körperschaft），尤其背后的"社会性"机制。这实际上包含了两个层面的意思：第一层意思是就政治的发生史而言的，即人寻求保护，具体到社会团体里，团体陶冶成员的合群品质、培育合议的政治理性[①]，反过来，政治或主权的纯粹权力（滕尼斯直接用"武力"或"暴力"〔Gewalt〕这个词指涉国家）应当守护它所由产生的"社会性"的价值，首要的是国内的秩序和每个公民能够亲身体会到的自由；第二层意思是就政治的实践而言的，社会团体对现代政治的意

[①]　Ferdinand Tönnies, *Gemeinschaft und Gesellschaft. Grundbegriffe der reine Soziologie*, Darmstadt: Wissenschaftliche Buchgesellschaft, 1979, SS. 150–151.

义，不仅在于它本身呈现出各种复杂的现实情形（如财产、团体内部的统治关系、团体与团体间的冲突），而且它具有平衡政治的作用：既节制个体对国家的单纯意见，又化解政治施加于个体的压力，除此之外，它塑造的政治人格以及它的合议机制保证了国家崩塌之后的再造力量。

在这个意义上，滕尼斯笔下的霍布斯学说与传统的政治哲学（political philosophy）的主要关注点产生了抵牾，政治哲学通常着眼于探讨理想的政治德性和最佳政体并搭建它们两者之间的直接联系，比方说，权力应该掌握在具有怎样的政治德性的人手中？而滕尼斯思考的着力点，恰恰在于消解政治哲学的前提，或者说，他首先用考察事实的政治权力的方式，取代了对理想之政治权力归属问题的探求，很显然，在他的笔下，霍布斯刻画的每个人经验生活里的心理状态是所有道德规范和秩序的起点，由此直接表现为人间的自然状态；尽管如此，这并不意味着滕尼斯本人取消了规范意识，乃至对良好生活的追问，他通过将霍布斯的自然法转化为事实效力，重构了作为"社会"（Gesellschaft）的共同生活的心理学基础，就此而言，霍布斯所说的自然状态和自然法分属社会体的身与心。

二 自然状态：社会体的欲望状态

滕尼斯对霍布斯的"自然状态"学说的重新阐释，构成了其思考社会与政治之事实效力的开端。一开始，滕尼斯发现，在霍布斯的《论公民》和《利维坦》这两部最重要的文本之间，霍布斯关于"自然状态"学说的论述，存在着一个显著的差别，正是这个差别，既反映了霍布斯理论的提升，又铺展了滕尼斯的理论视域。

在《论公民》里，霍布斯提出"自然状态"学说，同反驳古典政治学说的"政治动物"（Zoon Politikon）这一说法紧密相连。霍布斯批评亚里士多德对人的自然本性的错误理解即人性天生就适于社会，相反，人类生活的直接经验就向我们指明了，人性的底色便是自私和虚荣，因而我们完全可以从自私的人性推知社会或国家之前的景况：这绝非古典作家讲的向着善的理念运动的城邦，也不是基督教勾勒的黄金乐园，而是赤裸裸的、野蛮的战争状态。只有基于相互的恐惧、更准确地说，基于对未来可能遭遇的恶的预见，人们才会结成社会和政治的关系①。

到了《利维坦》里，"政治动物"的说法没有再出现了，取而代之的是以激情心理学的方式对人性的阐释，就像霍布斯说的，人一旦活着，就是不断在欲望着的动物，就是不断地从欲望一个目标转到欲望另一个目标，达到前一个目标不过是为后一个目标铺平道路；为了保证牢牢地掌握欲望对象，他要确保自己具有永无休止的权力（power），甚至时时刻刻都在同他人较量，让其他的所有人都承认他有高于他们的优势力，由此，"竞争""猜疑"和"荣誉"的激情导致了每个人与每个人为敌的战争状态。不过，同《论公民》里超脱自然状态的唯一动力即"相互恐惧"不一样，霍布斯同时诉诸了其他类型的激情，其中就包括了追求舒适的生活（commodious living）和从事产业（industry）的愿望，它们共同地激起了人的理性（reason）：

> 自然状态的恶劣状况却又可能超脱，这一方面要靠人们的激情（passions）；另一方面要靠人们的理性。使人们倾向于和平的激情是对死亡的畏惧，对舒适生活所必需的事物的欲望，以及通过自己产业来取得这一切的希望。于是，理性便提示出可以使人同意的方便易行的和平条件。这种和平条件在其他场合下也称自然法……②

霍布斯文本的差别之处暗示了他思想的一个修正：在《利维坦》

---

① Thomas Hobbes, *On the Citizen*, ed. Richard Tuck and Michael Silverthorne, Cambridge: Cambridge University Press, 2003, pp. 21 – 31.

② Thomas Hobbes, *Leviathan*, ed. J. C. A. Gaskin, Oxford: Oxford University Press, 1998, p. 86.

里，霍布斯不仅以心理学的方式指出了人类天性的争斗起因（即竞争、猜疑和荣誉），而且同时发现了许多将人引向和平的激情，除了"恐惧"这一消极的、被动的激情，新添补进文本的"对舒适生活的欲望"和"经营产业的欲望"都是积极的、主动的构建和平的激情。滕尼斯敏锐地认识到：在《论公民》里，霍布斯尚且从外部（outside）讨论自然状态，也即从逻辑可能性和历史性的意义上推导战争状态向和平的政治社会的转变，相反，到了《利维坦》，这个转变过程内化（internalized）了①。对此，滕尼斯把握住的要害在于：霍布斯强调的重点不再是一个所谓历史阶段的转变（无论是虚构的，还是真实发生的时代更迭），而是每个人当下的时间性的生存状态，是内心里的战争激情与和平激情之间的激烈冲突。他这样总结说：

> 一切人与一切人的战争总是潜在地存在于那些竞争、猜疑和虚荣（Eitelkeit）占据支配地位的地方；然而与此同时，这些动机受到其他动机的抵制，一旦一个完美的国家/状态（state）伴随着新的教条和规则建立起来，那么在战争动机与和平动机的平衡里，后者会变得更强大。不过，这一状况仍然存在着断裂的可能性，甚至再度堕落的现实危机。②

同战争的激情相对，和平的激情调动起人的理性，构造了一个作为"技艺之作品"的国家，由于它是每个人靠着理性以意志决定的方式造出来的人格，故而它其实是每个人心目中的一个完美的、抽象的观念。认识到这一点，我们便可以理解为什么霍布斯没有在

---

①　Ferdinand Tönnies, "Hobbes and Zoon Politikon", *Ferdinand Tönnies on Sociology: pure, applied, and empirical*, edited by Werner J. Cahman and Rudolf Herberle, Chicago: The University of Chicago Press, 1971, p. 54.

②　Ferdinand Tönnies, "Hobbes and Zoon Politikon", *Ferdinand Tönnies on Sociology: pure, applied, and empirical*, edited by Werner J. Cahman and Rudolf Herberle, Chicago: The University of Chicago Press, 1971, p. 54.

《利维坦》里重新抨击"政治动物"的讲法，因为霍布斯已然明了，"政治动物"的说法并不是绝对无效的，人的政治性的一面完全在于：他能够建构出一个绝对理性的、抽象的观念（如国家、主权和秩序），他的自然生活更准确地说是经验生活就围绕着这个观念摇摆；霍布斯曾将其"自然状态"的概念具象地表述成："士兵为不同的派别服役，泥瓦匠在不同建筑师的指挥下工作……"① 简单地说，只要一个人或一群人的生活偏离了那个唯一的、绝对理性的主权观念，或者说，如果他们的生活没有同这个观念发生关联，甚至相互间产生了敌意的观念，那么他们便无疑生活在自然状态里。

滕尼斯并非随意地得出了这个结论，他提醒我们注意霍布斯举的那些经验的例子。即使霍布斯本人也会承认，严格的人与人相互为战的状态在任何时代都从没有存在过，不过，只要我们考虑一下自己的实在的生活处境，就会发现"自然状态"其实随时都会在我们的心头萌生，哪怕它不是公开的暴力，而是一个不安的念头，甚至一个敌意的眼神：

> 当一个人外出旅行时，他会带上武器并设法结伴而行；就寝时，他会把门关上；甚至就在屋子里面，也要把箱子锁上。他做这一切时，自己分明知道有法律和武装的官员来惩办使他遭受伤害的一切行为。试问他带上武器骑行时对自己的国人是什么看法？把门关起来的时候对同胞们是什么看法？把箱子锁起来时对自己的子女仆人是什么看法？②

从这个意义上讲，"自然状态"便不是什么先于国家的假设情

---

① 转引自 Ferdinand Tönnies，"Hobbes and Zoon Politikon"，*Ferdinand Tönnies on Sociology*：*pure*，*applied*，*and empirical*，edited by Werner J. Cahman and Rudolf Herberle，Chicago：The University of Chicago Press，1971，p. 57.

② Thomas Hobbes，*Leviathan*，ed. J. C. A. Gaskin，Oxford：Oxford University Press，1998，p. 84.

景，毋宁普遍地内含于政治性的、秩序井然的、和平的国家①乃至我们个人的日常生活之内。滕尼斯读到这里的时候，由"自然状态"直接把握了自己时代的基本生存处境：在现代文明的开端之处，霍布斯早已无情地揭露人性的自私与虚荣，因而预见到现代的、社会式的文明背后潜藏着一切人对一切人的战争状态，尤其伴随着技术的进步、货币的力量渗透到人类生活的方方面面甚至世界性的资本融通。人实际上越难去构想那个纯粹政治性的主权观念，越难纯粹按照它的方式构建经验的生活。相反，就像马克思说的，如果把"国家"这层观念的纱幕揭开，美杜莎的头颅就出现了，我们满眼都是"无节制的经济竞争、阶级斗争、政治党派之间的吵吵嚷嚷以及市民间的战争、革命"②。

　　滕尼斯的理论意识正源于他理解的"自然状态"，用他的话说，"自然状态"就是市民社会生活的日常经验③。不过在他的眼里，德国的现实情形其实比霍布斯笔下的"自然状态"更糟糕，霍布斯尚且承认人心自然地怀揣着摆脱"自然状态"的意愿，而且具备达成和平的理性能力。然而在他身处的时代（无论是早年时的威廉德国，还是中晚年时的魏玛共和国），天平一端的情形是：阶级的利益、政治家的煽动、各种非理性的公共舆论的鼓吹扭结在一起，让政党和政府迷失在想象的狂热中，连他们自己都无法清醒地认识到自己的真正利益是什么，更不用说有能力构筑政治的平衡、实现长久的和平，相反，最终他们都成了专制者摆弄的玩物；而在天平的另一端，广大的民众早就被甩出权力的转盘，在资本家抛给他们的商品世界

---

① Ferdinand Tönnies, "Hobbes and Zoon Politikon", *Ferdinand Tönnies on Sociology: pure, applied, and empirical*, edited by Werner J. Cahman and Rudolf Herberle, Chicago: The University of Chicago Press, 1971, p. 55.

② Ferdinand Tönnies, "Hobbes and Zoon Politikon", *Ferdinand Tönnies on Sociology: pure, applied, and empirical*, edited by Werner J. Cahman and Rudolf Herberle, Chicago: The University of Chicago Press, 1971, p. 61.

③ Ferdinand Tönnies, *Thomas Hobbes. Leben und Lehre*, Stuttgart: Friedrich Frommann Verlag, 1975, S. 200.

里，他们丧失了权利的意志，在为了每日生存的挣扎里，他们压根就分不到主权留给他们的任何活动空间，就像他在《共同体与社会》中总结的：

> 在这样一个资本家与商人的利益先于一切需求的世界，民众对娱乐和享受的追求是如此普遍、如此自然，他们被竞相鼓励以各种各样的方式使用货币，……国家虽然是他们财产的保护者，然而他们却没有财产。国家强迫他们为"祖国"服兵役，但是国家提供给他们的灶台与祭坛无非是高楼大厦里的一个可取的小房间，或者是人行道上的"甜美的家"，在这里，他们被赋予的权利只是目不转睛地注视着那些对他们而言陌生的、不可企及的统治者。与此同时，他们的真正生活被切割成"劳动"与"狂欢"这两个极端，而且它们之间的对立都扭曲了，工厂是苦难的，而小酒馆则是快乐。①

三　自然法：积极的伦理生活空间

认识到经验生活里的"自然状态"，滕尼斯就是要像霍布斯那样，试图找到规范它的方式，我们看到，霍布斯提出的方案是自然法。然而，一旦将其纳入滕尼斯时代的德国传统来看，我们便会发现，这一方案连同它立足的战争状态在主流的历史主义语境里饱受诟病。(1)历史主义派习惯于从实在的历史脉络去评判"自然状态"这一说法，通过重现人类早期的历史（尤其是滕尼斯特意强调的"原始农业共产主义"的历史），历史法学派指明：无论是西方民族还是东方民族，他们内部的民族生活普遍都不是无序的战争状态，尤其当还原德意志人的早期历史时，他们毋宁过着和平的乃至有机的共同生活，例如基尔克翔实地揭示了德意志漫长的"合作社"传

---

① Ferdinand Tönnies, *Gemeinschaft und Gesellschaft. Grundbegriffe der reine Soziologie*, Darmstadt: Wissenschaftliche Buchgesellschaft, 1979, SS. 214 – 215.

统，即证明了这一点。（2）基于对"自然状态"的考察，历史法学派进一步从逻辑上反驳了霍布斯的自然法的有效性，基尔克激烈地指出：霍布斯的自然法其实根本就是一个无效的法（jus inutile），因为霍布斯否认了任何先于国家的法能在自然状态里产生的可能性，它们没有事实上的力量，除此之外，霍布斯还认为只要国家产生了，那么除了国家颁布的命令和强制外，任何法都是无效的。①

在滕尼斯看来，历史法学派对霍布斯的批评，合乎道理的地方在于：对于"自然状态"中的"市民生活"和"民族生活"的意涵，霍布斯确实缺乏一种"清楚的"认识（eine klare Erkenntnis），即除了国家的强制力量也即刑法，他没有明确地指出其他潜在的集体意志的有效性，相对于人造国家，这些集体的意志可能力量较小，但是它们构成了平衡国家力量的实体，并服务于实现一种既定的甚至是为人们共同所愿的秩序，比如说，基尔克笔下的各种历史性的"合作社"（例如村庄合作社、手工业行会）就是实现个体自然的团结甚至形成整个帝国的基本承载者。

尽管如此，以基尔克为代表的历史法学派却遮蔽了霍布斯的"自然法"孕育出的现代力量，这一做法其实跟蔓延于德国的各种保守主义、浪漫主义乃至国家主义的思想和情调一脉相承。滕尼斯指出，基尔克并没有正确地理解霍布斯的"自然法"概念，他没有看到，霍布斯在"自然法"和"自然权利"之间做了极其关键的区分②，"自然法"毋宁意味着个体自觉地要追求和平（第一条自然法）、进而主动地限制自己的"自然权利"（第二条自然法）。滕尼斯深刻地认识到，这里的问题关键并非在于：是不是自然状态里有什么"真正发挥作用的"法（eigentliches Gesetz）？这其实只是第二位的问题，第一位的问题必然要追溯到霍布斯理解的自然状态里的

———————

①　Otto Gierke，*Johannes Althusius und die Entwicklung der Naturrechtlichen Staatstheorie*，Breslau：Verlag von M. &H. Marcus，1929，S. 300.

②　Ferdinand Tönnies，*Thomas Hobbes. Leben und Lehre*，Stuttgart：Friedrich Frommann Verlag，1975，S. 204.

人性，以及它建立秩序的潜力。就此而言，霍布斯最重要的洞见是：在自然状态里，无论由于个体现实地遭遇到伤害，还是由于他只预见了未来可能的伤害，他自己就能认识到自己贪图无限欲望将必然导致的困境，因而调动了自己的理性力量，主动地节制自己，在自己之上，给自己制造出了一个作为准公民或公民的自律人格，或者形象地说，给自己戴上了一个守法的面具。由此前提出发，才会有进一步地缔结契约、建立团体甚至国家的可能。

历史法学派否定自然法的有效性，或者说，有意地将霍布斯的"自然法"同主观的"自然权利"混为一谈，究其根结，无疑在于：他们感到"自然状态"释放的个人无限欲望和人为建构国家之方略的危险，用黑格尔的话说，作为普遍性的伦理在此（市民社会）丧失掉了，存在的都是一个个特殊的定在或环节，他们构建起来的整体不过是外部秩序，根本上仍局限于个体的偶然性。基尔克甚至扩展了黑格尔的观念论立场，将国家的伦理性灌注到各个普遍的人类联合体与社团，并把它们视作植根于神秘的创造性精神的有机体，最终就是要消解掉自然状态里的私人及其关系。

与此相对，滕尼斯已经透过马克思的批判工作，为自己驱散了黑格尔的"迷雾"：我们不是要返回原始的条顿森林寻找自由的历史，也不是要单纯用思维神化一个法权国家，而是要面对现实的人本身。在滕尼斯看来，马克思颠倒了黑格尔那里的"观念"和"现实"的关系也即"国家"和"市民社会"的关系，主张"现实"或者说"现实的历史"并不是由概念的运动决定的；相反，物质的生产活动以及建立在其基础之上的生产关系构成了历史发展的本源性力量，它是独立的，所有观念的、政治的、法的关系都以它为前提并依附于它。在滕尼斯之前，马克思实际上将问题域重新拉回到霍布斯的"自然状态"：

　　　　这样的观点是"科学社会主义"的一个必要因素，即首先不是政治的状况，更不是科学的、艺术的、伦理的精神潮流构成了推动社群运动的要素，尽管它们也强有力地共同促进了这种运动。推动社群运动的要素是经济性"日常"生活中的基本物质需求、感觉和情感，它们根据社群的生活条件形塑了不同的阶层或阶级。这种相对独立的可变要素也能决定性地影响政治的状况和精神的潮流。①

借助这种现实的、经验的逻辑，马克思不仅实现了一套唯物主义的历史解释、指出市民社会存在的必然性，而且深入社会内在的机制之中，通过发现社会本身的矛盾，揭示了市民社会自我否定、实现更具人道主义的社群生活的必然。

同马克思一样，滕尼斯的最终理论目的也是要超脱出当前的自然状态，然而，他并不赞同马克思走彻底颠覆市民社会或资本主义所有制的革命道路，而是要采取和平的、改良的方式重塑德国人的心灵秩序，通过教化改造现实的伦理生活。② 在这个意义上，滕尼斯不仅完全立足于霍布斯的"自然状态"的问题域，而且也将理论和实践的起点追溯到了霍布斯那里，对滕尼斯来说，霍布斯的人生史呈现了现代奥德赛的命运和值得借鉴的榜样力量，他亲手培植的科学之树成了不竭的理论思考的源泉。

---

① Ferdinand Tönnies, *Gemeinschaft und Gesellschaft. Grundbegriffe der reine Soziologie*, Darmstadt: Wissenschaftliche Buchgesellschaft, 1979, S. XXX.

② 滕尼斯对马克思最实质的批评在于后者没有重视劳动者的教化和政治理性的培育。"尽管纯粹的智性教育无法阻挡熊熊燃烧的狂热，也绝不能替代自然的政治理智，但是它有助于防止半吊子教育引起的头脑迷茫。成熟的政治理智源于深刻的认识，由一个健康的心灵发育出的精神果实即节制和审慎，尽管不安时代中的充满激情的运动将要瓦解它们、摧残它们，然而它们始终会突破这些阻碍，取得成功。"参见 Ferdinand Tönnies, *Karl Marx. Leben und Lehre*, hrg. Arno Bammé, Wien: Profil Verlag, 2013, S. 151.

下 篇

共同体：伦理生活的建构

作为滕尼斯学术生命的原始坐标，霍布斯的学说既为他提供了理解现代人性及其自然基础的着手点，亦向他敞开了思索未来伦理生活之可能性的道路。在霍布斯那里，处于自然秩序中的人通过反观自我身心的构成，以模仿自然技艺的方式制造出被称作"利维坦"的政治体，因此就其本质而言，政治体不过是一个机械的人造人，是同自然人在形式上同构的个体（Individuum）。

　　然而不止于这一表面化的结论，我们看到，受历史主义和有机论思想的影响①，滕尼斯透过对霍布斯文本的细致解读，创造性地发现了联结着个人与国家的纽带即社会。社会既意味着国家形成过程中逐渐汇聚着个人意志的社会团体，也意味着同作为政治体之观念面向（国家或主权）并行的、有血有肉的身心合一的形态。如果说滕尼斯用霍布斯的探照灯，通过解构传统形而上学和政治哲学的方式，照亮了现代社会科学的聚焦所在，细微之处直到现代行动者身心的张力，宏大之处关乎个体行动者同整个政治秩序的冲突②，那么

---

　　①　同自由主义的批判者将霍布斯的利维坦视作一个机器装置不一样，滕尼斯理解的霍布斯的国家体的本质是一个有生命的有机体。这既基于他强调霍布斯同哈维等人的思想联系，也源于滕尼斯自己的思想脉络，尤其受德国历史主义经济学和社会主义学说（如沙夫勒和瓦格纳）的影响，他们的解释开辟出完全不同的实践道路。

　　②　对应滕尼斯解读的"自然状态"的两重含义，第一是内化的自然状态；第二则是外化的自然状态。参见 Ferdinand Tönnies，"Hobbes and Zoon Politikon"，*Ferdinand Tönnies on Sociology*：*pure*，*applied*，*and empirical*，edited by Werner J. Cahman and Rudolf Herberle，Chicago：The University of Chicago Press，1971，p. 54. 另外，我们也注意到这里呈现出的双重张力构成了后来帕森斯所谓的"霍布斯秩序"的母题，参见 Talcott Parsons，*The Structure of Social Action*，New York：The Free Press，1966，pp. 89 – 94.

在此基础上，他进一步明确地将目标指向解构传统道德哲学（moral philisophy）的任务，由此深入到主体心灵内部乃至主体间的领域，探索构建个人、社会与国家之间伦理关系的道路①：对这个任务来说，由笛卡尔、霍布斯和斯宾诺莎等近代形而上学家奠定的主体内在情感的平衡、主体之间进而主体同更大的主体单位（社会、民族、国家）间的伦理关系成了实质的问题，一言以蔽之，主体同他所相遇的、所要理解的他者间的伦理关系构成了现代道德哲学的根本使命。

怀揣着这一自觉的理论意识，滕尼斯跃出霍布斯的文本视域，将思考延伸到更广阔的精神世界。就此而言，他对斯宾诺莎、马克思与尼采这三位思想家的解读本身形成了一条逐步深入且超越了亦步亦趋的思想史叙事的理论脉络，这条脉络遵循着他心目中的伦理关系的"经验辩证法"② 展开：（1）首先，斯宾诺莎继承了霍布斯的感觉或激情的人性设定，并将此发展为一套意志论的学说，继而从个体意志对社会意志的必然依附关系里道出了未来"社会条件"（Soziale Bedingungen）观念的先声；（2）此后，立足于19世纪的社会现实，马克思以资本主义的生产关系定义斯宾诺莎的社会条件，而他的政治经济学批判内在的革命性和道德维度的缺失状况，仍然需要伦理反思的进一步介入。（3）最终，尼采用鲜活而深刻的道德批判，揭示现代主体的界限以及由此投射出的社会和国家的虚伪面目，与此相对，他关于古代和现代的"并行主义"（Parallelismus）的洞察重新将古人丰饶的艺术和生命带入现代人的视界。

从伦理关系的经验辩证法的整个过程来看，滕尼斯有意地同黑

---

① 此前霍布斯在"道德哲学"和"公民哲学"（政治哲学）之间做的方法论区分。Thomas Hobbes, *The English Works of Thomas Hobbes* Vol. I, ed. William Molesworth, London：Longman, Brown, Green and Longmans, 1969, pp. 73 – 74.

② 关于"经验辩证法"这一提法，可参见滕尼斯的《共同体与社会》的第一版前言。Ferdinand Tönnies, *Gemeinschaft und Gesellschaft. Grundbegriffe der reine Soziologie*, Darmstadt：Wissenschaftliche Buchgesellschaft, 1979, S. XX.

格尔的精神辩证法截然对立开来，这多少源于他对作为黑格尔眼中的伦理顶点的绝对国家同现实夷平化了的、专制的普鲁士之间的落差的深深焦虑感，在他看来，绝对的理念必然既会消解对现实历史以及所有关于个体与社会之现实关系的考量，也会被各种绝对主义的意识形态利用、蜕变为僵死的暴力工具[①]。由此，滕尼斯并非将伦理关系的发展视作理念的严丝合缝的运动及其现实化，不像黑格尔那样遵循着概念的必然运动，让主体不断地对象化又以此不断地否定原来的自己，让自己变成所谓更普遍的主体，而是要像歌德那样，使浮士德一般的个体走入现实世界，不断地向着世界敞开，同梅菲斯特象征着的他者相遇乃至沉沦（Untergang），然而在这个过程里，他将始终在自我和各个层次的他者之间来回对观，在理解他者的过程中教化自我，孕育个性的丰富内容，为浮士德们汇聚而成的"共同体"（Gemeinschaft）奠定基础。

[①] 参见《共同体与社会》的第二版前言，Ferdinand Tönnies, *Gemeinschaft und Gesellschaft. Grundbegriffe der reine Soziologie*，Darmstadt：Wissenschaftliche Buchgesellschaft，1979，S. XXVII.

第 五 章

斯宾诺莎与人的境况

"对斯宾诺莎来说，这样一个特征足够关键：他不仅是过去和现在的事物的代表，也是未来的先知。"①

—— 滕尼斯

滕尼斯铺展伦理关系的经验辩证法的道路，始于对斯宾诺莎的解读。按照滕尼斯本人的记述，他从基尔大学哲学系获得伦理学教席资格不久，便在 1882—1883 年冬季学期开设了斯宾诺莎《伦理学》的研读课程，经过同步整理、编辑授课材料，他将题为"斯宾诺莎思想的发展史研究"（Studie zur Entwicklungsgeschichte des Spinoza）的长文发表在 1883 年第 2 期和第 3 期的《科学哲学季刊》上②，

---

① "Das Vergangene ist mächtig in ihm, obgleich er es überwunden hat; das Gegenwärtig mächtig, obgleich er dessen Schwächen durchdringt; und das Eigentümliche ist bedeutend genug, um ihn für die Vertreter des Vergangenen und des Gegenwärtigen zu einem wunderlichen Propheten zu machen." 引自 Ferdinand Tönnies, "Studien zur Kritik des Spinoza", in *Studien zur Philosophie und Gesellschaftslehre im 17 Jahrhundert*, Herausgegeben von E. G. Jacoby, Stuttgart: Friedrich Frommann Verlag, 1975, S. 285.

② 根据滕尼斯本人的说法，自己当初在写这篇论文的时候，取名为"斯宾诺莎的批判研究"（Studie zur Kritik des Spinoza），且他自己更偏爱这个标题，然而主编阿维纳瑞则将标题改成了"斯宾诺莎思想的发展史研究"。此后，滕尼斯的学生雅可比在重新编辑滕尼斯的作品时，将这篇文献的标题改回了滕尼斯偏爱的题目。Ferdinand Tönnies, "Eutin", in *Die Philosophie der gegenwart in Selbstdarstellungen Band* Ⅲ, Herausgegeben von Dr. Raymund Schmidt, Leipzig: Verlag von Felix Meiner, 1922, S. 213.

此文不仅是滕尼斯研读斯宾诺莎的集大成之作，其创造性的意志论（voluntaristische Ansicht）解释范式深刻影响了德国哲学与心理学的发展进程，而且激发滕尼斯本人从思想的解读转向了对现实社会内在机理的全方面考察。正像滕尼斯的学生雅可比后来精确概括的，滕尼斯的斯宾诺莎研究既是他的霍布斯研究的延续，亦是他开启社会理论研究的中转环节。[①] 我们接下来的讨论，便是充分地阐释这次承前启后的"转向"（Wendung）意涵。

第一节　从霍布斯到斯宾诺莎

怎样的契机触发了滕尼斯去关注斯宾诺莎？他又是如何将斯宾诺莎研究纳入自身的社会理论建构之中的呢？为了回答这些问题，我们不得不首先追溯他身处的思想语境和他本人的思考脉络，展示它们如何交汇成一种总体意识。

一　滕尼斯的斯宾诺莎研究背景：唯心主义、唯物主义与精神科学之间

我们知道，自从黑格尔开启系统的哲学史研究滥觞，并且将它视作哲学思考本身的生成过程[②]，哲学史就成为我们理解自己乃至时代的思想土壤，同我们在时间和精神气质上最为切合的近代哲学更是支配着我们自我意识。在滕尼斯之前，德国唯心论传统强有力地主宰了人们关于近代思想的理解，它确定的起点便是笛卡尔的"我思"。正如黑格尔在《精神现象学》的前言里总结的古今思维立场

---

① E. G. Jacoby, *Die moderne Gesellschaft im sozialwissenschaflichen Denken von Ferdinand Tönnies*, herausgegeben von Arno Bammé, München: Profil Verlag, 2013, SS. 29 – 34.

② ［德］黑格尔：《哲学史讲演录》第一卷，贺麟、王太庆译，商务印书馆 1983 年版，第 9 页。

之别，"我思"奠定的近代哲学的格局不同于古代哲学之处，就在于它不是建立在朴素的自然意识的基础上，不是对实在的每个部分做具体的尝试，对呈现出来的一切都做哲学思考，然后彻底实现其普遍性，而是先天地在思维中准备好了一个抽象的形式，再通过哲学运思将内在的全部要素逼出来（hervortreiben）①。在黑格尔看来，笛卡尔正是贡献这一现代意识的头功者，即使唯心主义阵营内部同黑格尔敌对的谢林，也承认这一点，他在《近代哲学史》里写道："我思故我在"确立了近代哲学的基调，在那里，思维与存在直接融为一体，sum（我存在）本身就已经包含或蕴含在 cogito（我思考）之内，已经伴随着后者而同时被给定，不需要任何别的中介。②

　　如此一来，斯宾诺莎被理所当然地看成笛卡尔的继承者③，这不仅因为斯宾诺莎早年公开地出版了《笛卡尔哲学原理》（1663年），声称用作为近代理性精神之榜样的几何学精确地论证笛卡尔的原理，更是因为他完成了笛卡尔的哲学革命，将笛卡尔那儿分离的思维和广延统一到唯一的实体中，变成了实体的构成环节，思维也就彻底地占有了它的客观实在性，成就了它严格的自身同一，不仅如此，唯心主义者通过对实体"自因"（causa sui）的创造性解释，将它改

---

①　G. W. F. Hegel, "Vorrede", in *Phänomenologie des Geistes*, Hamburg：Felix Meiner Verlag, 1988, S. 26. 需要澄清的是，我们对笛卡尔学说本身抽象出的"我思"的总结得确过于简单，不过，我们在此仅满足于从德国唯心主义对笛卡尔做传统定位。自从胡塞尔以现象学的方法重新阐释笛卡尔以来，法国的现象学界对笛卡尔做了全新的解释，马里翁（Jean‐Luc Marion）便是集大成者，他创造性地指出：笛卡尔的沉思存在着完全异于过去唯理论或唯我论的阐释机理：其一，"我思"的被给予性，笛卡尔讲的"我思"的意思是上帝对我的思；其二，笛卡尔在第六沉思里谈到肉体和心灵的结合产生的感觉现象，展示了笛卡尔学说多重的维度。

②　[德] 谢林：《近代哲学史》，先刚译，北京大学出版社2016年版，第10—12页。

③　需要指出的是，斯宾诺莎对德国思想的影响史本身是一个极其复杂的问题，尤其涉及18世纪古典主义、浪漫主义同唯心主义的分流。我们在这里只简单地聚焦于哲学领域，具体可参见 Max Grunwald 的细致梳理，Max Grunwald, *Spinoza in Deutschland*, Berlin：Verlag von S. Calvary&Co. , 1897.

造成意识辩证法的内核：正是因为思维与存在的对立，思维要成就自身同一，就要服从辩证法的规律，即不断地扬弃自我，让自己不断地去成为那个实体。① 为此，黑格尔曾直截了当地将此概括为"主体即实体"原则。

随着德国唯心论在 19 世纪中后期的式微，尽管如黑格尔的后学费舍尔仍然将斯宾诺莎置于笛卡尔学派内②，传统的意见仍然对德国学界发挥着不可估量的影响，然而不得不承认，在洛维特口中的世界日益物化、人心向着疯狂主观化方向剧变的时刻，作为理智论者的斯宾诺莎形象遭到了史无前例的挑战，这一情形刺激着学者们重新反思他的理论遗产：斯宾诺莎只是笛卡尔"我思"的继承人吗？

事实上，早在黑格尔为斯宾诺莎做唯理主义的盖棺定论之前，斯宾诺莎主义的决定论（Determinismus）、泛神论形态曾衍生出完全有别于唯理论的诸多理论面貌，积蓄着不同的实践潜力：从唯一的实体即物质性的自然这一面来讲，斯宾诺莎主义被视同绝对的无神论与唯物主义，18 世纪的法国唯物主义者就秉持这一信念，孕育了针对教会和贵族的革命政治；而从心灵这一面来讲，斯宾诺莎主义并不必然转变成唯理论，相反，它曾激励着 18 世纪到 19 世纪初的德国古典主义、浪漫主义思想家对生命、艺术和信仰的情感，从莱辛、歌德直到施莱尔马赫无不自视为斯宾诺莎主义者，围绕著名的莱辛与雅各比之间的争论，他们或公开地或潜在地表达了斯宾诺莎主义蕴含着的深刻的现代命运意涵，更恰当地说，是现代的教化意涵，它指向的是暴风骤雨时刻来临时的自我静观和对必然处境的深

---

① 黑格尔对斯宾诺莎的"自因说"的辩证法改造过程中，特别提到了《书信集》第 50 封信里说的"一切规定都是一种否定"，也就是说，一切确定的东西在自身中都包含着否定。［德］黑格尔：《哲学史讲演录》第四卷，贺麟、王太庆译，商务印书馆 1983 年版，第 100 页。

② Kuno Fischer, *Geschichte der neuern Philosophie. Descartes und seine Schule. Zweiter Teil*, Heidelberg: Verlagsbuchhandlung von Friedrich Bassermann, 1865, SS. 5 – 10.

沉之爱，而不是思辨技艺的滥用①，歌德在《诗与真》里说得特别好：

> 我从这书（即《伦理学》）得到一服我的热情的镇静剂，我觉得一个感觉的世界和道德的世界的广大无际的远景豁然展现在我的面前。不过，特别使我醉心的就是从每句命题中都发射出来的彻底的无私的光辉。那句可惊叹的话"真正爱神的人不要希望神也爱自己"，以及它所依据的一切的前提和从它而出的一切的结论，萦回于我的脑海中，使我作深切的省察。对于甚么事都不自私，而在爱方面，友谊方面特别极不自私，是我的最大的喜悦，我的格言，我的实践。所以在日后我大胆地写的那句话"我纵然是爱你，这对你有甚么相干？"实是衷心喊出来的。②

我们看到，正是在 19 世纪中叶以来，有别于朝唯理论方向解释的斯宾诺莎遗产再度被激活，这一事实除了源于知识的领域内唯心主义的僵化教条愈益遭到挑战，更是由于贫乏的现实越来越让人感到窒息。正如青年马克思在 1844 年的呐喊：德国农民在沉重的压迫下只能绝望地叹息或服食宗教鸦片，社会里诸封闭的行会自高自大、彼此倾轧，各德意志邦国的专制权力压得人民喘不过气来，唯心主义还在用抽象的良心和思维的自大美化现实的国家。③ 从费尔巴哈直到马克思、恩格斯，无神论者与唯物主义者将斯宾诺莎主义当成颠倒传统之首足的武器，他们自觉接受了从斯宾诺莎到法国唯物主义

---

① 参见歌德对黑格尔的隐含批评，黑格尔认为辩证法能分辨真伪，而歌德则担心思辨的技巧遭到滥用，他建议"某些有辩证癖好的人"通过自然研究获得有效的治疗。[德] 艾克曼：《歌德谈话录》，杨武能译，河北教育出版社 2015 年版，第 264 页。

② 《歌德文集》第五卷，刘思慕译，人民文学出版社 1999 年版，第 667－668 页。

③ [德] 马克思：《黑格尔法哲学批判》，"导言"，中央编译局译，人民出版社 1963 年版。

的解释脉络①，在批判传统唯心主义的内核即唯灵论和神秘主义的基础上，站到了同思维对立的物（Ding）的这一面，指出斯宾诺莎所说的唯一实体不外乎是自然界及其永恒的、必然的物质规律，斯宾诺莎的辩证法也必然遵循物的辩证法，绝不停留在思维内部，而是社会实在的否定与新生。② 费尔巴哈将斯宾诺莎称作"现代无神论者与唯物论者的摩西"，作为科学家的马克思对资本主义运作秘密的客观揭示、对世界历史阶段的划分，无不坚持遵循"物"的逻辑和辩证法展开讨论，据此，由资本主义内在矛盾决定其自身的毁灭，证成了无产阶级的革命与共产主义的必然性。

如果说马克思和共产主义者基于物的信念，必然以无产者的革命行动摧毁一切既往制度，那么同一时期诞生的精神科学为了保留、呵护传统市民文化，不啻市民阶级世界观的自我革新。③ 在保守的唯心主义与激进的唯物主义之间，它力图调和自然科学与思辨精神，从学院内部发起世界观革命，冲破贫乏时代的精神枷锁，再扩展到分裂的社会领域，使之再度团结。④ 正如我们此前提到的，18 世纪狂飙突进运动以来的古典主义和浪漫主义思想家成为德国市民意识的典范，便自然地成为从狄尔泰到斯普兰格（Eduard Sprenger）着力刻画的人格理想。当他们复活涌动的生命体验和诗意想象时，作为其中支配原则的斯宾诺莎主义被再度置于中心位置。看看狄尔泰

---

① ［德］恩格斯：《自然辩证法》，曹葆华等译，人民出版社 1960 年版，第 11 页。

② 关于费尔巴哈对斯宾诺莎的讨论，可参见［德］路德维希·费尔巴哈《费尔巴哈哲学史著作选》第一卷，涂纪亮译，商务印书馆 1978 年版，第 329—338 页。关于马克思与斯宾诺莎的比较研究，可参见滕尼斯的一篇短文"斯宾诺莎与马克思"，Ferdinand Tönnies, "Spinoza und Marx", *Marx. Leben und Lehre*, hrg. Arno Bammé, Wien：Profil Verlag, 2013, SS. 239 – 245.

③ 我们在此借用卢卡奇的阶级分野的视角，不过我们并不认同他对德国精神科学和社会学的"非理性主义"的说法。参见［匈］卢卡奇《理性的毁灭》，王玖兴等译，山东人民出版社 1988 年版。

④ Wilhelm Dilthey, *Einleitung in die Geisteswissenschaften*, Leipzig und Berlin：Verlag von B. G. Teubner, 1922.

在《体验与诗》里如何诠释歌德的世界经验，我们便能贴近地理解斯宾诺莎主义于今世的教益，它存在于一种在世界之中、从世界之内平静的"直观"行动里，无论面对自然，还是面对迅速分化的人世里的每一个独特的个体，都能洞见寓于其中的协调一致的力量：

> 他到处看到不可变更的、必然的事物。精神世界的关联基于其上的大的覆盖层显露了。自然赋予我们一份财富和各种力的一种协调；每一种力直至各种本能都有它自己的价值；它们在每一个个体中都有一种特殊的搭配。"按照你所求助的法则，你必须这样，你亦能逃脱你自己。"在这种基础之上，人方能在前后一贯的、不休息的行为中塑造他的人格。人格是世界上最高的内在价值。"民众、雇工、征服者，他们随时都承认：惟独人格才是尘世之子的最高幸福。"所有的社会制度的任务是，把各种人格置入自由的、符合整体的福利的活动中去。①

狄尔泰的思考并不是空谈，它迅速转化成世纪末"新人文主义"（Neuhumanismus）教育改革的思想源泉。自从德意志帝国诞生，经济社会整体格局的确立和压倒一切的国家利益，使文化和教育无可避免地愈益变成国民经济的附庸，为了获取足够充分的技术来源和能流通的劳动力，过去由宫廷贵族、庄园领主和市民精英阶层占据的大学和人文中学（Gymnasium）向普遍的大众开放，以培养象牙塔学者为旨向的古典教育也日益收缩，让位于技术教育。② 不得不承

---

① ［德］狄尔泰：《体验与诗》，胡其鼎译，生活·读书·新知三联书店 2003 年版，第 207 页。

② 详细可见鲍尔生考察的 19 世纪末德国大学内学院建制、人员分布与课程设置；关于中等教育，详见彭尼兹（Hermann Bonitz）的实用取向的教育改革路线，尤其威廉二世对传统人文教育的不满以及 1901 年改革最终确立起的实科中学相对于人文中学的平等地位；关于初等教育，参见法尔克和施耐德在反天主教的"文化斗争"时期确立起的世俗化的基础教育。参见［德］鲍尔生《德国教育史》，滕大春、滕大生译，人民教育出版社 1985 年版，第 130—133、140—143、170 页。

认，世俗化和民主化的教育改革客观上打破了等级阶层对文化的垄断，从而缓解了尼采所说的知识人的历史重负，促使他们向现代生活敞开怀抱，然而它却倒向了另一深渊：对技术和实利的崇拜既将人变为披着文明外衣的自私自利野蛮人，又让他们成了权力的驯化者。针对这一情形，由精神科学催生的"新人文主义"课程改革实践要在技术教育和古典教育之间达成平衡，培育新的市民人格：它指引知识人掌握自然规律和法则，明白人在自然世界中的位置，调解身心的冲突；尊重每一个阶级、每一个个体背后的普遍人格，缓和社会的剧烈分化；尊重沉淀在民族血液里的历史，国家应为人的共同体生活的总体谋福利。①

在同贫乏的思辨哲学做激烈斗争的进程里，无论抱持着彻底革命姿态的唯物主义还是持相对保守态度的精神科学，其中都潜藏着斯宾诺莎的泛神论的基因，从骨子里同笛卡尔的"我思"对抗。然而在此，我们不得不再度面临抉择困境：物的逻辑和辩证法的确能培育我们的理智的清明，然而当它直接地转化成行动，它只能朝着一种破坏的方向展开②，如果我们要摒弃革命、保全迄今为止的全部文化，那么一旦突破精神科学划定的学院领域，逾越它理想的知识人的塑造方案，我们如何充分认识社会的复杂性、进而构建社会？③这个问题对于每一个人而言意味着在精神科学诉诸的体验与唯物主

---

① 狄尔泰的弟子、20 世纪初执掌柏林大学教育哲学教席的斯普朗格，一方面将狄尔泰的体验的心理学改造为可经验教育的人格形式的学说；另一方面系统性地阐释了教育改革的方案，具体可参见 Eduard Spranger, *Der gegenwärtige Stand der Geisteswissenschaften und die Schule*, Leipzig：Teubner, 1922.

② 这一事实不仅见于马克思的无产阶级的革命路线，而且见于政治上层的王朝战争和军事主义路线，注意俾斯麦在《思考与回忆》一开头的描述："作为我国国家教育的通常结果，我于 1832 年复活节前中学毕业时，成了一个泛神论者；我虽然没有成为一个共和主义者，但是深信共和国是最为合乎理性的国家形式。"参见 ［德］奥托·冯·俾斯麦《思考与回忆——俾斯麦回忆录》（第一卷），杨德友、同鸿印等译，生活·读书·新知三联书店 2006 年版，第 1 页。

③ 对比 Ferdinand Tönnies, *Gemeinschaft und Gesellschaft. Grundbegriffe der reine Soziologie*, Darmstadt：Wissenschaftliche Buchgesellschaft, 1979, S. 215.

义诉诸的行动之间达成平衡；对于社会而言则意味着人对变革的范围、限度的清醒意识。于是，它向我们提出了两方面的理论任务：第一，在同人的现实境况相互对观的基础上，更细腻地理解人的情感；第二，展现人的有机的、连带生活的全部面貌。

要回应这些论题，离不开从根子上同观念论、唯物主义和精神科学的传统展开论辩，对"笛卡尔到斯宾诺莎之转折"的思想史阐释，可以说是它们植根的土壤。[①] 在 19 世纪末，哲学史学者多少对这一理论任务是有直接感触的，尤其新康德主义哲学家的本文解读工作为我们提供反思这个问题的契机，他们通过重新发掘、编订斯宾诺莎的文献，对斯宾诺莎本人的思想提供了诸多新的阐释，尤其值得注意的是突出了心理学和人类学的解释维度[②]。

我们知道，在 1852—1862 年，斯宾诺莎的早期手稿《简论上帝、人及其心灵健康》由德国学者 Eduard Boehmer 在荷兰发现，此后由荷兰学者 Van Vloten 整理出版，这一事件在德国学界引起了极大反响，究其因，一方面在于斯宾诺莎丰富的思想脉络在此手稿中充分彰显，这不仅体现在斯宾诺莎在《伦理学》使用定型化的几何学方法之前，使用了诸如短论、对话等多种写作方式，而且体现在它内含的多重思想源流，尤其他明确同布鲁诺（Giordano Bruno）的

---

①　经典的滕尼斯研究学者如 Cornelius Bickel 定位滕尼斯的学说时，巧妙地认识到它在理性主义与历史主义、精神科学与文化科学等学说传统里扮演的中间者的角色，故而 Bickel 称它为"怀疑主义式的启蒙"。他的认识多少源于滕尼斯在《共同体与社会》第一版前言里谈到的休谟和康德的理论原型，然而这种怀疑主义式的解读并不足以真正地理解滕尼斯的最终路线，它只不过是一个认识的环节。其中的差异根本上源于对滕尼斯的理论原型的思想史定位，Bickel 没有重视霍布斯和斯宾诺莎对滕尼斯思想的决定性意义。Cornelius Bickel, *Ferdinand Tönnies. Soziologie als skeptische Aufklärung zwischen Historismus und Rationalismus*, Opladen：Westdeutscher Verlag, 1991.

②　新康德主义的哲学史研究，离不开经验心理学或联想心理学的兴起，以实验还原心理过程、评定心理事实的有效性和价值反思思辨哲学。冯特等人的研究展现了这一点。

泛神论之间的理论关联①，提供了突破笛卡尔观念论范式的契机；第
二，学者们找到理解《伦理学》的坐标起点②，结合此前已出版的
拉丁文的斯宾诺莎通信集，他们摆脱了孤立地看待《伦理学》的
历史。

　　在新康德主义者的工作之中，最有代表性的当属西格瓦尔特
（Christoph von Sigwart）对《简论》的翻译和解读，通过考察从《简
论》到《伦理学》的变化，他创造性地指出：斯宾诺莎的《伦理
学》是由摇摆着的、不连贯的表达构成的整体③。《伦理学》不同章
节的写作时间、研究意图和理论定位不相一致，比如《伦理学》的
第一部分"论神"和第二部分"论心灵的性质和起源"的创作不仅
独立于后三个部分，而且它们脱胎于《简论》的附录部分④，就这
一点而言，《伦理学》不再被视为一以贯之的推理，而是多重线索交
织、对立的演绎场。不止如此，透过《简论》反观《伦理学》的理
论线索，斯宾诺莎解释转向的事实也逐渐浮出水面：一方面是从形
而上学向心理学、从上帝和心灵的形而上学原理向作为心理事实总
体的人的现实生存（Dasein）的研究过渡；另一方面是从对人的认
识、观念的规定向意志、情感的现象过渡，从观念与对象间交互的

---

　　①　Christoph von Sigwart, *Spinozas neuentdeckter Traktat von Gott, dem Menschen und dessen Glückseligkeit*, Gotha：Verlag von Rud. Besser, 1866, SS. 107 – 134.

　　②　自此以后，《简论》与《伦理学》之间的文本关系无疑是斯宾诺莎研究领域的关键问题。在德国学界，滕尼斯的哲学前辈西格瓦尔特、特伦德伦堡、费舍尔等人的争论也聚焦于这个问题。不过在此，我们关心的不是文献学领域的事实，而是由滕尼斯把握并道出的核心论题。

　　③　具体参见 Christoph von Sigwart, *Spinozas neuentdeckter Traktat von Gott, dem Menschen und dessen Glückseligkeit*, Gotha：Verlag von Rud. Besser, 1866, S. 60.

　　④　当代学者如 Steven Nadler 就认为《简论》的附录就是《伦理学》的初稿，参见 Steven Nadler, *Spinoza：A Life*, Cambridge：Cambridige University Press, 1999, p. 199. 然而早在 19 世纪，滕尼斯就在他的研究里指出，《伦理学》的第一部分和第二部分独立写作、独立成篇，它们同后三部分的关系就是形而上学同应用心理学的关系。Ferdinand Tönnies, "Studien zur Kritik des Spinoza", in *Studien zur Philosophie und Gesellschaftslehre im 17 Jahrhundert*, Herausgegeben von E. G. Jacoby, Stuttgart：Friedrich Frommann Verlag, 1975, S. 244.

认识关系（Wechselwirkung）向它们同归于一的情感关系过渡。

表面看来，滕尼斯的斯宾诺莎研究，直接受到西格瓦尔特的影响，后者为他指引了方向，他在《斯宾诺莎的批判研究》的起首处写道：自己继承的是西格瓦尔特等学者对"心理学的存在本质"（das Wesen des psychischen Dasein）的解读脉络，并致力于推进这一解释①。然而从本质上说，滕尼斯比他们更清楚地意识到斯宾诺莎研究的要害以及它对时代精神的使命：它不仅要为一种纯粹的知识理论或经验的心理学说提供思想史根据，以揭开从康德的不可知的"物自体"演化到海克尔所说的"世界之谜"（Welträtsel）的面纱，而且要为理解人在世界的活生生的处境及其责任意识作出贡献。

早在他从事霍布斯研究之时，这一意识便在他心中深深地扎下根来。1879—1881 年，他发表的《霍布斯哲学注释》不啻为德国学界投入的一枚重磅炸弹，正如我们已经指出的，滕尼斯的霍布斯研究的重要性，并不在于单纯将一个此前为德国哲学界淡忘的人物及其学说重新带入人们的视界，追随马克思和尼采，他既认识到观念论已然走到它贫乏的终结阶段，结出了腐朽的、败坏的政治果实，又在相反的方向上，伴随着政治上层的铁血政策和下层的革命威胁的催迫，清醒地意识到过度行动释放出的摧毁性效力，重塑理想人格、革新民族伦理生活的工作变得迫在眉睫。

他的霍布斯研究动摇了笛卡尔"我思"的影响，使得人们注意到，唯心主义指引的观念道路遮蔽了另外一条近代的脉络：由身心合一的感觉性人格如何从对个体的表象扩展为对集体的表象，他们聚集到一起、理性地订立契约，完成从族民（Volk）变成公民（Bürger）的成人礼，这一理论图景决定性地左右着我们构建社会和政治体的原始经验。它就像一个结晶体一般，组成它的光片潜藏在

①　Ferdinand Tönnies，"Studien zur Kritik des Spinoza"，in *Studien zur Philosophie und Gesellschaftslehre im 17 Jahrhundert*，Herausgegeben von E. G. Jacoby，Stuttgart：Friedrich Frommann Verlag，1975，S. 241.

日耳曼诸社团集会（*Gemeideversammlung*）的漫长文化基因里[1]，潜藏在从卢梭、康德到费希特的理性的政治契约的理论里，潜藏在德国古典主义者笔下经历美育的自由人的结社生活里（如歌德的"塔社"[2]），潜藏在浪漫主义童话中的女性、森林和村庄的意象里[3]，潜藏在历史主义者勾勒的日耳曼家族、乡村社团和庄园、边区（Mark）、自由市镇、家产制国家的历史全景图里。

由霍布斯激活的理论想象有待一步步地重组和实现，而从霍布斯研究到斯宾诺莎研究的过渡意味着滕尼斯迈出的第一步。对斯宾诺莎思想的定位并不是一个无关紧要的问题，它关系着我们如何理解现代的智识和实践生活，关系着我们如何定义未来。如果说此前在抗击观念论的道路上，学者们通过揭示斯宾诺莎的泛灵论甚至犹太神秘主义的遗产[4]，证明斯宾诺莎对笛卡尔的转折，那么在滕尼斯看来，斯宾诺莎的实质并非表面上看到的是犹太密教或柏拉图主义"流溢说"的遗存，也不是笛卡尔的观念论者，学者们口中的从笛卡尔到斯宾诺莎的转折早在霍布斯对笛卡尔系统性的反驳的过程中就已经实现了，更准确地说，斯宾诺莎就是霍布斯学说的继承者。

事实上，如果追溯滕尼斯时代的斯宾诺莎研究的文献情况，不

---

① 特别值得注意的是，滕尼斯创造性地认为：社团集会的传统并不是一个孤立的历史现象，而是奠定了整个德意志现代民主制的基始者，即使到了 1870 年德意志统一前夕的邦联各级议会（Concilia）仍然保持着传统的合议伦理，然而此后帝制德国清洗议会、打击政党的做法败坏了这一传统。Ferdinand Tönnies，"Die Lehre von den Volksversammlungen und die Urversammlung in Hobbes' Leviathan"，*Schriften zur Staatswissenschaft*，hrg. Rolf Fechner，Wien：Profil Verlag，2010，S. 465.

② ［德］歌德：《维廉·麦斯特的学习时代》（《歌德文集》第 2 卷），冯至、姚可昆译，人民文学出版社 1999 年版，第 464—469 页。

③ Ferdinand Tönnies，*Die Sitte*，Rütten & Loening：Frankfurt am Main Literarische Anstalt，1908.

④ 西格瓦尔特在他的著作里分别指出犹太的卡巴拉主义（die Cabbala）和布鲁诺的泛神论对于斯宾诺莎的双重影响，Christoph von Sigwart，*Spinozas neuentdeckter Traktat von Gott，dem Menschen und dessen Glückseligkeit*，Gotha：Verlag von Rud. Besser，1866，SS. 99 – 106，SS. 107 – 134.

少文本证据足以证明霍布斯对斯宾诺莎的确切影响①，除了间接的证据复原了 17—18 世纪欧洲学界的普遍舆论，在自然科学世界观兴起的大背景下，将他们归为唯物论和无神论者②，还有斯宾诺莎本人提供直接的证据，表明他尤其受到霍布斯的法权与政治理论的启发：斯宾诺莎早年写作《神学政治论》时，离不开霍布斯对《圣经》的解释，尤其在他的犹太教原初经验里，将批判延伸到包括犹太教、基督教和伊斯兰教在内的世间一切启示宗教；他的《伦理学》的写作计划也因阅读霍布斯而发生改变，在原本自成一体的关于神（实体）与人的形而上学之外，加入了关于人的情感（Affectuum / Affekte）的分析，指出人为什么容易受激情的奴役以及如何摆脱激情的奴役并获得自由；他的遗稿《政治论》则干脆以霍布斯的自然权利为论述的起点，在 1674 年著名的第 50 封信里，他亦向友人正面回应了自己的自然权利学说同霍布斯的差别。③

那么，面对霍布斯与斯宾诺莎间的同一和差异并存的情形，滕尼斯何以认为同一先于差异呢？或者说，他是以怎样的根据做出判断的呢？在《霍布斯哲学注释》的结尾部分，滕尼斯这样点出了从霍布斯思想到斯宾诺莎主义诞生的过程，其共同环节源于霍布斯对人性的欲望本质的揭示：

①　滕尼斯提供的文本证据，可参见 Ferdinand Tönnies, "Hobbes und Spinoza", in *Studien zur Philosophie und Gesellschaftslehre im 17 Jahrhundert*, Herausgegeben von E. G. Jacoby, Stuttgart: Friedrich Frommann Verlag, 1975, SS. 293 – 299.

②　这些舆论普遍将他们视作无神论者。如莱布尼茨的英国通信者 Samuel Clarke 将霍布斯和斯宾诺莎称作"野蛮者"，将他们说出来的事物称作"野蛮的质料"。Christian Kortholt 则将彻伯里、霍布斯、斯宾诺莎称作"三个大骗子"。

③　滕尼斯在 1883 年写作《斯宾诺莎的批判研究》时，尚且认为自己对霍布斯与斯宾诺莎关系的讨论，只是一个"有很大可能性"的理论猜想，此后年轻一辈的德国斯宾诺莎研究大家 Carl Gebhardt 证实了滕尼斯的想法，他指出：霍布斯的《论公民》在荷兰一经发表，便迅速产生了支配效应，尤其决定了 Pieter de la Court 的《政治制衡》(*Polityke Weegschaal*) 一书的思想，而斯宾诺莎的政治观点很大程度上来源于《论公民》。参见 R. J. Mcshea, *The Political Philosophy of Spinoza*, New York: Columbia University Press, 1968, p. 198.

斯宾诺莎主义是对霍布斯思想的系统性的完成，从霍布斯的思想中产生的诸多不同的理论线索，经斯宾诺莎的富于艺术魅力的手缠绕在了一起。斯宾诺莎将感觉与运动、因而人的心灵与身体视作观念上彼此区分，然而现实中同一的东西……不得不承认，尽管斯宾诺莎的表达方式似乎遵循笛卡尔，将思想看作人类灵魂的基本机能。然而这一观点在笛卡尔那里毋宁是亚里士多德主义或经院哲学思维方式的一种残余，把人从自然的联系中分离出来，转向宗教与形而上学的超自然的本质。对善与恶的直觉认识、据此行动的能力、与此紧密结合的自由意志的学说，这些意见（Meinungen）都是霍布斯与斯宾诺莎毫不留情要去批驳的。在霍布斯与斯宾诺莎这里，表象，尤其思想同情感以及情感运动的关系，并不总是全然清楚的。然而通过以下的表达，表象与情感的关联决定性地彼此吻合：善与恶的概念以及由它们决定的意志本身并非通过思维，而是通过欲望与厌恶确定的。①

二 意志的决定论

在对待霍布斯和斯宾诺莎的关系的问题上，同后世研究者通常理解的门径多少有些不一样，滕尼斯并不以"宗教批判"（Religionskritik）作为论述的出发点，而是以他们共通的人性论视角打开理解政治的通道。② 这或许因为肇始于霍布斯的"神学—政治"问题已经由霍布斯本人划定了基本框架，给出了"政教分离且教权服从政

---

① Ferdinand Tönnies, "Anmerkungen über die Philosophie des Hobbes", in *Studien zur Philosophie und Gesellschaftslehre im 17 Jahrhundert*, Herausgegeben von E. G. Jacoby, Stuttgart: Friedrich Frommann Verlag, 1975, SS. 237 – 238.

② 对照列奥·施特劳斯早期的经典之作《斯宾诺莎的宗教批判》（1930），我们可以看到，施特劳斯从斯宾诺莎的"神学—政治问题"入手，进一步追溯霍布斯的宗教批判（《霍布斯的宗教批判》，1933/34），通过呈现早期近代的启蒙同中世纪犹太哲人（迈蒙尼德等人）律法启蒙，开启古今之争。

权"的原则性的解决方案，此后自由主义政治哲学在此基础上不断予以推进；对斯宾诺莎而言，他所继承的霍布斯宗教批判精神之核心，既非因犹太社团驱逐、对个人命运愤世嫉俗般的悲叹，也非孤立地站在荷兰共和派一边，为了一时一地的政治立场诉诸纯粹权力的分析，而是同作为哲人的霍布斯一道，自觉地扛起现代理性启蒙的大旗①：从否定性的一面来说，他将宗教批判融入对人心幻象尤其是目的论幻觉的揭示②；与此对应，从肯定性的一面来说，他教导人如何在理性的指导下获得真正的自由和幸福。③

　　也许对于滕尼斯而言，斯宾诺莎笔下的人性之于政治还有另外一番独特的意义，滕尼斯的祖先是斯宾诺莎的荷兰同胞，16 世纪，他们在抗击西班牙的斗争里流亡到了弗里斯兰④，作为荷兰人的后裔，滕尼斯家族的血管里流淌着厌恶暴政、热爱自由的血液，他们在佛里斯兰落地生根，与湿润的土地、殷实的农场生活、区域民主自治、立足于地域民情的温和的路德教信仰共生共在，养成了宽和的士绅气质，从这一点来说，斯宾诺莎击中滕尼斯心灵的正是祛除了迷信、幻想后的质朴的自然主义的思维方式（naturalistischen Denkungsart）⑤，或者更直接地说，是他所揭示的世俗时代的真理。

――――――――――

　　①　斯宾诺莎在 1665 年写给友人奥尔登堡的信中写道："面对这场骚乱（指 1665 年开始的英荷战争），我既不笑，也不哭，而是进行哲学思考，更切近地观察一下人类的本性。"参见［荷］斯宾诺莎《斯宾诺莎书信集》，洪汉鼎译，商务印书馆 2010 年版，第 152 页。

　　②　对比霍布斯《利维坦》第十二章"论宗教"与斯宾诺莎《伦理学》第一部分"论神"附录，他们都承认，人因为生活在自然世界而感到恐惧却昧于事物的真正原因，故而总是从自己猜度世间有一个看不见的主宰，即神或上帝，而且他像人一样遵循着某种目的来行动。

　　③　吴增定：《斯宾诺莎的理性启蒙》，上海人民出版社 2012 年版，第 11 页。

　　④　［德］乌韦·卡斯滕斯：《滕尼斯传》，林荣远译，北京大学出版社 2010 年版，第 3 页。

　　⑤　Ferdinand Tönnies, "Hobbes und Spinoza", in *Studien zur Philosophie und Gesellschaftslehre im 17 Jahrhundert*, Herausgegeben von E. G. Jacoby, Stuttgart: Friedrich Frommann Verlag, 1975, S. 310.

返回斯宾诺莎的思想起点，正如我们此前已经指出的，在滕尼斯从事霍布斯研究之前，泡尔生向他勾勒了近代哲学的意志论谱系：从霍布斯到叔本华直至当代的尼采，近代哲学沿着一条一以贯之的脉络展开，其核心就是"求生意志"（Wille zum Leben）①，滕尼斯也正是在泡尔生的启发下深入地探索这一传统。简单地说，如果在霍布斯那里，现代意志论萌生了它的最初的形态，还没有发育成熟，那么正是斯宾诺莎接着霍布斯的工作，第一次完成了对意志论体系的构建任务。要理解这个完成（Vollendung）的过程，我们首先应当诉诸滕尼斯对霍布斯意志学说的完整解释。

众所周知，霍布斯在《利维坦》里提出了他关于意志的著名定义，即意志是"对善与恶的斟酌过程中的最后一个欲望"②，那么，如何理解这种一锤定音的"欲望"之意涵？它何以能够主宰善与恶的判断？在如此前提下的善恶又是什么呢？滕尼斯敏锐地认识到，尽管霍布斯本人没有对意志作出详细的说明，但是它既基始于现代的自然形而上学，又潜在地决定了作者对人心世界的想象，甚至主导着后世的道德和伦理的基本观点，因而要为此开辟出一个足够广阔的阐释空间，一个得以承载现时代和后世学者充分论辩的舞台。我们看到，在滕尼斯的霍布斯解释体系里，处于物理学与心理学（人类学）的中间地带的正是意志论，它上承物质的自然世界的规定，下启人类心理世界的原理，构成了从自然到人世、从身体到心灵、从心灵到行动的中间环节，更进一步地说，它是身心合一的秘密之源。③ 在霍布斯看来，如果真存在着基督教哲学家所说的独立于

---

① 参见本文第一章第 2 节或 Ferdinand Tönnies und Friedrich Paulsen, *Briefwechsel 1876 - 1908*, Herausgegeben von Olaf Klose, E. G. Jacoby, Irma Fischer, Kiel: Ferdinand Hirt, 1961, S. 9.

② 与此对应，在理智的领域对于善与恶的意见，就是判断或决断。［英］霍布斯：《利维坦》，黎思复、黎廷弼译，杨昌裕校，商务印书馆 2014 年版，第 46 页。

③ Ferdinand Tönnies, *Thomas Hobbes. Leben und Lehre*, Stuttgart: Friedrich Frommann Verlag, 1975, S. 154.

理智的"意志",那么它不可能不在事物的共同作用（Mitwirkung）的链条中实现。

（1）宗教改革时代的反自由意志话语

霍布斯对意志的基本态度，多少植根于他所身处的宗教改革时代的普遍舆论，源于基督教哲学运动在 16 世纪自生的矛盾和张力。肇始于希腊化时代的斯多葛主义，意志优先论与理智优先论的对立持续地支配着中世纪经院哲学的智识世界，一方面，托马斯·阿奎那遵循亚里士多德的形而上学并将此改造为天主教会的纯粹正统观念，他提出的理智决定论占据着主导地位，按照他的说法，理智不仅一般地认识绝对的善，而且在每一个具体的情况下都能辨认出善是什么，从而决定意志，也就是说，意志必然自由地按照理智向它指出的善来行动；另一方面，同阿奎那的理智决定论相对，从司各托到极端唯名论者奥卡姆则诉诸奥古斯丁主义，他们认为，观念不可能提供超出个人意志偶因（causa per accidens）之外的东西，选择仍然是意志自己的事。①

随着基督教世界在 15—16 世纪遭遇的种种信仰和政治的危机，唯名论与奥古斯丁主义的势力越来越强有力地挑战正统的天主教信仰，而且从教义延伸到现实领域的革命，正像滕尼斯认识到的，这一认识根本上要求重新定义上帝的形象、厘清人与上帝的关系、在人世重建属灵的共同体。② 在宗教改革的运动中，为了对抗腐化的教会，路德公开宣称自己是奥古斯丁主义者，否认自由意志，所谓"自由意志"即阿奎那所说的通过认识善而实践善的自由意志，进而通过教会的仪式和职分彰显它，相反，唯有信才能蒙获恩典（Gnade）。相比路德仍然保留服膺于传统封建格局求得救赎的可能

---

① 文德尔班将理智决定论同意志决定论间的冲突，归结为亚里士多德主义同奥古斯丁主义间的冲突。参见［德］文德尔班《哲学史教程》，罗仁达译，商务印书馆 1997 年版，第 440—443 页。

② Ferdinand Tönnies, *Thomas Hobbes. Leben und Lehre*, Stuttgart：Friedrich Frommann Verlag, 1975, SS. 154–155.

性，加尔文在否认意志自由的信念上走得更远，由上帝与人之间绝对无限遥远的预定论信念斩断了一切干预信仰的传统权力，加尔文教徒意识到：天主教会不再陪伴着他们，而是如同班扬笔下的信徒那样日夜焦虑于救赎的确证。他们独立地寻求尘世天国、彼此缔结神圣的"战斗教会"①。

哲学领域、政治领域的革命同信仰领域的革命一脉相承。就像新教徒哲学家开始怀疑"骗人的上帝或魔鬼"，要从自己出发重新找到通向健全理智的方法；同样，逐步革除了罗马天主教控制的欧洲现代民族国家亦在探索锻造自己的国家理性（Staatsraison）之道。和信仰领域的情形一样，在理智与政治剧烈变革的境遇里，"意志自由"同样成了最致命的问题，我们看到，当笛卡尔第一次尝试彻底摒弃掉旧时代的一切表象，反观"我"自身的时候，他体验到了自己无边无际的意志能力，然而就在同一时刻，笛卡尔折回了经院哲学的老路，他不仅肯定神作为超验意志和力量的存在，而且肯定了意志自由，他认为自由意志之所以可能，就在于按照理智指出的真理作出选择，这样我们才能保证不会犯错误。②

揭示意志的无限性的同时，笛卡尔向着自由的"倒退"却遭到了霍布斯的激烈反驳，在霍布斯看来，自由意志是假定的、没有得到确凿证明的观念③，更糟糕的是，如果按照笛卡尔的方式将意志系于所谓超验的上帝，它仍然不过取决于一种观念，尤其当维持正统的大公教会雄风不再，一旦为政治的煽动家利用，由此将鼓动起颠覆国家秩序的狂热。

---

① ［德］韦伯：《新教伦理与资本主义精神》，康乐、简惠美译，广西师范大学出版社2007年版。

② ［法］笛卡尔：《第一哲学沉思集》，庞景仁译，商务印书馆2010年版，第62—64页。

③ 作为论据，加尔文派对意志自由的反驳被霍布斯提出来，以此证明笛卡尔的说法并不确当。［英］托马斯·霍布斯，"第三组反驳 一个著名的英国哲学家作，和著者的答辩"，《第一哲学沉思集》，庞景仁译，商务印书馆2010年版，第197页。

在霍布斯所处的英国，自从 1533 年亨利八世呼应欧陆的宗教改革，宣布成立国教圣公会，统一英国的宗教和政治大权，驱赶罗马教廷的势力，此后英国便处于长期的政教的危机中，国内诸教派的一举一动都牵动着政治的神经，在霍布斯眼里，1640 年爆发的英国内战的起因，很大程度上便源于宗教狂热引发的公民骚乱，离不开长老会同圣公会之间关于"自由意志"的争论，它发端于荷兰的加尔文教徒 Franciscus Gomarus 同反加尔文主义的 Jacobus Arminius 之间的教义争论，此后迅速蔓延到了英国，在《比希莫特》里，霍布斯借对话人 A 之口回忆说：

> 争论最先始于低地国家，始于 Gomar 与 Arminius 之间。在詹姆士国王的时代，他已经预感这个争论可能会危及英格兰的教会，故而想尽一切办法来安定纷争。因此当多尔德宗教会议召开时，詹姆士国王派遣了一到两名神职人员参加会议，但是结果却于事无补。自由意志的问题悬而未决，而且蔓延到英格兰的大学里。所有的长老会教士都和 Gomer 的想法一致，但是仍然有许多观点不一致者，他们被称作阿明尼乌斯派，由于自由意志论被视作罗马教皇的学说，早已受到英国人的贬斥，又因为长老会人数远大于阿明尼乌斯派，并且取得了人民的支持，所以阿明尼乌斯派被人广泛地憎恨。当坎特伯雷的劳德大主教支持阿明尼乌斯派，凭借他的主教权力禁止所有国教会的牧师向人民讲授预定论时，他的行为引来了议会的不满，议会很容易地便在人民中通过反劳德主教的法案。然而所有国教会的牧师都遵从劳德主教，为了彰显自己的权力，他们开始教授、鼓吹自由意志的学说，以此证明自己的能力与功绩。①

---

① Thomas Hobbes, *Behemoth or the long Parliament*, ed. Ferdinand Tönnies, London: Simpkin, Marshall, and Co., 1925, pp. 61 – 62.

　　由劳德这样的掌握权力的野心家鼓吹自由意志，让它迅速地变成正统，那些借劳德权势顺势而爬的人，将他尊为教皇，挑起争端，激起议会派、长老会的清教徒产生反国家的革命狂热。自始至终，霍布斯都对自由意志学说抱有强烈的厌恶感，它可以说是推翻国家、将人置于自然状态的罪魁祸首①，早年对待耶稣会，他是这样的态度，后来对待笛卡尔，他亦是这样的态度。从这个意义上说，作为哲学家的霍布斯从事两个确切的知识领域即自然哲学和政治哲学的研究，不啻等同于路德与加尔文在神学领域的工作。

　　（2）意志决定论的自然哲学基础

　　正像滕尼斯指出的，霍布斯的意志决定论以他的自然哲学为前提，更具体地说，以因果学说为前提。② 我们知道，在伽利略的科学革命的引领下，霍布斯的自然哲学追求的是一种彻底的运动学（Kinetik）或机械论原理的解释，以此来破解亚里士多德的目的论的古代世界图景。在其自然哲学的体系里，如果说身体与偶性属于个体的构造，它们产生的感觉等同于个体在外部世界的刺激下的表象运动，由此他同整个世界形成了一种模糊的类比关系③，那么因果问题则涉及一个个体同另一个个体间的实在的联系，它的实质是行动者（agent）与受动者（patient）间的共同区域，即使这个区域只存在于思维里。故而霍布斯在《论物体》的第一哲学部分处理完身体与偶性的问题（De Corp. c. 8）之后，接着过渡到对原因与效果的讨论（De Corp. c. 9），他是这样讲述原因与结果的：

　　　　所有结果的原因都存在于主动者与受动者的确定偶性之中；

---

　　① Ferdinand Tönnies, *Thomas Hobbes. Leben und Lehre*, Stuttgart: Friedrich Frommann Verlag, 1975, S. 4.

　　② Ferdinand Tönnies, "Hobbes und Spinoza", in *Studien zur Philosophie und Gesellschaftslehre im 17 Jahrhundert*, Herausgegeben von E. G. Jacoby, Stuttgart: Friedrich Frommann Verlag, 1975, S. 305.

　　③ 具体参见本书上篇第三章第二节的讨论。

当它们一同存在时，结果就被产生出来了，但只要有一方缺乏，结果就不能被产生出来。主动者或受动者的偶性（没有它们，结果就无法产生出来）被称作"无它即不成原因"（causa sine qua non）或假设得出的必要因（cause necessary by supposition），因而它即对结果的生产而言必需的原因。但是简单的原因或者一个完全的原因是主动者（无论他们有多少）和受动者的所有偶性的集合；它们都被设想为当下存在着的，如果说结果不能被产生出来，那便是不可理解的；如果其中任何一方的偶性缺乏，那么要说结果能被产生出来，那便是不可理解的。①

在这里，霍布斯采取的是纯粹逻辑的、严格理性主义的讨论方式。主体间的行动与受动的关系作为一个交互的运动单元，其原因同时存在于主动者和受动者两个方面，它是这两方的偶性的集合，缺了任何一方，都不可能有结果产生，更无所谓实在的因与果的关系。主动的一方和受动的一方的偶性既共在（present）又聚合（aggregate）的关系构成了因果关系的充足理由：从主动者的身体方面来说，它被称作"作用因"；从被动者的身体方面来说，它则被称作"质料因"。② 只要充足原因存在，结果就必然存在。进一步地说，任何一个过程都有一个必然的原因，一切未来的过程必然有一个未来的原因，再进一步地说，在一个持存着的过程里，必然存在着不断产生作用的原因，比如说，一堆火燃烧起来，只要火势增长，同时其动力也在增长，也就是说，它作用于近旁物体的温度也在增加。由此，我们可以想象，一个人在思考一个持续的过程时，可以用一

① Thomas Hobbes, *The English Works of Thomas Hobbes* Vol. Ⅰ, ed. William Molesworth, London: Longman, Brown, Green and Longmans, 1969, pp. 121 – 122.

② 霍布斯改造了亚里士多德的"四因说"，摒弃掉目的因，而将动力因视作统摄因果解释的唯一原因，质料因和形式因不过是动力因的不同视角表现而已。Thomas Hobbes, *The English Works of Thomas Hobbes* Vol. Ⅰ, ed. William Molesworth, London: Longman, Brown, Green and Longmans, 1969, p. 122.

种无限小、能加总的效力形式来表现因果关系的链条，同时，我们也可以想象其间存在着一种加速度。从这个意义上说，霍布斯实际上将因果关系变成了一对相互依存的变量，并将此扩展为一套精确的数学关系式的集合。如果将一个过程的开头视作起因，最后视作结果，那么其间的任何东西相对于总的过程来说，既是起因，又是结果，每一个身体无一例外都处于自然的因果链条当中。

就此而言，霍布斯的因果学说产生了一个决定性的后果：它彻底颠覆了亚里士多德主义的本体论视角。受目的论的支配，亚里士多德将运动定义为潜能的实现，所谓现实就是目的实现、成为现实（Wirklichwerden）①；相反，霍布斯的逻辑不是从尚未成为实在的潜能推论实在，我们不要忘记，霍布斯眼中的世界完全由物体/身体组成，以此为出发点，他是从实在去追溯原因、从必然性阐释可能性。② 紧接着原因与效果的论题，在对"力量与行动"（De Corp. c. 10）的论题的讨论中，霍布斯将"原因"的概念视同于可能性（the possible）或力量（power）③，它们的差别只在于时间的差异，从过去的角度讲，我们称原因，从未来的角度上讲，我们则称可能性，与此同时，他将"结果"的概念视作现实（actuality）或行动（act/actus）。在可能性与现实的并置关系中，滕尼斯看到，霍布斯实际上引入了联结它们的新维度，它被称作"可能的现实性"（mögliche Tatsachlichkeit），这意味着：一个发生了的结果的可能性总是寓居于全部的原因之中，因此事实上的结果总是从主动者与受

---

① Ferdinand Tönnies, *Thomas Hobbes. Leben und Lehre*, Stuttgart：Friedrich Frommann Verlag, 1975, S. 81.

② 斯宾诺莎在《伦理学》的开篇定义的因果关系遵循了霍布斯的解释，参见第一部分公则三、公例四以及命题28。

③ 需要注意的是，滕尼斯在解读 power 这一概念时，同时翻译成了可能性与能力（potentia）。Ferdinand Tönnies, "Hobbes und Spinoza", in *Studien zur Philosophie und Gesellschaftslehre im 17 Jahrhundert*, Herausgegeben von E. G. Jacoby, Stuttgart：Friedrich Frommann Verlag, 1975, S. 300.

动者的力量的结合中产生出来。①

透过这一中介，我们得以由事实上的结果追溯观念上的原因，由必然性贯通可能性，霍布斯甚至有一个非常强的朝着现代数量理论的倾向，他希望确定可能性，这样就可以将可能性视作现实性，他希望将"可能性"从我们对于未来的无知中解救出来，并给它一个积极的内容，更进一步地说，由"倾向"出发，霍布斯以逻辑的方式，得到了能够精确把握的"概率"（Wahrscheinlichkeit/chance），这一概念使"倾向"变得可以测算。如此一来，任何一个被认识到的原因或可能性都被视作现实性（充足理由）的某一构成因素，由霍布斯开辟出的这一因果学说的传统，此后由斯宾诺莎和莱布尼茨概括为"原因即理性"（causa sive ratio）②。

（3）意志决定论的人性论形态：重估善与恶的价值

在霍布斯理论自身的演进序列里，霍布斯同 Bramhall 主教关于意志自由与必然性的争论既是他的因果学说的继承与发展，又是他在道德观革命上的突破口。正如滕尼斯所说的，以"意志自由"为核心的争论，其实质是古代的智慧与现代科学思维方式之间的激烈碰撞，它亦契合于霍布斯对阿明尼乌斯派的"自由意志"信念造成的恶劣政治后果的控诉。③ 在霍布斯面前，John Bramhall 是顽固的保皇党，亦是爱尔兰的国教会主教和传统的自由意志学说的辩护者，面对霍布斯渲染的机械的自然图景与意志不自由的必然结果，他自然坚定地捍卫绝对超越性的上帝及其对此世道德的影响力量。Bramhall 主教驳斥霍布斯，道出了三个方面的理由，每一个理由都代表

---

① "可能的现实性"是滕尼斯本人的提法，对应霍布斯的 De Corp. c. X. 1.

② 滕尼斯本人尽管承认并肯定了从霍布斯到斯宾诺莎、莱布尼茨的理智主义与数学论的因果观念，然而他认为早期近代的思想家仍然面临着理论推进的困难：他们似乎没有把所谓理想情况的内容说清楚。具体参见 Ferdinand Tönnies, *Thomas Hobbes. Leben und Lehre*, Stuttgart：Friedrich Frommann Verlag, 1975, S. 136.

③ 需要注意到的是，在滕尼斯的霍布斯解释体系里，霍布斯与 Bramhall 的争论文本（《霍布斯英文著作集》第五卷）具有非常重要的地位，它是从《论物体》到《论人》的转折环节。

了同霍布斯针锋相对的传统解释①：

第一，即使霍布斯所说的自然的因果法则的必然性成立，也不能推出意志不自由的结论，因为理智的判断并非是实践的行动（practice practicum），就此而言，Bramhall 仍然遵循着中世纪的理智与意志领域的二分，即使像霍布斯认识到的，事物的原因是理智或哲学思考揭示出来的东西，然而在他看来，外在事物影响意志以及意志的自我决定并非是自然领域的运动，而是道德的甚至隐喻性的（metaphorial）运动。

第二，再往前推论一步，他之所以区分出理智和实践的领域，为的是将超验的上帝从自然当中分离出来，不同于由时间或过程规定的自然，上帝就是永恒本身，而永恒本身意味着一种持存的现在，没有时间的序列，上帝以直觉的方式、通过在场性（nun stans）预知一切事物，也就是说，当我们认为意志以自然的方式被决定，它实际上意味着上帝所施加的次级作用即借助自然的间接作用产生的影响，却非上帝本身的普遍影响。Bramhall 说，我们看到，意志可以终止行动并拒绝同意，这是上帝赋予人的最普遍的能力，所以意志并不是绝对必然的。

第三，意志自由涉及的一个非常关键的道德论题即罪或神义论，更进一步地说是理解善与恶的意涵。如果将人的意志自由追溯到上帝的意志，那么人可以自由地犯罪，这样如何解释世界的合目的性以及上帝的善呢？按照 Bramhall 的说法，恶的行动并非源于上帝的意志，相反，上帝不过为此赋予人一种放任的意志（a permissive will），他自己并非付诸了一种实际作用的意志（a operative will）。尽管人的意志的第一推动力（motus primo primi）来自上帝，但他的意志却存在于自己的力量之中，更重要的，上帝赋予人的自由意志是

---

① 下述三个方面的讨论，具体参见 Thomas Hobbes, *The English Works of Thomas Hobbes* Vol. Ⅴ, ed. William Molesworth, London: Longman, Brown, Green and Longmans, 1969, pp. 451–452.

从整体的意义、而非分割的意义上说的，大全世界的秩序、美与完善都需要上帝的全能令各种类型的主体（Agenzien）存在，其中的一些主体完全服从必然性，一些服从于偶然性，而作为智灵者的人则是自由的。

遵循着从古典到中世纪的传统，Bramhall 在理智与意志进而在上帝与自然，最终在善与恶之间做了绝对的分割，正如滕尼斯总结的那样，他实际上代表了中世纪的规范性前提：即人通过信仰的良心（Gewissen）便有了一种对善与恶的直觉认识，他如何做出选择，取决于意志而非认识，换句话说，人自己就是他行动的原因。① 与此相对，由霍布斯开辟的近代决定论脉络却不是这样的，从霍布斯反驳 Bramhall 的论调里，可以清晰地看到这一点②，首先，他如此回应对方概括的第一个方面，即理智与意志的关系：

> 我坚持的观点是，没有人在自己现有的力量里具有未来意志。他的未来意志可能会由于他人而改变，也可能会由于外在事物而改变。如果它改变了，那么它不是由自己改变或决定；如果它被决定了，那么这不是意志的决定，因为一个有意志的人意愿着的是某个特殊的东西。人和兽类都可以考虑，因为考虑就是一种不断改变着的欲望，而非理性的推理（ratiocination）；最后的行动或欲望存在于其间，它直接产生了行动，这就是唯一可被他人注意到的意志，也是呈现在公共判断面前的意志行动。"自由"（to be free）无非意味着：当一个人意志着的时候，他去行动或忍耐，这关系到的并非意志的自由，而是人的自由。因为意志并不是自由的，而是服从于外部诸原因的作用。

---

① Ferdinand Tönnies, "Studien zur Kritik des Spinoza", in *Studien zur Philosophie und Gesellschaftslehre im 17 Jahrhundert*, Herausgegeben von E. G. Jacoby, Stuttgart: Friedrich Frommann Verlag, 1975, S. 291.

② Thomas Hobbes, *The English Works of Thomas Hobbes* Vol. Ⅴ, ed. William Molesworth, London: Longman, Brown, Green and Longmans, 1969, pp. 450 – 451.

我们看到，相较于 Bramhall 按照传统思路分割理智与意志，进而借助超验的上帝使意志合乎理智提出的应然要求，使行动合乎先验的善，霍布斯则试图在自然的统一性逻辑里弥合理智与意志，在前文的讨论里，我们已经揭示他的身心合一的"感觉"构成了人的统一情感的载体，而他在此讲的意志或者与此同义的考虑（deliberation）与欲望等，都是这一统一情感的不同表述而已。对此，滕尼斯敏锐地洞见到：霍布斯采取的理性主义的方案模拟了古代苏格拉底的智慧，他想到的应当是先于柏拉图的理念论和亚里士多德的目的论改造的"助产术思维"，当我们去追问每一个意志决断的原因时，我们不得不诉诸表象、思想与意见。① 那么，它们的实质是什么呢？这个问题又同 Bramhall 讲的自然同超验上帝的关系紧密相连，如果上帝全然凌驾于自然之上，人的情感完全可以找到不同于自然的前提，因此，霍布斯紧接着便反驳 Bramhall 的超验上帝观：

> 一切外部原因都必然地依赖于第一个永恒的原因即神圣的上帝，他通过次级原因的传递影响着我们的意志与行动。不论是一个人，还是一个物都不能自己作用自己，因此，一个人（作为行动者或工具）在塑造自己的意志方面，不能同上帝竞争。因为没有任何一个东西能够在没有一个原因或竞争着的原因的前提下发生，它们无法充分地让事物有效地发生。任何一个原因，任何原因的竞争，都源自天意、上帝的恩宠与劳作。因此，当我将其他事物称作偶然的事件时，我同时指出，任何一个事件都有它们的充足原因，这个原因反过来又是它们的更早的原因，任何事件的发生都是必然的。尽管我们不认识这些事件是什么，但是偶然的事件有其必然的原因，正如我们总能

---

① Ferdinand Tönnies, "Studien zur Kritik des Spinoza", in *Studien zur Philosophie und Gesellschaftslehre im 17 Jahrhundert*, Herausgegeben von E. G. Jacoby, Stuttgart: Friedrich Frommann Verlag, 1975, S. 291.

在这些事件里认识到它们的原因。否则我们就不可能预先知道它们，如同全知者知道它们那样。

多少遵循自然神论的理论资源，霍布斯否认存在着超验的上帝①，在他看来，上帝这位全知全能者根本不能同自然分离；相反，它是自然链条的发动者和最终根据，人的意志彻底由自然决定，他当然承认人可以按照自己自由做任何事情，但是这绝对不是现代自然所蕴含的规范的意涵。

从意志的决定论出发，霍布斯奠定了近代的道德哲学的人性论基础，此前的宗教思想要在超验的上帝那里洞察到永恒的善，以善的标准规定罪恶，而现在，当我们取消了自由意志，善与恶便系于自然规定的存在（Dasein）的保存法则：对个体的人而言，就对其生命的保存，如果更细致地落实到生命的每一刻的状态，善与恶因而亦系于我们在自然链条的作用下的适意抑或不适的感觉，适意即善，不适即恶②；对政治共同体这一人造人而言，就是对此有朽的上帝的保存，善恶便系于国法的规定，因为按照霍布斯的界定，法律就是对国家意志的必然性的认识③。

第二节　意志与作为它的对象的社会

在《霍布斯哲学注释》的文末，滕尼斯在论述完斯宾诺莎与霍布斯共同的意志论前提后，紧接着便道出了斯宾诺莎主义对霍布斯

---

①　我们在这里仅仅从自然哲学的维度简单地澄清霍布斯的上帝观念，在神学—政治批判的维度，霍布斯提供了远为复杂的圣经批判的研究。

②　关于霍布斯的激情心理学，具体参见 Ferdinand Tönnies, *Thomas Hobbes. Leben und Lehre*, Stuttgart：Friedrich Frommann Verlag, 1975, SS. 174 – 177, SS. 196 – 197. 对应《利维坦》第六章和第七章。

③　参见霍布斯《利维坦》引言。

学说之"完成"（Vollendung）的意涵：

> 如果说根据正确的思想来行动被视作唯一的伦理理想，那么我们将得出这样的结论，即霍布斯没有认识到，将一种特殊的情感也即一种求生之欲的现象形式同思维或理性结合到一起，而在斯宾诺莎那里，这一事实是公开表述出来的。①

可以说，关于斯宾诺莎主义对霍布斯学说的完成的解读是滕尼斯思考的主线，它表现为一种持续推进的过程，这一阐释的过程又依次逐步深入到两个论题。

（1）首先，当霍布斯从身心合一的感觉或意志出发，在自然因果链条决定的意志不自由的原则支配下，展现为一种刺激—反应运动的激情心理学，这样一来，整个心理学的机制就像他总结的一样，即对激情做加减法运算，在这种单一维度的、时间性的激情的持续增长中，"虚荣"（vanity）的激情最终操纵一切，此后，只有处在人人为敌的悲惨的自然状态里，畏死的激情才能迫使人产生理性，以和平的自然法保证彼此的共存，滕尼斯敏锐地看到：霍布斯的同质的激情心理学不足以构建一个彻底的心灵平衡、共同体和平的结构，而斯宾诺莎认识到心理世界的理智与意志交错的复杂意涵，对霍布斯的困境提供了解决方案。

（2）进而，当斯宾诺莎将它实在化，以明确的"社会条件"意识，将霍布斯的自然状态与政治状态之间的"原始集会"推进为更清楚、更具体的社会意象。

一　意志与理智的同一

要探讨第一个论题，我们有必要从一开始诉诸斯宾诺莎自己同

---

① Ferdinand Tönnies, "Anmerkungen über die Philosophie des Hobbes", in *Studien zur Philosophie und Gesellschaftslehre im 17 Jahrhundert*, Herausgegeben von E. G. Jacoby, Stuttgart: Friedrich Frommann Verlag, 1975, S. 238.

霍布斯的差别意识，他曾在一封著名的致友人的信中如此概括自己与霍布斯的政治思想的区别：

> 关于您问的，我的政治学说和霍布斯的政治学说有何差别，我可以回答如下，我永远要让自然权利不受侵犯，因而国家的最高权力只有与它超出臣民的力量相适应的权利，此外对臣民没有更多的权利。这是自然状态里常有的情况。①

在涉及斯宾诺莎与霍布斯的关系方面，学者们历来对这段话有不同的解读，他们大多将它视作斯宾诺莎反霍布斯式的绝对主义的立场，强调个人拥有不受国家干涉的自由和权利。② 即使滕尼斯谈到这一段话时，首先也追溯到他们各自的时代处境和政治态度之别：随着奥朗治家族的威廉三世在 1672 年后掌握荷兰政权，过去共和派（德·维特家族）与君主派（奥朗治家族）间相持不下的斗争局面越来越向君主派得势的局面倾斜，而斯宾诺莎自己则站在支持共和派的立场上，反对君主派当局对公民的集权统治，权力间的战争对他而言不啻直接身处其中的、现实的自然状态，公民理所应当地保有反对压迫（即所谓"超出同公民力量相适应"）的自然权利；在此之前，相较于斯宾诺莎，霍布斯则对国家法律的尊严抱有最本然的敬意，他相信基于集体的意志能够构建一个统一的权力，在远离英国本土战争的彼岸法国，霍布斯致力于从"针对未来的假设"而非斯宾诺莎的"对现实的直接刻画"理解这

---

① ［荷］斯宾诺莎：《斯宾诺莎书信集》，洪汉鼎译，商务印书馆 2010 年版，第 227 页。

② 吴增定：《人是不是自然世界的例外——从斯宾诺莎对霍布斯自然权利学说的批评说起》，《云南大学学报》（社会科学版）2017 年第 2 期。

一点①。一言以蔽之，斯宾诺莎比霍布斯抱有远为激进的现代共和主义与民治政府的态度。

　　尽管如此，滕尼斯同时当然意识到：这种表面的政治观察视角甚至立场之别，并不足以真正理解斯宾诺莎同霍布斯的理论差异。在这背后，斯宾诺莎将矛头指向了霍布斯对自然状态与政治状态着意区分的做法，根据霍布斯的观点，自然人之所以能变成公民，离不开他在自然权利与自然法之间作出了分别，因而在他这里，尚且保留了传统自然法学说的根子，尽管他以一套基于现代自然必然性的观点倾注其中，然而，他的自然法的内容仍然表现为一套自成一体的理性原则。若是追究这些原则的根据，我们不难发现很多传统因素的遗存，比如亚里士多德的交换正义与分配正义②，自然人按照自然法的规定，不仅将除生命权以外的所有权利都转让给共同的主权人格，而且必须遵循主权者的命令，因为它根本上源于自然法的契约要求③。

　　然而从《神学政治论》《伦理学》和《政治论》等核心著作中④，我们不难发现，尽管斯宾诺莎继承了霍布斯对人的求生欲望以及自然状态作为前政治状态的设定，但他一以贯之地强调：从自然状态到政治状态，其间并不依靠着一个"从天而降"的理性自然法，而要遵循着自然权利本身的逻辑推演，因为在他看来，每个人的自然权利就等同于他的自然力量，故而自然权利本身就内含着不可否认的自然规律，在公民和政治体之间达成力量的必然平衡，奠定政治的基础。在表面的从理论不自洽到自洽的转变中，其内在的真正意义又是

---

　　① Ferdinand Tönnies, "Hobbes und Spinoza", in *Studien zur Philosophie und Gesell-schaftslehre im 17 Jahrhundert*, Herausgegeben von E. G. Jacoby, Stuttgart: Friedrich From-mann Verlag, 1975, SS. 298 – 299.

　　② 施特劳斯多少因为看到了这一点，而将霍布斯道德哲学的起源追溯到古典道德哲学。

　　③ ［英］霍布斯：《利维坦》，黎思复、黎廷弼译，杨昌裕校，商务印书馆2014年版，第171页。

　　④ 参见《神学政治论》第十六章、《政治论》第二章第五节与第三章第二节、《伦理学》第四部分命题十八附释与命题三十七附释二。

什么呢？为了理解这个问题，我们有必要诉诸斯宾诺莎的形而上学和人性论观点，滕尼斯的解释也正是围绕这一点展开的，用他的话来说，斯宾诺莎的哲学有一套自为的"发展史"（Entwicklungsgeschichte），这既针对斯宾诺莎自己的哲学体系，又针对整个近代哲学的发展脉络。

（1）自然哲学的视域转换：从个体到世界

从上文引述的滕尼斯的观点来看，斯宾诺莎于他而言，根本上意味着对霍布斯的意志学说的完成。如果说，霍布斯将意志决定论建立在身心感觉机制所服从的自然因果链条基础上，那么斯宾诺莎在本体论领域对意志做了更彻底的、远离目的论方向的推进，这突出地体现在他提出的"实体"（substance）概念和对此作出的阐释，或者说，他用实体替代了霍布斯那里的身体概念。在解释霍布斯与斯宾诺莎间视角（Perspektiv）差异的原因时，滕尼斯这样论述他们对于上帝或神的态度：

> 对于无神论的指责，斯宾诺莎确信他的所有作品都可以证明，这一指责完全毫无根据，因为在他的全部思考里，除了上帝之外没有任何实在的东西……当霍布斯用强烈的语调指出人们在任何时候都不可理解上帝的本性时，所有神学的攻击都很难打中他。也就是说，没有任何特定的属性可以归结到上帝身上，除了对它保持敬畏的态度，因此我们没有能力去准确地理解和描述上帝。霍布斯的观点意味着他的有效洞察，即一切经验世界里的宗教就是崇拜。①

或许多少令人感到吊诡的是：正是由于斯宾诺莎出于全身心的

---

① Ferdinand Tönnies, "Hobbes und Spinoza", in *Studien zur Philosophie und Gesellschaftslehre im 17 Jahrhundert*, Herausgegeben von E. G. Jacoby, Stuttgart: Friedrich Frommann Verlag, 1975, S. 297. 关于斯宾诺莎的上帝观的思想史基础，可参见吴增定《斯宾诺莎的理性启蒙》，上海人民出版社 2012 年版，第 31 页。

神爱，将所有的注意力都凝聚到对于上帝和世界的整体思考，继而从上帝"流溢"到对个体的规定，而非像霍布斯那样悬置上帝，仅仅从个体的思维与肉身聚合成的感觉理解世界，所以当斯宾诺莎接过了霍布斯的反目的论任务时，他比霍布斯迈出了更彻底的一步。

作为《伦理学》第一部分的核心，斯宾诺莎此后关于世界万物和人心的思考皆源出于他的"神即实体"的判断。[①] 在他看来，实体就是唯一的神，就是全体自然世界[②]，其中存在着无限多的"属性"（attribute），用简单的话来说，我们可以将神或自然理解成具有无限多的本质。斯宾诺莎继承了笛卡尔的二元论，认为广延和思维是从属于实体的两个本质属性（Eth，Ⅱ，prop. 1 – 2），不过从唯一的实体的出发，他得出两个属性相互对应、彼此同一的结论：对应广延的属性，实体就是无边无际的宇宙或物质的世界本身；对应思维的属性，实体就意味着万物的原因或自然的绝对法则。从这个意义上讲，斯宾诺莎又克服了笛卡尔的二元论，因为在他看来，当笛卡尔将思维视作一个单独的实体时，可以自我决定的思维能主宰身体，这样便重新返回由传统目的论支配的自由意志幻象的困境[③]。

在由实体的定义推导世界与人心的过程中，斯宾诺莎把握的核心概念依次为"属性"和"样式"（modus）：前者是"由知性看来是构成实体的本质的东西"，后者则是"实体的分殊、亦即在他物内通过他物而被认知的东西"，后者全系于前者的规定，从探究实体的属性到研究样式（更准确地说实体属性的分殊）的逻辑过渡，意味着从探索世界的规律向理解作为世界之组成部分的人心的性

---

① Ferdinand Tönnies, "Studien zur Kritik des Spinoza", in *Studien zur Philosophie und Gesellschaftslehre im 17 Jahrhundert*, Herausgegeben von E. G. Jacoby, Stuttgart: Friedrich Frommann Verlag, 1975, S. 244.

② ［荷］斯宾诺莎:《伦理学》，贺麟译，商务印书馆 2017 年版，第 12—13 页。

③ ［荷］斯宾诺莎:《伦理学》，贺麟译，商务印书馆 2017 年版，第 237—239 页。

质过渡。

在滕尼斯看来，斯宾诺莎的"属性"学说确立起两方面性质，直接决定了他能完成霍布斯意志学说的自然哲学任务：第一是存在着一个普遍同质的自然世界；第二是自然世界严格遵循着因果必然法则。

从第一个方面来说，我们此前讨论霍布斯的身心学说时指出，他的逻辑学同第一哲学之间存在着很大的张力，尽管霍布斯第一哲学的"唯物主义"倾向使他认识到身体是科学研究的唯一对象，然而他的逻辑学的"理性主义"倾向使他将科学的理性能力抬得特别高，最具有说服力的事实，莫过于他以《圣经》创世说的譬喻类比理性创造世界的能力和过程①，同样基于这个理由，霍布斯肯定了人在自然状态的条件下，能够理性地、以几何学的方式设想并遵循自然法。② 与此相对，斯宾诺莎则采用了类似于柏拉图的"流溢说"的模式，化解霍布斯由主体运思带来的矛盾，在他看来，正是因为我们从一开始就着眼于实体，并以充足的理由证明实体的唯一性③，因此作为实体的神或能动的自然（natura naturans）就是唯一的，它完全按照自身的法则行动（Eth，I，prop. 17），包括人在内的被动的自然都存在于神之中（Eth，I，prop. 15），不仅如此，人同神或自然的关系，不能再从人自己的意识出发，为上帝或自然赋予一个目的的意涵，那么，人同神的新的关系是怎样的呢？所谓内在于神之中是什么意思呢？滕尼斯认为，斯宾诺莎给予了理解这一关系的整体视角：由于存在即意味着有力量，故而我们认为神是最圆满的、最实在的，那是因为它具有无限的力量，就此而言，人和自然界里的

① 具体参见本书第三章第二节的讨论。

② 纯粹的科学限定在几何学与政治学那里，对这两门学问来说，现实过程的起因都基于先天可证明的运动学。Ferdinand Tönnies, *Thomas Hobbes. Leben und Lehre*, Stuttgart：Friedrich Frommann Verlag, 1975, S. 114.

③ 我们无须在此复述斯宾诺莎的论证过程，只需要指出其用意与理论效果即可，论述过程参见《伦理学》命题五与命题八。

其他事物并没有根本的差别，世上并没有什么"国中之国"①，相反，一切生灵都处于同质性的力的较量的世界里：

> 在自然界中，没有任何东西可以说是起于自然的缺陷，因为自然是永远和到处同一的；自然的力量和作用，亦即万物按照它们而取得存在，并从一些形态变化到另一些形态的自然的规律和法则，也是在永远和到处同一的。②

由此，斯宾诺莎彻底斩断了霍布斯矛盾的根源。继而，站在这一新视角下，斯宾诺莎用更彻底的因果必然性来阐释这里所说的力的内容，我们看到，神不再是像过去那样超越地凌驾于万物之上，而是内在于万物之中，也就是它们的内因（Eth，Ⅰ，prop. 18），每一个事物的产生、存在以及本质都由神决定，它们对此的观念也源于神的观念，那么，这一观念是什么呢？斯宾诺莎说，既然神或自然是同一的力，那么我们当然要以同一的方式理解力所体现的永恒的因果必然法则：

> 一物之所以称为必然的，不由于其本原使然，即由于其外因使然。因为凡物之存在不出于其本质及界说，必出于一个一定的致动因。一物之所以称为不可能的，也是如此：不是由于它的本质或界说中包含着矛盾，就是由于没有一定的外因使它产生。其所以说一物是偶然的，除了表示我们的知识有了缺陷外，实在没有别的原因。因为或者我们不知道一物的本质是否包含着矛盾，或者我们虽然明知它的本质不包含矛盾，却因昧于该物的因果关系，对于它的存在不能加以明确地肯定，这样

---

① 对比本书第三章第二节里的讨论，霍布斯尽管承认人的心理是兽类心理学的组成部分，然而保留了超脱兽类的能力，即联想与语言。

② ［荷］斯宾诺莎：《伦理学》，贺麟译，商务印书馆2017年版，第96页。

的东西看来既不是必然的，也不是不可能的，因此我们便把它叫做偶然的或可能的。①

从因果观念凸显的时代哲学的发展方向来看，斯宾诺莎同他的前辈霍布斯之间似乎没有实质的差异，他们都诉诸一以贯之的科学理性规则来确定因果观念，使思维契合于自然世界的因果链条，只不过一方从个体事物入手；另一方则着眼于全体。然而相比于霍布斯，斯宾诺莎更彻底地扫清了迷信、偏见、蒙昧的障碍②，尤其当他讲出必然性之外的一切可能性或偶然性只是因为我们自己的思维昧于事物真正的因果联系时，他甚至决绝地根除了因个体的感觉或想象可能产生的错觉，毕竟在霍布斯那里，感觉或想象是心灵运动的起点。尤其当我们将这个原理推到意志学说，斯宾诺莎彻底的意志决定论效应将在人心和实践领域表现得淋漓尽致。

（2）意志的辩证运动

按照整体的知识次序，在确定了神及其属性之后，我们自然地过渡到对作为神的样式的一般事物的讨论（Eth，Ⅱ，prop. 10）。其中，人既是神的分殊或样式，又占据着特殊的位置，尽管如斯宾诺莎揭示的，在纯粹同质化的世界里并不存在着超脱其他生灵的人的目的王国，然而毋庸置疑，他同古今所有道德哲学家一样，最关心的莫过于人的现世命运和生活，莫过于"人的心灵及其最高幸福的知识"，他的《伦理学》就是要像牵着读者的手一般，教导他们：人心同神的关系是什么（第二部分的任务）、人生活在当下的实在处境是什么（第三部分的任务）、人为什么会软弱无力（第四部分的任务）、人如何摆脱软弱无力的状态而获得自由（第五部分的任

---

① ［荷］斯宾诺莎：《伦理学》，贺麟译，商务印书馆 2017 年版，第 31 页。

② 参照斯宾诺莎早年写作的《神学政治论》，这一点就更加明确了。在《神学政治论》里，斯宾诺莎通过对《圣经》的重新考证与解释，将它解读成一本纯粹由人的意志倾注进去的世俗之书，基于对犹太教和基督教教义的批判，斯宾诺莎实际上将他的刀锋指向了一切人间宗教。

务）。滕尼斯解读斯宾诺莎的核心，亦在于他笔下的人的问题①。

在《伦理学》第二部分的开始，从神向人的论题转变的逻辑环节是神有无限多的属性，亦在自身之中容纳着无限多的事物（Eth，Ⅱ，prop. 3），因而人作为神的样式，便同样具有神的属性的样式（Eth，Ⅱ，prop. 6），就像在神那里，从广延这一面把握的自然全体和从思维这一面把握的自然规律②不过是同一者，表现在人这里的身体和心灵亦是彼此对应的，它们遵循着相同的次序和联系（Eth，Ⅱ，prop. 7），与此同时，它们并不停留在并行的关系里，同霍布斯的判断一致，斯宾诺莎更进一步地说，心灵的思完全针对着身体，它对于身体受到的刺激会形成观念，因此它们又是交错在一起的，人因而是身心合一者（Eth，Ⅱ，prop. 13）。

在此，斯宾诺莎是如何理解作为身心合一的人的呢？更明白地说，如何从形而上学过渡到人性论？为了回答这个问题，滕尼斯认识到，我们不得不对《伦理学》第二部分的思想定位做一番交代。受西格瓦尔特的考证影响，滕尼斯看到：因为《伦理学》的第二部分和第一部分创作于同一时期（1665 年），它们的思想内容是一致的，且介于《简论》（1656—1660 年）和《伦理学》后三个部分（1675 年）之间，探讨转变的脉络，对发现《伦理学》内在的多重思想线索及其有机构成具有指引的意义。

---

① 需要指出的是，滕尼斯的两篇解读斯宾诺莎的主要文献即《霍布斯与斯宾诺莎》与《斯宾诺莎的批判研究》分属两个不同的理论任务，故而解释的偏向也不一样，前者聚焦斯宾诺莎的因果观，将分析集中在《伦理学》第一部分，后者则聚焦斯宾诺莎的心理学，将分析集中在《伦理学》第二到第五部分。因此两篇文献实际上对《伦理学》提供了完整的解释，我们接下来的讨论便立足于《斯宾诺莎的批判研究》。

② 所谓"神的思想"并不是一个容易理解的概念，它似乎可以上溯到希伯来人的古老观念。对此，斯宾诺莎写道，希伯来人隐约地见到：神的理智和神所知的对象是一个东西，比如存在于自然界中的圆形与在神之内存在着的圆形的观念是一个东西（Eth，Ⅱ，prop. 7）。抛开这种神秘的讲法，以斯宾诺莎的朴素观点说来，神的思想无非等同于它的力量、即它的运转法则，如果人掌握了自然的规律，他就像神思考自己那样思考神的本质。黑格尔后来抓住的斯宾诺莎的思想精髓就是这个内容，由他在《精神现象学》导言里道出的"主体即实体"说明一切。

首先，从《简论》到《伦理学》，对于认识（Erkennen）的理解经历了一番改变，在《简论》里，认识被视作一种纯粹的受动（Leiden），即由认识导致人的灵魂发生改变或者产生出此前没有的思想的样式①。然而到了《伦理学》第二部分，斯宾诺莎对"认识"做了两重新的规定：第一，观念是心灵形成的东西，心灵是能思的东西，是主动的（Eth，Ⅱ，def. 3）；第二，情感（比如爱情、欲望以及其他）是思想的样式，因此，观念先于思想的各个样式（Eth，Ⅱ，Axiom. 3），人的身体为外物刺激产生的情感都被置于观念之下（Eth，Ⅱ，prop. 16）。正是基于理智优先的规定②，斯宾诺莎不仅赞成霍布斯将意志视作不自由的（Eth，Ⅱ，prop. 48），而且第一次提出了意志与理智是同一的东西（Eth，Ⅱ，prop. 49），前一个结论很好理解，因为斯宾诺莎已经在第一部分清楚地证明，人心是神之思想的样式，不能自己决定自己的行为，只能遵照自然的法则行事，第二个结论却并不好理解，这涉及斯宾诺莎在此对"意志"概念的特殊规定：

> 我认为意志是一种肯定或否定的能力，而不是欲望：我说，意志，是一种能力，一种心灵借以肯定或否定什么是真、什么是错误的能力，而不是心灵借以追求一物或避免一物的欲望。③

正如滕尼斯精确概括的，在斯宾诺莎这里，意志被视作思维物，它只是伴随着认识上的一种肯定的能力。它与认识的关系，就好像

---

① 对应《简论》本身的讨论，斯宾诺莎将认识分成三种形态：意见、信仰、清楚的认识（爱恋），分别对应三种不同的情感，故而被视作纯粹的受动。Christoph von Sigwart, *Spinozas neuentdeckter Traktat von Gott, dem Menschen und dessen Glückseligkeit*, Gotha：Verlag von Rud. Besser，1866，S. 64.

② 因此，我们不难理解，在第二部分讨论人心性质与意志论题之间，斯宾诺莎为什么论述的是清楚的、明确的知识与不清楚、不明确的知识的差别。

③ ［荷］斯宾诺莎：《伦理学》，贺麟译，商务印书馆 2017 年版，第 87 页。

彼得或保罗这个人同人本身的关系一样（Eth，Ⅱ，prop. 48）。斯宾诺莎的这一意志观点，实际上对霍布斯的意志学说做了非常彻底的"决定论"方向的推进。我们看到，在霍布斯的表述里，意志仍然是一种欲望，是在诸欲望间斟酌的最终一锤定音的选择，然而，斯宾诺莎却要将意志从欲望那儿抽离出来，为欲望找到一个绝对基础、客观和必然的逻辑前提①。从《简论》直到《伦理学》，斯宾诺莎一直致力于区分意志与欲望：欲望是这样一种方式，它在心灵里的目的，是着眼于我们在某一东西中所见的好、坏，去追求和达成这个东西；而意志只是心灵的这样一种作用，我们不问好、坏，只是肯定或否定一个东西，如果联系到上文所讲的神的自我思想，那么我们甚至可以说，当我们因为知觉形成了一个观念时，我们并不是在它之上肯定什么或否定什么，而是这个观念本身在我们心中对自己肯定或否定②。对此，滕尼斯评论说，斯宾诺莎实际上讲出了一个简单却深刻而真实的思想，即直观（Anschauung）的最直接的含义：我们的认识是认识本身对其自明性的肯定③。

如果将这一逻辑的前提还原为人在当下的具体生存状态，我们也许会更直观地理解斯宾诺莎的理论推演：霍布斯笔下的个体在无声的激情累加过程中作出利己选择，然而面对人人为敌的自然状态，他的畏死的激情促使理智临现，为了自我保存而同他人订立和平的契约，从自然人过渡到公民。而在斯宾诺莎这里，人的每一刻的意

---

①　Ferdinand Tönnies, "Studien zur Kritik des Spinoza", in *Studien zur Philosophie und Gesellschaftslehre im 17 Jahrhundert*, Herausgegeben von E. G. Jacoby, Stuttgart：Friedrich Frommann Verlag, 1975, S. 250.

②　[荷] 斯宾诺莎：《简论上帝、人及其心灵健康》，顾寿观译，商务印书馆2012年版，第128—129页。

③　黑格尔看到了这一点，他说斯宾诺莎所认为的真实的东西都沉没在实体之中，这是哲学的绝对基础，实际上就是直观普遍者之意。然而他同时认为斯宾诺莎对实体的讨论没有做进一步的区分，因而还没有达到"反思"的阶段，其最致命的批评，莫过于针对斯宾诺莎"实体"概念的形式化的规定。[德] 黑格尔：《哲学史讲演录》第四卷，贺麟、王太庆译，商务印书馆1983年版，第101—102页。

志都以观念的形态出现，且每一个观念都包含着观念自身的肯定性，因此人活着的每一时刻，既在专注地沉思，又清醒地知觉并确信观念，因此，他的意志行动是绝对必然的，又是连续的。

在滕尼斯看来，斯宾诺莎的学说结合了意志和理性。从《伦理学》第二部分跨越到第三部分时，斯宾诺莎对人心的想象又有了更丰富的乃至不乏对立性的面向①，这体现在他对人的情感（affekte）处境的论述方面，而支配其思考的核心概念就是"努力"（conatus）。从原本的实体安宁流溢的气氛里，斯宾诺莎突然以一种令人感到震惊的方式宣称：正因为事物是以一定形式表示神的力量的事物，故而每一个自在的事物莫不努力保持其存在（Eth，Ⅲ，prop. 6），不仅如此，只要它没有因某一外因而从这个世界消失，便会永无止境地、"不包含任何确定时间"地赖它借以存在的力量（potentia），努力维持其存在（Eth，Ⅲ，prop. 8）。滕尼斯敏锐地看到，尽管斯宾诺莎在此所运用都是传统术语，涉及从潜能（potentiellen）到实在（Aktuelle）的转变，然而他要说的，并不是形而上学或认识论的原则，而是心理学的有效事实。② 紧接着命题八，他在命题九的证明和附释部分写道：

> 心的本质（mentis essentia）……必努力保持其存在，并且在不确定的时间内保持其存在。但既然心灵通过身体的感触的观念，必然意识着它自身，所以它也意识着自己的这种努力。这种努力，当其单独与心灵相关时，便叫做意志（voluntas）。当其与心灵及身体同时相关联时，便称为冲动（appetitus）。……欲望

---

① 对此，滕尼斯对斯宾诺莎的判断多少也经历了变化，他在《斯宾诺莎的批判研究》的开始就指出，自己希望纠正过去的一个错误，即视斯宾诺莎为理性论者，而现在他更突出地认识到意志（Voluntas）的在其理论中的首要位置和内含的复杂脉络。

② Ferdinand Tönnies，"Studien zur Kritik des Spinoza"，in *Studien zur Philosophie und Gesellschaftslehre im 17 Jahrhundert*，Herausgegeben von E. G. Jacoby，Stuttgart：Friedrich Frommann Verlag，1975，S. 259.

（cupiditas）一般单指人对它的冲动有了自觉而言，所以欲望可以界说为我们意识着的冲动。①

　　就此而言，滕尼斯指出，相较第二部分，斯宾诺莎对意志论有两方面的推进：其一，过去情感作为思想的样式，被置于认识的概念之下（Eth，Ⅱ，Axiom. 3），现在它们的关系却被倒置过来，由努力规定的意志成了心灵的本质而统摄其他的概念；其二，过去纯粹逻辑意义上的意志此时针对心灵或心灵与身体的结合体，因而具有了内容，更具体地说，逻辑意义上的意志只是无条件地肯定观念，但此时在这种单纯的肯定意涵之上，添加了一个现实的判断标准，即是否有益于身心的存在，是否促进或阻碍了力量，因而之前的逻辑演变为一种意志的心理学过程：首先，我们形成了一个观念，与此同时，我们也就肯定了它；接着，我们会判断它是否增加了我们身体的力量；最后，我们才会选择欲望它或躲避它（Eth，Ⅲ，prop. 11）。

　　那么在何种意义上我们会认为某一观念会增加或减少身体的力量呢？对此，滕尼斯洞察到一个事实：即斯宾诺莎在谈论力量（potentia）概念的时候，实际上将它理解为因果性，而因果性又同完善是一个意思（Eth，Ⅳ，prae）。② 正是因为神按照自己的法则行事，故而他有无穷的力量，是完全的主动者。人却不是这样，他只是自然的一部分，他的情感源于身体的感触（Eth，Ⅲ，def. 3），这样一来，情感的最通常的含义就是被动的，又因为身体的感触包含了外物性质的同时，又包含了自己人身的性质，带来了个人的想象和欲望（Eth，Ⅱ，prop. 16），所以它必然又不是关于外界事物的纯粹真知识（Eth，Ⅱ，prop. 25），人将昧于事物的真正原因，随着他心中

---

① ［荷］斯宾诺莎：《伦理学》，贺麟译，商务印书馆2017年版，第106页。

② Ferdinand Tönnies，"Studien zur Kritik des Spinoza"，in *Studien zur Philosophie und Gesellschaftslehre im 17 Jahrhundert*，Herausgegeben von E. G. Jacoby，Stuttgart：Friedrich Frommann Verlag，1975，S. 260.

产生的一个外在原因的观念，他同时产生了快乐和痛苦的情感（Eth，Ⅲ，prop. 13），恰恰由于人面对外在事物的被动，这些情感于他而言往往是偶然的、随时更替的，他们常常处于情感的波动和纠缠的状态（Eth，Ⅲ，prop. 15，17）。有鉴于此，斯宾诺莎在《伦理学》第四部分谈到人的被动或无力的状况时说，人的某一情感甚至不能靠真观念就能消除，而是要靠比它力量更大的情感冲淡、改变（Eth，Ⅳ，prop. 7）。

单纯从斯宾诺莎此刻勾画的人性图景来看，尽管它意味着一种被动的激情，故而和霍布斯的自然状态下人的激情有着表面上一致性，即人都是根据他感到的快乐和痛苦规定什么是善，什么是恶，然而他们笔下的自然状态下的人的生活基调又是不一样的，从生存的根基、激情的起源以及想象他者的方式，它们以彼此相悖的方式展现出来。

霍布斯对自然人的想象是从绝对个别的、孤立的个体出发的，自然人的欲望都源于直接受到外物运动的刺激，他通过语言所表达的要求亦是直接而短促的，诸如"我爱""我怕"①；更要命地，他绝不可能满足于眼前有的好处，而是要拼命地去占有更大的欲望之物，因为他自己意识到，如果自己不去争，那么自己已经占有的都会失去，换句话说，自然人的生活的唯一目的就是无限地占有想象的好处，按照霍布斯所说的作为争斗之因的三重人性特征、即"竞争""猜疑"与"虚荣"，自然人无非要在保住生命的前提下求利、求名；在他的眼中，所有的他人都是无差别的敌人；当霍布斯将自然人的生存降至逻辑的极限，他同时让自然人绝处逢生地激发起理性，相信理性的自然法的效力，在这个意义上，"自我保存"既是自然权利，更是渗透到自然法里的、不容否认的规范基础。

斯宾诺莎理解的自然状态却不是这样的。他根本不认为存在着

---

①　参见《利维坦》第六章，激情与语言问题实际上互为表里，语言既是激情的定向，也是它的表达。

像霍布斯所说的那种异于自然权利的理性的自然法，要解释这一观点的差异，我们不得不联系他们所立足的自然哲学的基础，如果霍布斯要以身体和运动结合而成的激情解释贯穿人性论始终，那么引入专属人的规范的自然法便会同上述解释形成抵牾，因为这个叫作"法"的人造物和自然运动产生激情不是同质的东西，用简单的话说，自然人出乎自己的需要去行动，但是因为在人人为敌处境下寻求保全，所以想到要人为地制定契约，暂且不论愚者与意志薄弱者的情形①，霍布斯预设了"自然使人在身心两方面的能力都十分相等"的前提，然而在现实里，谋求且最终手握权力的人总会想尽办法打破人为法则的羁绊，追求同自己的权力同等的、甚至比自己权力更大的好处，换句话说，人为的规范总是会依照人的现实欲望和势力的平衡与差异的情形改变，契约只有实用才有效②。

什么是实用呢？实用就是人的力量同实际的利益是对应的，这样，他才能真正地肯定自己的能力限度，遵守契约的规定，为此，斯宾诺莎为霍布斯断裂的地方找到了实在的、同一的基础③，这个基础就是自然力，对他而言，自然力不仅是能力，更意味着他享有的权利。在这背后，斯宾诺莎对霍布斯的真正批评在于：我们怎么在无限的自然世界之外独立地设想一个绝对的个体呢？如此一来，他将永远昧于自己的想象，在无法解释自然的地方，为自己营造一个目的世界，看不到人就是自然的一部分，他的力量源于自然的赋予，本质上并没有多出什么东西。从斯宾诺莎的眼光来看，霍布斯想要

① "自然法并不要求愚者和意志薄弱者安排明智的生活，犹如不要求病人具备健康的身体一样。"参见［荷］斯宾诺莎《政治论》，冯炳昆译，商务印书馆1999年版，第20页。

② ［荷］斯宾诺莎：《神学政治论》，温锡增译，商务印书馆1996年版，第215—216页。

③ 滕尼斯认为斯宾诺莎是早期近代最彻底的实在论者（Realist）。Ferdinand Tönnies，"Studien zur Kritik des Spinoza"，in *Studien zur Philosophie und Gesellschaftslehre im 17 Jahrhundert*，Herausgegeben von E. G. Jacoby，Stuttgart：Friedrich Frommann Verlag，1975，S. 286.

用理性"创造"世界的冲动，已经逾越了他的几何学的科学信念，因为几何学不可能发明一个世界之外的东西，而是校正和救治人自己的虚妄，当他说几何学的证明就是"心灵的眼睛"①，借此去看自然并按照自然的法则生活的时候，他已经把握了这个真理。

因此，即使他笔下被动的自然人像他那样孤独、清贫，也无处不渗透着纯粹而饱满的热情以及富有质感的生活之趣。他们的爱与恨源于和我们无处不同质的世界，因而它们指向的不是占有，即仿佛人要去得到一个异于自己的东西一样，而是想着所爱与所恨的对象（Eth，Ⅲ，prop. 18－19），他们会因为所爱对象的命运而快乐与悲伤（Eth，Ⅲ，prop. 21），努力为所爱的对象谋取幸福、消除所恨的对象（Eth，Ⅲ，prop. 28），会因为共同喜爱或憎恶同一个对象而彼此爱恋（Eth，Ⅲ，prop. 24），甚至会想象他人的爱与恨，按照他人的"目光"努力行动（Eth，Ⅲ，prop. 29）。对此，法国哲人德勒兹曾这样注解斯宾诺莎的孤独，而这种孤独本质上又是他笔下的自然人的孤独感：

> 斯宾诺莎不相信希望，甚至不相信勇敢；他只相信快乐，相信眼力。只要别人让他生活，他就让别人生活。他只愿意启发、唤醒、显示。起第三只眼睛之作用的证明不是为了发号施令，甚至不是为了说服，只是为这种启发出来的自由的眼力构成眼睛或磨制镜片。②

滕尼斯是懂得这一点的，在未来的《共同体与社会》里，他以惊人的洞察力将斯宾诺莎的意志论同霍布斯的"抉择意志"（Kürwille）理论区别开来，将之定义为"本质意志"（Wesenwille）

---

① ［荷］斯宾诺莎：《伦理学》，贺麟译，商务印书馆 2017 年版，第 255 页。
② ［法］吉尔·德勒兹：《斯宾诺莎的实践哲学》，冯炳昆译，商务印书馆 2004 年版，第 16 页。

的哲学基础。① 从这个视角来看，本质意志同抉择意志之间并不是截然的对立关系，本质意志意味着克服了抉择意志虚假的"自然—人为"的二元对立的想法，道出了抉择意志遮蔽了的同一的自然基础，正如斯宾诺莎的意志论是对霍布斯的完成，本质意志也是对抉择意志的真正完成。

二 作为意志直观对象的社会

意志的辩证法并没有在此结束，它绝不会以被动的处境作为自己的终点，而是要从被动地受情感支配的、软弱无力的奴役状态上升到自由状态。这个过渡既是《伦理学》第四部分向第五部分转折的题中之义，更是作为辩证法起点的"理智与意志同一"原则的具体实现，贯彻于斯宾诺莎的意志内容展开过程的始终。

需要注意到，在《伦理学》第三部分定义人的情感时，斯宾诺莎的确强调情感通常意味着人的被动性②，然而他同时承认，存在着两种主动的情感类型（Eth，Ⅲ，prop. 58 - 59)，它们被称作坚韧与仁爱：

> 从与能认识的心灵相关联的情绪而出的一切主动的行为，都可以称为性格的力量（strength of character）。精神的力量可分为坚韧（tenacity）与仁爱（nobility）二种。所谓坚韧是指每个人基于理性的命令努力以保持自己的存在的欲望而言。所谓仁爱是指每个人基于理性的命令，努力以扶助他人，赢得他们对他的友谊的欲望而言。故凡一切行为，其目前只在为行为的当事者谋利益，便属于坚韧，凡一切行动，其目的在于为他人谋利益，便属于仁爱。故节制、严整、行为机警等，乃属于坚韧

---

① Ferdinand Tönnies, *Gemeinschaft und Gesellschaft. Grundbegriffe der reine Soziologie*, Darmstadt: Wissenschaftliche Buchgesellschaft, 1979, S. XXVII.

② "经验已经十分充分地昭示我们，人类最无力控制的莫过于他们的舌头，而最不能够做到的，莫过于节制他们的欲望。"参见［荷］斯宾诺莎《伦理学》，贺麟译，商务印书馆2017年版，第101页。

一类，反之，谦恭、慈惠等乃属于仁爱一类。①

　　无论面向自我的坚韧品质，还是指向他人的仁爱品质，首先都有赖于对情感原因的正确认识（Eth，Ⅲ，def. 3），在斯宾诺莎哲学的特定语境里，对原因的正确认识就意味着人的心灵对原因有充足观念，更准确地说，充足观念就是自己本性本身，人能支配自己的情感，"从心所欲不逾矩"地必然行动。那么，什么样的观念是充足观念呢？很显然，神或自然本身作为一切存在与发生的内因，构成了绝对无限的原因，与此相对的是有限的原因，即人可以循着无限的因果链条找到一个有限的施动者，却无力跨越有限事物和无限原因的鸿沟，认识无限的、永恒的神②（Eth，Ⅲ，prop. 28）。

　　在无限的原因和有限的原因之间，斯宾诺莎区别了两种有效的知识（Eth，Ⅱ，prop. 40，42），其中，通向无限者的是他所谓的"第三种知识"。根据他的说法，这种知识是直观的知识（scientia intuitiva），它并非由某一现实的效果出发寻找原因的链条，而是从最高的神的知识开始，"由神的某一属性的形式本质的正确观念出发，进而达到对事物本质的正确知识"③。在读到这段内容的时候，滕尼斯对斯宾诺莎带有神秘色彩的理智直观的表述带有些许不满，故而发出了"第三种知识完全建立在信念的主观基础上"的感慨④，但是，他却敏锐地从中看到了联通无限的知识和有限的知识之间的桥梁：

---

　　① ［荷］斯宾诺莎：《伦理学》，贺麟译，商务印书馆 2017 年版，第 148—149 页。部分概念对照 Edwin Curley 的《伦理学》英译本。

　　② 准确地说，"无限的原因"本身并不是一个恰当的提法，因为原因链条仍然意味着有限者之间的次序关联。

　　③ ［荷］斯宾诺莎：《伦理学》，贺麟译，商务印书馆 2017 年版，第 79 页。

　　④ Ferdinand Tönnies，"Studien zur Kritik des Spinoza"，in *Studien zur Philosophie und Gesellschaftslehre im 17 Jahrhundert*，Herausgegeben von E. G. Jacoby，Stuttgart：Friedrich Frommann Verlag，1975，S. 253.

（斯宾诺莎的意思是）神是无限多的心灵的总和，正如他是无限多身体的总和。在神之中，每一个身体、每一个物体以及所有当前的东西都是一种知识、一种观念。只要这种观念（也就是说，神的观念）与一个有限的心灵的观念同一，那么在这个有限的心灵里，观念就是完善的，否则就是不完善的。这种观念的同一性是一种必然性，其中存在着所有事物共同的（gemeinsam）东西，这一共同的东西以同样的方式存在于部分以及全体之中。①

滕尼斯巧妙地做了一个视角下移的（hinabsteigend）解读，尽管理智直观对斯宾诺莎而言是彻底必然的思想使命，然而他本人并没有认为理智直观否定掉了推理的知识；相反，两者都是真知识（Eth，Ⅱ，prop. 41），也就是说，从人这样一个有限者的生活处境出发，我们仍然保有类比式地向上无限逼近神或自然的可能性，即不断在更大范围、更高程度上认识到事物间的共同处："从对于事物的特质（propria）具有共同概念和正确观念而得来的观念，我将之称作理性或第二种知识。"② 有别于黑格尔或黑格尔对斯宾诺莎主义"缺乏区分或对立"的批评，滕尼斯看到这种从个体上升到"共同体"（Gemeinschaft）的道路之所以可能，多少因为神与人、整体与部分之间共享力量的永恒法则。③

---

① 对应《伦理学》第二部分命题三十八以及命题四十的附释一的讨论。Ferdinand Tönnies，"Studien zur Kritik des Spinoza"，in *Studien zur Philosophie und Gesellschaftslehre im 17 Jahrhundert*，Herausgegeben von E. G. Jacoby，Stuttgart：Friedrich Frommann Verlag，1975，S. 253.

② ［荷］斯宾诺莎：《伦理学》，贺麟译，商务印书馆 2017 年版，第 79 页。

③ 黑格尔对斯宾诺莎主义的批评，可参见《哲学史讲演录》第四卷。在黑格尔看来，斯宾诺莎主义的实质问题就是，作为绝对普遍者的实体没有形成自我的区分和对立，因此个体性和普遍性的关系就是一种东方神秘主义式的沉没关系。对黑格尔来说，个体向着普遍者上升运动的过程中，必然要经历自我否定的环节，我们在《法哲学原理》里就可以清楚地看到这一点，他否认市民社会的"共同体"能够直接上升到伦理国家，就是因为"共同体"只是不同的个体达成的偶然的、暂时的关系，缺少绝对统一的伦理实体的精神否定它进而实现自身。

由此，斯宾诺莎从人到神的部分与整体的辩证法，移置到对"个体"（Individuum）重新界定的任务当中。对滕尼斯而言，斯宾诺莎确定的个体概念具有决定性的意义，他第一个将个体置于同人类全体相互关联里理解前者：[①] 在《伦理学》第二部分定义七里，个体不仅被理解为有限的且具有一定存在的事物，而且是许多事物的总体，只要它们共同作出一个行动、共同成为某一结果的原因（Eth，Ⅱ，def. 2），推及整个自然，都可以被视作一个个体（Eth，Ⅱ，prop. 13）。毫无疑问，作为身心合一体，人的身体越能主动地做成和适应外在的事物，他就比其他身体更有力量；与此对应，他的心灵里的真观念就比其他心灵更多（Eth，Ⅱ，prop. 13 – 14），那么，一个人以何能够更有力量？在斯宾诺莎看来，一定是因为我们主动地发现并拥有了和其他事物共同的东西，以此主动地同它们结合成了一个更有力量的个体（Eth，Ⅱ，prop. 38），推到人与人共同的社会生活，遵循着的便是同样的原理，甚至没有比人与人的相互扶助、结合成共同体更合乎人的普遍本质了：

　　在我们外面，实在有不少的对我们有益的东西，是我们所须寻求的。其中尤以完全与我们的本性相符合的存在，为最有价值。譬如，假如有两个本性完全相同的个人联合在一起，他们将构成一个个体，比较各人单独孤立，必是加倍的强而有力。所以除了人外，没有别的东西对于人更为有益。因此我说，人要保持他的存在，最有价值之事，莫过于力求所有的人都和谐一致，使所有人的心灵与身体都好像是一个人的心灵与身体一样，人人都团结一致，尽可能努力去保持他们的存在，人人都

①　需要注意，滕尼斯在《共同体与社会》第一版前言的表述："个体的人与整个人类之间的对立关系才是纯粹的问题。"Jacoby 将这一点视作滕尼斯社会学意识的起点，并将之追溯到斯宾诺莎，具体参见 E. G. Jacoby, *Die moderne Gesellschaft im sozial-wissenschaflichen Denken von Ferdinand Tönnies*, Herausgegeben von Arno Bammé, München: Profil Verlag, 2013, S. 30.

追求全体的公共福利。由此可见，凡受理性指导的人，亦即以理性作指针而寻求自己的利益的人，他们所追求的东西，也即是他们为别人而追求的东西。所以他们都公正、忠诚而高尚。①

特别要注意到，斯宾诺莎在谈到人的联合是理性的规定时，有意地驳斥了霍布斯的言论。他既恢复了霍布斯着力否定的"人是社会动物"的古老箴言，又取消了霍布斯在《论公民》献辞里提到的"人待人如豺狼"、保留了"人待人如神"的谚语。我们知道，"人是社会动物"源于亚里士多德在《政治学》里提出的"人是政治动物"的论断，此后经斯多葛学派和中世纪学者的改造，转变成现在的这一言辞，无论前者还是后者，它们都基于一个共同的目的论前提：人的本性就包含着成为政治人与社会人的潜能或目的。这一说法遭到霍布斯的猛烈批评，尽管和霍布斯一样，斯宾诺莎攻击传统的目的论，然而他保留了个体同全体的必然关系，唯有当人们遵循理性的指导而生活时，他们的本性才最能符合，一个人寻求自己的利益和彼此间的共同利益不仅不相互违背，而且是一致的。

斯宾诺莎绝不否认人能够照此理性的生活，然而他也不得不承认一个事实：在现实里真正有理性的人是极少数的，大多数的人在多数时候都是不理性的，他们被贪婪、野心、嫉妒、怨恨和虚荣等激情蒙住眼睛，陷入无法以理性指引走出幻想的泥潭（Eth，Ⅳ，prop. 1），根本不可能认识到自己的真正利益所在，更谈不上认识到自己和他人的共同之处。他清醒地知道，人绝大多数时候，都会面对被动的情感，于是，紧接着上述遵循理想的社会的推论，他调转过身，以霍布斯式的口吻写道：

　　我曾经指出，任何情感非借一个相反的较强的情感不能克制，并且又曾指出，一个人因为害怕一个较大的祸害，可以制

---

① ［荷］斯宾诺莎：《伦理学》，贺麟译，商务印书馆 2017 年版，第 184 页。

止作损害他人的事。就是这个定律便可以作为建筑社会的坚实基础，只消社会能将私人各自报复和判断善恶的自然权利，收归公有，由社会自身执行，这样社会就有权力可以规定共同生活的方式，并制定法律，以维持秩序，但法律的有效施行，不能依靠理性，而须凭借刑罚，因为理性不能克制情感。像这样的坚实的建筑在法律上和自我保存的力量上面的社会就叫做国家，而在这国家的法律下保护着的个人就叫做公民。①

单纯将这段话置于近代自然权利和契约论脉络里看，许多论者将此视作一个例证，证明斯宾诺莎是个霍布斯主义者，甚至结合此前斯宾诺莎写给友人的宣称"永远让自然权利不受侵犯"的信，指出社会或国家状态本质上就是潜在的自然状态，因而将斯宾诺莎定位为比霍布斯本人还要彻底的霍布斯主义者。② 滕尼斯承认这一事实③，但是随着对《伦理学》逐步深入的阅读、"社会"越来越清晰地浮现在他的眼前，他也为此提供了一个朝着未来社会科学方向的④、更具张力的解读方案：这一方面表现在回溯作为心理基础的意志的构成；另一方面表现为行动与社会之间互相作用的关系。

在主动的情感支配的理性社会与被动的情感构成的契约社会之

①　[荷] 斯宾诺莎：《伦理学》，贺麟译，商务印书馆 2017 年版，第 200 页。

②　具体可参见吴增定《斯宾诺莎的理性启蒙》，上海人民出版社 2012 年版，第 152 页。

③　滕尼斯曾比较斯宾诺莎早年的第 23 封信（1665 年）与《伦理学》这段文字间的思想差异，并指出：前者将正义视作一种自然的、理性的、道德的美德，到了后者这里，正义已经不被视作个体的认识行动，而是一种基于社会状态之事实的东西。霍布斯则处于两者之间。Ferdinand Tönnies, "Studien zur Kritik des Spinoza", in *Studien zur Philosophie und Gesellschaftslehre im 17 Jahrhundert*, Herausgegeben von E-. G. Jacoby, Stuttgart: Friedrich Frommann Verlag, 1975, S. 247.

④　对斯宾诺莎的形而上学与认识论学说的哲学抑或社会科学解读方向，参见 Ferdinand Tönnies und Friedrich Paulsen, *Briefwechsel 1876 – 1908*, Herausgegeben von O-laf Klose, E. G. Jacoby, Irma Fischer, Kiel: Ferdinand Hirt, 1961, S. 182.

间，我们实际上看到的是在其中发挥主宰作用的意志的复调结构。在《伦理学》第三部分的"情感的总界说"里，斯宾诺莎就直接地情感定义为一个混淆的观念，他说："通过这种观念，心灵肯定其身体或身体的一部分，具有比前此较大或较小的存在力量，而且由于有了这种混淆的观念，心灵便被决定而更多地思想此物，而不是思想他物。"① 对此，滕尼斯非常敏锐地认识到：斯宾诺莎的意志概念里包含着两重直观，一重是理智的直观（die intellektualistische Anschauung）；另一重是意志的直观（die voluntaristische Anschauung）②，前者意味着人对自身的被动情感的直接意识，并朝着支配被动情感、主动地朝向共同体认识和实践的努力，后者则意味着我们的被动情感本身，它们彼此抵牾却又相互交织形成了有机的"意志"。

在滕尼斯的眼中，斯宾诺莎的深刻的地方并不在于为霍布斯的激情心理学植入了一个平行的思想维度，而在于呈现理智与激情的充分张力：只要斯宾诺莎仍然将人的努力视作自我保存，用他的快乐和痛苦定义善与恶，那么他就根本不可能克服意志的被动性，恰恰人无时无刻不受到来自外在世界的刺激，并以自己的好恶行动，但是他又不能失去主动认识自己和别人的共同点，发现共同利益直到追溯到他们所由出的"实体"，志愿缔结共同体的自由。③ 我们不要忘记，在《共同体与社会》里，当滕尼斯将全书最核心的"本质意志"概念定义为"包含了思维的意志"，他不过重复了斯宾诺莎

① ［德］斯宾诺莎：《伦理学》，贺麟译，商务印书馆2017年版，第163—164页。

② Ferdinand Tönnies, "Studien zur Kritik des Spinoza", in *Studien zur Philosophie und Gesellschaftslehre im 17 Jahrhundert*, Herausgegeben von E. G. Jacoby, Stuttgart: Friedrich Frommann Verlag, 1975, SS. 252 – 259.

③ 关于斯宾诺莎的意志自由与意志决定论，参见 Ferdinand Tönnies, "Studien zur Kritik des Spinoza", in *Studien zur Philosophie und Gesellschaftslehre im 17 Jahrhundert*, Herausgegeben von E. G. Jacoby, Stuttgart: Friedrich Frommann Verlag, 1975, S. 274.

的原始洞见。①

从意志的二重性出发，滕尼斯进一步地指出，斯宾诺莎在心理和社会之间，塑造一套全新的社会行动的伦理观。它的前提是对"社会条件"的揭示，正像滕尼斯说的，斯宾诺莎的思想以非同寻常的方式向我们揭示了人的行动就如同其他有限者那样，受到种种条件的限制，而且必然由种种条件来揭示②，然而这并不意味着取消了行动者的责任（Verantwortung）或罪责（Schuld），在这里，滕尼斯清醒地区分了斯宾诺莎伦理学里的行动者的"责任"和社会条件的"原因"：

> 没有人会否认，自己不能更好地认识到自己的真正利益。如果后面这种情况存在的话，那或者归咎为他自己的有缺陷的能力或意志。就此而言，通过现实的权衡，每个人都能向自己指出并追求对他而言最好的东西。如果他无法去认识，或者他的教师、养育者、立法者等等没能教给他如何去认识，那么这是环境的责任。但是环境是没有责任的，它们都是原因而已。根本就不存在什么外部的罪责或贡献，存在着的仅仅是聪明的与不聪明的行动，甚至毋宁说是科学的、正确的认识，人的真正幸福就存在于此。指出这一点并且为这一点奠基，正是伦理学的任务。③

---

① Ferdinand Tönnies, *Gemeinschaft und Gesellschaft. Grundbegriffe der reine Soziologie*, Darmstadt: Wissenschaftliche Buchgesellschaft, 1979, S. 73.

② Ferdinand Tönnies, "Studien zur Kritik des Spinoza", in *Studien zur Philosophie und Gesellschaftslehre im 17 Jahrhundert*, Herausgegeben von E. G. Jacoby, Stuttgart: Friedrich Frommann Verlag, 1975, S. 292.

③ Ferdinand Tönnies, "Studien zur Kritik des Spinoza", in *Studien zur Philosophie und Gesellschaftslehre im 17 Jahrhundert*, Herausgegeben von E. G. Jacoby, Stuttgart: Friedrich Frommann Verlag, 1975, SS. 291 – 292.

第 六 章

马克思：社会条件及其伦理批判

"在长达四十二年多的时光里，我尝试理解马克思并跟从他学习，但是从来没有放弃自己思考的特质和独立性。"[1]

——滕尼斯

"当人们评价一位当代学者尤其一位当代的哲学家是否诚实，就看他如何看待尼采与马克思。谁不承认他自己工作中的最重要的部分可以在不关涉这两位思想家的思考前提下就能完成，那就是自欺欺人。我们存在的精神世界，很大程度上是由马克思与尼采缔造的。"[2]

——马克斯·韦伯

---

[1] "Ich seit mehr als 42 Jahren mir angelegen sein ließ, Marx zu verstehen und von ihm zu lernen, ohne die Eigenheit und selbständigkeit meines Denkens einbüßen." 引自 Ferdinand Tönnies, *Marx. Leben und Lehre*, hrg. Arno Bammé, Wien: Profil Verlag, 2013, S. 14.

[2] "Die Redlichkeit eines heutigen Gelehrten, und vor allem eines heutigen Philosophen, kann man daran messen, wie er sich zu Nietzsche und Marx stellt. Wer nicht zugibt, dass er gewichtigste Teile seiner eigenen Arbeit nicht leisten könnte ohne die Arbeit, die diese beiden getan haben, beschwindelt sich selbst und andere. Die Welt, in der wir selber geistig existieren, ist weitgehend eine von Marx und Nietzsche geprägte Welt." 引自 Eduard Baumgarten, *Max Weber. Werk und Person*, Tübingen: Mohr, 1964, S. 554.

在滕尼斯理论思考的脉络里，斯宾诺莎的整体主义对霍布斯的个人主义的转向，揭示出个体与整体间关系的问题意识，预示着现代社会科学思维的诞生，到了19世纪中期，随着大工业时代日渐来临，个体自由与社会条件之间难以调和的矛盾使得所谓"社会问题"（soziale Frage）① 以总体化的方式产生并凸显出来，人的经济生活、政治生活、精神生活陷入全面危机，正是马克思对此深刻而诚实的洞察，呈现了现代社会关系最抽象、最残酷甚至最悖谬的本质。滕尼斯无数次地在自己的著作中提到，当他在1878年第一次读到马克思的《资本论》时，他如何为书中强有力的分析和雄壮的修辞震撼不已，从而激活了自己关于欧洲社会乃至总体文化困境的思考动力，从此马克思的人格形象和社会学说就一直陪伴着他。对他而言，马克思无异于19世纪的霍布斯与斯宾诺莎，站在19世纪的历史背景里回应他们提出的现代性问题：人何以自觉地成为清明者，他又如何同别人共同生活？但与此同时，他（更准确地说是滕尼斯笔下的马克思）逾越了17世纪的自由思想家的视界，提出面向未来生活的复杂的道德与伦理问题。

正如霍布斯与斯宾诺莎的道德哲学、政治哲学建立在宗教批判的基础上，致力于破除人心对神的幻觉，马克思的社会学说则以资本批判为前提，着力破解人对商品和资本的拜物教幻觉；由此出发，马克思像霍布斯一般，率真地掀开了现代资本主义社会秩序（所谓由货币维持的和平交换）面纱，捧出了"美杜莎头颅"（所谓剩余价值铁律），他告诉我们，没有人不活在相互竞争、拼命压迫和对抗的自然状态下；同样，他像斯宾诺莎一般，以一种整体的世界观，指出人只要生活在阶级社会里，就无时无刻不受社会条件制约、无视无刻不在遭受奴役，从而他迫切地要去打破阶级社会的枷锁，从

---

① "社会问题"或"社会问题的发展"是滕尼斯的"应用社会学"的核心主题，为此，他的《直到第一次世界大战前的社会问题的发展》（1919年）以及《近代的精神》（1935年）两部著作，都是围绕这个主题展开的讨论，而这又建立在他对马克思所阐释的现代社会特征的总体把握的基础之上。

取代了神的人的"类本质"理解人的自由。当滕尼斯跟随马克思的脚步，从"政治经济学批判"到"唯物史观"，一层层地剖析社会的结构肌理和动态机制时，他亦在一层层地同马克思做伦理的辩论，慢慢形成自己的实践生活的具体图景。

第一节　现代社会问题的诞生

事实上，在滕尼斯的理论框架里，对马克思的解读并不是一个独立存在的论题，而是嵌入现代社会问题发展的谱系之中的。在他看来，自 18 世纪始，以率先确立资本主义工商业和民主政治体制的英国为首，欧洲各国普遍卷入所谓近代化（Modernisierung）的发展进程，尽管近代的精神有其共通的特征，如梅因归纳的"从身份到契约"的规律，突出表现为人格和财产获得自由、独立人格间彼此缔结商业契约、由主权者按照政治契约代表和履行公共意志，但是不得不承认，不同民族国家所走的具体道路、各自凸显的"社会问题"的向度是不一样的。

相较于英国和法国，18 世纪的德意志诸国不仅处在四分五裂的状态下，而且受帝国和宗教等一系列传统的影响，远未形成资本主义的生产方式以及与之相应的成熟的市民阶层。① 直到法国大革命激发了德国知识分子的革命热情，让理性主义自然法学说在德意志大地上蔓延，紧接着，各邦国尤其普鲁士的民族危机，促使他们实施了以强国为目的的立法和工业改革，然而伴随着复辟运动，自然等级制的国家主义再度复苏，过去的封建领主摇身一变，成为土地和大工业的所有者，他们支配着王朝的内政外交，与之相对，作为对立面的自由派、新生的工场手工业阶级和大工厂工人阶级同他们持

---

① Ferdinand Tönnies, *Gemeinschaft und Gesellschaft*, *Grundbegriffe der reine Soziologie*, Darmstadt：Wissenschaftliche Buchgesellschaft, 1979, S. XXVI.

续抗争。

马克思的"共产主义和社会主义"思想脱胎于阶级对抗的历史条件，进而升华为对普遍人心、社会条件和政治状况的批判。从阶级对抗到普遍现代性批判的转折，正是马克思揭示的 19 世纪的世界之谜。对此，滕尼斯敏锐地认识到：马克思的学说完全是现代性的理论，而要澄清它，首先必须在 18 世纪到 19 世纪的过渡背景里，从自然法、资本主义、国家学以及共产主义诸思想交织、对抗的脉络予以界定。

一　国家法及其式微

尽管 18 世纪末和 19 世纪初的法国大革命和拿破仑的军事侵略已摧毁了古老的神圣罗马帝国，激发德意志思想家以超越封建帝国—教会的惊人眼界思考全人类历史进步和天下大同的理念，但是与此同时，他们日常身处的世界仍然是朴素的乡村庄园、自由的市镇、尚未集中金权力量的小邦，就像费希特相信的那样，只要哲学家抱着真诚和严肃的信念，他援引理想国或乌托邦构建的"理论政治学"（theoretische Politik）便不是空中楼阁，而是为欧洲的普遍共和国体制提供了有效的法则①。

1815 年后，普鲁士开启了复辟进程，"施泰因—哈登贝格改革"颁布解放农奴的法案鼓励工商业，希望集中国家的动员力量，这使得旧的封建制模式越来越从内部消解②，过去保留着旧帝国风尚的共和主义邦联方案再也没有立足的现实根基。上层的容克地主摇身一变，转型为土地雇佣劳动和农村大工业所有者，他们对待"解放后"

---

① ［德］费希特：《锁闭的商业国》，梁志学译，收于《费希特著作选集》卷四，商务印书馆 2000 年版，第 4—5 页。另外可参见［德］梅内克《世界主义与民族国家》，孟钟捷译，上海三联书店 2007 年版，第 82 页。

② 需要指出的是，史学界对普鲁士复辟时代政治改革的评价并没有达成一致，这也源于改革混杂着新旧体制，形成了史家眼中的"德意志特殊道路"，当然，本书不拟一一列举诸位史家的意见。

一无所有的无产者，不仅甩脱了过去的庇护义务，而且采取毫无底线的压迫手段，掠夺农民土地，压榨他们的劳动（农奴制）；而传统维持乡村、城市团结的基层行会与合作社成了首当其冲要被铲除的对象。面对变革着的时代，德意志知识分子无不有意识地重新反思同业公会的现实处境和文化意义，"行会或同业公会的自由"成为20到30年代最重要的社会议题①：在国家主义这一方，黑格尔于1820年代写作《法哲学原理》时，已经预见到在资本主义释放出的分离力量的打击下，行会将蜕变成故步自封的僵死的东西，因而需要绝对国家的力量加诸其上，让行会能自觉地履行普遍义务；受法国普世主义和社会主义的启发，歌德则从自由人结社的角度，赋予同业公会全新的道德意涵，他笔下的自由人经过艺术教养、亲历人生百态，相伴结社，走出逐利的、压抑的国度，去遥远的异国从事垦殖和教化方民的活动，建立自由人的联合体。

在19世纪三四十年代，歌德表达的"在自由的土地上同自由的人民结邻"②的愿望，经下层手工业知识分子的呐喊，奏响了基督教福音运动的最强音，更重要的，由行会和结社的问题扩展到了对整个社会结合的想象。相对于哲学家的思辨和书斋学者的异域沉思，丧失掉旧庄园主和行会庇护的贫苦农民、手工业者最直接地感受着命运的剧变和生活的困窘，他们以最质朴、最自然的方式宣泄着对私有制和商业的愤恨，从基督新教尤其耶稣福音昭示的仁爱的尘世天国的想象里，孕育出德意志风格的共产主义思想的母体，作为最突出的代表，魏特林（Wilhelm Weitling）在《现实的人类和理想的

---

①　Ferdinand Tönnies, *Die Entwicklung der sozialen Frage bis zum Weltkriege*, Berlin und Leipzig：Vereinigung Wissenschaftlicher Verleger, 1919, S. 108. 滕尼斯指出，同业公会的议题在这个时代出现，不仅源于德国内部的改革，也涉及英国与法国的外来影响，前者的影响更多发挥在经济和社会领域，体现在资本主义发展进程中工厂（Fabrikswesen）体制的诞生及其经济效应；法国的影响则更多发挥在理念和政治领域，体现为工厂对道德教化与普遍主义国家构建的意义。

②　［德］歌德：《浮士德》，钱春绮译，上海译文出版社2017年版，第536页。

人类》的致辞里，以"共产主义"的名义呼喊出社会革命的宣言：

> 共和国和宪法，多么好听的名称；但是仅有这些还不成；
> 饥肠辘辘的穷苦人，衣不遮身，仍然劳累困顿；再来一次革命
> 吧，这次应当前进一步，是一次社会的革命。①

19 世纪40 年代，同市民阶层寻求国家统一和自由宪政的"青年德意志"运动一道，魏特林等无产者写下了这个时代最动人的社会之诗（die soziale Posie）。② 如果说真正现代意义上的"社会问题"在他们的意识里开始酝酿发酵，那么直到1848 年的三月革命后，它才瓜熟蒂落，因为现代世界的面貌经过必然的发展和偶然的历史事件的交融，通过马克思的思考逐渐清晰地彰显出来。

从经济和社会条件上讲，德意志的资本主义此时已形成其独特的格局，东西部两大经济体各成一类，其中，西部莱茵—威斯伐里亚的大机器工业区毫不逊色于西欧的资本主义，它像大吸盘那样将失去了土地的农民、破产的小手工业者和城市无产者吸收进来，将他们改造成维持机器运转的螺丝钉，而普鲁士东部西里西亚省的传统家庭手工业（尤其是麻织业）以及萨克森王国的矿业，经新兴机器工业的刺激和挑战，把产业压力不断转移到劳动者甚至妇女和儿童身上③，有产者阶级和无产者阶级的间的对立客观上形成了。

从政治处境和思想意识的反映上讲，1848 年席卷全欧洲的针对封建王权、呼吁自由主义宪政的斗争，在德国却因为资产阶级议会派同霍亨索伦家族的最终妥协而偃旗息鼓，仍然在庄园、街巷斗争

---

① ［德］威廉·魏特林：《现实的人类和理想的人类 一个贫苦罪人的福音》，胡文建、顾家庆译，商务印书馆1986 年版，第3 页。

② Ferdinand Tönnies, *Die Entwicklung der sozialen Frage bis zum Weltkriege*, Berlin und Leipzig: Vereinigung Wissenschaftlicher Verleger, 1919, S. 109.

③ ［德］梅林：《德国社会民主党史》第一卷，青载繁译，生活·读书·新知三联书店1963 年版，第52—61 页。

的无产者感到沉重的"背叛"。① 斗争的失败促使无产阶级的知识分子开始形成自觉的阶级意识，如果说 18 世纪末的狂飙突进运动将贵族和新兴市民阶层间的对立公开置于历史舞台，那么此时的这场革命不啻新的一轮狂飙突进，无产阶级的知识分子不但意识到自己是一切有产者的对立者，而且斗争的血淋淋的现实迫切地要求他们从抒情诗、浪漫想象的阶段过渡到科学阶段，从认识现实出发，探索他们现实命运的原因，寻求未来的真正救赎。②

二　德国社会主义：从政治到社会

反思的工作需要理论的武器，在滕尼斯的叙述里，洛伦兹·施泰因（Lorenz von Stein）的《当今法国的社会主义与共产主义》（1842）提供了最重要的智识契机。按照他的说法，这部著作在德国知识界产生了"划时代"的效应，尤其影响了马克思对现代社会的基本判断③，这不仅因为施泰因在本书里第一次明确区分"社会主义"与"共产主义"这两个范畴，更是因为他促动马克思以社会为根基，将矛头指向了国家和迄今为止一切政治幻象。

立足于对 1830 年七月革命后的法国政治社会的长期观察，施泰因发现，"社会主义"在法国大行其道，圣西门主义、傅里叶主义、蒲鲁东主义成了知识分子口中的日常话语，并且随处都可以见到不同社会主义流派信徒的结社活动，它们不仅左右着法国革命政治的走向，更是成了德国激进的流亡知识分子的庇护所和思想圣地。从这个意义上讲，说明白什么是"社会主义"，对于德国自己的安宁和

---

① ［德］梅林：《德国社会民主党史》第二卷，青载繁译，生活·读书·新知三联书店 1963 年版，第 11—12 页。

② Ferdinand Tönnies, *Marx. Leben und Lehre*, hrg. Arno Bammé, Wien：Profil Verlag, 2013, SS. 34 – 67.

③ Ferdinand Tönnies, *Marx. Leben und Lehre*, hrg. Arno Bammé, Wien：Profil Verlag, 2013, S. 25. 《莱茵报》曾发表马克思对这本书的简短书评，他记录下两个范畴的区分。另外，据桑巴特的说法，这本书对于马克思产生了决定性的影响。

未来秩序的构建至关重要，而在当时，德国人对它的认识仍然是非常模糊的，它常常被混同为共产主义、乌托邦或无政府主义。①

在施泰因看来，社会主义有别于其他混淆的潮流，根本上源于思维结构的不同，当追究法国的社会主义传统，无论圣西门主义还是傅里叶主义的著作，我们都能从中发现一个基本的事实：所谓"社会主义"首先是严谨的哲学体系，它以一个最终的根据为基础、以逻辑化的方式展开其自身，完整地表现为一套形式的原理系统②，比如圣西门用牛顿的万有引力推演到人类社会生活的领域，论证人在历史认识进程中从宗教信仰过渡到科学认识，最终会按照引力的科学原则看待社会关系以及社会有机体各部分间的彼此作用。

不仅如此，当社会主义者宣称将科学的原理运用于社会生活，社会主义学说意味着从政治到社会视域的转变，而它所发现的"社会"本身又包含了许多层次的内容。从大革命直到施泰因写作这本书的近半个世纪，法国社会一直处在无序动荡的状态中，复辟和革命此起彼伏，捍卫大革命价值的自由派坚持西耶斯的"第三等级就是一切"的信念，要将推翻教会、王权、贵族的战争进行到底，建立有产者和议会统治的共和政体；而保守派则把混乱归咎为革命和旧秩序的颠覆，鼓吹教会与王朝复辟、社会的等级制和家庭父权制的回归。

针对自由派和保守派，与其说圣西门和傅里叶代表的社会主义者走的是一条折中道路，不如说他们走的是一条超越的道路，在分别批判契约论和神权政治这两个极端对立的政治哲学传统的前提下，他们摒弃了各种先天的要求或教条（Dogma），以看待有机体的方式，将社会看成一个实在的有机躯体，强调重建社会的秩序，其方案，一方面立足于实证科学家掌握精神权力，启迪民智，教导当权

----

① Lorenz von Stein, *Der Sozialismus und Communismus des heutigen Frankreich*, Leipzig: Verlag von Otto Wigand, 1848, S. 3.

② Lorenz von Stein, *Der Sozialismus und Communismus des heutigen Frankreich*, Leipzig: Verlag von Otto Wigand, 1848, S. 5.

者和人民：宗教信仰的冲突和政治权力的争夺都是旧时代的产物，随着近代自然科学打开自然这本大书，它昭示的不再是人对人的支配，而是人对自然的全面开拓，实业既为自然科学实践的出口，它便能平息纷争，激发人们团结一致地针对自然世界，将所有力量都集中到生产活动上来，实现社会团结；另一方面立足于由实业家掌握物质的权力，发挥指导和管理生产、统一分配产品、协调诸社会机体器官的作用，实证科学家和实业家定期公开选举上层的指导者，一言以蔽之，以社会的统一权力管理社会里的人，又因为生产和实业作为人最本质的规定，因此，社会直接针对的便是各个环节的生产活动，施泰因这样写道：

> 社会主义者将如此重大的任务置于自己面前：他们不仅想要从一条抽象的原则出发，安排普遍的社会的物质生活，而且甚至想要去安排每一个特殊的社会的物质生活。他们并不想将如此演绎（Deducktionen）视作单纯在科学上或者哲学上有效的活动，因为他们将组织产业工作视作真正的目标。①

在社会主义者描绘的实业社会的图景背后，另一重潜藏着的社会被悄然地揭开，用施泰因的话来说，这是以社会运动（Soziale Bewegung）的方式展现的社会，社会的主体是没有教养、没有财产的无产阶级（Proletariat）。众所周知，在亚里士多德奠定的古代正统政治哲学里，自然的等级是政治的基础，平民政体被视作民主政体的退化形态，毫无政治的尊严，更无法想象完全没有财产的贱民能过所谓政治的生活；即使到了近代自然法学说里，无产者也是缺席的，在它们假设里，自然状态中的每一个人都宣称自己有权拥有世界上所有东西，而为了避免人人为敌的自然状态，他们设定了一个

---

① Lorenz von Stein, *Der Sozialismus und Communismus des heutigen Frankreich*, Leipzig: Verlag von Otto Wigand, 1848, S. 6.

通过彼此订立契约、共同遵循主权者命令的静态世界，作为立足于近代自然法学说的政治经济学，它不过为有产者的权利世界提供了物质的材料，其本质仍然是静态的，是"坚实的结晶体"。然而，施泰因第一次严肃地提请德国学者注意：如果我们观察七月革命以来的法国社会，就会发现，从民间到处可见的合作社、各个秘密的社团到公开的革命，无处不是无产者在动员、在行动。日益聚集到大城市的无产者已积累成无穷大的潜在能量，他们的日常活动就像社会机体里的血液在流动，一旦革命，便会让社会机体震颤，让被等级社会和生产社会掩盖的静态社会翻动起来。

在创造性地发现无产阶级和社会运动之间的密切关联、打开从"法权"（Recht）向"社会"（Gesellschaft）的视域转换的大门时，作为忠实的黑格尔主义者的施泰因却折回了国家主义的老路，将大门再度掩上。正像黑格尔那样，他真正焦虑的是一旦这些没有经过教养的"群氓"（Herde）组织动员起来，他们将会给国家造成怎样破坏性的变化。因此，我们可以理解，施泰因一方面把黑格尔的法权国家置于现代动态的社会的情境，改造成所谓社会国家；另一方面，站在国家的立场，试图以朝着对社会强有力甚至无孔不入的支配——"行政"（Verwaltung）成就社会主义的真理，在后来的《行政学》（1865）里，他甚至具体地勾画了政治制度的控制潜力如何在现实里发挥出来，以平衡社会需求、社会利益和社会问题状况。

施泰因区分"社会主义"与"共产主义"范畴，启发了德国学者。他们第一次明确地认识到："社会主义"是与"共产主义"完全不一样的知识传统。如果说此前共产主义者发乎自然的悲悯情感，以一种具象的思维方式，通过重新还原原始社会、古代城邦或早期基督教的公共生活场景，借此全盘否定当下秩序，那么现在的"社会主义者"则试图用一套抽象的科学逻辑体系来调控社会，更明白地说是调控所谓运动形态的社会。从德意志30年代的共产主义向40年代的社会主义语境转化的背后，实际上存在着一个根本重要的形而上学前提，它是以既定的等级制国家形态为模型抽象出的国家哲学。①

　　假如我们对比法国社会主义传统以及它传到德国时发生的"蜕变"，那么我们就会清晰地看到：法国社会主义沿袭了一贯的普世主义色彩，最能说明这一点的，莫过于圣西门在规划欧洲各民族的实业社会的同时，提出了所谓"新基督教"的思想，即按照中世纪的大公教模式，团结欧洲所有的国家，在他看来，没有一个实业国家可以在近邻的军国主义的笼罩下安然存在，实业社会必然要扩展到全欧洲，就此而言，天主教蕴含的"一神信仰"和"四海皆兄弟的教义"这两个核心要素有能力组织起规模比一个民族国家更大的社会将所有民族统一到共同的家庭之中，对此，一方面，正如涂尔干解释的，基督教对于圣西门而言并非意味着传统的反对尘世的天国意象，而是能够将人类社会成员彼此统一起来的精神纽带，因而它以更绝对的方式呈现出同万有引力的哲学原则一样的道理；② 但另一方面，圣西门的社会主义所上溯的中世纪欧洲大同的意象，以至下沿到每一个社会单元的平均化的物质和情感的要求，本质上植根于从查理曼一直延续到路易十四所奠定的法兰西作为普世帝国文明的格局，在圣西门的自述里，自认查理曼后裔以及路易宫廷史官的圣西门公爵之孙的事实，就扮演着决定性的精神指引的角色，伊格尔斯敏锐地认识到，由圣西门及其学派塑造的社会主义复制了一套大公教—帝国的"权威的崇拜"（the cult of authority）结构。③

　　对圣西门来说，正是路德教率先开启了破除信仰一统的近代进

---

　　① Ferdinand Tönnies, *Gemeinschaft und Gesellschaft. Grundbegriffe der reine Soziologie*, Darmstadt: Wissenschaftliche Buchgesellschaft, 1979, S. XXVII.

　　② ［法］爱弥尔·涂尔干：《社会主义与圣西门》，赵立玮译，收入《孟德斯鸠与卢梭》，上海人民出版社 2003 年版，第 336—338 页。

　　③ Georg G. Iggers, *The Cult of Authority. The Political Philosophy of the Saint - Simonians*, The Hague: Martinus Nijhoff, 1970. 事实上，涂尔干对圣西门主义的批评就在这个地方，圣西门试图以一种绝对的、均一的方式维护社会团结，这样做根本无法克制利己主义，而需要在社会自身中找到具体的团结纽带——职业团体。

程，造成欧洲的大分裂和各国彼此相争的悲惨局面，这多少解释了法国与新教普鲁士注定要面对的社会主义精神之民族基础的差异，就像梅内克指出的，近代的普鲁士最纠结的处境，莫过于民族国家与世界主义间的张力，一方面，路德教满足了德意志邦国脱离罗马天主教与奥地利哈布斯堡王朝控制的需要，与此同时，它对既定世俗秩序的保守态度又为邦国的凝聚力和动员力留下了足够的施展空间，在18世纪，腓特烈大帝缔造起高效的国家，其根本特征就是合乎启蒙的开明君主榜样的卡里斯玛君主、传统的家产制支配以及技术化官僚操作合为一体的独特模式；另一方面，它对普遍性的追求，已经不再是天主教式的形式化的统一，而是基于教化的国族认同形成的知识—权力结构，从费希特到黑格尔的观念论政治实践的就是这一教化原则的体系。

故而，当社会主义从法国传到德国，它无可避免地同强大的等级制国家意识汇聚在一起，衍生出布满官僚制气息的普遍行政主义。梅林就曾不无尖刻地讽刺说：德国的社会主义学派几乎是被官方盖了戳印的，这不仅适用于自命为官方学的国家社会主义者，更是代表了德国社会主义的一般气质①，尤其随着40年代德国法学和国民经济学的"历史方法"的转向，他们遍访历史里普遍的国家形式，从古代异教国家到中世纪日耳曼国家的治理以及财政模式，为当前提供参照，从洛贝尔图斯直到世纪末的"讲坛社会主义者"，多少无不秉持着国家这条根本原则②。

三　从运动的社会到社会一般

就在施泰因以《社会主义与共产主义》一书开辟"国家社会主

---

① 就此而言，梅林认识到马克思从德意志国家学说的批判到"政治经济学批判"过渡的真正意义。《德国社会民主党史》第一卷，青载繁译，生活·读书·新知书店1963年版，第280页。

② Ferdinand Tönnies, *Die Entwicklung der sozialen Frage bis zum Weltkriege*, Berlin und Leipzig: Vereinigung Wissenschaftlicher Verleger, 1919, S. 116.

义"格局的同时，马克思对德国国家学说的根基——黑格尔的法哲学进行了彻底批判，写下了《黑格尔法哲学批判导言》（1843年）。在滕尼斯看来，从施泰因到马克思的社会主义不啻思想史的一场转折，其间，马克思将施泰因发现的"社会"倒置为主体，揭露并驳斥作为其虚幻反映的国家。透过滕尼斯的描述，青年马克思被塑造为一位启蒙式的自由主义者，他的批判既源于青年黑格尔派的基督教批判的启发，更源于他作为一位"失去职业/召唤（Beruf）之人"在1840—1843年间颠沛流离的政治观察①。如果说，黑格尔法哲学的实质是教化，它仍然保留了个人、同业公会向上汇聚政治意志的通道，那么1848年革命前夜的普鲁士的现实，根本就不是黑格尔循着概念运动的现实化所导向的辉煌世界，普鲁士国王弗里德里希·威廉四世倨傲、专制，官僚庸碌，各级议会由专横的贵族老爷把持，以暴力管控，政治不取决于自由向上的意志，而是由从母胎里直接带来的财产：

> 这些可敬的机构是保准不会产生自由主义情绪的，因为拥有地产是当选议员的一个必要条件。在这种情况下，议员的半数是贵族地主，三分之一是拥有地产的城市居民，六分之一是农民。……在这里（莱茵省）可以看到，贵族在议会中控制着三分之一以上的票数，由于决议必须有全体议员三分之二的多数才能通过，因此，违反贵族的意志就什么也做不成。②

基于现实的经验感，马克思一开始便对黑格尔法哲学背后的"逻辑学"（Logik）前提发起了猛烈的攻击。在《黑格尔法哲学批判》里，他首先要斩断的便是黑格尔那里的概念和历史间的关系，

---

① Ferdinand Tönnies, *Marx. Leben und Lehre*, hrg. Arno Bammé, Wien: Profil Verlag, 2013, S. 23.

② ［德］梅林：《马克思传》，樊集译，人民出版社1970年版，第51页。

这一做法同样切断了《法哲学原理》中的"伦理"同作为其运动环节的"抽象法"和"道德"间的闭合关联。马克思说，当黑格尔指出市民社会从属于国家且以国家作为自身的内在目的的时候，他实际上是通过一个神秘的第三者来实现两者间的关联。在这里，黑格尔将"市民社会"和"国家"各自视作概念分成的两个有限的、定型的领域，这个过程源于概念所处的情势（Umstand）、概念的任性（Willkür）以及概念自身按照它的规定所做的选择（eigene Wahl seiner Bestimmung），总之，概念成了一个按照自己的原则和目的行动的主体①。马克思实质上更想表达的是，黑格尔造出来的概念是一个隐微的、任意行动的主体，我们根本无法知道它的意图，因为它完全靠着自己的想象活动，就像变魔法一样，它变出了"市民社会"和"国家"。黑格尔不是指引我们从"市民社会"和"国家"的经验事实本身认识它们的规律和合理性，而是从附加在它们之上、超出它们本身范围的一种意义得出它们。换句话说，在马克思眼里，黑格尔并不关心现实生活本身是什么，他不是要表明家庭和社会的情绪，以及制度如何对待政治、如何同政治发生关系，而是用"逻辑"的神秘主义去套现它；不是在国家中理解国家本身，而是"在国家中寻找概念的历史再现"②。

在马克思毫不留情地破除黑格尔的伦理背后的"泛神论的神秘主义实质"、消解掉国家思维并承认自身之普遍性的能力之后，他便彻底消解了基于概念的辩证运动达成的从"市民社会"到"国家"的转变的可能性，取消了通过现代个体的自我教化实现"成熟的"政治素养的道路，我们不能等待理性在现实生活里结出果实、密涅瓦的猫头鹰在黄昏起飞，而对目前的糟糕处境视而不见。这样一来，马克思实际上将黑格尔的法哲学还原为仅仅代表着各自利益的诸政

---

① ［德］马克思：《黑格尔法哲学批判》，中央编译局译，人民出版社 1963 年版，第 21—22 页。

② ［德］马克思：《黑格尔法哲学批判》，中央编译局译，人民出版社 1963 年版，第 21 页。

治环节和层次彼此隔阂、冲突的纯粹架构，他随后的批判便是指向黑格尔的这一架构的荒谬性。

在黑格尔关于国家秩序和内部制度设计的图景之中，王权作为最高的神圣政治意志、国家的肉身化，起着作出统一政治决断的作用；由聚集在国王身边、履行咨议职责的官僚阶层实现的行政权，由代表各等级发出声音的同业公会实施的立法权共同搭建了国王和人民之间的政治联系。黑格尔说，这个国家是一个有机的建筑构造："它通过公共生活的各个领域和它们的权能的明确划分，并依赖全部支柱、拱顶和扶壁所借以保持的严密尺寸，才从各部分的和谐中产生出整体的力量。"[1] 然而在马克思看来，这一构造根本就不能实现有机的国家，毋宁它本身就是不可能的。

首先，当马克思抽走了黑格尔的理念基础后，后者笔下的"国王"便内含着一个无法根除的二律背反：一方面，国王是国家理性和国家意志的化身；然而另一方面，国王是一具纯粹的肉体，一旦他不能把自己化作"许多单一体"（viele Eins）的真理，或者说，一旦他不能用类存在（Gattungsdasein）的方式确定自己的行动，他就像黑格尔讲的纯粹的"自然"一样，只能听凭偶然性决定，按照自身的任意做决断，比如像弗里德里希－威廉四世这样专横跋扈的专制君主，如何想象他等同于国家理性本身呢？从马克思的现实眼光看来，黑格尔讲的理念的辩证法到了国王这里根本就不适用，公民绕了哲学这个大圈，最后认识了国家这一"蔷薇的理性"，成为顺从的奴隶，然而国王靠着他的自然出生就直接跨过了漫长的教养之路，"一开始的抽象权利的主体到这里还是抽象权利的主体"[2]。更悖谬的情形在于：他居然最终跻身伦理谱系的顶峰，"在国家最高峰上面做决断的不是理性，而只是肉体的本性，出生像决定牲畜的特

---

① ［德］马克思：《黑格尔法哲学批判》，中央编译局译，人民出版社 1963 年版，第 19 页。

② ［德］马克思：《黑格尔法哲学批判》，中央编译局译，人民出版社 1963 年版，第 45 页。

质那样决定了君主的特质"①。

　　接下来，作为从代表国家理性的国王权力中流溢出来的政治官僚（Bureaucratie），它在黑格尔的法哲学理论脉络里发挥着从上至下地执行、实施国王决定，将社会中的特殊事务纳入普遍规范之轨道的中介作用。但是在马克思的眼里，黑格尔并没有足够认识到官僚政治内在的复杂性，尤其当我们把官僚机构同时置于国家和市民社会之间来看时，它实际上悖谬地构成了一种特殊的、自身封闭的同业公会或集团（Gesellschaft）：一方面，官僚将自身认作国家的目的，因而就其现实的目的而言，它反对统一的伦理国家的目的；另一方面，在官僚制的内部，它完全以施了魔一般的方式运作，就像马克思指出的那样，官僚机构的普遍精神就是秘密（Geheimnis）或神秘（Mysterium），权威是它的知识原则，崇拜权威则是它的思想方式："官僚政治是一个谁也跳不出的圈子，它的等级制是知识的等级制。上层在各种细小问题的知识方面依靠下层，下层则在有关普遍物的理解方面依赖上层，结果彼此都使对方陷入迷途。"② 故而他将之称作"同业公会的唯灵论"或"用耶稣会的精神对待现实的国家"。

　　最后，马克思宣告黑格尔的"同业公会"从下至上地建构政治的可能性根本就不存在，因为"同业公会"所立足的社会等级已经不再像中世纪的封建制那样，直接地便是政治等级，履行庇护与扈从的政治义务，换句话说，黑格尔幻想在现代国家的构造之内保留封建制的要素。然而近代历史的趋势实际上捐弃掉了这种幻想的根基。马克思非常明白地指出，近代历史的本质就是政治等级向社会等级的转变，这经历了两个过程，历史的节点分别是近代绝对主义国家的形成和法国大革命：

---

　　① ［德］马克思：《黑格尔法哲学批判》，中央编译局译，人民出版社1963年版，第54页。

　　② ［德］马克思：《黑格尔法哲学批判》，中央编译局译，人民出版社1963年版，第67页。

从政治等级到市民等级的转变过程是在君主专制政体中进行的。官僚政治实现了反对一个国家中有许多不同国家的统一思想。但是，甚至有绝对行政权的官僚机构存在，各等级的社会差别仍然是政治差别，仍然是在具有绝对行政权的官僚机构内部并且和它并列的政治差别。只有法国革命才完成了从政治等级到社会等级的转变过程，或者说，使市民社会的等级差别完全变成了社会差别，即没有政治意义的私人生活的差别。这样就完成了政治生活同市民社会分离的过程。①

在这个意义上，马克思既否认了依照复古的办法（当然，他承认黑格尔换了一个新的眼光来看这件事情）使"同业公会"直接溶解于黑格尔建构的"国家"之中的可能性，也讽刺了这一做法的必要性：既然现代的国家已经成了市民社会的彼岸世界，那么人民为什么要返回天国的信仰？为什么要砍断自己的一只手来自我牺牲，而不用自己的两只双手反抗自己的敌人？

那么，在"市民社会"和"国家"之间切分出的绝对鸿沟之间，黑格尔笔下的市民乃至毫无教化之希望的贱民如何感受，如何生存，如何建构政治的谱系？作为"国家"这一高高燃起的明亮火炬之"黑暗的天然基础"，市民社会何以跨越它同国家间的沟壑？在后来写就的《黑格尔法哲学批判导言》里，马克思一针见血地将政治的批判界定为神学批判的延伸，政治如同宗教那样是颠倒了的、虚幻的世界观，只有从"社会"这一黑暗的基础出发，人民（尤其是无产阶级）拿起武器展开彻底的革命，打碎那个作为彼岸的虚假存在者，才能解放自己，取得普遍的统治并解放整个社会。

---

① ［德］马克思：《黑格尔法哲学批判》，中央编译局译，人民出版社1963年版，第110页。

第二节 着魔的世界与社会的辩证法

尽管《黑格尔法哲学批判》是马克思的初生牛犊之作，充满雄辩的激情，但是其中的思想实质确是贯穿马克思一生的，他揭开了遮住现代性秘密的国家面纱，将作为"美杜莎头颅"的市民社会赤裸裸地展现在人们的眼前。对此，滕尼斯不乏创造性地指出：马克思对黑格尔的转向首先意味着向康德代表的 18 世纪的主流思维方式的返回（Rückkehr）①，即承认在理性契约构建的社会国家之前，存在着与之对立的、绝对个体身处的自然状态，更进一步地说，马克思将 17 世纪理性主义自然法学说构想的"自然状态"以所谓市民社会的私人状态的面目投入现实②。

不过毫无疑问，单纯从"返回"的起点看待马克思是不够的。滕尼斯非常清楚，18 世纪理论家，无论像休谟那样相信人能够遵循着自己对日常生活习惯了的方式想象社会秩序，还是像康德那样相信人能由纯粹理性法则构建社会，到了 19 世纪都面临根本的挑战。从西欧发端的资本主义浪潮此时席卷整个欧洲甚至通过殖民体系扩张到整个世界，伴随着产业技术的革新，机器大工业像巨灵一般碾压村庄和传统的工场手工业，斩断了人伦纽带，传统乡村和市镇的小家户陷入赤贫的境地，他们流离失所、拥挤到城市，城市规模不断在扩张；资本家想尽一切办法谋取利益，用金钱操纵着世界运转

---

① Ferdinand Tönnies, *Marx. Leben und Lehre*, hrg. Arno Bammé, Wien: Profil Verlag, 2013, S. 154. 滕尼斯在此后的《社会学引论》里将康德—费希特的契约国家同谢林的有机国家思想区分开，参见 Ferdinand Tönnies, *Einführung in die Soziologie*, Stuttgart: Verlag von Ferdinand Enke, 1935, S. 32.

② 关于马克思与霍布斯的关系，参见 Ferdinand Tönnies, "Hobbes und das Zoon Politikon", in *Studien zur Philosophie und Gesellschaftslehre im* 17 *Jahrhundert*, Herausgegeben von E. G. Jacoby, Stuttgart: Friedrich Frommann Verlag, 1975, S. 329.

的杠杆，政客和学者这些上等人亦沦陷物欲的海洋，患上了"无限病"，打着文明的旗帜贪婪地向世界扩张，同样，忧郁、厌世、精神官能症、自杀的潮流横行无忌；一无所有的人只能将自己像奴隶一样将自己卖给了工厂，过着非人的日常生活直到麻木、死亡，就像恩格斯在《英国工人阶级状况》（1845 年）的考察报告里呈现的触目惊心的状况，在伦敦、曼彻斯特这些大城市，到处都是贫民窟，工厂和贫民窟的恶劣环境戕害着工人的身体，重复和片面的劳动让他们神经麻木，只有靠酗酒刺激，更进一步地摧残着他们的身体和精神，道德教育的缺失催生出大量的犯罪：盗窃、抢劫、卖淫。[1] 社会的发展已经逾越了自然人性的限度，所有阶级都像发了疯一般，坠入着魔的世界。

当 1878 年，青年滕尼斯第一次来到世界之都伦敦，坐在"高等车厢"里俯瞰大街的情形，即便没有像此前的马克思与恩格斯亲身参与工人中间做调查，而仅仅从一个柏林人的视角旁观，他也为随处可见的文明的阴影震颤：

> 在这里，人们会产生一种不安宁的、耽于享乐的印象，我想说，这是肿胀的文明。它建立在腐烂的、败坏的要素基础上……早晨，我总是一半怀着愤怒的心情，一半怀着同情的忧郁，坐在高等车厢的座凳上俯视窗外的穿着肮脏的小男孩们，他们麻木不仁地忙碌着，铲除路上的马粪，随时会被疾驰而过的车辆碾得粉碎。[2]

见证英帝国的肿胀的文明，多少打碎了青年滕尼斯沉迷 17 世纪自然法思想家和 18 世纪政治经济学作家的纯真迷梦，令他感到困惑

---

① 《马克思恩格斯文集》第一卷，中央编译局译，人民出版社 2009 年版，第 408—447 页。

② Ferdinand Tönnies und Friedrich Paulsen, *Briefwechsel 1876 – 1908*, Herausgegeben von Olaf Klose, E. G. Jacoby, Irma Fischer, Kiel: Ferdinand Hirt, 1961, S. 38.

的是：为什么为了保持持续进步的幸福，哪怕为了个体（Individum）或少数个体的幸福，更多的人/人本身（Mensch）的生命会被拿来做牺牲呢？近代资本主义的经济发展已经提供了比历史所有时代更多的物质，私法体系的确立保障了人身的自由和财产的权利，但是为什么更多的人会屈身为奴？为什么他们对自己命运抗争的合乎伦理的行动会成为不法（Unrecht）？① 滕尼斯从一开始就清醒地知道，德国不可能独立于现代潮流，英国的现在就是德国的未来。要摆脱现代性的阴影，就必须诚实地面对上述问题，对上述问题作出勇敢而审慎的回答。事实也的确如此，在90年代震惊世界的汉堡海港工人罢工运动中，在故乡石荷州的犯罪潮和自杀潮中，在德国社会急速现代化进程的伦理沦丧危机中……处处都有滕尼斯投入思考和书写的身影，而马克思正是他观察和想象现代世界的生动源泉。

　　此后长达半个世纪的学术生涯里，滕尼斯始终孜孜不倦地研读、理解马克思②，在他眼里，马克思比黑格尔和国家社会主义者更高明的地方，不仅在于从近代革命的危机中意识到实存着的社会的潜力，取代单纯对政治规范的思辨，更在于透过表面上的"威胁"感，以辩证法的思维深入到社会内在无限滋生的各种力量及其悖谬，而这个工作，正是由马克思的政治经济学批判实现的。作为滕尼斯把握马克思的思想的第二部核心文本，《资本论》既是《黑格尔法哲学批判》精神的延续和发展，又是自成一体的现代社会学的奠基之作。

　　在艰苦地钻研《资本论》的过程中，支配滕尼斯思考的实际上是两个维度的思想线索：第一个是哲学和思想史的维度，即马

---

　　① Ferdinand Tönnies, "Die Massenstreik in ethischer Beleuchtung", in *Schriften zum Hamburger Hafenarbeiterstreik*, Herausgegeben von Rolf Fechner, Müchen – Wien: Profil Verlag, 2010, S. 258.

　　② 滕尼斯钻研《资本论》的过程，实际上是一边借马克思理解现代社会，一边借自己的观察和理论思考回应马克思的过程。1878年初接触《资本论》的时候，他承认自己对其中的基础章节并不理解，只是为强有力的风格感到震惊，但是随着思想的一步步成熟，尤其逐步像浮士德那样步入世界，他基于理解，对马克思抱有真正学者的尊重。

克思的政治经济学批判内在的自然法论题，它如何转变了近代自然法的人性与社会的设定；第二个是社会事实和伦理批判的维度，即马克思如何通过资本与劳动的关系呈现整个现代社会的面貌，他为此赋予的否定性价值以及未来伦理的图景又是什么样子。其中，第一个维度占据着基础性的地位，它的基础性意味着：即使现代社会的现象再复杂、再非理性，我们依然应当且能够把握一条除魔的线索。

在滕尼斯的思想史解读里，我们看到，斯宾诺莎对霍布斯自然法思想的整体论转向，由此生发的个体行动与社会条件之间的张力，构成了滕尼斯所把握的现代"社会问题"的核心。马克思首先亦是对这一自然法的脉络做了推进：在冲突与对抗中，作为生活首要规定性的社会条件是什么？它发挥了多大程度的作用？它是否有限度？如果有，它的限度又在什么地方？个体有多大的主动性？他的伦理责任又如何来定义？

一 马克思的"自然"三态：意志、演化与辩证法

在滕尼斯看来，相较于1843年《黑格尔法哲学批判》导言暴烈燃烧的激情、火花四溅的修辞，1859年的《政治经济学批判》叙述客观、冷静、缜密而节制，意味着马克思的思想的成熟，这十几年间，他完成了对思想和观念之魔幻力量（Zaubermacht）的意识形态清算，从面向社会本身的政治经济学解剖社会。[①] 在《政治经济学批判》序言里，马克思提出了广为后世熟知的"历史唯物主义"[②]的科学原则：

[①] Ferdinand Tönnies, *Marx. Leben und Lehre*, hrg. Arno Bammé, Wien: Profil Verlag, 2013, S. 154.

[②] 据滕尼斯的考证，马克思本人并没有提出历史唯物主义这一概念。然而由 Material 把握的历史和人性论，确是马克思学说里最关键的思想线索。Ferdinand Tönnies, *Karl Marx. Leben und Lehre*, hrg. Arno Bammé, Wien: Profil Verlag, 2013, SS. 153 – 154.

人们在自己生活的社会生产中发生一定的、必然的、不以他们的意志为转移的关系，即同他们的物质生产力的一定发展阶段相适合的生产关系。这些生产关系的总和构成社会的经济结构，即有法律的和政治的上层建筑竖立其上并有一定的社会意识形式与之相适应的现实基础。物质生活的生产方式制约着整个社会生活、政治生活和精神生活的过程。不是人们的意识决定人们的存在，相反，是人们的社会存在决定人们的意识。①

滕尼斯着手解读马克思学说体系的起点，正是由这段话所凝聚的物的历史哲学逻辑：在个体层面，社会存在决定他的意识；在社会层面，物质基础决定上层建筑。毋庸置疑，马克思进入历史实在的演绎之前，首先确立起的是一种哲学意义上的自然观念，他的政治经济学批判所谓的"批判"（Kritik）之说，实际上遵循了康德以来的德国哲学为"批判"概念设定的一般语境：首先，类比康德的反独断论的意图，它针对以亚当·斯密和大卫·李嘉图为代表的自由主义政治经济学教条的批评；继而，类比纯粹理性批判按照先验认识次序呈现图式，它意味着在批评的基础上，透过经济现象，彰显背后的本质乃至资本主义经济制度的真正体系②。

正像滕尼斯敏锐认识到的，自由主义政治经济学并不是独立存在着的科学，就像洛克引入财产权的分析充实自然状态的和平条件，以此解决霍布斯由单纯激情心理学推导出的人人为敌的困境，此后苏格兰的政治经济学家通过商业和贸易的全体事实的研究，进一步地丰富对民情、社会的认识，无论如何，政治经济学不可避免地以自然法学说勾勒的人性论作为发生的前提：

---

① 《马克思恩格斯全集》第十三卷，中央编译局译，人民出版社 1965 年版，第 8 页。

② 在《政治经济学批判》导言里，马克思按照从要素到整体的顺序，讲到自己将依次考察资本、土地所有制、雇佣劳动、国家、对外贸易、世界市场。后来的《资本论》大致承继了这一论述次序。

　　理性的原则天然地预设了完全分离的、甚至为了自己而以理性的方式努力追求着的［志愿的（willkürlicher）］个体，理性的原则着力于一方面确定由这些个体的意志所形成的理想的关系（Verhältnisse）和联结（Verbindungen）；另一方面确定由于个体在交往当中的接触而造成的既定财富状况的变化。前者致力于处理这些关系的形式上的结果，它就是纯粹的法的科学（即自然法），它可以与几何学相媲美；后者致力于这些关系的物质状况，它就是政治经济学，它可以与抽象的力学相媲美。对以上两种科学的运用就是解释社会现实的条件，人类的事务和关系越是由于文化而变得更加发展、更加错综复杂，那么对它们的运用就越是证明了它们在理解和处理这些事务以及关系上富有成果。①

　　在近代理性主义的总体设计里，政治经济学同自然法的关系，等同于质料同形式的关系。正如斯密在《国富论》开篇讲的，一个进步的社会之所以根本上由交易和分工作为其内容，是因为每个独立的人都有各种各样的需要，但又无须自己花力气把所有需要的东西都生产出来，只需要从自己的利己心出发，靠着充分的理性能力，刺激起他人的利己心，以己所有换己之所需。就此而言，进步的社会不是以人与人之间的本性差异为前提，而恰恰建立在他们天赋能力一致却由于外在条件而产生差异基础之上，因而在诸如斯密或休谟的笔下，人应当且能够以平等的、通感（Sympathie）的姿态想象他人，以推理和演证的方式在自己的意识里塑造一个"交换社会"。

　　滕尼斯对霍布斯的研究已然指出，近代自然法传统中的"自然"本质上是几何学的符号表象，每一个点都是同质的，连接它们的线也必然会组合为一个精巧的结构，因而不论 17 世纪和 18 世纪的政

---

① Ferdinand Tönnies, *Gemeinschaft und Gesellschaft. Grundbegriffe der reine Soziologie*, Darmstadt: Wissenschaftliche Buchgesellschaft, 1979, S. XXII.

治经济学补充的物质材料多么丰富，比如说，将这个"人造人"变成一具有血有肉的身体，交换即细胞、分工即器官、流通即血液，它最终都以理性的形式为根据。然而马克思面对的自然图景，已经同理性自然法时代的自然图景有了天壤之别，经过唯心论的辩证法同浪漫主义—神秘主义的有机论的交织冲突①，生理学乃至遗传学的发展，19 世纪的自然图景形成了它极富张力的现实面貌，尤其同历史的思维再度汇聚到一起：一方面，自然意味着动态的、生成性的、有机的发展；另一方面，发展本身又不是和平的，而是处于不断斗争和冲突当中的，更重要的事实在于，作为自然世界里处于顶端地位的物种，人被看作凝聚着自然全貌的历史担当者，滕尼斯敏锐地把握到思想史语境的差异，以此突破马克思的批判起点：

> 新的历史的、人类学的思维方式在人之中看到的是一种自然的形象（Gebilde），在千百年甚至千百万年间，人同其他有机体没什么两样，然而他在持续不断地同自然斗争的过程中发展了自己的知性和才能；人是这样一个物种，通过经验和工具的使用，他们的数量越来越多，他们占据的空间越来越大……②

在这个斗争的自然图景背后，滕尼斯并没有错失掉最关键的环

---

①　本书并不准备在此详细地展开自然观的具体转变的过程，只需要指出转变的契机在康德这里。康德一方面继承了"形而上学的自然科学奠基"，另一方面区分了现象和物自体，指出自然科学能先天地把握现象的规律，但是物自体是不可知的，这就为新的自然观埋下了伏笔。后世的唯心论为了突破现象与物自体的鸿沟，对自然的理解也发生了根本改变，黑格尔和歌德开出了两条路向：前者将自然视作精神的他在，最终通过精神的辩证法洞穿自然的本质，与绝对合二为一；而后者则采取了直观的方式，在自然里洞见原初的现象，这一方式又同浪漫主义运动息息相关。参见 ［德］卡尔·洛维特《从黑格尔到尼采》，李秋零译，生活·读书·新知三联书店 2006 年版，第 11—18 页。

②　Ferdinand Tönnies, *Karl Marx. Leben und Lehre*, hrg. Arno Bammé, Wien: Profil Verlag, 2013, S. 155.

节，那就是斗争历史里的每一个自然人的生存瞬间，对此，他展现了自己天才般的理论想象力：如果说马克思对黑格尔的批判意味着将思考的起点拉回康德，那么他对人性的真正看法实际上遵循的是叔本华对康德的推进路线，同黑格尔背道而驰。滕尼斯承认，我们的确看不到马克思和叔本华有什么直接接触，叔本华的代表作《作为意志和表象的世界》出版时，马克思才刚刚出生，但是，这些事实并不妨碍我们可以将马克思看作叔本华的门徒，将"历史唯物主义"理解为对叔本华的意志论的一种运用，因为前者像后者那样认为，对个人的生命以及社会生活起决定作用的"第一推动者"不是表象和理性，而是黑暗的冲动（dunkle Drang）①，换句话来说，黑暗的冲动就是康德那里无法用表象和理性形式把握的物自体。

在叔本华的描述里，意志就是康德那里的不可认识的物自体，它不会出现在我们的表象当中（因而，它同霍布斯的激动引起的善恶心理学并不一样），而源于我们每个人对自己的最直接意识，在这个意识里，不再有主体和客体的形式，而是直接的自我合一，其外在表现就是没有任何目的的冲动、孜孜勃发的生命力②，从意志的最低级的形态即盲目的冲动或暗淡无光的躁动，到最高级的形态即理性决断，整个自然世界就是意志客体化的诸层级的争夺、斗争：

> 意志客体化的每一级别都在和另一级别争夺着物质、空间、时间。恒存的物质必须经常更换自己的形式，在更换形式时，机械的、物理的、化学的、有机的现象在因果性的线索之下贪婪地抢着要出现，互相争夺物质，因为每一现象都要显示它的理念。在整个自然界中都可跟踪追寻这种争夺，是的，自然之为自然正就只是由于争夺……生命意志就始终一贯是自己在啃

---

① Ferdinand Tönnies, *Karl Marx. Leben und Lehre*, hrg. Arno Bammé, Wien: Profil Verlag, 2013, SS. 157 – 158.

② ［德］叔本华：《作为意志和表象的世界》，石冲白译，杨一之校，商务印书馆2011年版，第166—170页。

着自己，在不同形态中自己为自己的食品。①

因此，当马克思在《政治经济学批判》序言里谈到"个人的意识是由他的社会存在（gesellschaftliches Sein）决定"的时候，他不过换了一种方式在讲同样的道理。主人想的和奴隶不一样，贵族想的和自由民不一样，农民想的和市民不一样，那是因为他们各自培养了不同的生活方式、生活习惯和伦理，他们各自如此培养自己，又是因为他们不同的需要和各异的满足自己的可能性。用叔本华的话说，他们虽然处在不同意志层级上，然而意志本身都是向着自我保存和性冲动的黑暗动力。②

如果将这个瞬间放到拉长了的过程里看，滕尼斯指出马克思的历史唯物主义还有另一重关于自然的理论线索，这就是拉马克的演化论（Abstammungslehre）。③ 值得注意的事实是，在《资本论》里，马克思多次提到达尔文，在他看来，达尔文注意到了"自然的工艺史"即注意到在动植物的生活中作为生产工具的器官是怎样形成的，由此，他将同一原理联系到人的情形：社会人的生产器官的形成史即每一个特殊社会组织的物质基础的形成史，难道不值得同样注意吗？④ 滕尼斯敏锐地认识到，当马克思解释生产力与生产关系这对基础矛盾的时候，与其说合乎达尔文的物种的"自然抉择"的机制，不如说遵循的是拉马克的"器官的用进废退"的机制，用拉马克的话转译过来，可以说：起初，社会人的生产器官就如同动物有机体

---

① ［德］叔本华：《作为意志和表象的世界》，石冲白译，杨一之校，商务印书馆 2011 年版，第 211 页。

② 滕尼斯将马克思同叔本华放到一起解读，多少同世纪末的生命哲学思潮一脉相承，不论将马克思的传统同生命哲学对接是否妥当（比如卢卡奇就明确地否认这一点），他在这个地方无疑具有洞见力的。

③ Ferdinand Tönnies, *Karl Marx. Leben und Lehre*, hrg. Arno Bammé, Wien：Profil Verlag, 2013, S. 159.

④ 《马克思恩格斯文集》第五卷，中央编译局译，人民出版社 2009 年版，第 429 页。

的植物性的器官，它不断在自我维持，以维持机体的生存，产生了诸如群居、共产的生产关系；随着它的生产能力越来越强大，过去单纯维持机体生存的需要已经不够了，它促成了新的关系的产生，就像动物在植物性的器官之上，需要一种发展了的新形态——动物性的器官，它最独特的能力就是表象，表象促使它向外扩展自己的活动领域，对应社会机体，等级和军事团体逐渐形成了；最后对人来说，他特别地能够萌生精神性的器官，发展出宗教、法律、艺术、哲学的意识形态与制度①，对应马克思在《政治经济学批判》序言里的表述，它们作为上层建筑，都要以经济基础为前提，与此同时，经济基础（生产器官）的革新，将催生出上层建筑（精神器官）的革命。

那么，每一个转化中的具体形态又是怎样的呢？马克思并不束缚于从猿到人的自然演化论的思维框架，相反，社会的每一次变革都具有它自身特殊的人性构成与文化意义，每一个变革的形态对马克思而言都意味着不同的价值侧重。滕尼斯看到，尽管马克思自诩为"德意志意识形态的终结"，然而他仍然是德国唯心主义诞下的果实，他的自然观事实上具有第三重涵，即"辩证法"，这一出发点使他既有别于叔本华以及同时代的生命哲学家，也有别于由自然科学思维支配的社会科学家②：与演化论影响的社会科学思潮不一样，他并非付诸观念的演绎，而是充分彰显由物质生产决定的自成一体的社会；和叔本华代表的生命哲学不一样，他为人类实践与历史发

---

① 在此，滕尼斯为马克思提供的演化论注解，对应他在《共同体与社会》中讲述的"本质意志"的三种表现形式：植物性的生命、动物性的生命、精神性的生命。参见 Ferdinand Tönnies, *Gemeinschaft und Gesellschaft. Grundbegriffe der reine Soziologie*, Darmstadt: Wissenschaftliche Buchgesellschaft, 1979, SS. 76 – 78.

② 就此而言，滕尼斯视马克思为"德国社会学之父"，实际上正是看到了他研究社会的两重方法：第一是由物质条件入手的超越保守和自由的根基；第二是行动和实践的意义。Ferdinand Tönnies, *Karl Marx. Leben und Lehre*, hrg. Arno Bammé, Wien: Profil Verlag, 2013, S. 162. 另外，关于马克思对"英国学派的观念演绎"的批评，参见《资本论》第一版序言。

展赋予了最高的、积极的意义，就此而言，经济性的日常生活的视角加上对实践意义的追问，共同铸就了经验辩证法，马克思正以此奠定了德国社会学的理论格局。①

我们知道，从一开始，马克思对黑格尔法哲学的批判，便是要剔除黑格尔所带入的唯灵论成分，保留辩证法的真正本质，为作为质料（Material）的社会的自然奠基。自赫拉克利特以来，辩证法传统要理解和把握的东西即生成、变化本身，在每一个当前的形态里，正在生成的新东西隐而未彰地像"胚胎"一样藏匿其中，换言之，每一刻的形态都在自我否定；当马克思将这一情形类比于社会，我们将透过一切现存的表象，看到新的社会状态在其中"孵化"（ausbrüten），只待物质条件成熟便脱胎而出。

在《政治经济学批判》序言里，马克思提到了人类经济社会的四种演进形态：亚细亚的、古代的、封建的和现代资本主义的生产方式。在他看来，这四种形态都是人类社会的"史前时期"②，而资本主义正是突破前史、回到人性本来面目（Humanität）的最后一道屏障，用恩格斯的话来说，即人从必然王国到自由王国的一跃。那么，是否人类历史（前史）就是按照这样的进步的、线性的进程运动呢？是否历史上每一个时期的转变就是按照马克思的理论发生的呢？在滕尼斯看来，一旦我们提出这样的问题并费力佐证它们，就没有把握马克思学说的要害，暂且不提马克思并没有去细致地研究历史上的所有时代③，他真正切身感知并且终身思索的是上述历史时

---

① Ferdinand Tönnies, *Gemeinschaft und Gesellschaft. Grundbegriffe der reine Soziologie*, Darmstadt：Wissenschaftliche Buchgesellschaft, 1979, S. XXX.

② 《马克思恩格斯全集》第十三卷，中央编译局译，人民出版社1965年版，第8页。

③ Ferdinand Tönnies, *Karl Marx. Leben und Lehre*, hrg. Arno Bammé, Wien：Profil Verlag, 2013, S. 161. 当然，滕尼斯承认只是在"就他所知"的条件下的事实如此，滕尼斯对马克思的历史学的讨论，主要局限在《政治经济学批判》《资本论》与《德意志意识形态》这些公开发表的文本，没有证据表明他读过马克思的《历史学笔记》，滕尼斯的批评，反过来看，更多源于他对马克思政治经济学的精研。

期的最后一个阶段即现代资本主义。

对马克思而言，相较于其他几个时代，资本主义有其极为特殊的一方面，它意味着对此前所有历史时期的生产关系、财产关系的否定，就像他在《共产党宣言》里说的，资产阶级时代不同于过去一切时代的地方，就在于生产的不断变革，一切社会状况不停地动荡、永远的不安定和变动：资本主义之前的基于个体劳动的私有财产被否定了，同样被否定掉的还有由自然的占有构成的社会阶梯，此时，生产资料和由雇佣劳动力生产出的财富都被集中到极少数的资本家手中，社会直接分裂为资产阶级和无产阶级，它们之间的冲突随着生产力几何级的高速发展激化成你死我活的斗争、蜕变为辩证法最纯粹的正反对立；与此对应，无论人心还是社会都经历着最彻底的非人的"异化"，在资本主义之前的等级社会，每个人的需求在他所处的等级环节里便能得到满足，资本主义却把一切化作外在于人性的货币关系，主宰人的欲望的不再是人的自然欲望，而是抽象符号与赤裸裸的抽象力，从这个意义上讲，当滕尼斯敏锐指出马克思的唯物史观有其叔本华的意志论基础时，他实际上认识到，作为意志外化的物具有极其深刻的内涵，如果说前资本主义尚且能以需要及其满足的方式平衡个体和社会，那么到了资本主义时代，高度抽象的世界已经掀开"需要"的帷幔，意志的黑暗冲动再也无法被掩盖，它冲向了无限的物欲、欺骗、性、暴力甚至自我压抑……①

另一方面，根据"否定之否定"的辩证法，资本主义就其本性而言就包含着自我否定的必然性：出于生产需要的机器大工业将工人和生产资料越来越集中到一起，给予无产阶级团结对抗资产阶级的条件，一旦他们斗争胜利，财产将再度像资本主义之前的时代那样，归为公有。在滕尼斯看来，马克思的历史包含了两重线索：第

---

① 在滕尼斯看来，20 世纪的哲学与社会学之所以能够合流，其根源就在于它们共同面对个人与社会之间的张力问题，无论叔本华、尼采的生命哲学，胡塞尔与舍勒的现象学，还是弗洛伊德的精神分析，都是沿着这个理论脉络展开的。

一重理所当然地服务于对资本主义生产模式及其意识形态之兴起的解释，最重要的环节莫过于作为其母体的封建主义以及由此辐射的古代奴隶制度，尤其对它们的阶级关系的分析；第二重是自由王国的构建，从摩尔根对易洛魁人的部落生活、冯·毛雷尔对日耳曼人的土地公社制度的描述中，马克思形成了私有制与阶级社会之前的人类原始共产主义的图景，这构成了他对资本主义瓦解后的人类未来生活的想象。①

无论哪种诠释历史的线索，最终皆围绕"资本主义"之否定（Negation）意涵展开，都是为了达到理解"资本主义"的任务。就此而言，滕尼斯的判断是对的，马克思对自然概念付出的所有理论努力，完全面向的是现代性现象。

二　作为社会之魔种的"剩余价值"

在滕尼斯眼里，马克思并非以历史的研究获得伟大学者的尊严，他解读资本主义发生史的维度既单一（one‐sidedly）又模糊（ambiguity）②，与其说他的唯物史观成就了独立的学说体系，不如说构成了其现代社会分析的有机组成部分。事实上，马克思真正打动滕尼斯的地方，是他作为一位理论人的真诚和深刻，在《马克思的生平与学说》的学说部分开篇，滕尼斯写道：马克思的理论与教诲的

---

① Ferdinand Tönnies, *Karl Marx. Leben und Lehre*, hrg. Arno Bammé, Wien：Profil Verlag, 2013, S. 163.

② 在滕尼斯看来，马克思的唯物史观之维度的"单一性"在于仅仅将资本主义分析的视角局限在资本与劳动的对立关系上，介于二者之间的"中间环节"（middle thing）本应该引起他的重视，却被忽视掉了，比如管理者和专家阶层。另外，在阐释资本主义的发生过程里，马克思对各个社会形态间"转变"的解释仍然过于简单，相较于马克思，滕尼斯更偏向桑巴特以心态史（精神史）为核心的泛资本主义解释。参见 Ferdinand Tönnies, *Karl Marx. Leben und Lehre*, hrg. Arno Bammé, Wien：Profil Verlag, 2013, S. 167.

典范就在于他的政治经济学批判。①

在一开始，滕尼斯以《政治经济学批判·序言》为纲，破解了历史唯物主义的三重"自然"维度，指出马克思意在为其政治经济学批判的工作确立本体论基础：从人性的角度上讲，它是先于（a prior）表象思维的本能和冲动；从个体与社会的关系上讲，它表现为由生产力决定的生产关系的演化；从社会诸形态来讲，它又经历着辩证的进程，每一个社会形态既在自我否定，又在孕育新的社会形态。如果说历史唯物主义是对近代自然法传统的革命，那么政治经济学批判针对的便是更为复杂的物质状况，切入对资本主义社会事实本身的解读。

（1）古典政治经济学与自由主义的社会想象

在此前的讨论里，我们已经指出，政治经济学脱胎于近代自然法的"占有性人格"和契约国家的理论设定，意在以财产为媒介，以社会关系为中枢，调节个体的需要同他人的需要乃至同政治共同体的财政能力之间的矛盾，从自然法的形式上的权利平衡过渡到事实上的物质平衡，从这个意义上来说，自由主义的宪政共和国与资本主义的商业共和国是一体两面的东西②。由于英国在近代欧洲历史上率先确立了近代商业国家的体制，古典政治经济学理所当然地发端于此，从亚当·斯密到大卫·李嘉图，政治经济学逐渐发育成熟，形成了经典的理论体系，究其逻辑线索，我们可以将它呈现为依次推进的三个方面：

第一，作为自由主义哲学的组成部分，它服膺于自由主义的一般原则，即最大限度地追求个人利益的自由贸易与自由竞争亦将最大限度地促进政治共同体的发展。

第二，在"生产—分配—交换—消费"的经济链条中，它尤其

---

① Ferdinand Tönnies, *Karl Marx. Leben und Lehre*, hrg. Arno Bammé, Wien: Profil Verlag, 2013, S. 107.

② 马克思在《共产党宣言》里说：现代的国家政权只不过是管理整个资产者阶级共同事务的委员会罢了。

突出的是分配（Distribution）和交换（exchange）这两个核心环节，资本主义不同于过去的自然经济，就在于它的生产和消费都不是自给自足地，而是绝对以关系作为导向，以政治共同体自上而下的分配和个体或团体间平级的利益交换为皈依，对斯密和李嘉图来说，分配和交换绝不仅仅意味着单纯的经济行为，而是在最初的生产和最终的消费之间拉伸，进而呈现社会总体关系。其中，分配彰显的是政治共同体的上下层级，自国家之上分配"国民生产总值"（gross national product），根据不同的收入类型，社会被想象为由三种阶级构成的整体，这三种阶级分别是收取地租的地主、收取利润的资本家和收取工资的劳动者，他们完全可以根据投入索取所得，以达成欲望和情感间的平衡，与分配相比，交换则以一种更现代、更抽象的方式，将关系交托给理性构造出"一双看不见的手"，换句话说，交换要求的是每个独立的人格在心灵之中想象出一个客观的社会人格，一个无时无刻不按照这一标准行动的客观秩序；

第三，社会人格和标准的担当者就是一个普遍的交换媒介——货币，那么，根据怎样的规则来交换货币呢？这无疑是政治经济学最核心的问题，因为它不仅渗透到每一个简单的交换行为因而对他者的一般性想象里，而且反过来，它主导着面向市场本身的生产活动并决定了国家对财政收入的分配。在古典政治经济学家看来，尽管市场上的商品有着不断浮动的价格，但是其中总是存在着一个自然的价格（a natural price）合乎社会人格的统一想象，它就是商品的价值，可以说，价值刻画的是标准的社会状态。在斯密那里，尽管他从经验归纳的意义上视价值为地租、利润和工资的结合，然而与此同时，他已经意识到一个相反的却基础性的事实，即价值并非收入的结果，反倒是先于收入且包含在收入之中的东西，李嘉图对斯密理论的实质推进，就体现为对价值这一先天要素构成的揭示，李嘉图指出：一切商品的交换价值都由生产它们的劳动量决定，从这一原则出发，经典政治经济学刻画的资本主义社会纯粹建立在无差别的劳动量的基础上；换言之，即使认识到存在着地租、利润和工资之间的对立，他们也不过将对立视作以"量"为标准的社会内在的自然差异，仍处在社会自然运转的规律当中。[①]

（2）商品拜物教与着魔的世界

从斯密到李嘉图，古典政治经济学见证了英国资本主义早期的繁荣，就像马克思说的，它属于阶级斗争不发展的时期，仍然在人与实物间保持着有限的联系。然而随着19世纪20年代大机器工业和货币金融业的兴起，抽象而脆弱的资本市场加上疯狂的生产过剩，使得英国此后以周期性的方式爆发大规模经济危机，资本和劳动间的敌对关系激烈凸显，不仅如此，英国在全世界的殖民活动已经达到顶峰，欧洲、亚洲、美洲的市场同伦敦的银行、股票交易所密切捆绑在一起，牵一发而动全身。面对上述情形，由古典政治经济学家们想象的人心和社会均衡的情形根本无法应对危机，相反，它经历"庸俗化"的蜕变，同大众日常的物欲想象结合到一起，形成了马克思笔下的"商品拜物教"状态。对这一状态下的人来说，过去作为直接为满足需要而使用的事物被赋予了神秘的、充满神学诡诞的性质：正是因为人要把它们当成商品交换，只关心能用它们换取多少别人的商品，所以当交换的比例由于习惯而逐渐达到稳定，它们好像就是因商品的本性产生出来的，所以此时在人看来，主动的情形发生了转变，似乎他本身的社会运动具有了物的运动形式，不是他控制这一运动，而是他受这一运动的控制，马克思是这样说的：

> 商品形式和它借以得到表现的劳动产品的价值关系，是同劳动产品的物理性质以及由此产生的物的关系完全无关的。这只是人们自己的一定的社会关系，但它在人们面前采取了物与物的关系的虚幻形式。因此，要找一个比喻，我们就得逃到宗教世界的幻境中去。在那里，人脑的产物表现为赋有生命的、

---

① 《马克思恩格斯文集》第五卷，中央编译局译，人民出版社2009年版，第16页。

彼此发生关系并同人发生关系的独立存在的东西。在商品世界里，人手的产物也是这样。我把这叫做拜物教。①

　　正是在这一前提下，资本主义背景下的人的观念和行动不啻商品的流动和堆积本身。在《资本论》的开头，马克思就说："资本主义生产方式占统治地位的社会的财富，表现为庞大的商品堆积，而每个商品又是这种财富的元素形式。"在此需要澄清的是，马克思从单个商品这一起点入手，不是重复古典政治经济学的个体主义基础，而是强调每一个单独的商品像"单子"那样放射出整个商品世界的图景，只不过这个单子连带它投射的世界丝毫没有情感。对商品的崇拜让这个世界彻底着了魔，它运转的机制不再是人的需要、权利和理性，而是赤裸裸的生产力，是商品流转过程不断增长着的、抽象的价值量；更要命地，在这种像崇拜上帝一样崇拜商品的世界，资产阶级将此前几个世纪奠定的自由主义法权秩序颠倒过来，为着抽象的利益，他们同曾经的敌人——土地贵族携起手来，残酷地压榨工人的肉体和精神力，镇压工人运动，使他们的祖先曾经引以为豪的"人道"热情荡然无存，形式上的法蜕变为事实上的不法。

　　就此而言，滕尼斯非常重视马克思把握的现代社会的着魔状态。在《斯宾诺莎与马克思》一文里，他极富洞见力地将斯宾诺莎和马克思共同视作犹太的整体世界观在现代的变体②：斯宾诺莎曾立足于对目的论的神学批判（Gottskritik），将矛头指向犹太教、基督教甚至伊斯兰教的人格神，指明它们不过是人的幻觉的产物，遮蔽了由

---

　　①　《马克思恩格斯文集》第五卷，中央编译局译，人民出版社 2009 年版，第89—90 页。

　　②　就这一点来说，滕尼斯提供了一种重新定位马克思的思想根基的尝试，这同他本人的自然法思维进路一脉相承。尽管马克思的家庭很早就从犹太教改宗路德教，而且早年马克思处理"犹太人问题"时，将身在基督教世界的犹太人解读为近代商业社会以来的绝对的私人，从而根除了犹太教的特殊性，但是正像滕尼斯看到的，马克思的思维结构里，这种思维进路同新教的个人主义传统（从霍布斯到黑格尔）形成了鲜明对比。

绝对同一的力构成的自然，开启了近代理性启蒙之路，然而祛魅后的两百年间，马克思看到欧洲乃至整个世界再度堕入幻觉的罗网，这次则是人对自己亲手制造出的商品和符号的异化崇拜，他在研究的开端诉诸资本批判（Kapitalskritik）同斯宾诺莎的神学批判无异。

就像滕尼斯认识到的，无论斯宾诺莎还是马克思，都注意到了外在于个人的整体世界的局面，都从个人同整体的关系看待事情。如果说斯宾诺莎是面向近代自然法的革命，那么马克思则是面向政治经济学的革命。不同的是，在斯宾诺莎呈现的力的必然性的世界里，仍然为个人的情感保留了位置，个人在世界之内更大程度地适应自然，理解神或自然的规律，更多地从同一性来把握自我与他者，就能够主动地克制被动的情感，实现真正的自由；然而马克思面对的却是毫无个人情感色彩的、商品堆积的世界，从表面上看，他立足于斯宾诺莎的思想史前提，从"社会条件"一端推进了对现代社会事实的把握，源于其严谨的科学推理与雄辩的文辞风格，然而事实上他不过一方面讲出了现实的真相，另一方面明白地指出，他所期许的自由绝不可能在这个世界实现，而只有首先从观念上认识这个世界的运转机制，然后彻底地否定它，建立一个新世界，才能实现自由。

（3）"剩余价值"作为现代社会的根本条件

具体地说来，所谓"社会条件"的秘密是什么呢？过去，在自由主义政治经济学家的想象里，第三等级就是一切！如果从社会的眼光俯视来看，每个人的"占有性人格"本身差别，只在于他们现实掌握的商品背后所凝结的劳动量的差异：

> 对社会而言，所有的事物都是一样的。每一个事物或者说每一定量的事物都只是一个对社会来说确定的必要劳动量。因此，如果一些劳动比另一些劳动更敏捷，一些劳动比另一些劳动更多产（更有效），也就是说，前者付出更少的辛劳（通过更灵敏的劳动或更好的器具）便生产出同样的东西，那么所有

的这些差别都会溶解在社会之中，并且通过社会，被化约成相同单位的平均劳动时间的量。这就是说：商品的交换变得越普遍化、越社会化。①

滕尼斯承认，马克思实际上是从斯密与李嘉图的这一认识起点出发的，他尤其"将李嘉图学派的发展和瓦解"视作其政治经济学批判的开端。② 这意味着，马克思首先接受了劳动价值论，即劳动是价值的来源，而价值本身又是由凝结在商品中的"社会必要劳动时间"决定的。在商品市场里，价值就像语言一样将各个人格联系到一起，如果商品单纯在生产、购买与使用的链条即马克思所谓"W—G—W"的链条里流动，那么我们的确能遵照古典的政治经济学说，视劳动量为价值的唯一来源，并且认为这种构成关系是稳定的，即使商人不断在生产或价格上来回竞争，只要保证劳动同商品间的直接联系，这一规律就是成立的；然而一旦人们开始广泛地运用货币尤其是纸币交易，商品被货币的流通也就是资本（Kapital）支配，进入到"G—W—G"的链条，劳动价值论便会被颠覆掉，在过去，商品和货币间的交换在形式上意味着同语反复，却从内容上满足了需要，到了现在，用货币购买商品就是为了让它以更高的价格卖出去，用同一个商品转手换取更高的价值量，如此一来，此间的转变显然已经不能用劳动量来解释了，那么这一"多出来的价值"（Mehrwert）即剩余价值是如何产生的呢？

就在这个问题上，马克思天才般地认识到了古典政治经济学的限度：无差别的劳动根本就不是价值的唯一来源。作为巅峰人物的李嘉图曾意识到地租、利润和工资间的对立，但对劳动价值论的坚持却没有让他逾越矛盾。对此，马克思曾戏谑地谈到，在资产阶级

---

① Ferdinand Tönnies, *Gemeinschaft und Gesellschaft. Grundbegriffe der reine Soziologie*, Darmstadt：Wissenschaftliche Buchgesellschaft, 1979, S. 37.

② Ferdinand Tönnies, *Karl Marx. Leben und Lehre*, hrg. Arno Bammé, Wien：Profil Verlag, 2013, S. 109.

的社会，无论普遍的商人还是学者都抱有一套天真的想象：即每个人都应当且可以掌握百科全书般的知识。① 也就是说，他们只看到了标准上的同一，而没有看到现实里的差异。滕尼斯非常准确地把握到，马克思指向的虽然是政治经济学，但是他实质上是要从矛盾出发，在"区分"的意义上戳破资产阶级的天真和虚幻。

在马克思看来，尽管像斯密和李嘉图所说的，劳动可以从量的意义上还原成抽象的人类劳动，但是它的内在质料确实不同。就此而言，马克思接受了黑格尔对市民社会的无限特殊化性质的判断，但是却从社会的分裂事实本身澄清这一点，在《资本论》里，马克思确立了劳动的二重性，它要么转化为"使用价值"，要么转化为"交换价值"，与此对应，产品包含了生产劳动本身的价值和剩余价值。② 事实上，这对差异既潜在于生产活动本身的张力里，又同整个社会日益凸显的阶级矛盾息息相关。只有首先将劳动的二重性区分出来，我们才能看到劳动本身是如何被商品化，更准确地讲，被货币和资本的链条支配的。马克思指出，G—W—G 模式中的"剩余价值"之所以可能，是因为其间的商品之中包含着一种就其本身而言即价值源泉的特殊商品，它就是劳动力（labor power），在资本的操纵下，资本家就像机器一样，非常精确地将可资本化的劳动力剥离出来，以最低限度的物质资料维持劳动力的运转，并且尽最大可能地刨去不能进入资本链条的劳动开支（如道德教育、职业技能）。过去，古典政治经济学家笼统地将工人的工资等同于他生产出的全部价值量，殊不知工资只不过是价值量中的劳动力的价格，劳动价值量中其他远不可见的、藏匿在劳动表象下的则是剩余价值，这一发

---

① 在资本主义社会，商品的堆积何尝不意味着意见和知识的堆积。《马克思恩格斯文集》第五卷，中央编译局译，人民出版社 2009 年版，第 48 页，另外参见 Ferdinand Tönnies, *Gemeinschaft und Gesellschaft. Grundbegriffe der reine Soziologie*, Darmstadt: Wissenschaftliche Buchgesellschaft, 1979, S. 48.

② Ferdinand Tönnies, *Karl Marx. Leben und Lehre*, hrg. Arno Bammé, Wien: Profil Verlag, 2013, S. 109.

现既是马克思同李嘉图学派分道扬镳的地方，又是对所谓资本主义生产秘密的曝光。

作为《资本论》的核心线索，剩余价值贯穿了接下来的全部理论的推演进程。对资本的运作而言，它是资本对劳动的掌控和命令；从它所映射的社会状态来说，它意味着区分，意味着资产阶级与无产阶级的必然冲突和对抗。此后，马克思依次讲述的"绝对剩余价值"和"相对剩余价值"就以剩余价值为标的，一步步地深入资本主义的社会机制内部，呈现资本对劳动的绝对支配，如果说"绝对剩余价值"以最赤裸裸的方式道出了资本对劳动的压榨，即在一切条件都不改变的前提下通过延长工人劳动的时间增加产量，那么"相对剩余价值"则意味着依靠劳动技术和团体组织集中管理的革命（从协作、工场手工业到机器大工业），提高生产效率，使劳动者的作用在生产过程中越来越被压低、使劳动价值总量中的劳动力因素越来越被贬低，继而通过引入妇女和儿童的劳动、延长工作时间、强化劳动等手段提高剩余价值。由此，我们能够理解资本主义的悖谬所在：在形式上自由的世界，越来越多的人却成为奴隶。①

第三节　滕尼斯对马克思学说的反思

滕尼斯接受马克思对现代社会条件的总体性解读。我们看到，在《共同体与社会》的"社会理论"部分，滕尼斯构建了一套"社会"概念的发生史：从近代自然法确立的理性个体和契约关系到政治经济学阐发的经济行动，再到马克思的资本主义制度研究，他由原子到世界，呈现了现代社会的整体格局，其中，马克思学说里的劳资对立、经济组织的制度发展历程等要素被视作终极理论环节。

---

① Ferdinand Tönnies, *Gemeinschaft und Gesellschaft. Grundbegriffe der reine Soziologie*, Darmstadt: Wissenschaftliche Buchgesellschaft, 1979, S. 52.

滕尼斯承认马克思对社会"区分"的洞见，从个人的角度来讲是个体自由同社会条件间的张力，从社会的角度来讲是资产阶级同无产阶级间的对立，一言以蔽之，马克思区分了社会的基础，问题在于，我们如何理解和对待区分的事实呢？如果沿着马克思的道路，矛盾必然无法在自身之内化解，最后造成的结果就是全盘否定了现代社会秩序，在这个世界之外创造一个没有阶级、没有竞争和剥削的自由世界，但是如此一来，由它释放出的黑暗革命冲动也就让迄今为止的全部文化走向死亡。①

从青年时代开始阅读马克思的著作，直到 1921 年集马克思研究大成的《马克思的生平与学说》出版，滕尼斯始终自觉地面对着马克思的理论遗产及其实践效应，他同情帝国寡头统治下的无产者的命运，曾为他们的抗争呐喊，甚至被德国的知识界和官方舆论盖上"吃了太多马克思主义狂热药剂"的戳印②，然而帝国经"一战"崩溃后，德国陷入普遍的无序和混乱之中，他无时无刻不警惕着激进的政治左派的威胁，在魏玛共和国诞生的前夜，社会民主党"斯巴达克团"的武装暴动强烈地震颤着他的心灵。③ 为了在战争废墟上为新生的共和国重建社会基础，作为德国市民文化的捍卫者、敏锐又有节制力的知识人，滕尼斯出乎市民伦理的关切，在同情马克思的现实眼光和诚实思考的前提下，对他的社会图景做了充分的反思，并从根子上对他所期待的未来世界展开了批判。

---

① Ferdinand Tönnies, *Gemeinschaft und Gesellschaft. Grundbegriffe der reine Soziologie*, Darmstadt：Wissenschaftliche Buchgesellschaft，1979，S. 215.

② 语出沙夫勒为滕尼斯的《共同体与社会》写的书评，Ferdinand Tönnies, *Karl Marx. Leben und Lehre*, hrg. Arno Bammé, Wien：Profil Verlag，2013，SS. 15 – 16.

③ 滕尼斯之所以在 1921 年出版《马克思的生平与学说》，系统地解读马克思的学说，很大程度上源于对李卜克内西与卢森堡反抗魏玛共和国的运动的反省，同梅林和库诺等左派知识分子对话，探索共和制度的社会基础。在他看来："我们不得不注意，马克思的追随者在文本解释、政治行动以及有关马克思的人格问题的讨论中陷入了多么大的矛盾。"Ferdinand Tönnies, *Karl Marx. Leben und Lehre*, hrg. Arno Bammé, Wien：Profil Verlag，2013，S. 12.

一　从资本生产到劳动合作

在消化马克思学说的过程中，滕尼斯越来越清楚一个事实：如果既要保留它的真理，又要铲除它内含的激进根基，那么就必须首先切入其社会理论的核心——资本主义的生产方式。[1] 就此而言，《资本论》从作为资本主义要素的"商品"着手到商品向货币的转换与资本的产生，最后到"剩余价值"的生产所呈现的资本主义的全面运作机制，这个推理的过程存在着两个关键的环节：第一是价值构成；第二是资本主义生产的关系结构。追随马克思的逻辑，滕尼斯敏锐地抓住了这两个环节，做出层层深入的反思，直达伦理的议题。

（1）价值构成的批判

正像我们此前指出的，马克思的价值学说针对古典政治经济学的劳动价值论，提出资本家对工人的"剩余价值"的占有，这一发现揭示了资本主义剥削的秘密。不过，滕尼斯告诫我们，不着眼于价值内部的最终分配情形，而是通观价值构成本身，那么我们就会看到，无论劳动价值论还是剩余价值论，背后实际上都预设了一个前提，即劳动的总量即代表了资本家所购买的劳动力最终生产出的使用价值，如此一来，它们都忽视了购买劳动力的企业家或资本家通过管理（Leitung），同样为商品贡献了价值。[2] 很显然，马克思并非无意识地遗漏了这一事实，在《资本论》谈到资本的劳动作为协作劳动时，他写道：

> 一个规模较大的直接社会劳动或共同劳动，都或多或少地
> 需要指挥，以协调个人的活动，并执行生产总体的运动——不

---

[1]　Ferdinand Tönnies, *Karl Marx. Leben und Lehre*, hrg. Arno Bammé, Wien: Profil Verlag, 2013, S. 15.

[2]　Ferdinand Tönnies, *Karl Marx. Leben und Lehre*, hrg. Arno Bammé, Wien: Profil Verlag, 2013, S. 164.

同于这一总体的独立器官的运动——所产生的各种一般职能。一个单独的提琴手是自己指挥自己，一个乐队需要一个乐队指挥。一旦从属于资本的劳动成为协作劳动，这种管理、监督和调节的职能就成为资本的职能。这种管理的职能作为资本的特殊职能取得了特殊的性质。①

毋庸置疑，马克思认为资本家的管理既合乎社会劳动过程的本性，又属于社会劳动过程的特殊职能。但是接下来，他话锋一转，正是因为资本家的管理是社会劳动过程的环节，更准确地说，是由资本支配的社会劳动过程的环节，故而它根本就不可能独立地存在，而是依附于资本："它同时也是剥削一种社会劳动过程的职能，因而也是由剥削者和他所剥削的原料之间不可避免的对抗决定的……资本主义的管理就其内容来说是两重的，因为它所管理的生产过程本身具有两重性：一方面是制造产品的社会劳动过程；另一方面是资本的价值增值过程，那么资本主义的管理就其形式来说是专制的。"②

基于资本主义生产的资本与劳动对立的前提，资本家必然只是劳动力的购买者。对此，滕尼斯质疑马克思关于资本家功能（Funktion）的简化处理，这个抽象的表述只是有助于对资本和劳动概念的纯粹认识，而仍然需要借助非概念的成分来修正，在他看来，马克思从来都没有证实这样一个关键问题：管理或监督的工作是否产生了剩余价值，它是否剩余劳动的组成部分？③ 很明显，马克思本人倾向于做出否定回答，然而他认识到的管理的二重性之间的张力，却

① 《马克思恩格斯文集》第五卷，中央编译局译，人民出版社 2009 年版，第 384 页。

② 《马克思恩格斯文集》第五卷，中央编译局译，人民出版社 2009 年版，第 384—385 页。

③ Ferdinand Tönnies, *Karl Marx. Leben und Lehre*, hrg. Arno Bammé, Wien：Profil Verlag, 2013, SS. 165–166.

又无可避免地包含了资本家在"介于别人的劳动的剥削者与靠自己的劳动生活的劳动者之间"的复杂面貌，为了解决这个难题，马克思在《剩余价值理论》一书里采用了一种量的化约方式，他说，如果我们比较一下产业资本家通过"管理"所得的工资同预付资本量的比例，那么就会发现，它们间是反比关系，资本越大，资本家的工资相较来说就越小，最后完全可以忽略不计，或者说被视作资本主义生产的非生产费用。[①] 不过，如果我们将管理活动视作资本主义社会生产过程中的本质性的（Wesentlich）、不可化约的环节，那么马克思的价值构成的格局就会松动。

除此之外，同资本俘获的剩余价值相对，构成价值另一部分的劳动价值也不像马克思讲的那样抽象。我们知道，马克思关于劳动价值的讲法包含着两方面的设定：首先，劳动价值源于自身没有任何财产、因而不占有任何资本的劳动者的劳动；在此基础上，不具备前件的劳动者通过使用工具，将他的劳动作用于原材料，因此为原有的旧价值添上了新的价值。在滕尼斯看来，问题就出在马克思对劳动价值的设定上，正因为在他的笔下，劳动者除了自身，从一开始就一无所有，而且和资本家提供的用具完全是异己的关系，所以他们以劳动创造价值就是以纯机械化、外在的方式，在旧价值的数量之上累加一个新的价值，但是这根本就不符合现实的生产经验，滕尼斯是这样说的：

> 对于马克思而言，下述事实无法想象，当有生命的劳动力作用于材料，借助工具和机器提升了效用，他将增加材料和生产工具的价值，劳动力也将增加彼此的力量，与其说是纯粹加总，不如说相乘。马克思无法想象这一点，不意味着这一点本

---

① Karl Marx，*Theorien über den Mehrwert. Dritter Teil*，Berlin：Diez Verlag，1968，S. 495.

身无法被想象，它本身毋宁是可能的，而且能由经验证实。①

对劳动者的生产经验、同工具和他人关系的意识改变，无疑将促使我们重新审视价值的结构。在劳动和剩余价值两者组合而成的价值体系之外，滕尼斯试图挑战马克思思考价值的整体局限：马克思的视角过于集中在生产领域，但是他的G—W—G资本增值的链条模式却同单纯生产的逻辑不无抵牾，从剩余价值理解的资本只是限定在企业家与雇佣工人构成的封闭的生产关系里，相反，G—W—G的本质是没有界限的、永远在流动的市场，其担当者不是资本家，而是商人：

> 价值的概念包含在交换当中，只要不同的商品都是价值，因此都能变成货币。就质的方面而言，它们都是社会劳动的表现；但是它们的价值大小却不一样。产品间第一次的交换的数量比例完全是偶然的。只要它们具备商品的形式，便可以交换。进一步的交换和更有规律的为着交换的再生产逐渐消除了偶然性。但是这一情形首先并非发生在生产者和消费者身上，而是发生在他们之间的中间人——商人身上，商人比较价格并且赚取差价。通过商人的运动，等价的标准产生了。换言之，马克思必须承认，资本利润并非独立的，也非一开始产生于生产领域，而是更早地产生于流通领域。②

由此一来，滕尼斯看到了价值构成背后的多重组成要素，它们作为有差别者，重新统一在价值之中，每一个要素都代表着一个特定的社会行动的群体。透过滕尼斯的批评，反观马克思的价值学说，

---

① Ferdinand Tönnies, *Karl Marx. Leben und Lehre*, hrg. Arno Bammé, Wien: Profil Verlag, 2013, SS. 168 – 169.

② Ferdinand Tönnies, *Karl Marx. Leben und Lehre*, hrg. Arno Bammé, Wien: Profil Verlag, 2013, S. 172.

我们不禁要问：滕尼斯的批评是有效的吗？表面上看，他们似乎并不在一个平台上对话，马克思所突出的情景是以大工厂为典型的"社会条件"，尤其机器阻隔生产者和劳动者，劳动者彼此分离、孤立而麻木地终日面对钢铁巨兽，而滕尼斯着力针对的甚至理想的经济社会的状态，停留在马克思笔下资本势力还未做大的"协作"（Korporation）。难道真的可能回溯到有产者和无产者的协作、同市场构建平衡关系，以此解决阶级斗争的危机？

事实上，问题的关键并不是表面上看来不对等的批评，或者说滕尼斯有意地屏蔽了现代性的残酷，只选择温情脉脉的表述，如果看看他早年的《共同体与社会》里对现代无产者处境的表述，我们会发现他几乎毫无保留地吸收了马克思和恩格斯的"工人状况"考察报告，深切地认同马克思清醒讲述的当下处境。① 那么他批评的要害在哪呢？要害就在马克思的孤立和片面，从每一帧理论画面来看，资本的血腥、劳动者的悲惨都是事实，但是一旦我们要形成一种总体的社会图景，事实就不是这样了，至少不全是这样了，滕尼斯总是在字里行间追问，马克思的表述都对，但是他没有告诉我们，究竟要从中得出怎样的教诲呢？②

对滕尼斯而言，马克思的斗争哲学敏于分析，却讷于综合，而他在此的批判工作便是透过其价值学说的组成分析它的各个成分及其社会，再寻求新的综合，这才是理解经济社会的要旨所在，既然价值背后包含了资本家、商人与无产者的维度，那么他们各自都有自身的行动原则，经济社会不止靠着资本家生产的资本逻辑运转：

其一，资本家群体内部有各式各样的身份差异，在纯粹的剥削和纯粹的自我劳动之间存在着非常多的生产模式，尤其直接在资本与劳动之间发挥中介作用和管理职能的经理人就扮演着极有活力的角色。

---

① Ferdinand Tönnies, *Gemeinschaft und Gesellschaft. Grundbegriffe der reine Soziologie*, Darmstadt：Wissenschaftliche Buchgesellschaft, 1979, S. XXIII, SS. 214–215.

② 如 Ferdinand Tönnies, *Karl Marx. Leben und Lehre*, hrg. Arno Bammé, Wien：Profil Verlag, 2013, S. 170.

其二，大工厂的劳动者阶层诚然如马克思所言，被资本和机器割裂在每一个片面、单调的生产环节里，然而他自己也承认，劳动者的极端恶劣的生存状态和道德退化将威胁生产，因此资本家会纷纷确立《工厂法》控制情形的恶化，与此同时，大工业本质上将劳动者吸引到一起，劳动者彼此间隔绝的命运终将打破，但这是否必然直接转化成马克思说的政治革命？相反，普遍的工厂立法既然意味着社会自身有意识地排异反应，那么社会自成一体的力量何以不能维持它的生命，而必然转化成政治革命？

其三，既然资本主义的本质在于生产面向市场，资本家就不可能狭隘地封闭在生产的领域，相反，他必须直接和市场对接，或者和商人建立有效的关系，或者自己就成为商人，掌握国际的市场供求，而供求一定又要建立在实体需要而非抽象符号的基础上，马克思认为世界性的经济危机出于资本主义本身就包含着的供求矛盾，恰恰在于资本家没有对于市场和供需平衡规律的清醒意识，它需要的是社会和教育的改革，而非政治革命。

（2）资本主义生产关系的批判

滕尼斯对价值构成的讨论，本质上将他引向了对资本主义生产关系的批判。首先要指出的是，支撑滕尼斯关于马克思学说之为抽象（Abstraktion）和片面的判断，离不开他对历史唯物主义的反思。[①] 对马克思而言，唯物史观无论意味着真正的历史，还是单纯为斗争哲学服务的认识工具，它都具有非常重要的意义。在此之前，我们已经谈到，滕尼斯对唯物史观的解读背后蕴含着的自然法革命，而现在，我们将从唯物史观审视资本主义生产关系的缘起。

在《政治经济学批判》导言里，资本主义被马克思视作最特殊的历史阶段，它不仅同所有"前资本主义"的社会形态有质的分别，而且是人类通往自由王国的最后屏障，在承认资本主义相对过去所

---

① Ferdinand Tönnies, *Karl Marx. Leben und Lehre*, hrg. Arno Bammé, Wien: Profil Verlag, 2013, SS. 166 – 168.

有历史时代是巨大进步的前提下，马克思将它视作阶级矛盾最激化、同时人类行将自由的前历史的终曲①，因而，与其说资本主义是纯粹历史的阶段，不如说它是自由的意识形态的对立面。既然认识到资本主义在马克思唯物史观中的二重性，滕尼斯便在其中有所取舍：他一方面接受科学社会主义的"超然立场"②；另一方面则摒弃意识形态，回到历史本身，理解资本主义或现代性的产生条件。

在这个问题上，滕尼斯的阐释努力并非孤立的，而是和同时代其他学者的研究密切交织。放眼 20 世纪初新生的德国社会学家群体，马克思的学说产生了非常大的影响，尤其"资本主义"和"社会主义"成了他们认知社会的核心范畴，可以说，他们在两者之间的不同价值取向，决定了各自的理论气质。在资本主义这一面，桑巴特和韦伯都重新探讨了马克思的概念界定及其历史动力，甚至引发学界广泛的争论，其中，桑巴特的百科全书式著作《现代资本主义》（第一卷，1902 年）对资本主义所做的泛化解释拉长了历史线索，并在经济、文化、政治、宗教、军事等多重要素间交织往返，描绘了极其丰富的资本主义世界。滕尼斯反思马克思的资本主义起源时，充分借助了桑巴特的讨论③。

---

① 这一信念同基督教的关系，参见 Ferdinand Tönnies，"Marxismus und Christentum"，in *Karl Marx. Leben und Lehre*，hrg. Arno Bammé，Wien：Profil Verlag，2013，SS. 278 – 279.

② "这里所说的社会主义理论并不是一种堕入特定（关于资本主义、私有财产和无产阶级的）价值判断的理论，它也既不要求一种特定的政治形式，甚至也不要求一种整全的社会秩序。社会主义是这样一种理论：它并非简单地证实自由主义中隐含着的、被视作自明的价值判断，即并非直接证实占统治地位的社群哲学观点中的价值判断，而是使自身外在于对立且超越于对立之上。"Ferdinand Tönnies，*Gemeinschaft und Gesellschaft*，*Grundbegriffe der reine Soziologie*，Darmstadt：Wissenschaftliche Buchgesellschaft，1979，S. XXIX.

③ 滕尼斯和桑巴特之间实际上存在着交互影响的关系，在桑巴特这一面，当他凸出地将资本主义的经济制度同心理学事实结合到一起时，受到了滕尼斯的意志论启发。参见［德］桑巴特《现代资本主义》第一卷，李季译，商务印书馆 1958 年版，第 27 页。

　　有别于马克思的经济基础决定论，在桑巴特看来，资本主义根本上意味着一种发源于欧洲的独特精神气质，只有将资本主义把握为精神，我们才能理解从内部理解它的合理性和稳定性，资本主义首先即勇武的、不安分的、不知疲倦的征服世界的"经营"（Betrieb）欲望，自中古时代晚期以来，伴随着零散的海外贸易、贵重金属的发现以及商人集团的兴起，冒险的企业家阶层率先从封建的自然经济格局中突破出来，他们的行动刺激技术的革新，并扩展到近代国家由贵金属贮存积聚权力、增强动员能力的逻辑；[1] 不过按照桑巴特的想法，资本主义精神在历史进程中的普遍化过程不仅受制于马克思所说的营利欲，而且它内在就有一种朝向经济合理主义的驱动力[2]，这就不止纯粹企业家的谋利维度，还有另一种与之配合、给予它安定的秩序、计算的合理性和冷静的目的的确切性的市民精神：

　　　　企业家的精神如果是在征服与营利，那市民的精神却在秩序与保存。这种精神表现于一批道德中，它们一致承认，一种行动如果保证一种编制良好的资本主义的经营，便视为道德良好的。因此装饰市民的道德尤其是勤勉、节制、节约、节俭和守约。我们对于那由企业的精神和市民的精神组成一个统一的整体的心情称为资本主义的精神。这种精神制造了资本主义。[3]

　　企业家精神与市民精神融为一体，主导了企业家组织和劳动者协作的资本主义生产秩序。桑巴特承认，从16—18世纪的欧洲，圈

---

　　① ［德］桑巴特：《现代资本主义》第一卷，李季译，商务印书馆1958年版，第217页。

　　② ［德］桑巴特：《现代资本主义》第一卷，李季译，商务印书馆1958年版，第206页。

　　③ ［德］桑巴特：《现代资本主义》第一卷，李季译，商务印书馆1958年版，第215页。

地运动和修道院解散的确造成了马克思所说的劳动者的极端贫穷和工人荒的困境，但是这一现象背后的主要矛盾并不是资本家的贪婪与无产者的赤贫，毋宁是合理主义与传统经济的长时间对抗，① 换言之，作为稳定的制度和心灵结构，资本主义有一套自我维持、自我治愈的机制，为了说明这一点，桑巴特花了大量的精力探索了 18 世纪以来，资产者如何以工厂为单位、以道德为指向开展劳动教育，国家又是如何培养和争取有智识的工人等。②

滕尼斯尽管并不完全认同桑巴特对现实偏乐观的判断，然而多少和桑巴特一道，站在对马克思做批判性反思的立场，更准确地说，他需要在马克思和桑巴特之间做一个平衡。一方面，无论现代社会结构是否有多样化的因素，他始终将马克思所说的劳资二元对立视作社会的基础，事实上，他早年创造的"共同体"和"社会"这对概念，就是以一套文化学的表述，重复了马克思在经济领域的洞见，"劳动是通过共同体与本质意志确定的，商业则是通过社会与抉择意志确定的。劳动创造具体的价值，它维持、振奋、装点着劳动者的生活，商业则创造抽象的价值，它将抽象价值的积累置于一切具体的价值目标之上。"③ 肯定这一事实就意味着意识到自由主义发展到今天，由商业和资本主导的文化遭遇了危机，需要朝向劳动的文化更新。

另一方面，桑巴特的泛资本主义的历史解读又为他提取调和的而非革命的理论线索提供了可能性，一言以蔽之，共同的劳动协作即资本主义历史的启示核心，这意味着将作为对立面的资产者和劳

---

① 在阐释劳动者的困苦这一点，桑巴特认为我们对待马克思及其门徒的意见应当谨慎，不应当过于重视。［德］桑巴特：《现代资本主义》第一卷，李季译，商务印书馆 1958 年版，第 538 页。

② ［德］桑巴特：《现代资本主义》第一卷，李季译，商务印书馆 1958 年版，第 551—552 页。

③ Ferdinand Tönnies, *Karl Marx. Leben und Lehre*, hrg. Arno Bammé, Wien：Profil Verlag, 2013, S. 173.

动者不断从中收拢。在资本家或商人这一方，他的生产必然要面向市场，为此，没有什么能比他根据市场行情判断亲手操持生产活动本身更能获得利益；与此同时，相较于出乎当下考虑、不计代价地为自己疯狂榨取劳动利润，放眼更长世代、谋划"共同财富"（commonwealth）的整体眼光更能增进他的长足效益，这样一来，与其说他是一个资本的尾随者，不如说他是走在资本前面的人，"商人是生产过程的智性创作者，是工厂的统帅，是劳动工具的主人，是劳动力的指挥官"①。

在劳动者这一方，滕尼斯达成了对马克思同情的理解，和马克思一样，他将劳动者的向上运动视作未来伦理社会的力量源。我们知道，现实情形中的劳动者悲惨如马克思所述，无论物质生活还是道德状况都难逃堕落（Erniedrigung）的结局，即使那些受到训练的有经验的工人，只要他们无法掌握市场以及彼此协作的主动权，便免不了在大机器技术的碾压下沦为资本的奴隶。滕尼斯非常清楚，之所以要把劳动者的主体性置于首位，是因为由资本家促成的"团结"或者在资本家主导下的形式"联合"并不能真正改变劳动者的命运，劳动者所能做的无非是在有限的程度上为自己多争取一些报酬，由于资本仍然视他们为异己的、敌对的力量，他们便被剥夺了"必要的组织"（notwendigen Organen）相反，只有他们介入资本运作本身，共同积累起足够的资本，避免商业的风险，才能说他们占有了自己劳动的收益，滕尼斯写道：

> 他们就像理性的商人一样，只是将劳动收益的一部分当作非生产性的消费品，其他的收益则被保留下来，用来更新已经损耗了的生产工具，延续并扩大生产，为偶然的事故与劳动者的其他变故提供保险机制，包括建立"消费基金"（Konsum-

---

① Ferdinand Tönnies, *Karl Marx. Leben und Lehre*, hrg. Arno Bammé, Wien：Profil Verlag, 2013, S. 175.

tionsfond）供养那些失去了生产能力的劳动者。①

除了生产领域的变革，劳动者组织对于资本的介入，必然还要
涉及市场领域。当一个劳动者生产的商品投入市场，他根本无法掌
握价格，因为在他和市场之间存在着资本家和商人这两道屏障：首
先，就像马克思说的，资本家不会按照劳动力构成的有机整体支付
劳动报酬，而是倾向于分离他们，以每个孤立劳动者的最低劳动力
价格付给他们工资；其次，经资本家之手的产品投入市场，必然又
要经过商人之手，使凝聚着劳动的产品价格再度浮动。相反，通过
团结（Koalition）和他一样的劳动者，将更逼近他们的劳动产品本
来的价格。②

总的说来，滕尼斯试图指明，无论生产领域还是消费领域，资
本家越靠近指导和管理的角色，劳动者越主导生产和分配，最终劳
动合作模式取代资本生产模式，资本主义越能实现自我调和，由此，
我们得以找到回应马克思革命议题的契机。

二　伦理批判

到目前，仅着眼于资本主义经济生活内部变得不再足够，滕尼
斯关于马克思学说的反思，不仅最终落到伦理的批判，更是自始至
终都潜藏着伦理观的抗辩。在他看来，马克思学说体系的最大缺陷
就是对伦理力量（sittliche Kräfte）与伦理意志（sittliche Wille）的低
估③。尽管马克思的著作里满是对资本家与商人的贪婪、无耻、低劣
人格的道德义愤，对劳动者悲惨命运的同情，然而他拒绝呼吁劳动

①　Ferdinand Tönnies, *Karl Marx. Leben und Lehre*, hrg. Arno Bammé, Wien：Profil Verlag, 2013, SS. 175 – 176.

②　Ferdinand Tönnies, *Karl Marx. Leben und Lehre*, hrg. Arno Bammé, Wien：Profil Verlag, 2013, S. 176.

③　Ferdinand Tönnies, *Karl Marx. Leben und Lehre*, hrg. Arno Bammé, Wien：Profil Verlag, 2013, S. 178.

者的伦理，更不用说资本家的伦理。滕尼斯发现，马克思的人道主义同基于斗争哲学的科学主义两副面孔多少令他的学说充满悖谬，他预言人性的完善和自由，却又担忧革命的意志会因为对资产阶级人性抱有希望而削弱①，谈及劳动阶级的"伟大的义务"时，马克思将全部的吁求都集中到征服政治权力、领会国际政治运动的奥秘，为此，将伦理情感从社会主义的奠基工作中驱逐出去变成了势所必然之事。

毫无疑问，滕尼斯在此多少简化了马克思实践哲学的复杂性，然而正是通过将伦理的枝蔓从学说体系中分离出去，滕尼斯抓住了马克思主义的精神气质：它是一种完全理论的、甚至教条的（doktrinär）东西，无须援引任何情感的效果以加强或阻碍它的自明性：一方面，对人性的自然冲动或本能的设定，天然证成了斗争或阶级斗争的本能；另一方面，这种冷静的、明确的思维有意地摒弃现实的应然者（was sein soll），而专注于实然者（was ist）。

滕尼斯对马克思的伦理批判，针对的便是这两个去伦理化的核心理论环节。从一开始，马克思所立足的人性论设定尽管正确，却是无根的、只具有破坏力的东西②，他既没有尝试为这种黑暗的本能找到通向"伦理的理想主义"（sittlichen Idealismus）的道路，也不可能将之植入普遍大众的心灵土壤：

> 马克思没有认识到，存在着一个完全不同于本能的伦理理想主义，他错误地将它从自己的思考中驱逐出去。他忽视了政治权力和其他权力一样，除非将它同智慧、审慎以及正义的意识结合起来，它才不会最终走向自己的对立面。他忽视了在支持与反对一个既定秩序的判断中、在支持与反对法律和法权的判断中，伦理的依据（ethische Gründe）总是发挥了最持久的、

---

① Ferdinand Tönnies, *Karl Marx. Leben und Lehre*, hrg. Arno Bammé, Wien: Profil Verlag, 2013, S. 182.

② 与马克思相对，在《共同体与社会》里，滕尼斯将叔本华的意志紧紧地落实在共同体里，转化成脱胎于家和族的生成心理学。

最有效的影响，无论对有教养者的意识还是普罗大众的意识而言皆如此，因为伦理的依据是最能说服人的东西。这一事实是如此真实，即使它植根于传统的、流传的先见，由个人的、等级的、阶级的利益生发而来。①

经历了几个世纪的启蒙，能够最终启迪和说服大众的永远是健全的推理，它不会随着时代的变化或人心短暂地走入歧途而消逝。滕尼斯在此提到"伦理的理想主义"，并不意味着从马克思返回黑格尔，重新去寻找绝对概念，相反，他看到的是在启蒙了的大众的日常经验本身，就存在着伦理教化和自我更新的力量。

正如滕尼斯在评论马克思的唯物史观时讲到的，他自己认同马克思的前提，即无论对个人的生命还是社会的生命来说，物质的需要永远是第一位的，他也完全赞同用有机体的植物性能力类比社会身体的基础，② 但是他明白，和叔本华的意志一样，马克思的本能有太过于"现代"的意味，它不只是需要，而是潜藏着无限的能量，一旦由"批判的武器"变成"武器的批判"，那么就将无差别地毁灭所有文化，包括在长久的历史中慢慢发育出的共同体文化，故而滕尼斯一方面保留本能中的需要层次；另一方面则指出，在物质需要的同时以及在它之上，存在着精神的需要（geistige Bedürfnisse），它既有自己的尊严，也有自己的规则，滕尼斯正以此节制超乎需要的本能，将它拉回人伦日用的意识维度，恰恰正是出乎从斯宾诺莎到马克思的祛魅实践，滕尼斯指出，精神的需要既不是概念和教条，也不是宗教的超凡入圣，而是大众的日常伦理意识，它们深深地植根于生活本身：

---

① Ferdinand Tönnies, *Karl Marx. Leben und Lehre*, hrg. Arno Bammé, Wien: Profil Verlag, 2013, S. 179.

② Ferdinand Tönnies, *Gemeinschaft und Gesellschaft. Grundbegriffe der reine Soziologie*, Darmstadt: Wissenschaftliche Buchgesellschaft, 1979, SS. 76 – 78.

　　每一个普通人心中都保留着伦理意识，尽管它常常发展得不完美，常常陷于宗教的褶皱里而极不清晰。当它去对抗不公正的境况、对抗文明背后的丑恶、对抗侮辱人性的行为并且为人的尊严而奋力抗争，它就越会变成一个强大的武器。这种伦理的意识绝非依赖于某一特定的阶级，毋宁说系于情感和性格的自然素质，系于人成长于其中的精神氛围，系于教育者与老师的影响，系于人读到的和听到的东西，系于同情与知识，一言以蔽之，系于总体的伦理教化（sittlichen Bildung）。①

　　换言之，滕尼斯绝不同意马克思将历史的发展归结为一种新的生产力的诞生以及相应的某一阶级的专政，而要归结为新人、新民族以及新土地的诞生。② 在他对马克思的资本主义批判的反思里，我们已经看到，他从中正面提出了新生活的理想载体——劳动合作社。在这个地方，劳动合作的方案首先并不意味着一种直接运用于实践、同政治革命截然相对的组织形态，相反，当务之急的理论任务，恰恰是要将它提出来作为标准，借此澄清实践的伦理原则。正像滕尼斯所说，它的产生和运作基于善的意志、合作社的精神，而且完全要考虑到未来子孙后代的成长。进一步地，当我们要探究它的具体形态，就必然要对它的教化基础做详细的讨论。

---

　　① Ferdinand Tönnies, *Karl Marx. Leben und Lehre*, hrg. Arno Bammé, Wien: Profil Verlag, 2013, SS. 183 – 184.

　　② Ferdinand Tönnies, *Karl Marx. Leben und Lehre*, hrg. Arno Bammé, Wien: Profil Verlag, 2013, S. 181.

第七章

尼采：伦理的启示

"你们要留神，如果伟大的上帝让一位思想家来到我们星球的话。在这种情况下，一切都处在危险之中……此时在科学中没有任何东西不可能在明天经历一场扭转，此时不再有任何文学上的威望还配享永恒的声誉……一个新程度的文化会迅速地使人类努力的整个体系经受一种彻底的变革。"①

——爱默生

"人要成为一个好的时代公民，正像他同时要成为一位世界公民、国家公民与父亲。"②

——席勒

综观滕尼斯社会理论的思想史进路，首先，他以霍布斯的近代自然法学说为起点，在独立人格和人造国家之间，创造性地发现了作为先天基础与中间环节的社会团体；此后，他以斯宾诺莎对霍布

① 转引自［德］尼采《不合时宜的沉思》，李秋零译，华东师范大学出版社2007年版，第340页。另见 Ferdinand Tönnies, *Der Nietzsche – Kultus. Eine Kritik*, hrg. Arno Bammé, Wien：Profil Verlag, 2012, S. 12.

② "Man ist ebenso gut Zeitbürger, als man Weltbürger, Staatsbürger, Hausvater ist." 转引自 Ferdinand Tönnies, "Schiller als Zeitbürger und Politiker", in *Ferdinand Tönnies Gesamtausgabe Band 7*, Berlin：Walter de Gruyter, 2009, S. 4.

斯自然法格局的修正为契机，以个体和整体关系视域切入社会团体的存在状态，从人的情感及其社会条件界定人的普遍生存境况；到了 19 世纪，马克思延续了这一思维方式，从物的角度推进社会条件学说，将社会具象地规定为"经济社会"，不过这一规定是不够的，在社会日益凸显的压迫的现实和革命的危机之间，滕尼斯明确地认识到在人的需要之外，必须为意识的领域奠定伦理基础。

事实上，早在滕尼斯从新康德主义背景研究斯宾诺莎的时候，就已经明了伦理作为科学使命的必然归宿，斯宾诺莎的世界除了朝向马克思的物化这一方向，还有朝向道德和伦理的整体的趋势①。在这之后，一方面经过对现代社会最本质的现象——经济生活的深入考察；另一方身处世纪末精神和文化剧变潮流之中，伦理议题对滕尼斯而言变得愈益紧迫，他对此的思考也越发丰富而深刻。如果说经济生活方面的思想推动力源于马克思及其学派，那么精神和文化领域的冲击便来自尼采。毫不夸张地讲，马克思和尼采是世纪末最重要的思想现象，前者揭示了迄今为止的一切经济和政治秩序的矛盾，后者则对苏格拉底以来的西方形而上学传统和道德哲学做了全盘颠覆，提出重估一切价值的使命。

在世纪末的德国知识界，青年时代的滕尼斯既同尼采圈子密切往来，又是最早自觉接受尼采教诲、反思其伦理与社会效应的学者。对他而言，尼采鼓舞的艺术对哲学、生命对科学、肉体对精神的反叛不啻震彻灵魂的现代启示②，然而与此同时，在"超人""永恒轮回""价值重估"等激烈却诱人的宣言前，他从没有丧失独立的判断力。同后来韦伯从新教英雄主义和卡里斯玛人格、齐美尔从无限

---

① 参见本书第四章第一节的详细讨论。

② Ferdinand Tönnies, "Eutin", in *Die Philosophie der gegenwart in Selbstdarstellungen Band* Ⅲ, Herausgegeben von Dr. Raymund Schmidt, Leipzig: Verlag von Felix Meiner, 1922, S. 203.

地肯定个体生命价值的维度理解尼采遗产不一样①，滕尼斯关心的是重建共同的伦理生活。在他看来，尼采是"伦理文化的引领者"，更准确地说是世纪末第一个准确提出时代伦理任务的思想家：在衰老的自由主义和平庸的社会主义文明之外，尼采教导重归艺术和生命本原的文化新人，那么他们经历怎样的教化或自我教育才能聚合在一个哲学的共同体之中，彼此达成新的相互谅解（Verständigung），形成共同的善恶观和政治观呢？②

对滕尼斯而言，与其说尼采令人满意地解决了这个问题，不如说他掀起的这场伦理革命包含着正反两极的冲突，他早年的修辞学作品将未被基督教与现代科学污染的古代艺术生命唤回现代人的意识，为他们送上了振聋发聩的灵魂药剂，然而中后期以来的道德批判和《查拉图斯特拉如是说》的箴言却狂热得过了火，向民主社会和国家撒下毒药。检讨尼采在伦理反叛进程中的得与失，让滕尼斯回溯到它的问题意识的源头——道德或伦理的历史基础，对滕尼斯来说就是共同体文化。

在 1897 年写成的《尼采崇拜》一书开篇，滕尼斯写道：尼采的见解和错误对他个人的生命具有特殊的意义，在几乎还没有人知道尼采的时候，他已经对这位哲人极其熟识了。③ 滕尼斯同尼采及其作品的遭遇不仅在时间上早于他人，而且可能没有谁能比他对尼采抱

---

① 具体参见［德］齐美尔《叔本华与尼采——一组演讲》，莫光华译，上海译文出版社 2006 年版，第 232 页。另外，关于齐美尔对滕尼斯的《尼采崇拜》一书的评论，其核心批评在于：滕尼斯受制于现代社会主义的演化论、民主主义和幸福目的论（eudämonistisch）等观点，没有看到这些价值标准本身就是有问题的，故而他借尼采的矛批判现代文化，最终却同自己的目标发生了抵牾。参见 Georg Simmel, "Tönnies über Nietzsche", in *Der Nietzsche - Kultus. Eine Kritik*, hrg. Arno Bammé, Wien: Profil Verlag, 2012, SS. 150 – 158.

② Ferdinand Tönnies, *Der Nietzsche - Kultus. Eine Kritik*, hrg. Arno Bammé, Wien: Profil Verlag, 2012, SS. 10 – 11.

③ Ferdinand Tönnies, *Der Nietzsche - Kultus. Eine Kritik*, hrg. Arno Bammé, Wien: Profil Verlag, 2012, S. 9.

有更矛盾的感受。面对尼采，滕尼斯一直相信雷伊（Paul Rée）的教诲，"尼采现象"的最独特之处，莫过于他的日常交谈比他在书里呈现的文字本身更重要，更能讲清楚文字内的意涵①。不断透过尼采的书和他的圈子中人的影响而形成"若即若离"的意识，主宰着滕尼斯的伦理观的成长直到瓜熟蒂落，从他的"尼采经验"出发，我们将鲜活地看到滕尼斯由此辨识出的正反道路②。

第一节 滕尼斯的"尼采经验"

1872 年，尼采的第一部著作《悲剧的诞生》刚出版，青年滕尼斯就注意到这本小册子，并以极大的愉悦感读完了它。当时，滕尼斯尚在耶拿大学就读古典学专业，最初吸引他目光的无疑是尼采对希腊文化的颠覆性解释，我们知道，这本书甫一问世，就在德国古典学界引发了集体讨伐的效果，在批评者看来，尼采不过在用叔本华和瓦格纳的思想生搬硬套地解释希腊悲剧，它们同希腊悲剧本身并没有什么联系。然而随着阅读的深入，滕尼斯由这本书的启示（Offenbarung）逐渐出离了古典学的学科樊篱，并触及尼采以希腊研究外壳所包裹着的现代文明批判的内核："它对我讲出了很多东西，我试图去理解它，同它一起感受。在它的指导下，我对叔本华哲学

---

① Ferdinand Tönnies, "Paul Rée", in *Der Nietzsche – Kultus. Eine Kritik*, hrg. Arno Bammé, Wien：Profil Verlag, 2012, S. 176.

② 从 Günther Rudolph 在 1990 年重编《尼采崇拜》以来，滕尼斯与尼采间的关系既是滕尼斯研究的核心论题，也是梳理尼采与社会学理论传统间关系的要害环节。Günther Rudolph 本人是恩斯特·布洛赫的学生，注重从文化批判和精神哲学的视角解读社会学，他非常敏锐地发现了滕尼斯与尼采的思想对接。其后，Jürgen Zander 和 Niall Bond 等人对此做了深入研究，无论如何，他们都强调滕尼斯的"尼采经验"对他的观念成型起到的决定性影响。

与瓦格纳的艺术产生了敬畏之情。"① 当他越来越明确地以现代社会和国家作为研究对象，尼采赋予他的批判力量越发深刻地植于心中。此后，但凡尼采出版了新书，滕尼斯都会在第一时间购买阅读，即使他对尼采的激情渐渐变淡。②

是什么促使滕尼斯从一开始的绝对肯定转向怀疑和矛盾的态度呢？能解释这一事实的，也许正是此后尼采思想的转变。③ 我们看到，在为《悲剧的诞生》第二版（1886 年）所写的著名导言——"一种自我批评的尝试"里，尼采公开拒绝了这部早年著作的"糟糕"的思想前提，即叔本华的形而上学和瓦格纳的浪漫主义哲学，按照他的说法，通过掺入最现代的事物，根本上败坏了伟大的希腊问题。④ 然而滕尼斯却愈发意识到，当尼采彻底抛去形而上学的根基，无论他的思想还是实践将变得毫无根基："尼采突然同叔本华与瓦格纳决裂，我并不理解这背后的原因，不过对我而言，这是一次从深刻的观点到表面的观点的蜕变。"⑤

要理解滕尼斯的"尼采经验"的复杂性，我们仍然不可避免地将触及他同尼采圈子成员的接触、相互影响的情形。早在 1880 年，尼采的出版商 Schmeitzner 就曾计划将滕尼斯拉入包括雷伊、欧维贝克（Franz Overbeck）、罗德（Edwin Rohde）等在内的尼采圈子，共

---

① Ferdinand Tönnies, *Der Nietzsche – Kultus. Eine Kritik*, hrg. Arno Bammé, Wien: Profil Verlag, 2012, S. 9.

② Ferdinand Tönnies, "Eutin", in *Die Philosophie der gegenwart in Selbstdarstellungen Band* Ⅲ, Herausgegeben von Dr. Raymund Schmidt, Leipzig: Verlag von Felix Meiner, 1922, S. 205.

③ Raymond Geuss, "Nietzsche: The Birth of Tragedy", in *Introduction to Nietzsche*, ed. Robert Pippin, Cambridge: Cambridge University Press, 2012, p. 46.

④ ［德］尼采：《悲剧的诞生》，孙周兴译，商务印书馆 2012 年版，第 12 页。

⑤ Ferdinand Tönnies, *Der Nietzsche – Kultus. Eine Kritik*, hrg. Arno Bammé, Wien: Profil Verlag, 2012, S. 9. 同样有代表性的评论，是滕尼斯对《不合时宜的沉思》的说法：尼采说的都是谎言，他并非无辜地欺骗了自己，也欺骗了别人。Ferdinand Tönnies, "Eutin", in *Die Philosophie der gegenwart in Selbstdarstellungen Band* Ⅲ, Herausgegeben von Dr. Raymund Schmidt, Leipzig: Verlag von Felix Meiner, 1922, S. 205.

同办一份哲学刊物，当时，尼采和他的朋友们刚摆脱瓦格纳的魔圈，在滕尼斯看来，瓦格纳早已陷入神秘主义的愁云（Gedankendürstnis），他满心希望加入富有活力的尼采圈子，开辟德国思想家共同体的教化时代，后因各自意见分歧不了了之。①

尽管如此，滕尼斯寻求以知识共同体为载体，通过哲学慢慢融入舆论，塑造民风的想法却在此时已经形成，然而探寻共同知识基础，建立知识人团体的努力却不是一朝一夕之功，在80年代，滕尼斯仍然对尼采的引领抱有期许，同尼采密友莎乐美和雷伊建立的短暂却密切关系，为他提供了逼近转折期的尼采人格的契机，不仅如此，在同他们交互讨论尼采的事迹和想法的过程中，滕尼斯逐渐形成了自己的分寸感。

在尼采同他的朋友不乏火药味十足的思想关系里，滕尼斯从一开始就扮演着旁观者和中间人的角色。对他而言，特别值得提及的是尼采同雷伊关于"道德感起源"的争执②以及彼此最终决裂，公允地讲，在这一争执中，滕尼斯更亲合于尼采，即他们都认为艺术和哲学的倾向不仅是相互协调的，而且能结合在一起，然而，雷伊从英国经验心理学与进化论谱系的反神秘的解释，又为滕尼斯架设了"同情感""社会性""利他主义"的保护圈，无论从常识还是个人的情感上，滕尼斯都以严谨科学家的定位对待雷伊，对他抱持科

---

① Ferdinand Tönnies und Friedrich Paulsen, *Briefwechsel 1876 – 1908*, Herausgegeben von Olaf Klose, E. G. Jacoby, Irma Fischer, Kiel: Ferdinand Hirt, 1961, SS. 74 – 75, S. 77.

② 雷伊在1877年出版的《道德感的起源》（*Ursprung der moralischen Empfidungen*）将英法的经验心理学和进化论的思想引介到德国，他特别地用拉马克和达尔文的理论，将道德解释成特定环境下积累的习性。这一道德解释脉络引起尼采极大的兴趣，他在《人性的，太人性的》第37节曾赞扬雷伊，认为后者看到肉体的人比道德的人更接近概念世界，随着他同雷伊的决裂，到了1887年的《论道德的谱系》，他对这本书做了严厉的批评："书中有一种颠倒和反常的谱系学假说，地道的英国品种……我读书时可能从来没有像对这本书那样，读到每一个句子，每一个结论，我都在心里说不。"参见尼采《善恶的彼岸论　道德的谱系》，赵千帆译，商务印书馆2015年版，第317—318页。

学家间的尊重①，随着反省意识越来越强，雷伊这一脉的知识资源愈发占据滕尼斯的心灵。

除了雷伊，滕尼斯同莎乐美一道持续交换着对尼采人格的看法，在莎乐美眼里，滕尼斯被称作她"所遇到的人中最接近尼采的、最有精神活力的人"②。到了90年代，他们相继发表了尼采研究领域最早的两部著作即莎乐美的《著作中的尼采》（1894年）与滕尼斯的《尼采崇拜》（1897年）。同后来呈井喷状的尼采研究不一样，这两部著作基于一个共同的前提：两人都亲历了尼采的生活③，而且就尼采的总体判断达成了共识。看看莎乐美对滕尼斯的评论，多少可以发现她以一种精神分析的方式讲出了和滕尼斯一样的东西即尼采人格中的"魔性"一面的存在：

> 滕尼斯认为尼采无论是否爱真理，他对名望的渴望或对毁灭的意欲都是最强烈的……不可否认，在尼采和他所崇拜的理想之间，有一种恶魔的混沌。这是创造了他的思想顶点的东西，即使他对真理的探求是最具毁灭性的行动，即使在他的本性里展开了一个可怕的深渊。对真理的冲动、对名望的渴望、激情与虚无都同毁灭性的狂暴结合在一起，它们指向了这个恶魔圈以外的事物。④

---

① Ferdinand Tönnies，"Paul Rée"，in *Der Nietzsche – Kultus. Eine Kritik*，hrg. Arno Bammé，Wien：Profil Verlag，2012，S. 174，S. 176.

② E. G. Jacoby，*Die Moderne Gesellschaft im Sozialwissenschaflichen Denken von Ferdinand Tönnies*，herausgegeben von Arno Bammé，München：Profil Verlag，2013，S. 55.

③ 在《自传》里，滕尼斯披露了自己在1883年曾鼓起勇气到西尔斯－玛利亚山庄拜访尼采，但是面对尼采"咄咄逼人的目光"，他最终没有上前结识。对滕尼斯来说，尼采似乎始终是"最熟悉的陌生人"，在1900年写给伊丽莎白的信里，他也讲了这个故事。Ferdinand Tönnies，"Eutin"，in *Die Philosophie der gegenwart in Selbstdarstellungen Band Ⅲ*，Herausgegeben von Dr. Raymund Schmidt，Leipzig：Verlag von Felix Meiner，1922，S. 214.

④ 转引自 Niall Bond，"Niezschen practical philosophy，Tönniesian sociology and hermeneutics"，in *Understanding Ferdinand Tönnies'"Community and Society"*，Münster：LIT Verlag，p. 319.

不过，相较莎乐美更多立足于对尼采人格与著作的分析，滕尼斯的独特之处或许在于牢牢聚焦于尼采在文化史中的地位和伦理议题，以日常良知拷问尼采的魔性。在滕尼斯看来，尼采的《查拉图斯特拉如是说》是"偏激""酒醉""堕落"的标语（Schlagwort），然而与此同时，越来越多的求知欲强的青年急迫地想要跟上尼采的召唤，成为超人，践行主人道德。"可能已经没有谁可以用普遍的真理让这个世界平静下来。"滕尼斯满怀忧虑地看着自己曾经的偶像步入黄昏、成疯成狂，与此同时，在帝国官僚无孔不入、资本横飞造就的平庸世界里，青年的文化生活也越来越变得非理性，他写作《尼采崇拜》包括此前的《"伦理文化"及其引领者》（1893 年）这两部著作，正试图平息尼采祭坛（Kultus）的魔力，为此，他不仅重新定义尼采早年之作为"激情的强烈甚于思想的深刻"，而且希望唤醒青年人从事科学的冷静与审慎品质，与其说让他们抛弃对真理的渴望，不如说让他们的渴望回到人（Mensch）本身，而不是成为"超人"（Übermensch）或蔑视畜群的"主人"（Herr）：

> 我希望对你们说：你们不必消解这种渴望，而是保护好你们"美好的"渴望，相信它的必然性与价值，让它来指引你们生活的迷津。假如你们在忍受艰难的生活，那么你们想想，还有很多人同你们一道甚至先于你们在忍受生活之艰。我们今天毋宁需要的是新的谅解、新的启蒙、新的深刻……我的朋友们，哲学（借尼采的表述）就是朝向认识（Erkenntnis）的善的意志……科学就意味着我们去适应每一个以及最早的人类世代。①

那么这是否意味着滕尼斯彻底同尼采作别了呢？事实没那么简单，尼采去世后，滕尼斯在写给尼采妹妹伊丽莎白的信中表达了自

---

① Ferdinand Tönnies, *Der Nietzsche – Kultus. Eine Kritik*, hrg. Arno Bammé, Wien: Profil Verlag, 2012, S. 10.

己对尼采自始至终的仰慕，他说道：也许在尼采的家族里，他被看作敌人或对手，但是他真诚地相信，如果尼采的灵魂还活着，一定会将他当成朋友和仰慕者。换句话说，他认为自己所做的其实是将尼采学说中无根基的内容及其空洞的社会效应甄别出来，吸收并且捍卫了其真正的遗产。①

第二节　从文化史定位尼采的价值原点

诉诸滕尼斯的"尼采经验"，尽管他的态度经历了转移，然而他对于尼采的人格同思想之间关系的认识，保有非常明确的判断：尼采的人格和思想完全统一，这是他写作《尼采崇拜》的前提，更是以科学的态度对待尼采现象的前提。事实上，尼采的思想变化并不是一蹴而就的，而是既在其性情中有根据，又合乎它自身规则，形成独特的运动的轨迹，滕尼斯将这一轨迹分成三个时期：第一个时期是在叔本华与瓦格纳的精神感召下创作艺术哲学作品，包括《悲剧的诞生》与《不合时宜的沉思》；第二个时期致力于道德的解构，从《人性的，太人性的》到《快乐的科学》作为其标志；第三个时期始于《查拉图斯特拉如是说》，终于精神崩溃。在《尼采崇拜》里，滕尼斯如此概括尼采的思想进路：

> 这三个时期表现为一个圆圈式的循环，一个从原点（Ursprung）出发又返回原点的运动。这个发展并非封闭的，它内在又是未完成的。然而它不清楚、充满预兆，正如开始就是终结。②

---

① Ferdinand Tönnies, "Brief an Elisabeth Förster – Nietzsche", in *Der Nietzsche – Kultus. Eine Kritik*, hrg. Arno Bammé, Wien: Profil Verlag, 2012, S. 159.

② Ferdinand Tönnies, *Der Nietzsche – Kultus. Eine Kritik*, hrg. Arno Bammé, Wien: Profil Verlag, 2012, S. 29.

很明显，在这段精巧的评论背后，滕尼斯有意地模仿黑格尔的哲学是个圆圈的经典说法，他很清楚，从苏格拉底经基督教再到黑格尔，西方形而上学都在按照一个封闭的回路运转，用尼采的话说，这个封闭的回路是苏格拉底主义的演绎，它以一个永恒不变的超感性的"根据"（Grund）与"目的"（Telos）为最终基础①，而尼采正是站在整个西方传统的对立面。如何理解尼采站立的新起点？它又在何种程度上完成了对西方传统的颠覆？

滕尼斯解读尼采，把握的核心线索即新圆圈的原点同运动轨迹之间的关联：一方面，尼采的原点自身的真理性有待被揭示，与此同时，从原点展开运动，运动的开放性与协调感彰显的合理性有待被言说；另一方面，它出离于理智的不清楚、矛盾甚至交托于预感（Ahnung）的成分应当被拒斥。如此一来，理解尼采"原点"的意义，无疑是头等重要的工作。滕尼斯非常有创见性地看到，尼采所站立的起点不能单纯由形而上学解释，而是要诉诸近代文化的整体结构的转变，特别是世纪末的自由主义文明及其伦理责任意识的陨落。

一　自由主义的蜕变

我们知道，自从16世纪以来，自然科学世界观催生出经济的资本主义和政治的自由主义潮流，用滕尼斯的话来讲，自由主义就其普遍特征而言即自然科学世界观的政治形式，是商业生活倾向的政治表现②，它要谋求政治权力，建立民族国家和共和制政府，因而将武器对准了旧贵族、封建主和教会，直到19世纪中叶，欧洲各国大体完成了民族国家的构建进程，然而随着国内资本主义工商业的发展，自由主义也在自身之中孕育出了对立面，即工业劳动阶级，就

---

① 参见吴增定《尼采与柏拉图主义》，上海人民出版社2004年版，第19页。
② Ferdinand Tönnies, *Der Nietzsche – Kultus. Eine Kritik*, hrg. Arno Bammé, Wien: Profil Verlag, 2012, S. 14.

像黑格尔的主奴辩证法揭示的，劳动阶级在发展壮大的过程中既吸收了资产阶级的启蒙成果，又在形成自己的权力意志。

对应社会结构的转变，知识与观念结构也产生了变化。同 17 世纪的自然法的形式化逻辑不一样，从 18 世纪到 19 世纪，无论自然科学还是哲学与历史观，都经历了一种生成论或发展学说的转向，自然科学的聚焦从普遍的几何学和物理学过渡到有机生命领域，与此对应，哲学思维的领地也被有机论占据了，从圣西门和孔德撰写的人类知识进步的阶段学说，我们获悉欧洲知识人看待科学格局变革的一般观点。模糊地说，19 世纪的哲学精神多少可以化约成达尔文物种起源的设定，即一切有机生命都有其脱胎的母体，它们既是统一体，又彼此关联，处在不断生成、新旧更替的过程之中。① 欧陆社会学即从这一思想背景诞生，它聚焦于社会体的事实和发展，可以说达到了有机论学说的顶峰。

在此前讨论马克思的时候，我们已经看到其知识结构孕育出的思想史革命。尽管马克思本人拒斥社会学的提法，然而他的理论遵循的确是这里所说的演化论规律。滕尼斯的一个非常敏锐的洞见在于：马克思将社会学改造为针对自由主义的武器，因为它揭示了当前经济生活和资产阶级文化的矛盾，并公开宣称淘汰现存秩序。的确，过去的自由派倒转成了保守派，为了统治的利益，甚至同过去的敌人——王朝、贵族和教会团结到了一起②，他们惧怕有机论或演化论，因为这些学说昭示他们的统治必然被取代，故而这些人只抓住了科学中最冷酷的部分——技术，拼命以生产、资本、武器增加

---

① 在滕尼斯看来，进化论之所以被看作 19 世纪的精神代表，也是因为它道出了"一元论的核心"（monistischen Kerne），欧陆哲学如谢林与黑格尔的唯心主义，孔德与斯宾塞的演化论都分享了同样的预设。参见 Ferdinand Tönnies, *Der Nietzsche - Kultus. Eine Kritik*, hrg. Arno Bammé, Wien: Profil Verlag, 2012, SS. 14 - 15.

② 在德国，这一事实体现得尤其明显。不过并不存在自由派的独立统治，相反，它收拢在王朝和土地贵族的势力之下，成为由上至下的混合贵族与议会体制。参见［德］马克思：《黑格尔法哲学批判》，中央编译局译，人民出版社 1963 年版。

安全感，对此，滕尼斯戏称这个世界已成了暴发户（Parvenus）居住的星球：

> 我们现在称作"保守派"的人，是历史上第一等的革命者……他们现在大多数都惧怕自然科学，自然科学让他们成为可怕的动物的子孙，让人民成为不服从的群体。……如果说社会科学意味着对市民的批判，意味着否定之为否定，那么他们宁愿让它不存在。①

在他看来，作为同时代人，尼采和马克思既站在同样的历史起点，面对的亦是相似的困境②，一言以蔽之，他们都是 19 世纪哲学的产儿。如果说马克思从唯物主义传统诉诸无产阶级的革命，通过改变经济关系更新上层建筑，那么尼采则从艺术和生命出发，把枪口直接对准了现代文化③：现代文化发展到今天，技术支配了人们的头脑和生活，无论人的审美能力，还是伦理精神都陨落了，艺术和伦理是一体两面的东西，它们的本质是整体性、协和感，有其自身的客观规则，除了自己再无其他外在的目的。而堕入保守的自由主义却不断在用分化的逻辑对待人心和生活，用个体的意见取代审美的法则，用主观的利益瓦解客观的伦理精神，世界彻底衰老了。

---

① Ferdinand Tönnies, *Der Nietzsche – Kultus. Eine Kritik*, hrg. Arno Bammé, Wien：Profil Verlag, 2012, SS. 17 – 18.

② 将马克思和尼采置于同一语境来理解，正是滕尼斯非常独特的视角。对比二人，滕尼斯认为尼采并没有达到马克思的批判力度，因为他抽空了事实的关系；然而尼采比马克思更宽广地触及了文化的议题，更重要的，他提出了人的教化的可能性。关于马克思与尼采间的比较，参见 Ferdinand Tönnies, *Der Nietzsche – Kultus. Eine Kritik*, hrg. Arno Bammé, Wien：Profil Verlag, 2012, S. 19, S. 21.

③ 就像 Bond 指出的，滕尼斯阅读尼采的主题混合了"科学、自由主义、生命与发展的哲学、达尔文主义以及社会学"。Niall Bond, "Niezschen practical philosophy, Tönniesian sociology and hermeneutics", in *Understanding Ferdinand Tönnies'* "*Community and Society*", Münster：LIT Verlag, p. 326.

二　作为"健康本能"的原点

正如青年尼采在《作为教育者的叔本华》里借用爱默生的格言称，上帝让叔本华这位思想家来到我们的星球，鼓起风浪使一切旧价值毁灭，青年滕尼斯眼中的尼采也是如此。相较之下，叔本华更像是转折时代的铺路人，用意志的悲观主义吹散黑格尔的"陈腐气息"①，尼采则是彻底的"意志的乐观主义者"（Optimismus des Willens），无论他的哲学还是他的行动，都证明了自己是同衰老文化背道而驰的青年人。

在滕尼斯看来，反对老年文化的"青年信念"（Jugendgesinnung）是尼采最核心的伦理意识，正是在如此的逆向潮流里，他成了这个时代最突出的文化标签。从这一同平庸相对的精神气质里，滕尼斯把握到的因素是积极地践行自由，它的底色既非1848年后的普遍怀疑、迷茫、孤独与厌世，又非1890年后愈演愈烈的迷醉、疯狂，而是快乐、愉悦，对苦涩与失望的嘲弄：

> 丝毫不用惊讶，这种强壮的性情通过尼采的新哲学变得极其有力，它听到了创造力的福音，它呼吁天才（Genie）的诞生，它是对心胸狭隘的权威与既定意见——它们如同暗淡的法袍罩住了真理的庄严——的陶醉谩骂。它感受到自由的精神，为受到压制、不被理解的个体赋予了他们应得的权利，天才就是成其所是的人，冷静且骄傲地跟随自己的更高的知识和良知行事。②

尼采就是这样的天才，他从不蜷缩在书斋里享受内心的隐秘冲

---

① ［德］尼采：《瞧，这个人——人如何成其所是》，孙周兴译，商务印书馆2016年版，第76页。

② Ferdinand Tönnies, *Der Nietzsche – Kultus. Eine Kritik*, hrg. Arno Bammé, Wien: Profil Verlag, 2012, S. 19, S. 20.

动或者逃避纷争，相反，他崇尚罗马战士更准确地说是罗马篡位者，永不停歇地向着他所蔑视的人物与事物开战。他一点都不避讳自己民族的糟糕和败坏，甚至在他看来，德意志民族性恰恰是最亲合于现代文明之腐朽面向的事物，是他首要面对的敌人。自始至终，他的写作都离不开从一个世界人的角度嘲弄、蔑视所谓"德意志性"①：自从路德掀起新教改革以来，德国人的教养之路便是从人的本能深处建立比有形教会更严苛的宗教囚牢，此后的唯心主义运动不过将这一教养的逻辑推到极端，它教导我们彻底地无视实在性，去追逐那些彻底成问题的"理想目标"。

然而看起来的理想目标如何高尚，但它又和技术、资本又有什么实质区别呢？它们都不过是人为造出来的压制肉体、欲望和艺术的工具，对个人而言是彻底的对生命的厌倦、力求否定生命的意志，对民族来说，是非理性的集体神经官能症。经过五六十年代的平庸岁月，当70年代普鲁士的铁蹄践踏欧洲，欧洲的文化也被败坏掉了，看看为意识形态服务的历史学如何踩在唯心主义的肩膀上粉墨登场，我们能够清楚地见证"德意志性"如何轻而易举地蜕变成灾②：

> 德国的历史学家们完全失去了对于文化进程、文化价值的宏大眼光，他们全都是政治方面的笨瓜：不光如此，这种宏大眼光甚至于被他们革除掉了。人们首先必须是"德意志的"，是

---

① 尼采的"世界人"的定位对于滕尼斯而言具有极端重要的意义，需要注意到的是，滕尼斯在此使用的是"international"，意味着民族间的比较，事实上，被他视作榜样的学者莫不超脱自己的民族性之上，从世界的角度理解民族的位置，我们不要忘记，魏玛时代知识分子普遍的世界公民向度，从这个意义上讲，滕尼斯和浪漫主义、保守主义传统不可同日而语。

② 尼采的《施特劳斯——表白者与作家》里讽刺的"知识庸人"多少刻画了德意志50—60年代的知识人的普遍情况，他们像寄生虫一般躲在伟大的作家肚子里无聊度日。有意思的是，接在这篇之后的《历史学对于生活的利弊》将矛头指向70年代兴盛的历史学。

"种族"，然后才可能决定历史学中的所有价值和无价值——人们把它确立起来……德国人就得对所发生的、今天依然存在的一切负责，对现在这样一种极端反文化的病态和非理性负责，也就是要对欧洲所患的民族主义这样一种民族神经官能症负责，要对欧洲小国、渺小的政治永恒化负责：德国人使欧洲本身丧失了意义，失掉了自己的理性——他们把欧洲带进了一个死胡同。①

对此，不难理解尼采为什么反复提及《悲剧的诞生》的创作背景：1870—1871 年普法战争的隆隆炮火，这是德国教养的阴霾开始逐渐展示出它的破坏力的时刻。尼采看似在不合时宜地思考希腊悲剧的起源问题，然而实际上却在重解苏格拉底在希腊文化中的位置，滕尼斯非常透彻地看到，尼采由德国教养乃至西方现代文明，上溯到它们的希腊根基——由苏格拉底开辟的"理论人"形象②，正是苏格拉底（或者说柏拉图笔下的苏格拉底）首先区分出了现象和理念，相信科学而非艺术能够深入到最深的存在深渊，思想不仅能认识存在，而且竟能修正存在，知识的乐观主义者从此醉心于自己剥离出的存在外壳，将通过自己的力量就能成功揭示理念的过程视为最高的快乐③，殊不知"理论人"的乐观和自信的背后，是他们最大的自我欺骗，从基督教时代到今天，人越把自己拔擢到理念的高度，他们的生命力就越变得衰弱、病态，最终成为彻彻底底的末人。

与理论人相对，尼采翻转过来的新的价值基础是"健康的本能"

---

① ［德］尼采：《瞧，这个人——人如何成其所是》，孙周兴译，商务印书馆 2016 年版，第 142—144 页。

② 滕尼斯抓住了尼采思想的要害，即尼采终身都将苏格拉底问题放在其思考的首要位置，他提出的这一洞见弥足珍贵，即使滕尼斯认为尼采探索的方式走入迷雾，但这一错误仍然值得尊重与反思。参见 Ferdinand Tönnies, *Der Nietzsche – Kultus. Eine Kritik*, hrg. Arno Bammé, Wien: Profil Verlag, 2012, S. 36.

③ 苏格拉底的理论人的诞生延续了此前欧里庇德斯对希腊悲剧的改造。［德］尼采：《悲剧的诞生》，孙周兴译，商务印书馆 2012 年版，第 109—110 页。

（gesunde Instinkt）①。单纯从这个起点看，尼采与卢梭彼此亲合，他们都试图从有别于纯粹理性的自然出发，理解人性的提升和伦理的构建，然而正如尼采所拒绝的，卢梭的自然完全系于现代平等道德，而尼采却要彰显一个不一样的自然之路：崇高、自由甚至可怕的自然，一种游戏和允许游戏的伟大使命的自然。②

第三节　尼采伦理学的得与失

那么尼采是如何讲述这个"健康的本能"的呢？按照滕尼斯的想法，尼采以此为起点，讲出了正反两方面的伦理启示。

一　正面的启示：并行主义

正面启示是由《悲剧的诞生》这部天才之作呈现出来的，不同于后来作品的晦涩和混沌，它质朴而深刻，其中包含着一种所谓"并行主义"（Parallelismus）的洞见。③ 在尼采之前，我们或者根据自然法学说的古今之别，将启蒙或自然科学的世界观同中世纪的宗教世界观对立起来；或者根据启蒙时代的美学原则，将古典主义同浪漫主义对立起来；或者根据历史法学，将古希腊罗马的城邦同基督教—日耳曼的帝国对立起来。然而尼采却更深刻地指出：无论古代还是现代，都存在着生命和艺术并行的情形，它们皆同苏格拉底代表的理论人的形象对立。

---

① 尼采在晚年的《瞧，这个人》里反思了这部早年之作给大众造成的种种印象，其中之一即"从中嗅到了不雅的黑格尔气息"。在滕尼斯看来，尼采倒转回原点并没有超脱出黑格尔的否定之否定的逻辑。

② Ferdinand Tönnies, *Der Nietzsche – Kultus. Eine Kritik*, hrg. Arno Bammé, Wien: Profil Verlag, 2012, S. 26. 对应的文本，参见［德］尼采《偶像的黄昏》，卫茂平译，华东师范大学出版社 2007 年版，第 176—177 页。

③ Ferdinand Tönnies, *Der Nietzsche – Kultus. Eine Kritik*, hrg. Arno Bammé, Wien: Profil Verlag, 2012, S. 33.

不可否认，尼采写作《悲剧的诞生》，本身就是要通过叔本华和瓦格纳照亮古希腊人的艺术世界，在古希腊人那里，阿波罗精神和迪奥尼索斯精神既代表了两种艺术的风格，更代表了两种生命的样态：前者通常表现在造型艺术（史诗与多利安建筑）当中，展现着个体适度、节制的品格，就像奥林匹斯山诸神般庄严；后者在抒情诗和悲剧合唱队的音乐里诞生，它意味着个体的毁灭，万物皆融为一体，回归本原的太一。它们彼此对立却又相互交织，甚至实现了一种表与里的平衡：希腊人正是认识到了生命的虚无和痛苦，借助光辉的形象来陶醉和遗忘。

尼采在阐述悲剧时代的希腊人时，处处都表露了叔本华的哲学和瓦格纳的艺术的影子，到了《不合时宜的沉思》，叔本华和瓦格纳被他看作扫除衰老文化、讲授真文化的教师，他寄希望于德国的哲学和艺术来恢复生命的完整，叔本华的意志哲学尤其提供了他颠倒柏拉图主义的工具，我们知道，叔本华对康德哲学作出的重要推进，便是将不可知的物自体变成了涌流的意志，表象则是意志在时空和因果关系的客体化产物，无论如何，表象都摆脱不了生生不息的生命意志之流，人只有借艺术产生的表象来短暂地遗忘生命，但最高贵的艺术——悲剧——则在最深层次上贴近生命的偶然、可怕和虚无[1]，叔本华的表象与意志的关系，正像希腊人的阿波罗精神与迪奥尼索斯精神的关系，他们用艺术表现世界的存在，唤起对生命意志的根本意识，在叔本华与瓦格纳的教诲里，未来的德国精神和过去的希腊悲剧精神成了并行的生命意志之流。

从尼采在这个方向上点出的未来德国精神来讲，滕尼斯有意识地继承了这一点。不少论者甚至指出，他早年的《共同体与社会》

---

① ［德］叔本华：《作为意志和表象的世界》，石冲白译，杨一之校，商务印书馆 2011 年版，第 350 页。

就是在《悲剧的诞生》的刺激下问世的[①]，其中两种意志类型，"抉择意志"与"本质意志"分别对应了阿波罗精神背后的个体化原理与迪奥尼索斯精神回归本原的冲动。

二　反面的启示：无根的道德

滕尼斯赞赏尼采在科学之外，发现了作为本原的生命、艺术以及真正的智慧（Weisheit），但是尼采由此展开的运动却让他沮丧，正如此前提到的，他认为尼采推进的每一步既是未完成的，又是不清楚、充满预感的。

我们知道，《不合时宜的沉思》之后，尼采逐渐抛弃了叔本华与瓦格纳的基础，因为遵循着他们的道路，与其说走入迪奥尼索斯的世界，不如说审美或艺术堕入平庸的罗网，成了彻彻底底的浪漫主义和基督教的牺牲品，在"一种自我批评的尝试"里，尼采这样描述他的转变：

> 我根据近来的德国音乐开始编织"德国精神"，仿佛它正好在发现自己、重新寻获自己似的——而且当其时也，德国精神不久前还有统治欧洲的意志，领导欧洲的力量，刚刚按遗嘱最终退位，并以建立帝国为堂皇借口，完成了向平庸化、民主制和"现代理念"的过渡！实际上，此间我已经学会了毫无指望和毫不留情地来看待"德国精神"，同样地也如此这般来看待现在的德国音乐，后者彻头彻尾地是浪漫主义，而且是一切可能的艺术形式中最没有希腊性的；而此外它还是一种头等的神经腐败剂，对于一个嗜酒并且把暧昧当作德性来尊重的民族具有双重的危险，也就是说，它作为既使人陶醉又使人发昏的麻醉

---

① Jürgen Zander, "Ferdinand Tönnies und Friedrich Nietzsche. Mit einem Exkurs: Nietzsches 'Geburt der Tragödie' als Impus zu Tönnies' 'Gemeinschaft und Gesellschaft'", in *Ankunft bei Tönnies*, hrg. Lars Clausen und Franz Urban Pappi, Kiel: Mühlau, 1981, SS. 185 – 227.

剂具有双重特性。①

转变的尼采以生命为基础，从历史发生学和心理学的双重维度，过渡到现代性最核心的议题——道德，在他看来，同印度种姓制"主人"代表的自然的高贵等级与权力意志相对，现代道德植根于卑贱的犹太"奴隶"，此后由基督教继承并延续到今天：

> 犹太人，那群教士民众，知道最终如何通过一种对其敌人和制胜者之价值的彻底重估，也就是通过一种最精神性的复仇动作，令后者做出赔偿……当年正是犹太人在反对贵族阶层的价值等式（善＝高尚＝权势＝美＝幸福＝神所爱），敢于以一种震慑人心的推理做出颠倒，并且以深渊般的仇恨（生于无力的仇恨）的牙齿牢牢咬住这个颠倒……犹太人首创道德的奴隶起义，那场留下两千年历史的起义，今天它不在我们的视线之内只是因为，起义——已经胜利了……②

也就是说，犹太人出乎对外部世界的共同怨恨，颠倒了过去的权势或等级规定的善，而是用共同的穷困、低贱、无力来定义什么是善、什么是恶（所谓"只有悲惨者才是善者"）。对此，尼采采用了一种视角转换的方式，将道德的心智规定追溯到本能和肉体③，换言之，越是在道德上合乎共同利益的心态，在本能上也就越是虚弱的、残缺的。基督教的道德是这样，法国大革命以来的诸般社会主

① ［德］尼采："一种自我批评的尝试"，《悲剧的诞生》，孙周兴译，商务印书馆 2012 年版，第 13 页。

② ［德］尼采：《善恶的彼岸论 道德的谱系》，赵千帆译，商务印书馆 2015 年版，第 338—339 页。

③ 滕尼斯将尼采的这一视域转换的契机追溯到雷伊，是雷伊促使尼采破除了叔本华的形而上学迷障，他的经验心理学影响了尼采对于肉体先于灵魂的判断。Ferdinand Tönnies, *Der Nietzsche – Kultus. Eine Kritik*, hrg. Arno Bammé, Wien: Profil Verlag, 2012, S. 38.

义潮流更是变着法将基督教的虚弱化入现代处境，在尼采看来，社会主义的本质无非是个体作为牺牲（Opfer）将自己交托到集体的手里，要求自我否定自己、直到适应整体的需要，且不论社会拉平化造就出的廉价的、苟且生活的个体，从基督教继承而来、规定个体同集体关联的"同情"（Mitleiden）心理学亦是最有害的缺陷："若一个人每天到处寻找同情的机会，他的心灵不断看到周围所有的不幸，这人最后肯定就会变成病态和忧郁的人。"① 与此相对，尼采呼吁的是自然的等级差别，基于无限肯定生命的意志的"未来哲学家"的统治：

> 真正的哲学家是命令者和立法者：他们说："应该这样！"，他们首先确定人类向哪里去和做什么，并在这些问题上指配所有哲学劳动者、所有制服过去者的前期工作，——他们用创造之手把握未来、一切现在和过去之所以是者，皆在他们这里变为手段，变为工具，变为锤子。他们的"认识"是创作，他们的创作是立法，他们求真理的意志是——求权力的意志②

滕尼斯同尼采的抵牾发生于此，正像滕尼斯所说，尼采对"同伴"（Genosse）怀有深刻的怀疑与厌恶，这源于他对基督教与现代民主制度的仇视，然而当他以"等级—平等"的角度解读道德谱系、完全将犹太—基督教的原型视作现代道德，尼采原初所追寻的"太一"便失去了实在历史的土壤，或者至少并没有讲出全部的历史真相。滕尼斯非常敏锐地看到，作为近代启蒙的批判者，尼采和卢梭一样，尽管将矛头指向自由主义的抽象平等的自然，然而他们所立足的自然（Naturwesen）仍然摆脱不了观念的创造。

---

① ［德］尼采：《朝霞》，田立年译，华东师范大学出版社 2007 年版，第 183 页。
② ［德］尼采：《善恶的彼岸论 道德的谱系》，赵千帆译，商务印书馆 2015 年版，第 183—184 页。

　　多少相似于后来施特劳斯的判断，滕尼斯认为尼采虽然把靶子针对柏拉图主义，但最终仍然证成了柏拉图的胜利，维护哲人统治的等级制①，相反，自然的起点为什么不能是诸如雅典民主制的平等？进一步地说，尼采的肯定生命和自然等级制，本身同他心中的迪奥尼索斯的"太一"不无冲突，换言之，滕尼斯认识到，一旦我们肯定尼采追求生命完整的洞见，承认尼采对犹太—基督传统同现代危机的隐秘关联的判断，那么，我们便需要探讨基督教之前的人类尤其是日耳曼文化中的共同体生活的历史。

---

　　①　Ferdinand Tönnies, *Der Nietzsche – Kultus. Eine Kritik*, hrg. Arno Bammé, Wien: Profil Verlag, 2012, S. 36.

第 八 章

从合作社到共同体

　　"似乎没有任何民族能像德意志民族那样创造一个既统一又自由
的国家……没有任何民族能比德意志民族更热衷于普遍事物、更有
能力建立国家组织，德意志民族比绝大多数民族更爱自由，上天将
一个礼物馈赠给德意志民族，使它对自由的理念有其独特的理解，
使统一的理念更坚实，这个礼物就是合作社组织（Genossenschafts-
bildung）"①

——基尔克

　　从霍布斯研究致力于探索现代理想行动者的形象，到追问主体
间的伦理关系，滕尼斯最终指向的是对现代社会的共同体建构。在
此前，透过他对马克思和尼采这两位世纪末的思想大家的解读，我
们辨识到主体间关系性质的两重规定：第一重是马克思所说的每个
人由对物的冲动而产生的经济关系，它被滕尼斯定义为社会的关系
（Gesellschaft）；第二重是在社会关系之上朝向尼采所说的迪奥尼索
斯式的原始本质的关系，这就是滕尼斯定义的共同体的关系（Ge-

---

① Otto von Gierke, *Das deutsche Genossenschaftsrecht. Band I*, Berlin：Weidmannsche
Buchhandlung, 1868, S. 3.

meinschaft）。①

在此基础上，滕尼斯顺理成章地过渡到对现实伦理组织的探讨。我们看到，一方面，为了超越马克思揭示的现代社会关系的局限并诉诸阶级革命的方案；另一方面，为了避免尼采式的去道德的无根追求以及非理性的迷狂状态，滕尼斯选择从追溯民族伦理生活的实在的历史原型着手，进而通过古今精神的并行、融合，从心灵世界、经济生活直到法权秩序，重新诠释了一套共同体的谱系，最终为现代社会的共同体改革提供了理论前提。

滕尼斯把握的民族伦理的历史原型，植根于奥托·基尔克对德意志合作社（Genossenschaft）的历史图景及其精神气质的详细阐释。作为最有力的证据，在《共同体与社会》的第一版前言里，滕尼斯将基尔克称作最深刻地影响了他的创作过程的三位思想家之一②，就像他总结的，基尔克已出版的三卷本巨著《德意志合作社法》（1868—1881）不仅从法的角度证明了合作社法是德意志总体文化的核心，而且描绘了德意志合作社历史的全貌，对它的文化、经济、社会生活和伦理意义做了广博且深刻的研究；③ 他的《阿尔图修斯》（1880）一书与之配合，从自然法的角度将合作社代表的中世纪封建政治格局同近代契约论做了对比解读，着力从传统论证德意志民族

---

① 首先需要澄清的是，滕尼斯一开始沿袭了德文词 Gesellschaft 与 Gemeinschaft 指涉关系性质的一般用法（例如康德就将 Gemeinschaft 放在先验范畴表的关系范畴里）。同时，参见他在 1881 年撰写的教授资格论文《共同体与社会——文化哲学的原理》，在当时，滕尼斯尚且保留了关系层面的规定，而到了 1887 年正式出版的《共同体与社会——作为经验的文化形式的共产主义与社会主义》里，这两个概念已经超出了关系的意涵，而是形成了从心理、关系直到社会形态的一整套规定。关于这两个概念的使用方式的转变，具体可参阅张巍卓《滕尼斯的"新科学"——"1880/81 年手稿"及其基本问题》，《社会》2016 年第 2 期。

② Ferdinand Tönnies, *Gemeinschaft und Gesellschaft. Grundbegriffe der reine Soziologie*, Darmstadt: Wissenschaftliche Buchgesellschaft, 1979, S. XXIII.

③ 参见《共同体与社会》第二版前言。Ferdinand Tönnies, *Gemeinschaft und Gesellschaft. Grundbegriffe der reine Soziologie*, Darmstadt: Wissenschaftliche Buchgesellschaft, 1979, S. XXX.

有别于西欧自由主义的独特道路，赋予合作社充分的法权地位。对滕尼斯来说，基尔克从合作社的"史"和"经"两重维度勾画的民族共同生活的伦理图景，足以抵抗尼采对共同道德的批评，对未来哲学家统治的吁求。

当然，在德国 19 世纪六七十年代的政治背景里，基尔克的合作社法研究绝对不是封闭于书斋的历史考证，而是同现实政治紧密关联的，正如列维斯（John D. Lewis）在记叙基尔克的生平时写道的，出身于普鲁士官僚家庭的贵族、在行伍中军功显赫的爱国者、热情的日耳曼主义者（Germanist），基尔克终身都在致力于将德意志民族中活着的传统带入现代，以普鲁士统一的权威为前提，复活基层乡村社团（Gemeinde）、边区共同体、城市行会、自由市、联邦州的自治权利。[①] 只需看看他在 80 年代以来为德国民法典的日耳曼化目标所做的不懈斗争，看看他以日耳曼原则为指引所撰写的系统性的德国私法诠释著作，我们便可确信这一点。

滕尼斯对此了然于心，基尔克于他而言不仅是德意志民族伦理的揭示者，更是彻底地、体系化地提出时代最紧迫问题的人，这个问题就是：我们到底需要怎样的伦理生活？是复制传统、拒斥传统还是在现代背景下调和并重构传统？在滕尼斯眼里，基尔克无疑代表了纯粹保守主义的立场，他并不视基尔克的方案为理所当然之法[②]，而是坚持立足于现代的社会条件激活传统。要理解滕尼斯的综合进路，我们应当简要地考察基尔克的合作社理论，以此为基础，辨明滕尼斯在何种程度上继承了它，又在何种意义上修正了它。

[①]　John D. Lewis, *The Genossenschaft – Theory of Otto von Gierke. A Study in Political Thought*, Madison, 1935, p. 20. 在基尔克的研究传统里，梅特兰的翻译和研究着重于基尔克的"多元主义"（pluralism），而列维斯则独辟蹊径，看到了统一权威与多元秩序间在基尔克思想中的张力。

[②]　"基尔克的一切反抗都无助于对抗一切理性主义的、立法的法权趋势，后者是不可克服的。"参见 Ferdinand Tönnies und Harald Höffding, *Briefwechsel*, hrg. Cornelius Bickel und Rolf Fechner, Berlin: Duncker&Humblot, 1989, S. 39.

第一节　德意志合作社的历史谱系

作为生活在 19 世纪末的德国法学家，无论基尔克，还是在他影响之下的滕尼斯，思索民族共同生活（Zusammenleben）规范的基本语境，乃是当时的罗马法原则同日耳曼法原则的冲突，或者用更宽泛的方式来说，是自然法同历史法学的对立。事实上，在德意志帝国成型、建立和巩固的近半个世纪里，大到建国方略、小到社会事务，无不渗透着两种法权原则的交织与对抗，滕尼斯晚年为《共同体与社会》第八版撰写的序言便证实了当初法学或国家学界里的这一思想冲突：

> 至少在 19 世纪下半叶，自由主义对德意志的国家构建与立法进步越来越发挥支配性的影响，它同时意味着对罗马法的进一步的普遍化。……除了在国家编纂法典的地方出现，罗马法也在普通法以及同普通法相妥协的情形里存在。当时，德国的法学家和国务活动家都在历史法学派的影响下成长起来，同样，即使罗马法在德国民法典里有鲜明的反映，也无法抛却历史法学派的冲击，后者为了保证和维持德意志法的地位，激烈地反对、批判罗马法，也即为了在现代世界确立它所鼓吹的制度而同罗马法搏斗。①

一　基尔克的日耳曼主义

终其一生，基尔克都是坚定的日耳曼主义者和历史法学派人士，

---

① Ferdinand Tönnies, "Entwurf einer Vorrede zur 8. Auflage, 1935", in *Die Moderne Gesellschaft im Sozialwissenschaftlichen Denken von Ferdinand Tönnies*, Stuttgart: Ferdinand Enke Verlag, 1971, S. 90.

站在罗马法和近代自然法学派的对立面。我们知道，在萨维尼之后，19 世纪的德国历史法学派逐渐分裂成罗马派和日耳曼派。

前者继承了萨维尼所谓当代立法使命基于对罗马法的精细研究的判断，并沿袭了他开辟的罗马法的近代注解传统，他们试图通过搜集和整理罗马法素材，为德意志民族构建如罗马法一般具备凝练表达力和精确解释力的法典，这一派的代表人物是温德沙伊德（Bernhard Windscheid）和耶林，他们创立了"学说汇编体系"（Pandektensystem），简单地说，他们以查士丁尼《学说汇编》（Digest）为蓝本，结合德意志民族的特性，从事法典纯洁化的工作，运用形式概念和规则构建的方法，创建一套适用于全民族的私法体系，这一立场和方法无疑迎合了德意志帝国的集权需要和构建民主—法理权威的近代潮流，因而决定性地主宰了 1888 年的《德国民法典》精神①。

后者继承了萨维尼的法源于民族精神（Volksgeist）的判断，然而有别于他经罗马法解释回到法典编纂的做法，他们试图抛开罗马法的影响，从日耳曼—德意志内生的传统构建新国家的法律体系，从卡尔·艾希霍恩（Karl Eichhorn）到雅各布·格林（Jacob Grimm）再到格奥尔格·贝塞勒（Georg Beseler），形成这一条学脉的主线，基尔克在柏林大学就读时的导师正是贝塞勒，而他本人亦是日耳曼学派的集大成者。

日耳曼派学者坚决地反对德国法学的罗马化趋势，抵抗罗马对德意志的侵略，在他们看来，无论在哪个时代，秉持不受污染的民族独特精神和尊严意识都是无比重要的前提，即使遭遇立法实践的重大挫折，这一信念都不可动摇，就像基尔克所说的，只要有德国人，他们为德意志法所做的斗争就永不会停止。② 这一民族天职感促

---

① 关于罗马法学派与《德国民法典》的关系，详见［德］霍尔斯特·雅科布斯《十九世纪德国民法科学与立法》，王娜译，法律出版社 2003 年版，第 58—72 页。

② Otto von Gierke, *Deutsches Privatrecht*. Vol. Ⅰ, Leipzig, 1895, S. vi.

使他们去提炼真正属于日耳曼人的法，如果说罗马法学派追溯的是罗马帝国的历史，那么日耳曼派聚焦的历史原型则是从 13 世纪到 16 世纪发育完善的封建制，其中，格林笔下的德意志边区和社团的习俗、自由市镇的生活、各式各样的行会与手工业团体，充当了他们编织日耳曼习惯法图景时的诸要素。在基尔克之前，他的老师贝塞勒写作的《民族法与人为法》（*Volksrecht und Juristenrecht*，1843）一书，不仅将日耳曼民族的有生命的法同法律人基于形式理性创制的法区分出来，而且率先用合作社学说（Genossenschaftslehre）串联起全部的习惯法要素。

可以说，基尔克的《德意志合作社法》第一卷（1868 年）完全是在贝塞勒的精神指引下问世的，是对贝塞勒谋划的合作社法大纲的完成，作为证明，基尔克将这本书题献给了贝塞勒。不过，他立足的处境多少同前辈们有差别：19 世纪 50 年代以来的古典文献学、考古学、人类学、民族学等经验科学的新发展，让罗马法同日耳曼法之间的争执变得越来越复杂，争论已经逾越了法学内部关乎法的创制问题的界限，涉及还原日耳曼人的原初历史形态及其同罗马的关系。

正如莫米利亚诺指出的，挑起学界神经的标志性事件即马克思与恩格斯的《共产党宣言》的发表（1848 年），原始共产主义遂成为学术研究的主题，德国史家毛雷尔（Georg Ludwig Maurer）关于德意志原始的边区集体制研究，哈克斯特豪森（August von Haxthausen）关于俄国米尔村社的原始共产制研究都是这一时期指引风向之作，它们揭示出未被罗马个人主义污染的欧陆原始民族生活的场景。与此同时，蒙森的《罗马史》和梅因的《古代法》相继考察了罗马人甚至印欧人原初的氏族所有制。① 这些研究不仅从夹杂、缠绕的局

---

① 在德国学者之外，作为逆流的法国学者库朗热则拒绝承认日耳曼人的原始共产主义，强调家庭所有制。具体可参见［意］莫米利亚诺：《十九世纪古典学的新路径》，陈念君译，载《古典学与现代性》，华夏出版社 2015 年版，第 21—26 页，第 34 页。

面里条分缕析地分离出各民族的原始样貌，尤其是日耳曼民族的历史面貌，而且证成了他们自带的原始共产主义的基因。

基尔克并非这一序列里的古代史学者，但是在史学发展的刺激下，历史叙事对于他而言具有无比重要的意义，其重要性远甚于此前在法哲学思维模式里思考的前辈，《德意志合作社法》就是一部翔实的法律史著作，基尔克完全认同古代史研究提供的早期日耳曼人的公社生活的证据，他的研究也离不开这一史学背景；然而另一方面，他怀抱的日耳曼主义的价值又并不局限于历史表象的呈现，而是要努力贯穿民族精神的源与流，在他看来，法学理论的基础是史学研究，而法学理论的原则又必然植根于民族的灵魂，也就是说，要把死历史做活，就不能停留在民族的单纯自然性的范围里，而是要从中提炼出黑格尔所说普遍的精神，通过历史发生学的阐释，打通历史同现实的关联①，从这个意义上讲，基尔克笔下的"合作社"概念就是他眼中的德意志历史的根本原则或者说"历史性"（Geschichtlichkeit）本身。

二 德意志合作社的历史阶段

那么，基尔克以怎样的原则贯穿他的合作社史的写作呢？在《德意志合作社法》第一卷导言的开头，他就这样写道：

> 人是什么，取决于人同人结合。对我们而言，历史发展的可能性基于我们结社（Associationen）的能力，它不仅提升了我

① 如果我们审视一下《德意志合作社法》的完整写作计划，这一判断便尤为确切，第二卷（1873 年）处理的是"团体"（Körperschaft）的概念史，第三卷（1881年）处理的是古代和中世纪的合众体学说（Korporationslehre）以及国家学说，第四卷（1913 年）处理的是近代的合众体学说以及国家学说。除此之外，正如列维斯指出的，基尔克的哲学背景是黑格尔，他的有机体学说首先是对黑格尔的继承与回应。John D. Lewis, *The Genossenschaft – Theory of Otto von Gierke. A Study in Political Thought*, Madison, 1935, p. 23, pp. 92 – 93.

们同时代人的力量，而且首先通过持续历史里的民族的统一人格，将过去的世代同未来的世代结合在了一起。①

在他看来，结社的意涵从一开始就超越了民族公社生活的原初状态，它既是一以贯之的历史过程，又是将现时代的人同自己的祖先合为一体的纽带，是行动意义和价值的源泉。透过合作社的生活看来，世界历史的进步必然首先表现为多样性向统一性转化的运动，从最基础的结社单元——婚姻开始，历经家庭、宗族、部族、民族直到国家以及国家联合体，每一个有机的结合类型都将汇入更大的有机体，在今天的处境里，我们甚至可以想象整个人类最终会变成一个共同体（Gemeinwesen）。

但是，这种情形只不过是合作社历史所呈现的一面，如果只有统一，那么一切精神生活、一切人类的优越性都将变得僵化。与统一的思想相对，我们同样看到了与之力量相等、具有同等必然性的自由的思想，它意味着每个汇入更高统一体中的部分都会保留自己的独特性，都具有自己的相对的独立性，一言以蔽之，统一原则与自由原则之间的交织、冲突、共存、调和便是基尔克理解德意志合作社历史的总体思想②。

基尔克坚信，自日耳曼民族无法追溯的诞生之日起，合作社的传统直到今天都没有断开，它是上帝给这个民族的馈赠（Gabe）③，不同历史时期的差异，只不过是两种原则力量此消彼长的结果，这对冲突以反题的方式，就不同的内容、在不同的程度上彼此和解。在德意志历史上，家中的父的权力同更大的家庭结合体权利之间、

———————

　　① Otto von Gierke, *Das deutsche Genossenschaftsrecht. Band I*, Berlin：Weidmannsche Buchhandlung, 1868, S. 1.

　　② Otto von Gierke, *Das deutsche Genossenschaftsrecht. Band I*, Berlin：Weidmannsche Buchhandlung, 1868, SS. 1 – 2.

　　③ Otto von Gierke, *Das deutsche Genossenschaftsrecht. Band I*, Berlin：Weidmannsche Buchhandlung, 1868, S. 3.

王同部落之间、王同各个部落组成的民族之间、封建领主同志愿结合的合作社之间、教会权威同信徒自愿结成的组织之间，国王或皇帝同城镇联合体之间、现代王权同议会之间、现代国家同国家联合体之间无处不存在着这对冲突及其和解的情形。

基尔克指出，对应德意志不同历史时期，由这两个原则合成的发展状况是不同的，但无论在哪一历史时期，由各个低级合作社结合成一个更高的合作社时，新的合作社生命又不会泯灭低级合作社的独立人格，每一级的合作社都既保有普遍性，又保有自己的特殊性。为了从这条主线呈现合作社历史的全貌，基尔克将德意志合作社的历史分作五个时期。只有在通观合作社历史谱系以及每一个时期的主导线索的基础上，我们才能理解保守主义伦理改革所由出发的"历史时刻"及其方略。

（1）第一个时期：从原始时代到查理曼加冕（800 年）

基尔克将家（Familie）视作这一时期合作社的典范，这里所说的家指家父长制之家族，亦是广义上氏族联合体①，基尔克在此希望强调的是：古日耳曼法中的家或氏族合作社是根据血缘或亲缘的天然一致实现的。伴随着活动领域的扩张，各个家庭氏族将逐渐扩展，并同其他的家庭氏族结合成更大的部落（Stämmen）或民族结合体（Völkerschaft），无论如何，结合体的权力同集体本身都会保持一致，古代的合作社体制不同于现代契约制，根本就不存在独立于合作社成员的统一体或者说一个所谓抽象的国家人格②，在基尔克描绘的图景里，身处民族合作社中的日耳曼人天然地就是拿着武器的自由者，所有的人都具有共同的权利与义务，每个人都同样是护卫和平与法

---

① 基尔克所说的家包含了两重含义，狭义的方面指夫妇与家长身份的家庭（Haus），广义的方面指宗族（Geschlecht）或氏族（Sippe），正像恩格斯在《家庭、私有制与国家的起源》里指出的，德意志人在民族大迁徙之前，都是以氏族为基础社会单位的。

② Otto von Gierke, *Das deutsche Genossenschaftsrecht. Band I*, Berlin: Weidmannsche Buchhandlung, 1868, S. 45.

的人①。

除了单纯人的结合，合作社的存在和维持离不开同土地或耕地的结合，在民族大迁徙结束时期，日耳曼人逐渐克服了原始的狩猎经济，定居下来、开垦田地，从而公社植根在特定的地域之上，而公社成员和公社本身的关系，也牢牢地同共同占有、耕作土地的活动结合到一起，作为血缘结合载体的氏族公社与作为原始共产主义载体的马尔克公社既是一体两面的东西，又是互为促进、彼此互为条件的东西。②

尽管如此，基尔克指出，从一开始就存在着同合作社并行、对立的力量，它被称作支配性的联合（herrschaftlicher Verband），这就意味着，在一个本该由全体合作社成员做决定的合作社里，现在则由某一个体支配。这里所说的支配者并不是一个抽象观念的载体，而是一个活生生的人，他自身即代表了合作社在法权意义上的统一③。如果追溯支配力量的源流，那么我们就会看到，它源于家的父权原则，并由此发展扩大，与此相对，合作社则是由家的另一重原则即氏族原则决定的。

尽管支配和合作的原则彼此冲突，然而在家和氏族一层层搭建起的民族合作社里，作为自己家户支配者的父，同时在更高一级的合作社里充当了平等的成员，在日耳曼民风质朴的第一时期，冲突通过身份的转换得到了化解。

（2）第二个时期：从 800 年到 1200 年

在基尔克看来，合作社史的第二个阶段的核心线索是支配原则

---

①　Otto von Gierke, *Das deutsche Genossenschaftsrecht. Band I*, Berlin：Weidmannsche Buchhandlung, 1868, S. 35.

②　Otto von Gierke, *Das deutsche Genossenschaftsrecht. Band I*, Berlin：Weidmannsche Buchhandlung, 1868, SS. 13－14. 我们需要注意到，滕尼斯在《共同体与社会》论述公社（Gemeinwesen）的法权秩序时，完全沿袭了基尔克的人法和物法的考察次序。

③　Otto von Gierke, *Das deutsche Genossenschaftsrecht. Band I*, Berlin：Weidmannsche Buchhandlung, 1868, S. 89.

战胜合作原则，从内生的因素上来讲，这种压倒性的作用主要源于军事作战形成的主仆等级关系，拥有勇敢仆从的军事家族逐渐在部落里享有威名和慑服力。作为最有说服力的史料，塔西佗的《日耳曼尼亚志》曾提及，在日耳曼人早期的行伍中，军事领袖同仆从之间甚至仆从们之间的等级关系就已经固定下来：

> 侍从们为了决定谁是第一名侍从的问题而引起激烈的竞争；酋帅们为了决定谁应有最多额和最勇敢的仆从也有竞争。经常为一群挑选出来的青年所环绕，这既是一种荣耀，也是一种力量；在安宁无事的时候，既可以显示威仪，在临阵交锋之际，又可以防护左右。一个酋帅如果能罗致为数很多的而且孔武有力的侍从，那他不仅在本部落中，并且在临近的部落中都会享有盛名；像这样的酋帅会受到外族派来的使臣的称誉，会受到馈赠之荣，而仅凭他的威名就足以慑服敌人。①

基尔克指出，由军事的等级扩散到整个民族合作社，"支配—服从"的格局慢慢成型了，一方是领主的保护及其荣耀；另一方是服从者的服务及其忠诚。②

在内生的因素之外，受教会和罗马体制等外在因素的影响，支配原则到达顶峰，其标志是王权获得了无上权威。按照基尔克的说法，在一开始，王权其实只意味着合作社组织的一个组成部分，其行动遵循合作社法的规定，他不是支配者，而是最高的裁判官和公爵，但是作为合作社的领袖，他的权力越来越大，逐渐占有了合作社法之外的、性质全然不同的另一种能力，它植根于王的私人权力、

---

① ［古罗马］塔西佗：《阿古利可拉传　日耳曼尼亚志》，马雍、傅正元译，商务印书馆1985年版，第62页。

② 在塔西佗的原始素材之外，基尔克大量引证了毛雷尔、艾希霍恩等权威的著作，参见 Otto von Gierke, *Das deutsche Genossenschaftsrecht. Band I*, Berlin：Weidmannsche Buchhandlung, 1868, S. 93.

植根于其作为最高贵的家庭与宫廷领袖的身份，从这一能力本身的性质说来，它是绝对的支配力，由此，王对待民族不再像第一时期如氏族内部成员对待氏族本身，而是在民族之外，将它当作臣民对待，并形成了逐级分封的封建体制，王的家庭仆从成了公务人员，王的家臣成了王国的军人、并且取代手持武器的自由人。①

由上至下，整个民族的"支配—服从"格局完全形成，而宗教、诗歌、风俗、道德等文化生活皆在荣耀—服务的意识形态关系里展开，都服务于占据统治地位的法权关系，并从宫廷层层向外，扩散到民族的遥远边区。

（3）第三个时期：从 1200 年到 1525 年

德意志合作社法的第三个时期是中世纪的最后三个世纪，终结点是对中世纪封建制造成毁灭性打击的宗教改革和德意志农民战争。在这段时期，基尔克看到主要潮流是一种自下而上的自由的联合原则（der freie Vereinigung/Einnung）的兴起，其担当者是中世纪德意志地区的城市行会以及由它们合成的自由市镇，伴随着北欧的区域经济流通和商贸往来，以汉萨同盟为代表的自由市联合体在 13 世纪和 14 世纪赢得尊严。在此，合作原则不仅再度同支配原则达成平衡，而且超越了支配的原则，独自发展出一套自下而上建构政治的道路。

同原始日耳曼人基于血缘、亲缘达成的自然一致不一样，新的合作社源于合作者的自由意志的选择。② 自由结合的原则决定性地影响了中世纪的德意志城镇发展，在基尔克看来，要理解这种独特的

---

①　Otto von Gierke, *Das deutsche Genossenschaftsrecht. Band I*, Berlin：Weidmannsche Buchhandlung，1868，SS. 102－103.

②　Otto von Gierke, *Das deutsche Genossenschaftsrecht. Band I*, Berlin：Weidmannsche Buchhandlung，1868，S. 221.

志愿合作社（*gewillkürten Genossenschaft*）[1]，就必然要看到它的两重特征：其一，它嵌套了日耳曼合作社法的旧传统即非人格的区域要素同人格性的市民要素共同造就的在地原则，前者衍生于马尔克公社，而后者衍生于家庭和氏族公社，两者结合到一起，使市镇成为一个区域性的、法权人格；其二，它的独特在于其中包含着普遍的目的，一方面，同纯粹封建的支配原则不一样，它首要的品格是普遍性；另一方面，同现代契约缔造的合作社判然有别，它不是为了诸特殊目的，而是为着广泛的目的，就像基尔克所说，德意志的行会既是经济的合作社，又是宗教合作社、社会合作社、伦理合作社甚至政治合作社[2]。

　　合作社中的法、权利、义务皆为集体自身的属性，在合作社里，集体的统一性只有通过合作社的成员聚集（Versammlung）表现出来，诸合作社又联合成为一个城镇，在城镇的结合中，各个多元的、独立的合作社实体又保留了自己的独立位置，诸如商人与手工业者的行会等。与此同时，城镇本身又是一个更大的合作社的组成部分，我们看到，13—15 世纪的城市联盟是自由联合原则的更高实现的标志，作为最典型的代表，汉萨同盟就建立在各成员的政治、经济、伦理的全面合一的基础上，从下至上构建起一个独特的政治联合体。[3]

　　虽然基尔克认识到行会与自由市构成了中世纪晚期突出的理论现象，但是他并没有失去整体的眼光，一旦我们有意识地将广大德意志农村地区纳入考虑，寻求一个综合性的政治建构道路，那我们

---

　　① 这个概念对应滕尼斯的《共同体与社会》里的抉择意志的构词法，关于两者的关系，可参见 Niall Bond, "Tönnies and Legal Theory", in *Understanding Ferdinand Tönnies' "Community and Society"*, Münster：LIT Verlag, p. 356.

　　② Otto von Gierke, *Das deutsche Genossenschaftsrecht. Band* I, Berlin：Weidmannsche Buchhandlung, 1868, S. 228.

　　③ Otto von Gierke, *Das deutsche Genossenschaftsrecht. Band* I, Berlin：Weidmannsche Buchhandlung, 1868, S. 472.

不得不看到：农业地区仍然由从上到下的封建制牢牢把持，上一个时期遗留的支配原则同这个时期的生动的合作原则处在强烈的冲突当中，并且决定了封建制与民主的市镇联盟体制共同的蜕变，可以说，这一冲突促成近代国家和社会的产生。

（4）第四个时期：从 1525 年到 1806 年

基尔克阐释的第四个时期始于宗教改革与德意志农民战争，终于神圣罗马帝国的灭亡，这段时期是现代绝对主义国家的诞生期，亦是支配原则再度凌驾于合作原则的时期。如果说在中世纪晚期，封建制同合作社保持了平衡关系，那么在宗教改革后，从罗马天主教和旧帝国纽带中独立出来的诸邦国借助罗马法的复兴，将自己打造成绝对主义的国家，导致过去的自由联合与封建制都发生了蜕变，这主要包含了两条脉络：

第一，在绝对主义国家的金权政治和战争动员机制的刺激下，合作社本身发生了转型，从怀揣着普遍主义的自由的合作社退变成裹挟私利的特权合作社（priviligiirte Korporationen）[1]，商人成为一心谋求私利者，行会变成故步自封的利益团体。

第二，在宗教改革、农民战争、邦国割据的历史条件下。德意志各国为了保证生存、掌握实在的权力，纷纷消解封建制和中间团体，建立强大的中央集权体制，如此一来，在个体与国家之间便没有了对抗性的权威中心，民族散成同质化的私人的集合，国家亦成了由巨大的脑袋从上至下发布命令的身体。[2]

（5）第五个时期：从 1806 年到今天

严格说来，在基尔克这里，所谓第五个时期并不是一个已经完成了的历史时期，相反，他站在第五个时期的开端，随着拿破仑在1806 年摧毁神圣罗马帝国，德意志绝对主义的王权体制与特权合作

---

① Otto von Gierke, *Das deutsche Genossenschaftsrecht. Band* Ⅰ, Berlin：Weidmannsche Buchhandlung, 1868, S. 298.

② Otto von Gierke, *Das deutsche Genossenschaftsrecht. Band* Ⅰ, Berlin：Weidmannsche Buchhandlung, 1868, S. 644.

社土崩瓦解，此后普鲁士在战争的废墟上重建：在政治上层锻造了王权与贵族团体共治、官僚执行的高效运转的国家体系；在基层则通过城市教区的管理和市镇机构的公民参与、村庄领主与扈从的稳定关系确保社会团结与活力①；同时普鲁士的精神意识体现为民族国家和世界主义原则的充分融合，它逐渐取代奥地利，成为德意志同盟的执牛耳者。

《德意志合作社法》第一卷成书之际，正是德意志即将统一的时刻，基尔克亲身经历了 1848 年、1866 年以及随之而来的 1870 年捍卫普鲁士主权的运动，他在斗争中见证着整个民族从上到下的基于爱国主义的集体精神②，透过这些活生生的事迹，自由合作社的希望在他心中重新燃起，权威和自由将再度携手③。从这个意义上讲，诉诸历史赋予了基尔克提取合作社精神的前提，进而将它种入今日德意志人生活的土壤里。

第二节　德意志合作社的精神

通过追溯德意志合作社法的历史谱系，基尔克指出：即使在历史的潮流中时涨时落，合作的传统既为上帝的馈赠（Gabe），亦从未在德意志民族的精神里丧失，因而他有充分的理由相信，合作社将再度在德国的新时代条件下焕发生机。放眼迄今为止的全部合作

---

① 基尔克关于政治和社会之法则的理解，离不开黑格尔的国家与市民社会之关系的理论框架。

② "但是有一段时间，集体精神在该时期以强大的力量在几乎清晰的形态中向我们显现，这如此地充满和占据了我们的内心世界，以至于我们感觉到我们的具体存在绝非此类。1870 年 7 月 15 日，我在柏林菩提树下大街经历了这样的时光。"参见［德］奥托·基尔克《人类联合体的本质》，刘志阳译，载《私法的社会任务：基尔克法学文选》，中国法制出版社 2017 年版，第 74 页。

③ Otto von Gierke, *Das deutsche Genossenschaftsrecht. Band* I , Berlin: Weidmannsche Buchhandlung, 1868, SS. 10 – 11.

社历史，它经历了从自然一致到自由联合的发展，而中世纪正是此间的过渡时刻，基尔克明确地意识到，要把握合作社的精神，首先必然要聚焦中世纪的德意志合作社法，我们知道，在《德意志合作社法》第一卷之后，他的合作社法的研究主要便围绕中世纪的"合众体"（Korporation）和封建的自然法展开①，从日耳曼法、神法、罗马法等因素间的复杂的交织情形中寻求启示，付诸未来联邦制国家的政治与社会构建。

一　共体（Universitas）：中世纪晚期的市镇作为理想合作社原型

基尔克对中世纪合作社法的讨论是同日耳曼法自身的探索与反思脉络合拍的。② 他提醒我们，在原始的日耳曼法里，并不存在着对合作社概念的理论界定，相反，合作社法不过是习俗法或习惯法本身，它不是观念的、抽象的，而是具体的、实在的东西。第一次对日耳曼法的反思始于霍亨斯陶芬时代（1138—1254 年），也就是所谓合作社法的第二个时期向第三个时期转折的时代③。

自霍亨斯陶芬家族统治起，中世纪步入晚期的 300 年，政治和社会的激烈变动，尤其王权同教权、各诸侯势力间尖锐对立，王权迫切地希望收缩权力，对抗教会势力，于是将目光投向了古代遗产尤其是罗马法体系，以此构建世俗的权力之网，正像康托洛维茨指出的，在霍亨斯陶芬家族的弗里德里希二世统治下，世俗的法学思

---

① 《德意志合作社法》第三卷：古代与中世纪的国家和合众体法及其在德意志的接受情形（1881 年），《约翰内斯·阿尔图修斯与自然法国家理论的发展》（1880 年）。

② John D. Lewis, *The Genossenschaft – Theory of Otto von Gierke. A Study in Political Thought*, Madison, 1935, p. 36.

③ 当然，从罗马时代到霍亨斯陶芬时代，日耳曼法并非没有经历任何变化，其间的加洛林和奥托时代，日耳曼人的生活不仅发生了巨大的改变，而且内部邦国也呈现不同的发展景象，不过直到霍亨斯陶芬时代，德意志人的意识才开始倾向于抽象的思维和系统化的组织方式。Otto von Gierke, *Das deutsche Genossenschaftsrecht. Band Ⅱ*, Berlin：Weidmannsche Buchhandlung, 1873, SS. 12 – 14.

维压倒了教会法，例如他颁布的《西西里法典》核心要义，便是将王权追溯到罗马君主的立法权和统治权，而帝国法庭的审判依据也是查士丁尼的法典。[1] 由此，整个民族的法权意识日益朝着抽象模式转变，私人从传统的合作社里解放出来，在公法和私法之间也产生了明确的界限。

从 12 世纪到 14 世纪，我们能清楚地看到德意志思维的罗马化趋势，无论语言还是法律皆如此，正像基尔克所说，德意志地区始终缺少强大的中央力量修订统一的德意志法典，并将它有效地推向边区，而且各个地区的民族法（Volkrecht）也随着地区习俗的改变而改变，因而罗马化不仅是可能的，更是历史的必然，因此德意志合作社法的理论本身无法避免作为一部接受史的处境[2]，然而反过来，恰恰因为中央对地方相对分散的权力，即使民族整体向着罗马法化的趋势发展，也由于民族生活的各个不同区域的不平衡发展，无法真正实现。有意思地是，基尔克通过详细考察中世纪罗马法在日耳曼地区的接受情况，发现罗马法与日耳曼法之间的关系并非前者单向地影响后者，在中世纪意大利的罗马法注释者的文本里，日耳曼法对罗马法的渗透也处处可见。[3]

在剧烈的政治和社会变动之中，中世纪晚期的德意志市镇（Stadt）的产生和发展引起基尔克极大的注意，我们知道，市镇的诞生既源于 12 世纪以来的商业和手工业的发展，商人和劳动力的流动，也同王权与宗教的组织因素息息相关：一方面，皇帝、公爵甚至主教借颁布市镇特许状来增强军事防御并聚敛钱财；另一方面，

---

[1] 康托洛维茨关心的问题并不与基尔克相契合，他希望论证的是王权作为正义的主人和仆人的双重职能。参见［美］康托洛维茨《国王的两个身体》，徐震宇译，华东师范大学出版社 2018 年版，第 191—203 页。

[2] Otto von Gierke, *Das deutsche Genossenschaftsrecht. Band* Ⅲ, Berlin：Weidmannsche Buchhandlung, 1881, SS. 2 – 3.

[3] 详见 Otto von Gierke, *Das deutsche Genossenschaftsrecht. Band* Ⅲ, Berlin：Weidmannsche Buchhandlung, 1881, S. 646.

市镇的自我组织保留了传统的宗教誓约，又依靠世俗化推进了市民自治。①

在基尔克看来，市镇既是中世纪过渡到晚期后的最活跃成分，也是自由联合原则的最首要的担当者，意味着德意志合作社法的自由本质的发育成熟：它超越了原始日耳曼法的自然一致性的原则，此时，它意味着一个普遍的却不可见的、有生命的且有机的统一体，它既独立于所有组成它的成员——包括个体和更低级的合作社，也不是一个现实当中占有权力的支配者：

> 市镇在其不可见的统一性中成了政治权利的主体，然而它所掌握的权利是凌驾于所有个体的之上的普遍性……作为政治权利主体的市镇对立于个体的市民和更低级的市民合作社。因此它有别于所有此前我们知道的法权所有者。在这里，我们第一次看到寄居于总体中的、被视作占有权利的不可见的统一体；在这里，我们第一次看到既非一个可见的支配者又非一个实在的集体占有政治权利。如今权利归属市镇，它作为一个独立的市镇有机体行使自己的权利。②

关于市镇的全体人格（Gesammtpersönlichkeit），基尔克巧妙地引入了"抽象"同"人造"之间的对立，他承认市镇的概念是一个抽象出来的人格，但绝不是罗马法所谓拟制人格或近代自然法所谓人造人，而是实实在在的存在者。就罗马法而言，一谈到人格，人们就马上会认为法权人格将吞没所有组成的部分，或者如霍布斯的"利维坦"的形成过程，即自然人出于便利原则共同在心中约定一个虚构的人格，相反，市镇却是统一体与复合性相互调和的有机人格，

---

① ［美］哈罗德·伯尔曼，《法律与革命——西方法律传统的形成》，贺卫方等译，中国大百科全书出版社 1996 年版，第 442—447 页。

② Otto von Gierke, *Das deutsche Genossenschaftsrecht. Band* II, Berlin: Weidmannsche Buchhandlung, 1873, S. 733.

它的人格于其成员来说不是一个便利的第三者，而是同他们保持有机的联系，因为它的存在不仅是为了它自己，而且是为着它的成员，受他们制约；反过来，成员也不单为自己存在，也要为合作社存在，受合作社规制，由此关系出发，合作社同其成员的权利相互协调。①

作为中世纪市镇的基础构成机构，行会直接地展现了合作社的有机人格形态：市镇的行会根源于"通过超凡的占有由死入生"的军事和宗教的兄弟会，其成员受相互保护和服务的誓言的约束；凭借上下级的师徒制和同辈兄弟会，每个人在行会经历完整的求学和成人的历程，从人身依附到独立为师和同辈协作，行会包揽了成员从生到死的全部人生，每个人都能在他生活的每一刻感到集体的力量存在，左右着他的行动。② 当然，基尔克所说的、由市镇代表的"全体人格"并不只限于行会和自由市，它同乡村社团也处于连带的关系③，适用于整个德意志地区。

无论行会抑或市镇，根本上都离不开中世纪神学的基础。为了阐明市镇的实质精神，基尔克充分调动了神学的理论资源④，在他看来，中世纪神学在个体或诸分离的团体的特殊目标同总体的普遍目的之间，通过引入超越的上帝的统一性调和两者，上帝既创造又统治着所有人和事物，同时赋予他们追求自身特殊目的的能力，不过他们最终总是要合乎上帝的普世目的，作为基尔克眼中"以最纯粹、最深入的方式道出中世纪思想实质者"，但丁在《论世界帝国》里

---

① Otto von Gierke, *Das deutsche Genossenschaftsrecht. Band* Ⅱ, Berlin: Weidmannsche Buchhandlung, 1873, S. 40.

② 详细可参见伯尔曼的讨论，［美］哈罗德·伯尔曼：《法律与革命——西方法律传统的形成》，贺卫方等译，中国大百科全书出版社 1996 年版，第 480—483 页。

③ 滕尼斯在《共同体与社会》中引用基尔克的乡村社团"耕作的强制制度"与公共地、森林、草场的使用情形的讨论，Ferdinand Tönnies, *Gemeinschaft und Gesellschaft. Grundbegriffe der reine Soziologie*, Darmstadt: Wissenschaftliche Buchgesellschaft, 1979, SS. 29 - 31.

④ John D. Lewis, *The Genossenschaft - Theory of Otto von Gierke. A Study in Political Thought*, Madison, 1935, p. 41.

视"人类"为上帝调和个体与宇宙间的载体①。

毫无疑问，但丁不但将普世的基督教国的观念世俗化，而且将王权的正义转为人类共同体的此世至福②，这一思想同中世纪典型的教会—王权二元思路不无龃龉，却契合于基尔克所推崇的中世纪晚期的精神，借但丁的话语，基尔克指出，人类是上帝创造并指引的普遍共同体、是基督性（Christenheit）本身：

> 人类是唯一的"神秘的身体"，它是一个统一的、在自身中结合着的"民族"；它显现为最无所不包的尘世"共体"（universitas）；它构成了伟大的属灵且在世的普世帝国，这一帝国或者名为"普世教会"（ecclesia universalis），或者名为"人类普世共和国"（respublica generis humani）。③

尽管如此，"共体"不是一个单一者，正如作为普世教会时，它存在着严格的教阶差异，世俗的组织亦是如此，"共体"内包含了等级的序列，从村庄、城市、政区、民族直到帝国，每一个环节都像"共体"本身一样是有机体，下属的环节同上面的环节亦是有机的关系，这个统一体如同穹顶的构造，层层包容着人类社会诸等级④。

中世纪理论通过神法赋予的统一性，展现着它独特的聚合逻辑。在基尔克的思辨脉络里，但丁提供了他将超越性的上帝世俗化为普世帝国的前提，进一步地，他试图突破神法和帝国体制的规定，将它们同日耳曼的合作社原则做充分地融合，这一理论的推进又是通

---

① ［意］但丁：《论世界帝国》，朱虹译，商务印书馆1986年版，第9页。

② ［美］康托洛维茨：《国王的两个身体》，徐震宇译，华东师范大学出版社2018年版，第611—612页。

③ Otto von Gierke, *Das deutsche Genossenschaftsrecht. Band* Ⅲ, Berlin：Weidmannsche Buchhandlung, 1881, S. 517.

④ Otto von Gierke, *Das deutsche Genossenschaftsrecht. Band* Ⅲ, Berlin：Weidmannsche Buchhandlung, 1881, S. 544.

过他对罗马法的批评实现的，"共体"再度被置入罗马法的语境。

我们知道，随着合作社法的第三个时期向第四个时期的过渡，中世纪的封建制逐渐瓦解，被新兴的绝对主义民族国家取代，罗马法再次复兴，并决定性地影响了近代契约论自然法的理论建构。① 无论罗马法还是它的近代姊妹契约论，都依次采取了两个步骤扼杀中世纪的"共体"传统。

首先，罗马法明确地将公法与私法区别开来②，公法就是国家法，但是，它只承认一个主体，要么是一个人，要么一个团体，要么是全体公民，这就意味着，整体同其组成部分的有机关系根本就不予考虑；与此相对，私法的社会基础是家户（paterfamilias）或私人，尽管它相对公法形成另一个极端，却和公法一道，作为一头一尾，压缩合作社的生存空间。

然后，罗马法涉及的私人间的结社（societas）③ 意味着一群人有义务结合到一起，但是每个人在法律上都是独立的、彼此分离的，除开结社的个体，结社本身并没有真实的生命；罗马公法视"共体"为真正的统一体，但却不能将它当成一个现实存在的人格，而私法尽力将"共体"拟制化，总而言之，罗马法依靠着"结社"，对"共体"造成摧毁性打击。

基尔克面对罗马法的冲击，认识到将中世纪"共体"的传统同罗马法隔离开，在日耳曼法的思维里重建"共体"的理论紧迫性。

二　有机体论：联邦制德国建构的原则

近代罗马法的复兴与契约论自然法孕育出个体主义的法权原则

---

① John D. Lewis, *The Genossenschaft – Theory of Otto von Gierke. A Study in Political Thought*, Madison, 1935, pp. 50 – 51.

② 基尔克指出，公法与私法的区分对于希腊和德意志而言，都不是内生的传统。Otto von Gierke, *Das deutsche Genossenschaftsrecht. Band* Ⅲ, Berlin: Weidmannsche Buchhandlung, 1881, S. 35.

③ universitas（也可替换为 communis）同 societas 是滕尼斯的"共同体"同"社会"的对应拉丁文。

及其社会观，而与此同时，神法的诚命也从此世隐遁，我们再也不能依靠超越的上帝来构建普世的有机人格，只有分裂开的自私自利的私人、没有血肉的团体（societas）、像被抽空了灵魂的稻草人的人造国家，路易十四"朕即国家"的专制或法国大革命号召的"人民主权"都是个体主义的恶果。

在基尔克看来，个体主义的社会观既没有可以牢牢站立的哲学基础，又没有历史的依据。它的哲学荒谬在于：人造人格作为一种概念的假设，就像一种"影子式"的存在，它设定社团本身无异于一个孩童或无法治愈的疯子，事事必须通过一个假人的监护才能赢得思维和行动的能力，与此同时，我们又要像对待一个真人一样对待这个假人①；诉诸历史，所谓拟制的人格的观念更是人类意识发展到文明时代的晚生的、抽象观念的产物，相反，一切民族在其历史之初抑或历史演进的任何阶段都是按照共同体的生活看待法律，人不是因为他是一个独立的个体拥有权利，而是因为他是民族中的一员才有权利，从日常对集体生活有温度的感知，到斗争岁月迸发出的为国家献身的情感，这些都证明了有生命的集体可能被抽象观念暂时掩盖，却不会被它扼杀。在新的时代背景里为"共体"提供安身立命之所，构成了当前德意志法学的迫切使命。

从古典时代的城邦学说到中世纪的社会理论，始终存在着一条对抗个体主义的主线，尽管它在个体主义自然法学说全盛的 18 世纪遭到压制，然而在 19 世纪国家法复兴的思潮中再度焕发生机，尤其借助自然科学的有机体学说，以混合了神学、生物机体论、民族心理学的学说资源，共同呈现了一套社会有机体的理论。② 对基尔克来

---

①　［德］奥托·基尔克：《人类社团的本质》，张陈果译，出自《德国魏玛时期国家法政文献选编》，清华大学出版社 2016 年版，第 3—4 页。

②　对应的思想史讨论，参见：［德］奥托·基尔克《人类社团的本质》，张陈果译，出自《德国魏玛时期国家法政文献选编》，清华大学出版社 2016 年版，第 5 页；Ferdinand Tönnies, *Gemeinschaft und Gesellschaft. Grundbegriffe der reine Soziologie*, Darmstadt: Wissenschaftliche Buchgesellschaft, 1979, S. XXVII, S. XXXI.

说，既保留上帝身体的精神实质，又以自然身体取代之的有机体论
成为我们理解共同生活的新的理论基础，或者说激活传统的折中
范式。

在科学时代，首先用一套类比生物有机体的术语，无异于把握
了摆脱罗马法—自然法的观念的有力武器，保护住信仰的底线，然
而，有机体背后的生命之谜必然要逾越身体概念的单纯类比，我们
的语言无法触碰这个谜题的答案，只有通过一种图像的（Bildliche）
或比喻的方式，才能体会社会机体作用于我们意识的精神纽带：

> 从外部经验获得的认识，会得到内部经验的印证，因为我
> 们在自己的意识中也能找到共同体的现实。将"小我"融入更
> 高秩序的社会存在中，对我们而言是一种内心的历程。……我
> 们可以从共同体的效用来间接地体会到，那些社会整体具有灵
> 肉天性，因为这些效用存在于由身体传递的心理过程中。由此，
> 我们谈及的不仅仅是社会机体及其躯干部位，还有民族灵魂、
> 民族感情、民族确信和民族意志，等级精神、集体精神和家族
> 精神等，我们将这些情感称作生动之极的心理力量。①

德意志法完全改变了罗马法的"公法—私法"的思维定式，
在承认法即共同体生活的组成部分这一原则的前提下，基尔克区
分出了"社会法"（Sozialrecht）和"个人法"（Individualrecht），
尤其从社会法来说：首先，国家法、公法以及所有社团法全部都
收归社会法统辖，但是同罗马法的模式不一样，社会法不是由各个
社会有机体制造出来的东西，而是对它们现实规范的宣示和表达，
因而每一规范都同特定的、具体的组织形态对应；其次，社会法所
彰显的整体同部分的关系，不是代表同被代表的关系，而是身体同

---

① ［德］奥托·基尔克：《人类社团的本质》，张陈果译，载《德国魏玛时期国
家法政文献选编》，清华大学出版社 2016 年版，第 11 页。

器官的关系：

> "社团器官"是一个非常特殊的法律概念，不能和个体法上的"代表"概念相混淆。它表达的不是一个内部封闭的个体人代理另一个内部封闭的个体人，而是可以比作这样的情况：当人用眼睛看、嘴巴说和双手触摸时，等于人也由此看见、说话和触摸；当各个社团器官各为其用时，作为生命统一体的社团整体便由此直接运转了。[①]

在基尔克重新确立的社会有机体结构里，国家占据着最特殊的地位，"国家属于社会有机体的组成部分"的判断曾被英国注释者视作基尔克秉持"多元主义"国家观的依据[②]，然而，基尔克毫不掩饰地表达出了国家的至高无上性和最高的普遍性，在《人类联合体的本质》一文里，他称赞腓特烈大帝开创的伟业，在路易十四的专制和大革命的人民主权之间，腓特烈大帝缔造出不死的国家生命，一方面他将国家打造为最高权力主体；另一方面他将持续的、不可分的宗族（Geschlechter）糅合进自我同一的国家制度里，创造出现代国家的法律。

由统一和多元交织的新生的普鲁士民族国家模式，成了继承上帝力量的"共体"，此后北德意志联邦和德意志帝国的建立都是在腓特烈大帝精神指引下的创造性的集体行动，联邦制的确合乎基尔克的国家愿望，凭借着有机体论，他试图调和统一的帝国主权同旧德意志的等级制、合作社、基层组织间的冲突，维持永久的平衡关系。尽管传统赋予每个社团人格相应的自治自由，尤其等级制团体提供了强大的稳定力量，然而它们都是国家的器官，每一刻的行动根本

---

① ［德］奥托·基尔克：《人类社团的本质》，张陈果译，载《德国魏玛时期国家法政文献选编》，清华大学出版社 2016 年版，第 13 页。

② Frederic Maitland, "Translator's Introduction", in *Political Theories of the Middle Age*, Cambridge：Cambridge University Press, 1951, p. xxvii.

上都是为民族和国家的利益服务、斗争。①

第三节　滕尼斯对基尔克的继承与超越

　　滕尼斯是在基尔克的直接影响下成长起来的德国学者。与同时代的人文学者一样，他的早年读书阶段和独立展开研究的兴趣旨向，皆离不开德意志帝国建国、立法、确立社会政策方向的大时代背景。正像他后来说的，自己当时所处的学术语境，既是罗马法/自然法原则同日耳曼法原则之间的尖锐对立，又是围绕帝国往何处去这一伦理问题的大争论：尽管在帝国创立之初的十年里，自由派势力占上风，普选和自由贸易受到政府支持，罗马私法和法律形式主义也主导了民法的修订议程，然而随着经济危机、国内和国际诸势力之间的冲突爆发，自由主义的短暂表象破灭，70 年代末，帝国的政治、经济和社会政策公开转向保守主义。②

　　在自由主义化为强弩之末却余波尚存的 1878—1879 年，滕尼斯仍在自觉地从霍布斯的理性主义自然法遗产中探索现代性的规范，而基尔克的《阿尔图修斯》贬低个体主义自然法、抬高封建自然法的解释，构成了他反思霍布斯理论得失的核心参考文本③；此后无论在法哲学还是史学领域，日耳曼法与国家法对自然法呈现出压倒性

---

　　①　列维斯准确地看到，基尔克在不同时期对于主权同合作社间的关系的看法是有变化的，在德意志帝国统一前，基尔克认为普鲁士将把德意志帝国变成一个统一的帝制国家，而此后他越来越认识到合作社传统的重要性，直到"一战"前后，他再次将国家至上的原则推到最高位置。John D. Lewis, *The Genossenschaft - Theory of Otto von Gierke. A Study in Political Thought*, Madison, 1935, pp. 84 – 85.

　　②　Gordon A. Craig, *Germany*, 1866 – 1945, Oxford University Press, 1981, pp. 80 – 97.

　　③　Ferdinand Tönnies, "Eutin", in *Die Philosophie der gegenwart in Selbstdarstellungen Band Ⅲ*, Herausgegeben von Dr. Raymund Schmidt, Leipzig: Verlag von Felix Meiner, 1922, SS. 209 – 210.

的态势，滕尼斯在 80 年代跃出霍布斯研究、构思共同体学说，很大
程度上受到了基尔克的《德意志合作社法》的启示，我们看到，20
世纪初的公法权威学者施米特就将滕尼斯和基尔克并置在一起，视
他们为自由主义向保守主义过渡的先驱。① 但这只不过是表面现象，
80 年代末以来，滕尼斯对基尔克的民法典解读方案采取了激烈抗辩
的态度，而他以共同体学说为精神指引的"伦理文化"改革实践，
同基尔克的帝国加等级制合作社的双轨制方案亦相互抵牾。要理解
滕尼斯的共同体理论的伦理精神的内涵，我们就需要去考察他如何
继承又如何超越基尔克的合作社理论。

一　继承：作为自然共同体的公社

滕尼斯共同体学说的原始冲动是理解日耳曼文化的本质，他对
基尔克的继承，体现在他完全接受日耳曼的合作社历史及其有机论
的哲学基础，这既是他理解自身民族传统的起点，亦足以回应尼采
对共同生活的伦理性的否定，由此出发，当我们从研究伦理关系的
道德哲学过渡到研究共同体的社会学，探讨共同体规范的法学必然
要被当成中间环节，滕尼斯坚定地赞同法学对共同生活原则的捍卫
态度，并把它视作未来社会学的价值基础②，他自己的研究也遵循了
从哲学到法学，最终到社会学的综合过程。

我们知道，在《共同体与社会》里，共同体（Gemeinschaft）学
说包含了非常复杂的意义维度，它首先指的是同现代社会相对的古
代的、自然的共同体，总体说来，它以基尔克着力探讨的神圣罗马

---

①　［德］卡尔·施米特：《政治的概念》，刘宗坤等译，上海人民出版社 2004 年
版，第 153—154 页。

②　Ferdinand Tönnies, *Einführung in die Soziologie*, Stuttgart：Verlag von Ferdinand
Enke, 1931, S. 3.

帝国的封建体制为历史原型。① 在论述共同体法权和政治意涵的章节里②，滕尼斯首要借鉴的便是基尔克的思想，和基尔克一样，他认为法源于共同体本身，是所有成员意志结合的共同领域③，而由共同体的法展现的公社（Gemeinwesen）理论谱系正合乎基尔克笔下的合作社历史，需要注意的是，滕尼斯之所以用公社而非合作社的概念，指向的与其说是历史本身，不如说他希望从基尔克的浩瀚的法律史材料中提炼出历史的本质（Wesen）或历史性的意涵。

首先，公社的历史性表现为公社各组成部分独特的历史发生学意义。从滕尼斯依次探讨的基于血缘的氏族之家到基于地缘的扩大了的乡村公社，再到基于精神的市镇公社，每一个环节以人与地理空间的相互交融为背景形成了特定的精神气质与政治形态，可以说同基尔克笔下的德意志合作社前三个发展阶段的精神相互对应：

（1）氏族之家对应封建时代之前的日耳曼部落政治（第一个时期），介于从大迁徙时代到定居的过渡时期，成员间的自然契合与共同遵从作为自然权威的祖先/父权，氏族之家合乎基尔克所谓自由合作同支配联合的平衡原则。

（2）乡村公社对应日耳曼封建时代的"王国—马尔克领地—村庄公共地"的典型统治格局（第二个时期），随着日耳曼民族定居下来、从事土地耕作并为扩展领土形成稳定的军事团体，氏族公社

---

① "我们思索着日耳曼文化的整体发展，作为罗马帝国的继承人，它从罗马帝国的废墟里成长起来；伴随着不断形成的对基督教的普遍信仰，日耳曼文化在教会的推动力下兴起，这个过程既可被理解成不断的进步，也可被理解成持续的衰退，正是在这个地方，日耳曼文化进程中产生的这些对立，构成了我们研究的焦点。"参见 Ferdinand Tönnies, *Gemeinschaft und Gesellschaft. Grundbegriffe der reine Soziologie*, Darmstadt：Wissenschaftliche Buchgesellschaft, 1979, S. 220. ；另外可参考 Niall Bond, "Tönnies and Legal Theory", in *Understanding Ferdinand Tönnies*'"*Community and Society*", Münster：LIT Verlag, p. 362.

② 《共同体与社会》第三卷第 21—28 节。

③ John D. Lewis, *The Genossenschaft – Theory of Otto von Gierke. A Study in Political Thought*, Madison, 1935, p. 72.

的诸父权制之家或因为自然承袭的家族权威，或因为军事统领，持续分离出王侯、贵族与仆役等各个等级层次①，乡村公社合乎基尔克所谓"支配—服从"间的平衡。

（3）市镇公社对应封建制晚期的自由市及其政治联盟（第三个时期），日耳曼公社的主教管区、领主城堡的周边区域逐渐聚集起商人、骑士和贵族家庭，他们凭借着自己掌握的权力和财富，聚合成一个以军事集会和司法集会为核心的自决的政治团体，并且反过来统治乡村公社，市镇公社合乎基尔克讲的自由联合同封建制的平衡原则。

在历史发生学的纵向维度上，公社的历史性凝聚成有机的帝国秩序。在帝国里，每一个公社都以它特定的组织形式和精神气质占据一席之地，不过始终存在着默认一致的习俗纽带维系着他们，对此，滕尼斯同基尔克的判断完全契合，他们都认识到这是日耳曼人政治自由的本质。基尔克陈述日耳曼史的脉络时，始终强调日耳曼人的自由有别于古希腊人和罗马人的自由，如果说古希腊人完全投入城邦生活，时刻准备为城邦牺牲，罗马人则生活在帝国脑袋统治下的原子化的处境里，那么日耳曼人则天赋性地具备在合作和支配之间达成平衡的能力，尤其经过基督教的普世化，神圣权力向着世俗国家的转向，这种自由展现了前所未有的精神效果，无论基尔克还是滕尼斯，都期待着新生的德意志帝国实现日耳曼人的天赋自由与普遍主义。在《共同体与社会》中，滕尼斯写下的一段文字明显道出了基尔克在他身上种下的信念烙印：

> 公社完满的崇高在于王侯、贵族和群众这三个机构的协调一致，虽然在实际的经验现象里，有一个机构可能会占优势，

① 氏族内部的权威家庭与军人阶层的形成，构成了滕尼斯理解的封建制形成的两重因素。Ferdinand Tönnies, *Gemeinschaft und Gesellschaft. Grundbegriffe der reine Soziologie*, Darmstadt: Wissenschaftliche Buchgesellschaft, 1979, S. 27, S. 193.

另一个机构可能衰落下去……尽管现象变动不居，共同体却保持不变。①

二　超越：从权力到教化

如果说滕尼斯眼中的自然共同体特别是涵盖法权与政治意蕴的自然共同体继承了基尔克的合作社理论，那么他对基尔克批判的核心就在于：处于19世纪末的理性主义化的历史条件下，伦理的共同体生活何以可能呢？

我们知道，基尔克对罗马法和契约论持完全敌对的态度。此前讨论滕尼斯的霍布斯研究时，我们已经指出：基尔克完全否认霍布斯笔下的先天的自然状态/私人状态的有效性，因为没有政治共同体的预设，不存在任何创立法与规范的可能，换言之，基尔克否认纯粹私人人为地建构秩序的能力，而滕尼斯在充分承认霍布斯的主体先天思维的基础上，通过个体身体同整体身体间的类比，用有机论去化解自然法同人为法之间的紧张；此后，当基尔克写下反驳《德国民法典》初稿的文字，急迫地干预立法的进程时，滕尼斯随即对基尔克完全反现代的"盲视"做了更直接的批评。跳出思想史的辩论，只需要看看现时代合作社的发展景象，我们不免也会对基尔克的信念产生怀疑：

> 不难看到，即使在当前的劳动合作社里，社会性的文明也在持续地发展出来。它们本质上是为着特定目的的联合会，只是偶然地（per accidens）才是生活共同体；与此相反的是行会产生与发展时期的情形（尤其从基尔克那里，我们获知了这一点）。在现代的法权世界里，罗马法的思维方式越发烙上深刻的烙印，共同体消失了，存在着的只是法人，他们根据任意选择

①　Ferdinand Tönnies, *Gemeinschaft und Gesellschaft. Grundbegriffe der reine Soziologie*, Darmstadt: Wissenschaftliche Buchgesellschaft, 1979, SS. 194 – 195.

的个体方式被建构出来，他们的主要特征必然如此。他们的能力与责任必然被如此确定下来。基尔克的一切反抗都无助于对抗一切理性主义的、立法的法权趋势，后者是不可克服的。①

滕尼斯并不是要反对基尔克的思想出发点，毋宁说，面对古今转化的剧烈变革的时代，他们的出发点完全一致：伴随着近代商业社会的兴起和民主国家的确立，理性主义哲学所刻画、所期许的"启蒙了的"现代人的形象以及他们的生活图景看似如此牢靠，然而他们仍然是有内在限度的，现代人依靠理性制造出"人格"确保他们获取利益、在世上"过得好"，他们却无时无刻不活在分裂的状态里，从个体的角度来说是同本真的自我分离，从社会的角度来说则是同具有自然情感的群众隔绝乃至对抗，社会日益被撕裂，因而从传统寻找回归尼采所说的本原之路极其重要而紧迫。

然而基尔克的解决方案是怎样的呢？正像我们已经指出的，他定位的理想时代是中世纪晚期的日耳曼：由基督教世俗化的普世帝国确立德意志的政治尊严，由封建制的旧贵族庇护和市镇新贵族的誓约共同体嫁接帝国与人民的联系，而人民则吸收到采邑、教区、行会的统治体系当中，形成统一和多元并存的双轨统治格局。对此，滕尼斯精确地概括说，基尔克通盘考虑的解决之道是复古主义，在普鲁士王权的统一旗帜下，由乡村容克和城市知识官僚合成的"有教养者"统治大众。②

但是，这种保守主义的道路真的行得通吗？暂且不提滕尼斯从霍布斯到政治经济学再到马克思的思想史研究，致力于呈现现代人心和社会的客观发展脉络，单纯从应然的角度说，寻求复古的保守主义或者根本没有看到或者如基尔克那般即使看到也选择视而不见：

---

① Ferdinand Tönnies und Harald Höffding, *Briefwechsel*, hrg. Cornelius Bickel und Rolf Fechner, Berlin: Duncker&Humblot, 1989, SS. 38－39.

② Ferdinand Tönnies, *Thomas Hobbes. Leben und Lehre*, Stuttgart: Friedrich Frommann Verlag, 1975, S. 207.

现代国家（Staat）的发展完全切割了公社体制的普遍人格，从马克思对黑格尔法哲学的批判就看得特别明白，国家人格不可能再像古代公社那样是一个具体的部落首领或者象征性的基督身体，而是同可见的社会截然分割开的不可见的观念世界，在它之中内含着社会意志的结合同它自身特殊利益的冲突①，如此一来，保守主义不仅不会带来安宁，而且将刺激着社会不安分的舆论，催生出更强大的专制力和恶劣的国族立场，80 年代以来的议会危机以及同英法诸国的冲突印证了这一判断，以至于滕尼斯追问保守主义者：难道对整个现代立法、农民解放、职业自由而言变得至关重要的学说应当被看作毫无价值和毫无意义的吗？②

那么，这是否意味着滕尼斯完全投入社会的怀抱，为罗马法和自然法的胜利摇旗呐喊？当然不是如此。他的共同体学说初衷就是要在反思的意义上克服现代性的局限，但是与保守主义不一样，他并不是抱着自然共同体的信念不放，用他的话来说，他不赞同将国家、社团或任何一个合作社天然地视作有机体，因为这背后都是观念论或信仰的力量在主导。如此一来，他如何超越保守主义的樊篱呢？对此，滕尼斯敏锐地抓住了保守主义的根结，这一点同他的区分意识密切相连：

> 与基尔克的观点相对立，我认为要在自然的联合体同文化的或人造的联合体之间做出更加严格的区分，即使后者可能是从前者那里发源的。而前者对于社群生活来说无疑十分重要。③

---

①　基尔克事实上认识到了这一点，他承认国家乃至社团人格的不可见，而他的解决之道恰恰是向着倒退的方向，不断地以图像的、隐喻的方式激发对集体人格的感受。参见［德］奥托·基尔克《人类社团的本质》，张陈果译，出自《德国魏玛时期国家法政文献选编》，清华大学出版社 2016 年版，第 4、8 页。

②　Ferdinand Tönnies, *Gemeinschaft und Gesellschaft. Grundbegriffe der reine Soziologie*, Darmstadt：Wissenschaftliche Buchgesellschaft, 1979, S. XXXI.

③　Ferdinand Tönnies, *Gemeinschaft und Gesellschaft. Grundbegriffe der reine Soziologie*, Darmstadt：Wissenschaftliche Buchgesellschaft, 1979, S. XXXII.

对他来说，区分的含义不仅意味着一种现实的、冷静的意识，而且意味着对保守主义的批评的实质立足点：保守主义想要告诉教诲我们，都是什么曾经在我们的意识里存在过，或者什么为了（für）我们的意识存在，却从来不问什么由于（durch）我们的意识存在。① 暂且不论保守派对历史的温情脉脉感和历史考证的精深工夫，但是面对现实，他们的要害都是权力意志，滕尼斯对此洞若观火，而他要做的，就是要将权力的逻辑转化成教化的逻辑，尤其在大众民主和社会主义潮流决定的、同传统不一样的共同体趋势下，首先深入普遍人性的意识内部，从现代的人性基础反思超越的可能性，用他自己话说，共同体既是前理性主义的合作社，更是超理性主义的未来社会：

> 我的出发点是，面对神学对社群的相互关系、社群的意志形式和社群的结合的一切解释，在近代自然法里，已经奠定了科学地处置这些问题的基础，然而，这样的基础是不够的，因为它把意愿（Wollen）和思维（Denken）放在仅仅是理性主义的各种表达上，而不认识其他的表达方式。我的想法的核心是，在前理性主义（同样也是超理性主义）的愿望和思维里，揭示"共同体"的根基。②

---

① Ferdinand Tönnies, *Gemeinschaft und Gesellschaft. Grundbegriffe der reine Soziologie*, Darmstadt：Wissenschaftliche Buchgesellschaft, 1979, S. XXXⅡ.

② Ferdinand Tönnies, "Eutin", in *Die Philosophie der gegenwart in Selbstdarstellungen Band* Ⅲ, Herausgegeben von Dr. Raymund Schmidt, Leipzig：Verlag von Felix Meiner, 1922, S. 211.

第 九 章

共同体的理念：教化与伦理

"共同体其实是一位教育者和引导者，它的意志是培育个体性格的最重要的因素。"[1]

——滕尼斯

"最高贵的心灵之花是体谅。"[2]

——特奥多尔·施托姆

受保守主义的影响，滕尼斯将合作社的历史形态视作共同体理论的底子。无论基尔克还是滕尼斯都认为共同体与现代社会存在着并行关系，并致力于在社会复苏共同体，在他们看来，共同体的原型都是家，其精神是由家内成员的自然契合和家父长权威合为一体的自由品质，由此扩展到更广大的共同体单位。根据雅可比的考证，19 世纪德语学界通用的"共同体"（Gemeinschaft）源于对法国大革命的反思，是埃德蒙·伯克的保守主义传袭到德国浪漫主义土壤里结出的果实。在批评大革命造成的原子化恶果的基础上，伯克提出

---

① Ferdinand Tönnies, *Gemeinschaft und Gesellschaft. Grundbegriffe der reine Soziologie*, Darmstadt: Wissenschaftliche Buchgesellschaft, 1979, S. 16.

② ［德］施托姆：《示儿诗》，载《施托姆抒情诗选》，钱春绮译，湖南人民出版社 1987 年版，第 145 页。

了"合伙关系"（partnership）的概念，强调国家要像家庭那样成为代际间永恒的结合体①，此后浪漫派学者根茨（Friedrich Gentz）将它翻译成"共同体"，并为亚当·穆勒（Adam Müller）等作家推广使用，以至于到世纪末的滕尼斯，也在这一意义维度上使用共同体概念。②

诉诸共同体的概念源流，我们看到，保守主义习惯于自然地将共同体视作民族历史开端的既定事实，传统本身就为有机的共同体生活提供了合法性，然而它疏于对共同体的心理学本质做出解释：如果说家是共同体的原型，从家的精神即可一窥共同体的精神，那么家的自然契合是什么意思？它的构成因素是什么？它又是如何发生，如何起作用的？不解释这一点，我们根本无法从人性自身找到延续且维系当今共同体的可能性。

从历史的发展来看，共同体的形态逐渐变化，尤其到了近代重要的历史时刻，经历着剧烈的转变，保守主义者非常容易堕入的悖谬处境就在于：他们表面上向往着自由人合作的传统，但实质上却崇拜家父的权威，因为只有权威才能保证人不迷失于分化的境地，他们无力在自由与权威之间实现真正的统一，更进一步地说，保守主义必然遭遇的悖谬并非限于政治的意识形态领域，它实际上投射出现时代理论与实践之间的普遍危机，任何一种希望靠绝对的观念、言辞改造世界的想法，都是暴力。③

---

①　［英］伯克：《法国革命论》，何兆武、许振洲、彭刚译，商务印书馆1999年版，第129页。

②　E. G. Jacoby, *Die Moderne Gesellschaft im Sozialwissenschaflichen Denken von Ferdinand Tönnies*, Herausgegeben von Arno Bammé, München：Profil Verlag, 2013, S. 36. 雅可比的考证是非常准确的，滕尼斯的确遵循着保守主义的基础来理解共同体概念，对应的文字参见 Ferdinand Tönnies, *Gemeinschaft und Gesellschaft. Grundbegriffe der reine Soziologie*, Darmstadt：Wissenschaftliche Buchgesellschaft, 1979, S. 24, S. 75, S. 116, S. 187.

③　参见 Ferdinand Tönnies, "Gemeinschaft und Gesellschaft. (Theorem der Kultur - Philosophie) Entwurf von 1880/1881", in *Ferdinand Tönnies Gesammtausgabe Band* 15, herausgegeben von Dieter Haselbach, Berlin：Walter de Gruyter, 2000, S. 37.

就在这个地方，滕尼斯从保守主义的前提走出了不一样的道路：从自然契合着手通达权威，从教化的过程理解它们的统一。滕尼斯同基尔克在理论底色上的差别，多少可以追溯到魏玛时代的歌德/席勒的浮士德精神同柏林时代的黑格尔的绝对国家之别①，作为他的一生学术精华，《共同体与社会》致力于回应被黑格尔的力量遮蔽了的魏玛传统，重塑现代伦理生活。

第一节　本质意志与共同体的教化

放眼《共同体与社会》的整体谋篇布局，第一卷在所谓社会学的意义上提出了两种人类结合或共同生活的类型即"共同体"与"社会"；第二卷从心理学的角度分别对应讨论了它们各自的人心基础及其内在的运动机制；第三卷从法的层面解读了它们在私法领域的规范性和公法领域的法权意涵。在此之中，第二卷既是至关重要的组成部分，也是我们准确理解这部文本的首要契机，滕尼斯多次提请我们注意：考察人的行动以及相互之间结成的各种关系，必须以理解人心为前提，不首先实在地体会和理解人在经验世界中的本能、欲望、情感乃至理智的思考，也就不可能进一步弄懂这里的社会学和法学概念。

一　"本质意志"在《共同体与社会》中的核心地位

在"第一版序言"的结尾处，滕尼斯直接承认：从系统意义上的进程来讲，第二卷更正确的位置应当是在第一卷之前。② 同第一卷

---

① Ferdinand Tönnies, "Wie Schiller auf mich gewirkt hat", in *Ferdinand Tönnies Gesammtausgabe Band* 7, Herausgegeben von Arno Bammé und Rolf Fechner, Berlin: Walter de Gruyter, 2009, SS. 353 – 359.

② Ferdinand Tönnies, *Gemeinschaft und Gesellschaft. Grundbegriffe der reine Soziologie*, Darmstadt: Wissenschaftliche Buchgesellschaft, 1979, S. XXIV.

和第三卷营造出的强烈古今历史断裂的印象不同，在第二卷里，滕尼斯似乎有意地抽离了历史背景，谈论两种对立的精神气质——"本质意志"与"抉择意志"。在他看来，无论哪个时代，人的每时每刻的内心倾向、他所经验的当下生活（Dasein）都表现为这两种精神气质之间的彼此并存、相互影响。① 如此一来，"共同体"与"社会"各自投射出的心理世界的对立，不仅跨越了简单的历史思维，而且为我们打开了思考当前现实的各种复杂处境的大门，滕尼斯如此谈及理解意志的心理学的门径：

> 所有哲学、因此所有作为哲学的科学，都是经验主义的：在这个意义上且根据这个意义而言，所有存在（Sein）都必然被理解为发挥作用，当下存在必然被理解为运动，变化的可能性、或然性、必然性一定被理解为本来的现实，通过辩证法的方式，非存在者必然被视作真正的存在者。经验主义的方法与辩证的方法彼此促进、彼此补充……因为我们知道，人的意志就是我们自己的意志，而且人生的命运就是由这些意志所组成的一个整体，即使它不断地、严格地受制于其他自然条件，所以经验主义的方法与辩证的方法才在人类的一般心理学和个体心理学那里找到了自身的庇护之所。一般心理学的事实就是历史的与现实的文化，也就是人类的共同生活及其事业。②

在他看来，人心凝聚着他们的历史和现实的一切文化，他们的所感和所思表露出文化的内容，而心理学的考察首先应当面向经验。在这个地方，滕尼斯实际上用"意志"概念限定了其心理学之经验探究的范围，自伽利略和霍布斯以来，现代科学宣称最普遍的原理

---

① Ferdinand Tönnies, *Gemeinschaft und Gesellschaft. Grundbegriffe der reine Soziologie*, Darmstadt: Wissenschaftliche Buchgesellschaft, 1979, S. 113.

② Ferdinand Tönnies, *Gemeinschaft und Gesellschaft. Grundbegriffe der reine Soziologie*, Darmstadt: Wissenschaftliche Buchgesellschaft, 1979, S. XX.

是将所有的"存在"理解成作用或运动，那么对应人的世界，人的当下存在就莫过于他每一刻的行动，心理学就是要去探求作为其行动倾向（conatus）的意志。不过，滕尼斯眼中的心理学并不是要像冯特的"实验心理学"或狄尔泰的"描述心理学"那样，把每时每刻的心理轨迹描画出来，而是要紧紧抓住它同行动的关系以及它的实践效果①，即它们与"共同体"与"社会"两种人类共同生活类型的关系，在这个意义上，只有同行动直接关联的心理事实才是意志。

不过，滕尼斯并不认为停留于追溯意志与行动之间的因果联系、描述意志的内容就已经足够，科学仍然要上升为哲学，哲学即辩证，按照他的话来说，就是"非存在者必然被理解成存在者"。作为共同体之人心基础的"本质意志"（Wesenwille）与契合社会的"抉择意志"（Kürwille）是不断斗争着的两股伦理力量，随着历史条件的变化，一方可能会以强大的力量压制另一方，但这并不意味着另一方失去了其意义和价值。无论从个体的性格还是从人类的共同生活来看，单一的伦理力量永远是片面的。

然而与此同时，在滕尼斯这里，本质意志与抉择意志间的地位又非对等，抉择意志只是思维的产物，而本质意志则是身心统一囊括的全部心理事实。② 滕尼斯曾在写给友人的信中指出，"本质意志"与"抉择意志"无论体现在哪个层面，都可以表述为浮士德和梅菲斯特间的关系③，它们互为对方的镜子，作为运动主体的本质意志一方，也在抉择意志的激发、挑战和融合的教化过程中成长，最终成就现代生命的完整。

---

① 关于这一点，可参见本书第二章关于传记和行动理论的讨论，同时参见本书第四章关于社会条件学说的解读。

② Ferdinand Tönnies, *Gemeinschaft und Gesellschaft. Grundbegriffe der reine Soziologie*, Darmstadt：Wissenschaftliche Buchgesellschaft, 1979, S. XXXIV, S. 73.

③ Ferdinand Tönnies und Friedrich Paulsen, *Briefwechsel 1876 - 1908*, Herausgegeben von Olaf Klose, E. G. Jacoby, Irma Fischer, Kiel：Ferdinand Hirt, 1961.

二　本质意志：大众时代的教化哲学

从自然共同体的天然契合到精神共同体的理性合作形态，本质意志一以贯之地构成了共同体的心理学反映和对应者。从 19 世纪德国哲学的发展脉络来说，本质意志概念的诞生并非像表面上看到的，仅仅是滕尼斯自己任意创造出来的产物，更是源于他对文化传统与时代使命交汇处境的自觉意识。

我们知道，德国哲学自从康德的"哥白尼转向"以来，便强调用先验的理性解释经验世界秩序，为人世道德确立永恒的法则，然而在康德这里，由于现象和物自体的二分，概念和自我之间仍然处于分离的境地，后康德时代的哲学家试图更进一步地证成观念对自我的把握和支配，到达顶峰的标志即黑格尔以概念自身的运动把握人的完整教化历程①。在黑格尔看来，人的教化同人类历史走过的道路彼此对应，刚出生的婴儿就像人类的古典时代一般自我同一，他的啼哭、游戏正如古希腊人的神话和雕塑，都是自然性的直接展现；当婴儿逐渐长大成人，他的自我就会慢慢异化，他知道有一个绝对的理念在指引着他，但是自己也在遭遇各种自我否定的力量，这就像人类从罗马晚期步入基督教乃至启蒙时代，经历着信仰/理性同现实的分裂；一个人只有走过这些阶段，认识到所有的历史、伦理和精神的领域都是精神的自我认识，才能再度返回自我、实现精神的自我同一，他才真正成熟，如同人类走到黑格尔本人所处的历史最高峰，由黑格尔为德国哲学确立的格局，即囊括了全部历史的教化精神，唯心主义本质上是教化哲学。

黑格尔之后，唯心主义的势力逐渐式微。随着大众时代的来临，受舆论趣味以及自然科学对确切知识要求的冲击，德国哲学显露出

---

① 参见［德］黑格尔《精神现象学》，先刚译，人民出版社 2013 年版，第 43 页。对应参考［德］里夏德·克朗纳《论康德与黑格尔》，关子尹编译，同济大学出版社 2004 年版，第 18—19 页。

退回康德的现象与物自体的二元论思维潮流：一方面，它希望通过知识批判获取客观有效的个人科学（individual science）①，每个人借此安于一亩三分地的知识，各种层出不穷的哲学新术语井喷式地蹦出，与其说它们致力于学术共同体的彼此理解，不如说自说自话带来了最大的"安全感"②；另一方面，它又不断地自我怀疑、为价值和意义的可知或不可知而焦虑，例如著名的"价值判断之争"，既凸显出世纪末德国知识分子群体的信念危机，又反映了弥漫于整个时代的犹疑不安的心态。总而言之，过去的教化哲学蕴含着的从容不迫的品格，在知识人的意识里逐渐消退。

滕尼斯的本质意志可以说是对时代焦虑的有力回应，而他的这一思想正是致力于在大众时代恢复德国哲学的教化传统，安定人心。我们知道，作为共同体学说的首要着力点，本质意志学说直接源于对新康德主义心理学的反思。在滕尼斯看来，尤其冯特的实验心理学利用最新的实验室技术，精确地还原身心关系，为现代社会科学提供了稳固的基础，但也暴露了现代心理学价值缺失的局限性，它"并没有从一般的或纯粹的意志那里发展和总结出特殊的人类意志"③，无法对人的行动和教化提供意义的方向。

那么我们需要的又是怎样的教化呢？是像同时代的新黑格尔主义者那样，直接回到黑格尔的教条哲学吗？历史的发展时过境迁，当德国人从等级时代过渡到彻底的大众民主时代，大规模的、飞速运转的劳动分化和资本侵蚀让人越来越远离经典的教诲，人已经做

---

① Köhnke 非常敏锐地认识到，新康德主义究其本质而言追求的是个人性的知识。Klaus Christian Köhnke, *The rise of neo - Kantianism: German academic philosophy between idealism and positivism*, trans. R. J. Hollingdale, Cambridge University Press, 1991, p. 3.

② Ferdinand Tönnies, "Philosophische Terminologie in psychologisch - soziologischer Ansicht", in *Ferdinand Tönnies Gesammtausgabe Band 7*, herausgegeben von Arno Bammé und Rolf Fechner, Berlin: Walter de Gruyter, 2009.

③ Ferdinand Tönnies, "Philosophische Terminologie in psychologisch - soziologischer Ansicht", in *Ferdinand Tönnies Gesammtausgabe Band 7*, herausgegeben von Arno Bammé und Rolf Fechner, Berlin: Walter de Gruyter, 2009, pp. 212 - 213.

不到完全遵循概念运动的"教条"来安排自己的生活，相反，他不可避免地会被各种舆论和意见裹挟，产生自己的生活见解。我们看到，在黑格尔的法哲学体系里，"共同体"曾被视作道德和伦理之间的过渡，因为它着眼于个体间的合意而非绝对的伦理实体，无法必然达成伦理生活的统一，故而黑格尔对此表达了深刻的怀疑①，但是滕尼斯非常清醒地看到共同体对今天的无比重要性，它决定着我们今天的教化理想：为了再度建构集体的伦理生活，我们与其要求将绝对的目的论思维和三段论逻辑从上至下地强行植入大众的灵魂，大谈伦理实体和唯一的神圣者，毋宁从共同的基本情感出发，由下而上地提炼合宜的教化方式，正如施米特敏锐指出的，到了19世纪末，从黑格尔的三段论向滕尼斯的社会与共同体的经验辩证法转折，合乎思想史的必然逻辑②。

何谓共同的基本情感？滕尼斯为本质意志确定的心理学基础足以回答这一点，在《共同体与社会》第二卷的一开始，他指出，本质意志意味着身体和心灵间的"等价关系"（Äquivalent）：

> 本质意志是人的身体在心理层面上的等价物，或者说是生命的统一原则，只要设想生命处于这样一种现实的形式中：思维本身从属于现实（quatenus sub attributo cogitationis concipitur）。本质意志包含着思维，正如有机体包含着大脑细胞一样，与思维相对应的大脑细胞的兴奋必然被设想为生理的活动……作为本质意志的意志形式，它的问题是多种多样的，正如有机生命本身那样复杂。有机生命的特殊的本质意志是人类固有的，就像任何其他物种有其特有的身体与灵魂形态。个体的本质意志达到它完全的、成熟的现实存在，仿佛它所表现的有机体一

---

① 黑格尔准确地认识到，共同体植根于浪漫派对康德道德学说的推进。参见〔德〕黑格尔：《精神现象学》，先刚译，人民出版社2013年版，第403—404页。

② 〔德〕卡尔·施米特：《政治的概念》，刘宗坤等译，上海人民出版社2004年版，第153—154页。

样，从一个胚胎里通过难以察觉的逐步成长而发展起来。①

由此我们看到，本质意志包含了两重理论出发点：第一重出发点是身心同一的有机的心理学构造，它足以回应从霍布斯到黑格尔的近代自然法学说，他们将抽象人格作为社会与政治生活的起点，相反，受马克思和尼采的身体革命的影响，滕尼斯强调身体的感觉先于理智，更是指出身心的存在具有其实在的发源者，正如美茨－本茨准确概括的那样，对滕尼斯而言，"本质意志"与由理性人格支配的"抉择意志"之间的差别，不过是同一个心灵呈现的不同图像，后者是将自己凌驾于实在之上（über），前者则意味着置身于世界之中（in）②，当滕尼斯谈到本质意志的理论在斯宾诺莎学说和叔本华学说的意义上成立时③，作为部分的有机体实际上是以类比的方式感知作为整体的有机体，随着理智能力的越来越强大，它表象的整体形象也愈发清楚，对整体的体会也愈发深刻。

第二重出发点是心理成熟被视作一个成长的过程，和回应理性主义自然法相对，这一事实也足以回应德国历史主义确定的父权制或等级制前提④，基尔克、特赖奇克等人写作法律史与政治史时诉诸日耳曼的文化传统，这实际上超越了父权制这一历史现象本身，而

---

① Ferdinand Tönnies, *Gemeinschaft und Gesellschaft. Grundbegriffe der reine Soziologie*, Darmstadt：Wissenschaftliche Buchgesellschaft, 1979, SS. 73 – 75.

② 美茨－本茨明显受到了现象学的影响。参见 Peter – Ulrich Merz – Benz, *Tiefsinn und Scharfsinn：Ferdinand Tönnies' begriffliche Konstitution der Sozialwelt*. Frankfurt am Main：Suhrkamp, 1995.

③ Ferdinand Tönnies, *Gemeinschaft und Gesellschaft. Grundbegriffe der reine Soziologie*, Darmstadt：Wissenschaftliche Buchgesellschaft, 1979, S. XVII.

④ 我们应当注意到，滕尼斯在《共同体与社会》第一版前言里指出：共同体理论的思想史任务是要解决理性主义和历史主义之间的张力，而他巧妙地将这个问题追溯到康德与休谟的认识论、诉诸心理学的解决方案。Cornelius Bickel 的经典研究便是从调和的角度理解滕尼斯的社会学意图的，参见 Cornelius Bickel, *Ferdinand Tönnies. Soziologie als skeptische Aufklärung zwischen Historismus und Rationalismus*, Opladen：Westdeutscher Verlag, 1991.

是从今天（Heute）的视角挖掘父权制的历史意义。在滕尼斯看来，当他们去讲日耳曼父权制的时候，各自的意图、各人拿来作为证据的材料也不同，毋宁说，父权制并不是一个自明的概念，而需要诠释其构成。当然，滕尼斯不是一位历史学家，他提出共同体理论，也不为了参与同时代的历史学讨论，对他来说，父权制的实质已经广泛化为共同生活的权威①，当谈到本质意志亦源于生物学的进化论思维时②，他正是要去解读共同生活之内聚力的心理学发生史及其机制。

结合上述两重出发点来看，本质意志意味着滕尼斯恢复了德语词"本质"（Wesen）原本的动态含义，同时对此做了新的诠释：正像他在第二卷卷首引用德国神秘主义哲人波墨的箴言，本质的原初意思是神圣者的流溢，存在者通过静默或秘仪徜徉、栖居于其中，尽管摒弃了神秘主义的论调，然而滕尼斯相信共同体就像光圈一样，天然地包围着每一个人，构成了他们的"自我"的本质③；共同体的教化就是要像苏格拉底说的那样，让人将已经潜藏在人自身中的真理清楚地揭示出来，通过提取历史的教诲，自我在不断地生成过程里接受共同体的教化，逐渐更深刻地把握自我的共同体的意涵。在接下来的讨论中，我们将从本质意志的完整的生成过程揭示共同体的教化内容。

---

① 作为证据，滕尼斯在《共同体与社会》里不用法权意义上的"父权"（Vaterrecht）概念，而是用"父性"（Vatertum）概念，他关心的不是作为一种特定的权力身份，而是由父的权威凸显出的精神气质。

② 对当时的德国知识界来说，"社会学"就等同于孔德和斯宾塞的演化论，它将生物学的进化论同历史哲学结合到一起，给出一条关于社会的演化论的脉络。Ferdinand Tönnies, *Gemeinschaft und Gesellschaft. Grundbegriffe der reine Soziologie*, Darmstadt: Wissenschaftliche Buchgesellschaft, 1979, S. XVII.

③ "如果我们将个体的发展理解为他自己的意愿，我们同时也应该看到，一种不可知的无限存在似乎参与到了这个过程中……我们也可以说，事情在他的身上发生了，而不是他自己完成了事情。"参见 Ferdinand Tönnies, *Gemeinschaft und Gesellschaft. Grundbegriffe der reine Soziologie*, Darmstadt: Wissenschaftliche Buchgesellschaft, 1979, S. 76.

第二节　共同体教化的感性起点：喜好与母性

多少令人感到惊讶，滕尼斯的本质意志的心理起点并不是什么客观先赋的道德，而是赤裸裸的本能需要：人从诞生的那一刻起，就接受着外在的刺激，那些直接让他快乐的，他就默认为善，相反，那些直接让他痛苦的，他就默认为恶。在早期手稿中，滕尼斯甚至毫不隐讳地将它称作功利判断（utilitarische Urteile）①，就此而言，他从一开始就同保守主义的先入之见判然有别，充分给予霍布斯以来的个体主义传统正当性，后者确定的现代人性论前提即人在自然状态下全凭个人的主观方式解释善与恶、有利于自我保存的东西或手段就是善，反之则是恶。②

不过，在滕尼斯看来，个体主义的人性论只是讲出了片面的真理，他们接受个人对需要的合理冲动和占有权利，却并不去追问需要的感觉本身是如何产生的，或者说，人在原初自然的条件下到底需要什么；自由主义发展到 19 世纪的功利主义的阶段，甚至可以将所欲求的东西兑换成无差别感觉量，而不再反思需要的实质差异及其意义。③

---

① Ferdinand Tönnies, "Gemeinschaft und Gesellschaft. (Theorem der Kultur – Philosophie) Entwurf von 1880/1881", in *Ferdinand Tönnies Gesammtausgabe Band* 15, herausgegeben von Dieter Haselbach, Berlin: Walter de Gruyter, 2000, S. 40.

② Ferdinand Tönnies, *Thomas Hobbes. Leben und Lehre*, Stuttgart: Friedrich Frommann Verlag, 1975, S. 197.

③ 滕尼斯对自由主义的发展脉络有非常清晰的区分意识：他对霍布斯、斯宾诺莎的研究可以说呈现了自由主义早期阶段的情形，他们在人性同自然以及感觉的不同性质和内容之间保有敏锐的意识；相反，他对马克思与尼采的研究则揭示了自由主义的黄昏，完全陷入无差别的异化状态。从这一点上讲，滕尼斯将近代自然法从霍布斯向斯宾诺莎的转向视作共同体教化的坐标点。

一 喜好的心理学构成：需要与处所

相反，正如斯宾诺莎对霍布斯自然法视域的转换所揭示的，需要必然是有前提条件的，因为它所源出的感受性的身体并不是从无中变出来的有，而是栖居于特定的地域乃至更高的有机体生命当中，滕尼斯这样写道：

> 在人的本质中，存在着对某些确定对象与确定行动的先天兴趣，我将这种兴趣称为人的普遍动物式的本能或人的喜好（Gefallen）。我们用这个概念来解释这样一些东西，即所有只能通过由先赋的胚胎状况所决定的个体心理结构的发展及正常成长来说明的东西。由于这些东西渗透进人的全部生活，支配着人的活动、思想以及生活风格，那么"喜好"就是有机体诸本能的一种复合物。在这里，一切个别的观念或感觉（Empfindungen）都派生自这个原始的统一体，而且它们处于必然的相互关联之中。①

Gefallen 既为本质意志的原初形态，它的词源最恰当地还原了其生动的意象：自然的喜爱本身意味着坠入（gefallen）确定境地的反应，它不是主体性的爱（Liebe），而是毫无主体意义的被动的爱。滕尼斯接着说，一旦我们试图研究它的心理机制，便会发现，虽然它是人心的开端，然而却是两种心理维度交错到一起的复合物②。

第一种可以归纳为"派生"或"回溯"的维度，这个原理就是亚里士多德所说的追查运动之为运动的第一推动者，人的局部知觉必然要追溯到他的神经中枢的功能，进而追溯到他所由出的母体，

---

① Ferdinand Tönnies, *Gemeinschaft und Gesellschaft. Grundbegriffe der reine Soziologie*, Darmstadt：Wissenschaftliche Buchgesellschaft, 1979, S. 78.

② 关于两种维度，可参见 Ferdinand Tönnies, *Gemeinschaft und Gesellschaft. Grundbegriffe der reine Soziologie*, Darmstadt：Wissenschaftliche Buchgesellschaft, 1979, S. 79.

以至于无限地回溯有机体的类生命感知，在这个意义上，滕尼斯眼中的人之为人的起点，不是像近代人性论通常设定的、具备独立感知和思考能力的"健全理智者"，而是无穷地逼近以纯粹身体来感受的儿童，更准确地说是胚胎的状态。

第二种可以归纳为"经验的自然史"的维度，人的感知的开端并不是像洛克说的那样是一块白板，而是先天地就被赋予了特定的素质（Anlage），"在父性素质与母性素质的混合中，在对其产生影响的特殊环境里，本质意志有它自己的发展原则"①，尽管世事复杂变换，本质意志将不断变更、自我差异化，但是它的天然素质对其成长的影响不容忽视，在同各类刺激的充分交融的过程中，它沉淀下来，并在其上生发出枝芽，绽开独特的性格花朵。

二　道德的起源：由尼采上溯卢梭

经过对 Gefallen 的内涵的诠释，我们看到，道德的意涵已经超出了自由主义的个人主观判断。当面向外在事物和他者时，纯洁的 Gefallen 就表现直接的、不加隐藏的真诚，滕尼斯将此称作"信念"（Gesinnung），在这样的状态里，根本还未分离出私人关于善或恶的道德表象，更无所谓先天的道德法则，真诚与实在看似最带有任性的色彩，实则最没有个体化的成分，它们即道德最本来的面目②。我们看到，无论在《共同体与社会》还是后来的《论习俗》里，滕尼斯都将道德定义为习俗的"器官"（Organ）以及共同体精神的衍生者，③ 而他的这一道德观的产生，事实上自觉延续了从尼采上溯到卢

---

① Ferdinand Tönnies, *Gemeinschaft und Gesellschaft. Grundbegriffe der reine Soziologie*, Darmstadt：Wissenschaftliche Buchgesellschaft, 1979, S. 75.

② Ferdinand Tönnies, *Gemeinschaft und Gesellschaft. Grundbegriffe der reine Soziologie*, Darmstadt：Wissenschaftliche Buchgesellschaft, 1979, S. 89.

③ 参考 Ferdinand Tönnies, *Gemeinschaft und Gesellschaft. Grundbegriffe der reine Soziologie*, Darmstadt：Wissenschaftliche Buchgesellschaft, 1979, S. 207；Ferdinand Tönnies, *Die Sitte*, Frankfurt am Main：Literarische Anstalt, 1909, S. 89.

梭的反启蒙的传统。

我们曾在讨论滕尼斯的尼采解读时指出，现代道德起源于犹太人的民族怨恨感，他们将基于自身虚弱而产生的同情的集体道德表象化，编织成神圣的假象，当成彼岸的神来膜拜，最大程度地诽谤此岸的生命，从基督教时代到现代遵循的全是这一逻辑；相反，尼采肯定了希腊悲剧的忘我状态，滕尼斯从中看到了先于道德的原始共同体生活，但是尼采对道德的完全拒斥和极端的"视角主义"走得太远了。

在滕尼斯看来，尼采的洞见已经埋藏在卢梭对启蒙的第一波批判浪潮里，但与此同时，卢梭为自然的道德保留了坚实的理性基础①。从表面上看，他创造的爱弥儿作为自然的孩子，同启蒙者造就的作为"坏人"的孩子②截然相对，意味着抛弃所有虚假的社会意见，确认人的天然而自足的起点，并在他的成长过程中顺应其身体和心灵构造，将每一刻的自足状态培育为内在于他心中的道德；更重要的，对卢梭而言，道德所植根的自然基础，实质上又是一套完整的神意（Providence）结构，不过同基于信仰的基督教末世论的历史目的不一样，作为自然人的爱弥儿的诞生是绝对限制了历史和经验的"好"的理论原型，而他随着自然的节奏成长，每一步都在显示着神意的图景③，在此过程中，神意的展现又要以自然的生活处所为寓居之地，同腐败堕落的巴黎相对，《新爱洛伊丝》里的"阿尔卑斯山麓"，《忏悔录》里的"安讷西"，都以田园山色的自然风光、风俗淳朴的乡村生活彰显实在的自然状态。

尽管没有撰写过专门研究卢梭的著作，但是滕尼斯非常清楚，

①　Ferdinand Tönnies, *Der Nietzsche – Kultus. Eine Kritik*, hrg. Arno Bammé, Wien: Profil Verlag, 2012, S. 26.

②　卢梭对霍布斯的自然人的批评。［法］卢梭：《爱弥儿》，李平沤译，商务印书馆1996年版，第56页。

③　具体参见渠敬东《自由的历程：卢梭〈爱弥儿〉》，载《自由与教育：洛克与卢梭的教育哲学》，生活·读书·新知三联书店2012年版，第173、176页。

卢梭在近代思想史里占据着十分关键的位置，作为针对启蒙的第一位真正的全面反思者，卢梭决定性地将自然的道德同人为的道德分离出来，法国大革命以后，乡村反城市的浪漫主义潮流、社会公意反专制国家的自由主义潮流、被压迫者反压迫者的社会主义潮流都可以追溯到卢梭，就像滕尼斯说的，每一个潮流就其本身而言都有绝对合乎自然的道德情感，都有承载的具体的共同体生活方式，问题在于：如果我们并不狭隘而片面地坚持其中任何一种自然、任何一个构建共同体的方式，那么能为各式各样的共同体找到怎样的"元"共同体的基础呢？这是滕尼斯眼中的19世纪学者面对的真正的"卢梭问题"①。我们知道，黑格尔第一次完整地提出了观念论的解决方案，他以伦理实体的概念运动为统摄，将它们演绎为各个伦理环节，通过辩证运动最终会聚到绝对国家之内，然而大众时代的到来和哲学的经验历史化转向，迫使学者给出切合时代的答案。

三　从母权到母性

在滕尼斯身处的19世纪末，以瑞士古典学家巴霍芬的《母权论》（1861年）出版为标志，学界兴起一股不容忽视的力量，挑战了既定的父权制历史观，滕尼斯自觉接受了这一启示，由追溯父权制之前的原初历史突破父权制权威的樊篱，为共同体的基础重新奠定基调。在1882年初读《母权论》时，他感叹巴霍芬为"少有的具备深刻精神"的人；在《共同体与社会》第一版前言里，他亦批评梅因等父权制论者"不公正地抵抗"了从巴霍芬到摩尔根的非同一

---

① 在滕尼斯看来，这个问题在德国由席勒自觉地继承下来。他对席勒的研究，关心的也是从卢梭而来的共同体的教化基础。Ferdinand Tönnies, "Schiller als Zeitbürger und Politiker", in *Ferdinand Tönnies Gesamtausgabe Band* 7, Berlin: Walter de Gruyter, 2009, S. 10.

般的启发，① 没有看到父权制之前更复杂的历史演进过程，也没有意识到它变革人性与社会的自然观的强大力量，要理解滕尼斯从中洞悉的理论光源，我们有必要澄清巴霍芬的母权论的实质意图。

戈斯曼指出，巴霍芬母权论的出发点是将矛头指向普鲁士的当代文化，在巴霍芬看来，以特奥多尔·蒙森及其弟子为代表的柏林古典学家鼓吹罗马人的自由主义，完全是为了兜售空洞的普鲁士民族主义和廉价的资产阶级文明，将伟大的古代文化缩减成自己的狭隘意识，以至于摧毁了真正崇高的古典生活，这些北方学者的致命错误就是刨去了古典文化的精髓——宗教，它曾满足"人永恒的渴望"，但是现在，人们不断用所谓理智、教育、审美的教条瓦解宗教和神话，讨好已经堕落的当代人的趣味。②

对此，巴霍芬完全走出了一条相反的道路，他从业已失落的古希腊和东方的神话中探索古典文化的真正精神，最终创造性地上溯到阿提卡民族宗教之前的原始宗教、阿波罗主义取得最高权威之前的原始法权的时代，按照他的说法，这是由大地之母德米特尔原则支配的母权制。在此之前，人类过着毫无约束的杂交生活（Hetärismus），巴霍芬将它称作"阿芙洛蒂式自然法"支配的时代，然而女性在杂交状态中常常遭受男性虐待，为了获得安定的地位，女性不断地同杂交制度斗争，最终建立了稳定的母权制，其表现就

---

①　Ferdinand Tönnies und Friedrich Paulsen, *Briefwechsel 1876 – 1908*, Herausgegeben von Olaf Klose, E. G. Jacoby, Irma Fischer, Kiel: Ferdinand Hirt, 1961, S. 156; Ferdinand Tönnies, *Gemeinschaft und Gesellschaft. Grundbegriffe der reine Soziologie*, Darmstadt: Wissenschaftliche Buchgesellschaft, 1979, S. XXIII.

②　巴霍芬批评蒙森的《罗马史》事事皆集中于"进出口、贸易平衡、投资、竞争、自由港、航海条例、工厂和商业中心，仿佛这就是考察和评价不同民族生活的唯一可能的观测点。这一实际的观点甚至被运用于宗教：罗马人因为其清醒的理性而受到敬仰，法律从土地和个人信用的角度得到考虑，关税壁垒的消除被看作自由主义的胜利。"转引自［美］戈斯曼《欧维贝克和巴霍芬的反现代论》，陈念君译，载《古典学与现代性》，华夏出版社2015年版，第128页。

是子不认父、女子继承以及由女性决定政治事务;① 古希腊文献中关于母系继承制乃至女性统治的材料比比皆是，比如希罗多德笔下的吕西亚人（Lykier）和斯特拉波笔下的坎塔布连人（Kantabrer），巴霍芬认为母权制带来了人类文明，还原了伦理教化（Gesittung）的本来面目，从此，各个部族团体定居下来，开始从事农业耕作，建立了政治体。事实上，对他而言，从"阿芙洛蒂忒自然法"向德米特尔自然法的转变，其意义不止于可见的历史事实，更是神话与宗教层面的象征变化，荷马史诗的希腊联军与特洛伊人的战争，被他解读为西方的"赫拉—婚姻制"原则同东方的"阿芙洛蒂忒—杂交原则"间的生死斗争，以母权制的彻底胜利而告终。直到俄瑞斯托斯因父仇弑母，在受到执掌母权法律的复仇女神报复的情形下，阿波罗和雅典娜出面干预，赦免俄瑞斯托斯，预示着光明的父权最终将取代幽冥的母权，从雅典建城剥夺女人的政治权利到罗马帝国的父权制达到鼎盛②，都证成了母权制向父权制的历史转化。

认为父权制之前存在着母权制，这一观点并非巴霍芬的独创。霍布斯在论述契约之前的自然状态时，就曾提到子女的管辖权天然地归属于母亲，滕尼斯也注意到了这一点，然而自然国家的情形不是霍布斯理论体系的要害，其中的母权制亦单纯遵循"支配—保全"的权力逻辑，只有到了巴霍芬这里，母权才完整地代表了一种以深刻的自然之爱为质料的文化。同父权意味的秩序、勇武、天空的精神相对，母权孕育着丰饶、和平、大地的气息，它天然地合乎人之

---

① J. J. Bachofen, *Das Mutterrecht*, Frankfurt am Main：Suhrkamp, 1997, SS. 28 – 35. 对应文本归纳，参见吴飞《人伦的"解体"——形质论传统中的家国焦虑》，生活·读书·新知三联书店 2017 年版，第 122—125 页。

② 巴霍芬指出，罗马帝国的建立者奥古斯都实际上是第二个俄瑞斯托斯，作为恺撒的养子，他实现了为精神之父恺撒报仇的使命，并在自己手里终结了母权残余克里奥佩特拉的生命。J. J. Bachofen, *Das Mutterrecht*, Stuttgart：Verlag von Krais&Hoffmann, 1861, S. 192, S. 297. 吴飞：《人伦的"解体"——形质论传统中的家国焦虑》，生活·读书·新知三联书店 2017 年版，第 135 页。

本性，即使在最原始、最黑暗的时代，母权昭示的母子之爱都闪烁着人类道德之光，教诲人将爱从自我延伸到他者，创造出向外扩展的博爱政治，因而同父权制模式下的疆土封闭、内缩型的政治模式截然相对。① 不过，巴霍芬并非认为从母权到父权的更迭意味着文明的退化，正像戈斯曼看到的，巴霍芬越热爱母权时代的"共同体"文化的温情脉脉，他就越感到个体或民族要在女性的怀抱中经过缓慢的心智成熟过程，最终自然地觉醒，成为一个精神饱满的天才（Genie）。②

　　在这一点上，滕尼斯完全赞成巴霍芬。无论从古代历史的演进，还是古典精神的构成来说，母性都是不可忽视的甚至作为自然基础的组成部分。不过，与其说滕尼斯确切地认为母权制是父权制之前的历史阶段，不如说他通过巴霍芬的神话解读，抓住了母权的道德与伦理意涵，将它化作本质意志胚胎培育的土壤：

> 母子关系最深地植根于纯粹本能或喜好；在这里，母子关系从一种肉体结合同时向一种单纯精神结合转变，这一点似乎显而易见；精神的结合越是返回到肉体的结合，它就越加接近原初状态。母子关系本身就决定了它要延续很长一段时间，因为母亲有责任为她生育出的孩子提供营养、保护与引导，直到孩子能够独立地供养自己、保护自己、引导自己。③

---

① J. J. Bachofen, *Das Mutterrecht*, Frankfurt am Main: Suhrkamp, 1997, S. 12. 母权制和父权制的政治差异，让我们想到了滕尼斯的共同体与社会的最初构思模式：同心圆的扩展和收缩。参见 Ferdinand Tönnies, "Gemeinschaft und Gesellschaft. (Theorem der Kultur – Philosophie) Entwurf von 1880/1881", in *Ferdinand Tönnies Gesammtausgabe Band 15*, herausgegeben von Dieter Haselbach, Berlin: Walter de Gruyter, 2000, SS. 54–55.

② 戈斯曼：《欧维贝克和巴霍芬的反现代论》，陈念君译，载《古典学与现代性》，华夏出版社 2015 年版，第 136—138 页。

③ Ferdinand Tönnies, *Gemeinschaft und Gesellschaft. Grundbegriffe der reine Soziologie*, Darmstadt: Wissenschaftliche Buchgesellschaft, 1979, S. 7.

喜好所坠入的处所是母亲的身体，而孩子就是母亲身体结出的果实，他的诞生即从作为母体器官脱胎而来，故而从一开始，他就不会有纯粹个体的"我"的意识，只会从无我的状态里慢慢意识到连带着母子结合的"我"。越是足够长时间的潜移默化、养成默契，越是能将心理世界植根在身体的依恋关系里、随时返回胚胎的原始经验，个体的健全成长越立足于颠扑不破的基础。

第三节　共同体教化的知性阶段：习惯与父性

　　滕尼斯将母性视作本质意志的基础，冲破了个体主义自然法学说和父权制的双重限制。然而与此同时，与卢梭、黑格尔等秉持教化与生成论态度的思想家一样，滕尼斯眼中的成熟的人性不会停留在自然的状态，而要经历异质化、精神化的辩证过程，最终到达完善的境地。无疑，教化本身需要共同体的历史提供支持，滕尼斯为此聚焦的是日耳曼人的历史。相比巴霍芬讨论母权制时指向早期希腊与近东，以及蒙森与梅因为父权制找到的罗马原型①，日耳曼从原始蛮族到封建时代，经历了从母系社会向父系社会过渡的相对完整的历程。

一　父性的辩证法

　　不过，有别于基尔克等日耳曼主义者将父权视作直接的历史前提、历史本原的观念，再由父权"从上至下"地推演出各种法与权利形态，滕尼斯则充分尊重了更为久远的历史，从母权的自然契合的气质开始，遵循着从母权制（或母系社会）向父权制过渡的历史，

---

　　①　蒙森在《罗马史》里写道：不顾人性而极力粗暴地扩展夫权，尤其是父权，这是希腊所没有而意大利所特有的现象。参见［德］蒙森《罗马史》第一卷，李稼年译，商务印书馆 2014 年版，第 22—23 页。

由简入繁地探索共同体内的诸关系，创造性地"从下往上"揭示父性的辩证生成过程。对他来说，父权制是所谓的"多即一"与"一即多"的复合形态①。我们已经指出，在滕尼斯看来，家是共同体的原型，从家可窥见共同体的全部原则，故而他分析本质意志的诸心理环节，皆以家的各种关系的性质为对应，从胚芽状态一步步地推出父性的生成谱系。②

温情脉脉的母子关系是本质意志的原始状态，它随即将遭遇同它对立的环节，即夫妻关系。夫妻关系无疑有其自然的必然基础，即性本能，但是性本能本身并不足以保证长久的共同生活，毋宁说，只会导致女性单方面被占有、被奴役的局面。自从亚里士多德以来，有机论的政治观点皆把家庭视作政治生活的基本要素，家庭的起点即男女的结合，然而家的发展绝不停留于此，从中必须区分出统治者和被统治者，如此一来才能维系家庭、朝向政治的目的，男性凭借理智和远见成为女性的主人。③ 如果说从古希腊直到罗马早期，父权论者同母权论者围绕父权与母权的伦理原则争执不休，那么诉诸罗马帝国以来的欧洲历史，罗马法明确规定的父权—夫权（Manus）就成了家内统治关系的最有力的法律证明。④ 从父权制论者的角度来看，夫权实际上预设了父权的存在，是父权的衍生者，典型例证莫

---

① 在展开论述父性的辩证法之前，我们在此有必要澄清一个前提，即滕尼斯的共同体概念只涉及人与人之间的相互肯定的事实。我们当然承认历史上的婚姻与家庭皆存在奴役的现象，但这不是滕尼斯的共同体学说要讨论的内容，相反，他追问的问题始终是：历史上的共同生活是何以可能的？维持它们的心理因素又是什么？怎样将历史的启迪用于今天的教化？

② 这个谱系的讨论基于《共同体与社会》第一卷§1"共同体的胚胎形式"以及§2"胚胎形式的统一与完善"。

③ ［古希腊］亚里士多德：《政治学》，吴寿彭译，商务印书馆2012年版，第4—5页。

④ 在这一点上，母权论者与父权论者不乏抵牾。按照梅因的说法，罗马早期实行的是最严格的父权制，而恰恰到了帝国时期，出于军事需要和士兵远征的情形，父在人法和财产上的绝对支配力渐渐松懈。参见［英］梅因《古代法》，沈景一译，商务印书馆1996年版，第79—80页。

过于梅因指出的罗马时代的"妇女终身监护制"，通过各种婚姻形式，妇女从原家族的父权之家转到了夫的父权之家，归于夫的监护权之下，与其说夫以他自身的能力统治，毋宁说以父的能力实施统治。①

我们已经指出，在母权和父权之间，滕尼斯非常清楚自己对伦理精神的调和之责。谈及夫妻关系，他定位的历史原型，应当是塔西佗笔下处于母系社会与父系社会间杂糅地带的日耳曼原始狩猎部落，按照塔西佗的说法，罗马帝国时代的日耳曼各族由于所处地域的原因，保持着自身的纯粹民族特性。② 无论如何，滕尼斯借此想要表明，即使承认夫对妻的统治存在，也是处在共同体的光圈之内的、带着自然契合的基因，暂且不论罗马法里的夫权的运作要受制于亲属关系和亲属的集体决定③，夫妻关系的统治因素也会由日久相处的习惯尤其劳动分工以及渗透其中的母子关系的温情而变得柔软，甚至一同居住的处所内的所有器具、财产激起的情感都会巩固夫妻关系。

如果说夫妻关系内的统治成分意味着母子关系之自然契合的对立面，那么它进而将遭遇更高层次的环节，这个环节是兄弟姐妹的关系。很明显，滕尼斯解读兄弟姐妹关系时，依据的历史亦是母系社会向父系社会转换的时期：相较于父系社会的兄弟姐妹限定在亲生范围，母系时代的兄弟姐妹扩展到甥舅关系的表兄弟姐妹群体，

---

① ［英］梅因：《古代法》，沈景一译，商务印书馆1996年版，第89页。

② Ferdinand Tönnies, *Gemeinschaft und Gesellschaft. Grundbegriffe der reine Soziologie*, Darmstadt: Wissenschaftliche Buchgesellschaft, 1979, S. 10. 对比［古罗马］塔西佗《阿古利可拉传 日耳曼尼亚志》，马雍、傅正元译，商务印书馆1985年版，第55页。

③ 参见 Ferdinand Tönnies, *Gemeinschaft und Gesellschaft. Grundbegriffe der reine Soziologie*, Darmstadt: Wissenschaftliche Buchgesellschaft, 1979, S. 161. 以罗马法的"父权"和"夫权"间的比较为前提，滕尼斯提出了共同体内的两种统治类型：第一是"父权"意味着命令，夫对子拥有完全的生杀之权；第二是"夫权"意味着请求，它内含着相互制约的关系，比如罗马法的夫权规定的丈夫拥有惩罚或休妻的权利，但是一般都要经过亲属会议的讨论，通知妻子血亲参加。

更切近人性间亲合的典范①。在滕尼斯看来，兄弟姐妹的关系是从自然契合向精神契合提升的伦理转折点：相对于母子关系与夫妻关系建立在直接的自然基础上，兄弟姐妹间的关系则必须借助母子关系这一中介，因而本能的作用是间接的，与此同时，它不像夫妻关系那样带有强烈的统治意味，而需要在长时间的相处中充分调动想象的力量，甚至面对彼此间性格和力量逐渐异质化的趋势，能寻求一致和结合。

从母子间的自然契合到夫妻间的天然统治再到兄弟姐妹间的心灵契合，这三个伦理环节最终统一在父子关系里。滕尼斯指出，经过漫长的劳动分工与对内对外的战争，男性的统治被证明是更有效的统治，父权制取代母权制势所必然，尤其到了罗马后期和民族大迁徙时代，日耳曼部落逐渐定居，从狩猎文明转向农耕文明，家父长的权力同固定的房舍一道稳定下来，父权提升到了一个像自然事实那样的确定位置。不过就在这个地方，滕尼斯展现了自己非凡的理论创见力，在他看来，从母权向父权转变的历史并非单纯意味着一种权力被另一种权力取代，而是此前的不同伦理关系之精神气质的融合、统一：

> 一些其他的、更远的关系同这些最早的、最密切的关系类型联系在一起。在父亲与孩子们的关系里，这些关系类型实现了统一与完善。在最重要的方面，父子关系与母子关系类似，最重要的方面即有机体的基础的特质，但由于父子关系中的本能因素弱得多，所以它不同于母子关系，毋宁更类似于丈夫同妻子的关系，因此，我们更容易感觉到，父亲对子女的关系就

① Ferdinand Tönnies, *Gemeinschaft und Gesellschaft. Grundbegriffe der reine Soziologie*, Darmstadt: Wissenschaftliche Buchgesellschaft, 1979, S. 8. 塔西佗在记叙日耳曼的游牧部落时指出：甥舅关系是和父子关系相等的，有些部落把甥舅关系看得比父子关系更为密切和神圣。参见［古罗马］塔西佗《阿古利可拉传　日耳曼尼亚志》，马雍、傅正元译，商务印书馆1985年版，第65页。

像自由者施加于不自由者纯粹权力与暴力。然而，当我们比较丈夫的感情与母亲的感情时，如果更多地以感情之持续时间而非强烈程度为衡量标准，那么，我们会看到：丈夫的感情要少于母亲的感情，这样一来，父亲的感情以相反的方式区别于母亲的感情，即父亲的感情更强烈，然而持续的时间更短。如果说父亲的感情具有一种统一的力量，并且由于它的心灵性本质，因而类似于兄弟姐妹的爱：不过与兄弟姐妹的关系相比，父子关系由于其本质（尤其是年龄）与力（这里的力还完全包括了精神的力）的不同而清楚地凸显了同兄弟姐妹关系的差异。①

在这个意义上，滕尼斯将父权转化成了父性（Vatertum）概念，父性是母子关系的自然契合、夫妻关系的权力强制、兄弟姐妹关系的心灵相依的最终融合，它纯粹地奠定了共同体的支配（Herrschaft）理念，同后来韦伯"支配社会学"从权力的角度谈共同体的支配类型不一样②，滕尼斯的支配包含了两个方面的意涵：第一个方面是父基于自然意义上的力量（年龄、体力与精神力）的统治，同时还有更为本质的第二个方面，即父亲教化、培养孩子们，以此作为对自然规定性的完善，父亲将自己的大量生活经验传授给孩子们，引领他们成长。不仅如此，父性的理念扩展到整个家族的过去、现在与未来，同房舍尤其库朗热所说的家火合为一体，象征着家庭支配的生命永存不朽。

---

① Ferdinand Tönnies, *Gemeinschaft und Gesellschaft. Grundbegriffe der reine Soziologie*, Darmstadt：Wissenschaftliche Buchgesellschaft, 1979, S. 9.

② 滕尼斯和韦伯都认为支配是共同体行动的前提，但是他们所理解的"支配"的意涵完全不一样，这又源于他们对共同体概念的不同理解。Klaus Lichtblau 关于 Gemeinschaft 与 Vergemeinschaft 的语用区别的讨论，有助于澄清这个问题。Klaus Lichtblau, "Vergemeinschaftung and Vergesellschaftung in Max Weber：A reconstruction of his linguistic usage", in *History of European Ideas*, 37（2011），pp. 454 – 465.

二 习惯的教化本质

以父子关系为原型的精神性的支配关系同习惯（Gewohnheit）的心理机制对应，习惯是本质意志的第二个阶段，也是共同体教化的第二个环节。毋庸置疑，习惯的形成离不开喜好奠定的自然基础，一旦人最初喜爱某个事物，遵循着自然的倾向，他应当会越发地喜爱这个事物。然而正像滕尼斯指出的，习惯的独特之处在于：它同时对立于喜好，是通过经验产生的意志，最初令人快乐的事物可能随着时间的推移使人厌倦，而最初的无聊或让人不快的事物通过与一开始使人愉悦的观念混杂、结合，会令人觉得适宜一些，直到它们最终完全变得可爱，成为生命之流的组成部分。

滕尼斯对习惯的讨论，离不开休谟的影响①。我们知道，"习惯"在休谟的认识论和道德情感学说里占据着核心位置，一方面，他将观念与判断的形成过程归结为后天经验习惯的作用，破解观念论者的独断迷梦及其背后藏匿的狂热意志；另一方面，因为习惯能够促使人适应最初不利的处境、慢慢安定乃至于喜爱周遭一切，故而将激发人的积极情感，构建道德的人格。② 不过这并不代表滕尼斯和休谟的想法一模一样，在《共同体与社会》第一版前言里，滕尼斯指出休谟的理论缺陷是没有为人心确立自身的依据，如果说在打击理性个体主义内在的"狂热"意志方面，滕尼斯深受休谟的启发，那么滕尼斯对休谟的进一步推进表现在重建习惯心理学的意志论基础③，习惯是需要靠意志指引方向的，但这种意志不再是抽离了社会条件的个体的意志，而是共同体的意志。

---

① Ferdinand Tönnies, *Gemeinschaft und Gesellschaft. Grundbegriffe der reine Soziologie*, Darmstadt：Wissenschaftliche Buchgesellschaft, 1979, SS. XV – XVI.

② ［英］休谟：《人性论》，关文运译，商务印书馆1996年版，第460—462页。

③ 滕尼斯的推进建立在康德及其后的联想心理学研究的脉络基础上，参见 Ferdinand Tönnies, *Gemeinschaft und Gesellschaft. Grundbegriffe der reine Soziologie*, Darmstadt：Wissenschaftliche Buchgesellschaft, 1979, S. XVI.

从这个意义上讲，滕尼斯并不认为习惯是一种单纯的现象，相反，它是伦理教化的重要环节，它对应的共同体载体是父子关系，父子关系又象征着支配关系。首先，支配意味着自我同权威拉开距离，而非像母子般的自然契合、亲密无间地贴合在一起，此时，自我感受到一个高于自己的存在者并且在自我与权威之间扩展出一轮一轮的伦理关系，与其说他如今安宁地沉睡在母亲的怀抱里，不如说从一开始就遭遇各种否定的力量，比如父的强制命令最初可能让他不安，一旦违背或犯了过失，惩罚便令他恐惧，但是随着从被动适应到主动地练习（Übung），他的情感发生了转变，所有生疏和痛苦的感觉都将慢慢消失，像在其自然身体里长出新的器官一样，自我逐渐形成并调试着同周围事物的秩序感；不仅如此，滕尼斯认为习惯的过程本质上是知性能力养成的过程：

> 所有日常的练习，也就是说习惯，皆以感官把握的某些感性知觉为前提，故而人的习惯建立在对词语符号的理解上。首先，一个动物会习惯于特定的事物以及对它们的享受，这样一来，它们就与该动物的生命活动直接关联在一起；然后，这个动物将越来越习惯于某些对它而言必要的特殊运动和劳作，这些活动建立在它的特定知觉的基础上，而且它必须要熟练这些活动的操作；这些活动联系着对它们发生作用与因它们发生作用的知觉以及表象，最后，他要习惯于这些知觉以及表象的过程和相互关联，在这样的基础上，就高等动物而言，熟练的推理活动通过组合现有的事物，将之当作对一种既定事物的补充，而且当他从推理活动中抽绎出一种推理的能力时，这种能力就被我们称作知性（Verstand）。①

---

① Ferdinand Tönnies, *Gemeinschaft und Gesellschaft. Grundbegriffe der reine Soziologie*, Darmstadt: Wissenschaftliche Buchgesellschaft, 1979, S. 81.

与康德不一样，滕尼斯指出知性的必然性、确定性并非基于不可知的先天理性范畴，它们是伦理的果实。他说，看看古希腊词ethos的原意就可以明白这一点，ethos指观念或冲动的安定，找到了定居的地方，站立在家乡的土地上与共同体的活动联系，不断地适应、顺服于共同体的生活。① 就此而言，习惯最朴素地还原了个体与共同体间的伦理教化关系的面貌。

第四节　共同体教化的理性阶段：良知与族民

在本质意志的谱系里，记忆既是习惯在思维层面的延伸，又是最高的、最具精神品质的环节。② 我们知道，记忆概念在近代自然法学说中占据着极其重要的位置，比如在霍布斯的笔下，它等同于个人的诸印象的加减法，但是，观念的背后却是人躁动不安的意志，滕尼斯对此明了无疑，同这种单一维度的记忆观判然有别，滕尼斯的记忆概念是复合性的，包含着喜好和习惯这两个阶段已经发展出的所有特征，最终升华为一个新的阶段。

一　从记忆到语言

记忆立足于喜好，以统一的自然身体和情感的内在谐和为基础，它的指向的目的都是作为统一体的自我（Selbst）甚至自我所从属的更大整体的内在谐和。习惯阶段拉开了各个伦理的层次，本质意志的记忆既关系着"我"怎样平衡自身内在各种激情，更关系着"我"同自己所属的共同体内成员的情感联系。

不止如此，记忆的过程同时意味着不断调动、联结思维的表象，

---

① Ferdinand Tönnies, *Gemeinschaft und Gesellschaft. Grundbegriffe der reine Soziologie*, Darmstadt：Wissenschaftliche Buchgesellschaft, 1979, S. 82.

② Ferdinand Tönnies, *Gemeinschaft und Gesellschaft. Grundbegriffe der reine Soziologie*, Darmstadt：Wissenschaftliche Buchgesellschaft, 1979, SS. 82 – 83.

这个过程不像霍布斯讲的那样是一个直线式的平面运动，而是不断向上的运动。滕尼斯说，靠学习、体验与思考获得的记忆，最终都要被归结成"模仿"（Nachnehmung）①。模仿要调动起身体的所有能力，平衡各种激情的关系，让它们达成谐和的状态，模仿既需要"我"用脑来思考、用手来反复练习，更要用心去感受和体会，每日增益。

就此而言，行会师徒制最纯粹地展现了"模仿"的事实，记忆象征着在家发育成熟的青年走出家的怀抱，到更大的社会，接受精神的教化，寻求像自然共同体之家那样、又超越了家的"精神共同体"：徒弟求学于师傅，不仅是学习、操练具体的手艺，而且是从每日点点细微之处，耳濡目染地内化师傅为人处世的方式和原则，养成具体的道德感，这样才能融入共同体的生活秩序。就此而言，记忆不仅是对"我身处共同体之中"这一事实的自觉认同，而且是一个精神逐步向上的过程，本质意志从它身处的自然秩序出发，平衡地培育自己的道德感，让自我的精神一步步地向上提升，最终同具体的共同体融合在一起。

对比基尔克的日耳曼历史脉络，如果说习惯的伦理精神对应中世纪封建制的历史，那么记忆的伦理精神便对应封建后期的自由市镇，和基尔克一样，滕尼斯认为中世纪后期的市镇是日耳曼历史最富自由精神的担当者。不过他们要突出的角度并不一样，基尔克强调的是市镇的法权人格，而滕尼斯首要强调的是其中的普遍道德意涵，在《共同体与社会》的一段明显模仿康德（更准确地说是席勒）的文字里，他写道：

> 记忆可以被视作本质意志的一种形式，因为它是义务感（Pflichtgefühl），或者说，是一种理性的声音，这样的声音在个体的事业里指明了必然的与正确的东西，记忆是人们通过学习、

---

① Ferdinand Tönnies, *Gemeinschaft und Gesellschaft. Grundbegriffe der reine Soziologie*, Darmstadt：Wissenschaftliche Buchgesellschaft, 1979, S. 83.

体验与思考而得到的，而且人们将它当作一种财富，保存在自己那里，它本质上完全是一种实践理性、一种必然的判断、一种绝对的命令。因而，在它进一步所达到的完善形态那里，它就等同于我们所理解的良知（Gewissen）或才华。[①]

记忆是有序的符号体系或内心中的语言，一旦以话语的方式说出来（Rede），从个体的层面上讲即反映了其自由的精神，从整体的层面上讲即编织了共同体的意义世界，维持着共同体的生命。我们知道，此前基尔克在解读自由市镇的法权人格时，依据的是基督教的"共体"学说，在个人与超验的上帝之间，他借基督的"神秘身体"定义有机的人间组织，而滕尼斯比基尔克更进一步地追溯到古希腊的传统，重构自由市镇的历史精神。[②] 对他而言，这既是祛除神秘象征的需要，也是对接西方精神本原的尝试。

单纯从权力、财富的格局着眼无法触及自由市镇对当前时代的教化意义，基督教的视角亦没有洞见共同体的自由精神的实质。比这些因素都更基础的因素是语言（Sprache），而希腊人早已通过他们的神话道出了这一点：从史诗、悲剧到历史，它们塑造的全部文化结构，皆源于缪斯女神的降临和启迪，记忆女神则是缪斯之母。希腊人知道，他们的话语和思维（logos）之源是女性的发声：

> 说话艺术更适合女性；或者应该这么说：发声的艺术更适合女性。因为音乐尤其歌唱，是女性的天赋才能；她们的高度清澈、柔软和具备可塑性的声音是她们防御与进攻的器官。啼

---

① Ferdinand Tönnies, *Gemeinschaft und Gesellschaft. Grundbegriffe der reine Soziologie*, Darmstadt：Wissenschaftliche Buchgesellschaft, 1979, SS. 103 – 104.

② 我们必须注意到，滕尼斯在《共同体与社会》里谈到自由市镇时指出的两重性：现实历史处境里的日耳曼自由市；精神意义上的古希腊城邦。参见 Ferdinand Tönnies, *Gemeinschaft und Gesellschaft. Grundbegriffe der reine Soziologie*, Darmstadt：Wissenschaftliche Buchgesellschaft, 1979, S. 194.

哭与尖叫，欢呼与悲叹，正如一切响亮的、最后倾注到言语中的笑声与哭声，从她们的灵魂里迸发出来，就像清泉从岩石那里流泻而出。音乐是可以听见的情感运动的表达，正如表情是无声的情感表达。所有的缪斯神都是女性，记忆之神则是她们的母亲。①

在滕尼斯看来，共同体世界的女性之声即"母语"（Mutter - Sprache），母语意味着母子之间深刻的共同领会。从相伴喜好的母语开始，经习惯的教化，面向周围人事的人伦日用的技艺展现出令人愉悦的、协和的形式，成就艺术之声，对权威者与高贵者的敬畏日渐升华为神圣与善的理念，成就宗教的话语；经记忆的教化，自由地结合成学园（Akademie），探索和传承共同的真理。对此，当滕尼斯引用柏拉图在《法篇》里的说法，将城邦（Polis）比作一部真正的戏剧时，他看到的不仅是人的灵魂同城邦结构间的功能类比②，而且还是从自然语言发育出共同体文化之真、善、美的动态过程。

从这个意义上讲，滕尼斯所谓"良知"的本质就不是什么自我的道德立法，而是共同体中人以自然语言推理日常道德，丰富和延展自我。反过来看，随着商品经济的发展和民族国家的构建进程，现代主体哲学以及私法学说把绝对个体抬到史无前例的高度，由货币、资本、权力主宰的唯一"价值"（Wert）斩断并取代了曾经环绕于人的共同体纽带，将他们抛入高速流动的世界，尤其知识人受无限滋生且殊异的意见左右，自己也时刻在有意识或无意识地制造着纷乱的意见，对此，霍布斯早就无不尖刻地点出知识人的虚荣及其语言的脆弱。在滕尼斯看来，现代社会的文明本质是大城市里的

---

① Ferdinand Tönnies, *Gemeinschaft und Gesellschaft. Grundbegriffe der reine Soziologie*, Darmstadt: Wissenschaftliche Buchgesellschaft, 1979, S. 136.

② 同时代有机论者往往单纯从"器官—整体"功能的角度理解这一点，对比［德］奥托·基尔克《人类社团的本质》，张陈果译，载《德国魏玛时期国家法政文献选编》，清华大学出版社 2016 年版，第 7 页。

"公共意见"（öffentliche Meinung）①，它们短暂即逝，紊乱而呈，更没有共同体来承载普遍且可靠的意义，事实上，知识人造出的抽象术语只是在掩饰人和人难以真正相互理解的"巴别塔"境地。

二 现代的三次"逆浪潮"

究其根本，现时代的巴别塔困境植根于精英和俗众（Volk）之间的张力②，无论政治制度领域的资本主义同社会主义的冲突，抑或伦理文化领域的大城市时尚同乡村习俗的对抗，皆是这一矛盾的表现，在滕尼斯之前，马克思已经认识到了这一事实。③ 然而滕尼斯的意识又不停留于此，对他而言，"共同体与社会"之间的斗争规律本身不足以明确地定位现时代的真正特征，相反，对斗争双方间具体转化（Verkehr）特征的掌握，才能切中时代的命脉。

德意志民族的情形尤其如此，受历史国民经济学派的影响，滕尼斯相信商业曾是由外部"更高教养的民族"渗透进来的生活方式，这些人行走在德意志的土地上正像孤立的陌生者一般，他们同民族本身并无实质联系；然而到了 19 世纪末，马克思的判断逐渐成为现实，整个民族从内部分裂成"商业—知识精英"与"俗众"，俗众越来越被迫卷进商业和资本主义的潮流，听从资本的号令，但是这一情形也将孕育出自我终结的力量，深谙《资本论》之道的滕尼斯

---

① 在滕尼斯的著述史里，"公共意见"是极其重要的思想专题。如果说习俗或宗教构成了共同体文化的表现，那么"公共意见"就是社会文化的实质。滕尼斯的大部头著作《公共意见的批判》即对这个问题的深入研究。

② Ferdinand Tönnies, *Gemeinschaft und Gesellschaft. Grundbegriffe der reine Soziologie*, Darmstadt：Wissenschaftliche Buchgesellschaft, 1979, S. 141. 同时参见：Ferdinand Tönnies, *Die Sitte*, Frankfurt am Main：Literarische Anstalt, 1909, S. 86.

③ 马克思在《资本论》中指出，城市与农村之间的对立运动是社会全部经济史的主题。不尺马克思，滕尼斯同样引用了歌德在《西东诗集》"沙漠中的以色列"里的说法，将俗众的信仰与有教养者的无信仰的对立定义成"世界历史的主题"。Ferdinand Tönnies, *Gemeinschaft und Gesellschaft. Grundbegriffe der reine Soziologie*, Darmstadt：Wissenschaftliche Buchgesellschaft, 1979, S. 135.

如此概括了马克思心中的未来图景：

> 通过科学教育，转变成了"无产者"的俗众获得了思维和自觉意识，他们学会去思考哪些条件使他们束缚在劳动市场之内。从这样的认识中，他们产生了挣脱枷锁的决心和努力。如此一来，他们就团结在各式各样的行业联盟乃至政党里，一起采取各种社会的、政治的行动。从规模和属性来讲，这样的联合体通常首先出现在大城市，随后它们将扩大到国家的范围，最后它们将成为国际性的组织，就像作为这些联合体先导和榜样的、由有教养者组成的联合体，即资本家组成的联合体也即（真正的）社会那样。只要俗众共享相同的思维和行动，他们就将同样愈发变成社会里的积极活动的主体，他们的目标是成为（国家的或国际的）资本的共同所有者，使这些资本作为他们劳动的材料或辅助手段：这就意味着（经济意义上的）社会的终结，因为它将商品生产和对外贸易取消了。①

在这幅社会自我瓦解的图景背后，马克思以及后来社会主义与共产主义的实践活动的晦暗、悖谬之处却显露出来，首先是手段与目的的混淆，俗众要打破资本主义的枷锁，他们自己就必然得遵从社会的逻辑、掌握社会的武器来反对精英，斗争越激烈，俗众共同体本身愈有可能蜕变成社会的统治模式②，这一点同韦伯对社会主义的批判相契合，在韦伯看来，现代官僚制支配具有一种"永续性"的特征，即便社会主义取代资本主义，它的权力集中不过是资本主

---

① Ferdinand Tönnies, *Gemeinschaft und Gesellschaft. Grundbegriffe der reine Soziologie*, Darmstadt：Wissenschaftliche Buchgesellschaft, 1979, S. 142.

② 滕尼斯清醒地意识到，在共同体对社会的反抗运动中必须对手段和目的有明确的区分意识。参见 Ferdinand Tönnies, *Gemeinschaft und Gesellschaft. Grundbegriffe der reine Soziologie*, Darmstadt：Wissenschaftliche Buchgesellschaft, 1979, SS. 142 – 143.

义更加恶化的版本。① 滕尼斯则对手段与目的存在着明确的区分意识，换言之，俗众以社会的方式同社会做斗争，但是俗众本身必须要维持在共同体的界限之内，那么这何以可能呢？

和韦伯更暗淡的现实态度不一样，滕尼斯一方面认为德国的共同体意识一直没有陨落，即使在帝制时代国家思想（Staatsgedanke）如日中天的时刻，它也从不缺少共同体的意识（Mitsinn），从普遍兵役制、义务教育制度和保险制度等一系列法案的推行情况都可以看出来；另一方面，经历了帝制时代的国家社会主义和"一战"时期的战时社会主义（Kriegssozialismus），国家和垄断资本遭受重创，社会主义迫切地要求从国家回归民族："现在摆在我们面前的重要任务，似乎毋宁只是要培育出一种新的、然而更名副其实的社会主义。如果说，这一真正的社会主义的首要目的，并非是让国家变得富有，而是尽力让国家从贫困的境地里脱离出来。"② 节制私人资本、以劳动者自发组织的合作社重整民族经济，而这种合作经济的本质又是一种民族的伦理生活形态。

由此出发，滕尼斯认识到，以俗众为担当者的社会主义与共产主义本身并不能剥离民族的特殊本性。"一战"后，俄国人率先公开地将马克思主义变成一种国家体制，然而它的社会主义体制又无法同落后的斯拉夫文化分割开来，这种强大的东方原始共产主义倾向既不适宜于一切像德国这样的拥有高度社会文明的国家，也在欧洲版图上笼罩着"末世"的乌云③。与此相反，对德意志民族来说，当我们今天反思共同体生活的契机，这种可能性实际上已经嵌入对

---

① ［德］韦伯：《支配社会学》，康乐、简惠美译，广西师范大学出版社 2016 年版，第 64—66 页。

② Ferdinand Tönnies, "Gemeinschaft und Gesellschaft. Vorrede der dritten Auflage", in *Ferdinand Tönnies Gesammtausgabe Band* 15, herausgegeben von Dieter Haselbach, Berlin: Walter de Gruyter, 2000, S. 108.

③ Ferdinand Tönnies, "Eutin", in *Die Philosophie der gegenwart in Selbstdarstellungen Band* Ⅲ, Herausgegeben von Dr. Raymund Schmidt, Leipzig: Verlag von Felix Meiner, 1922, S. 232.

现代性反思的谱系里，遵循反思的脉络展开，这一脉络依次包含了三波浪潮：第一波是女性精神反对男性精神；第二波是青年精神反对老年精神；第三波是俗众精神反对精英精神。

在滕尼斯看来，对现代共同体的第一波真正的伦理反思始于卢梭及其德国传人——席勒与歌德①，其时，民族初遭遇启蒙和现代商业，新兴的都市生活尚外在于民族性格本身②，然而从卢梭到席勒和歌德，他们都已经预见到启蒙将带来的人性片面化的危机，他们作品里一个一以贯之的主题，就是女性精神对男性精神的反抗，而这种反抗的实质又是自然性对人为性的反抗，滕尼斯所强调的本质意志对立于抉择意志的第一重经验意涵即在于此。相较男性主动的、索取的精明（Klugheit）品质，女性是被动的、被追逐的给予者，但是这种被动性却彰显了生命本身的完整和对伦理本原的虔诚，就像歌德在《塔索》里借列奥诺拉公主之口说的："在伦理统治之处，就有女权，在蛮横猖獗之处，她们没有份。你如要问男女两性的差别：男子求自由，妇女则求礼节"，诗人期待人们将接受现代性来临的危机启示：

---

① 在《作为时代公民与政治家的席勒》一书的开头，滕尼斯指出：卢梭对伏尔泰代表的启蒙的批判在社会思想的层面开辟了三条道路：乡村反城市；社会反国家；被压迫者反压迫者。这三条道路分别代表保守主义、自由主义与社会主义，它们本质上源于一体。参见 Ferdinand Tönnies, "Schiller als Zeitbürger und Politiker", in *Ferdinand Tönnies Gesamtausgabe Band* 7, Berlin: Walter de Gruyter, 2009, S. 10. 进一步地说，尽管滕尼斯是社会主义的同情者，但是他与同时代的社会民主党知识分子仍然保持着距离，后者例如考茨基将德国社会主义传统追溯到使徒时代的基督徒。与正统的马克思主义寻找"原始共产主义"的通常做法不一样，滕尼斯的理论底色是教化。

② 和卢梭笔下的繁华的、奢侈的巴黎不一样，德意志诸邦仍然处于自然的状况，不过许多城市开始模仿巴黎，如歌德的《浮士德》刻画的莱比锡就被称作"小巴黎"。对德意志而言，当时商业生活是一种新兴的生活方式，如果我们看看歌德的《威廉·迈斯特的学习时代》里的"威纳"形象，就可以确知这一点。商业更多意味着一种不安分的冒险行动。

诗人与思想家倾向于赞美女性的无意识，歌颂她们天性和性情的神秘的深邃，赞扬她们灵魂的虔诚般的天真。我们有时会预感到，如果我们变成冷漠和精于算计的人，变成肤浅与完全启蒙了的人，那么我们已然丧失了一些东西。然而，这里也表明了，自然毁灭它自身，只是为了让有生命力的元素成长为新的生命。因此，在科学变成哲学的地方，人通过最纯粹、最高贵的知识，将重新获得直观与爱带来的欢乐，这些欢乐曾经被所有类型的反思与追求摧毁。[1]

紧接着，第二波伦理反思始于 1848 年欧洲革命，在这个时代，商业、资本与民族国家的势力已经渗入民族，并造成了民族内部的裂解，从马克思在早年作品《黑格尔法哲学批判导言》公开宣称无产阶级同一切统治阶级的对立，我们就可以看得一清二楚。主宰时代的意象不再是诗人吟咏的女性反抗男性，而是青年反抗老年，更进一步地说，这个时代已经不停留于单纯自然性的被动反抗，而是民族内部中作为多数的一部分针对作为少数的另一部分的革命，是被压迫者公开地同腐化了的自由主义、保守主义的斗争，对前者来说，后者已然退变成死气沉沉的老年文明，思想领域里的青年黑格尔派反老年黑格尔派，政治领域里的青年德意志运动都证实了这一浪潮，到了 19 世纪末，马克思与尼采的本能革命将青年意志推向了最高峰[2]。

在滕尼斯的自我意识里，他自觉地继承了席勒、歌德以及马克思以来的伦理反思的精神。不过历史情境的改变，赋予他更艰难的使命，伦理的重建不再局限于某一团体，也不再局限于社会的某一阶层，而是面向了整个民族，可以说，他的一生都致力于第三波伦

---

[1]　Ferdinand Tönnies, *Gemeinschaft und Gesellschaft. Grundbegriffe der reine Soziologie*, Darmstadt：Wissenschaftliche Buchgesellschaft, 1979, S. 128.

[2]　关于马克思与尼采学说中的"青年"主题及其社会效应，我们在此前已经作出了详细阐释，这里不拟重复讨论。

理反思①，从德意志帝国的建立，到俾斯麦集权体制的瓦解，再到德国在"一战"的失败，普鲁士国家力量瓦解，垄断经济崩溃，协约国施加种种压力，废墟上的民族有待重回安宁和有尊严的生活。如果说纠缠于马克思和尼采的问题是民族的自我异化与革命，那么现在问题的要害则是整个民族的经济生活的重组与伦理精神的重建，我们不是要将一切罪孽归于"资本主义"，更不是要将一切希望寄托于"社会主义"，而要时刻保持理智的清明。

三　族民共同体的未来

作为共同体学说的内核，"本质意志"在理念或心理学的层面上克服了现代价值与传统价值的二元对立。通过重新诠释日耳曼民族的历史精神，还原现代个体在共同体中孕育、受教、成长的过程，滕尼斯确立了新的伦理精神。在他的笔下，我们仿佛鲜活地看到一个人从在家到离家，直到最后在自然之家外创造精神之家的故事。从这个意义上讲，以家为轴心，滕尼斯从天然地处在连带关系里的个体的生存活动，营造了全新的社会本体论（Ontologie）。放眼此前的欧洲历史，如果说城邦、帝国—教会以及契约国家—市民社会，曾分别作为古典时代、中世纪和近代的社会本体，那么由"本质意志"推演出的共同体，即滕尼斯眼中的"超社会"（über - Gesell-schaft）的社会本体，这是滕尼斯对德国古典社会学奠基的要害所在。

尽管如此，单纯谈论理念和心理学的维度又是不够的，共同体图景要成为现实，不能只诉诸一套理想的原则，而需要在现实社会之中、同社会诸条件相互作用。《共同体与社会》出版之后，滕尼斯积极投入社会的伦理改革活动，历经帝制德国、第一次世界大战和

----

① 如果说滕尼斯写作《共同体与社会》时尚且只是预料到未来"社会"的自我消解，但是对于如何瓦解、瓦解后的情形并不清楚，待到"一战"结束和魏玛时期，族民共同体的历史契机和想法才逐渐成熟。

魏玛共和国的历史阶段，在理论与实践的互动过程里，他的共同体思想逐渐成熟，其社会学体系的构建同社会改革活动互为映衬，尤其在魏玛共和国时代，产生了极其深远的影响。滕尼斯着力推进家庭、大众学校教育的改革，推动合作社运动（Genossenschaftsbewegung）的蓬勃发展①，他的改革方案不仅致力于在社会组织层面，造就出劳动者共同劳动、集中消费、自我管理的风尚，激活民族的集会传统，而且它本身即意味着劳动者的伦理教化、从自然契合的民族（Volk）向成熟的政治族民（Nation）升华的历程。

① 限于篇幅，本书不拟详细论述滕尼斯的改革思想和具体方案，这个问题有待未来进一步的解读。关于家庭改革，参见 Ferdinand Tönnies, "Fünfzehn Thesen zur Erneuerung des Familienlebens.", in *Ethische Kultur*, Vol. 1, 1893, SS. 302 – 304, SS. 310 – 312; Ferdinand Tönnies, "Die Moderne Familie", in *Handwörterbuch der Soziologie*. Herausgegeben von A. Vierkandt, Stuttgart: Enke, 1959, SS. 120 – 131. 关于高校与学术共同体的具体改革措施，参见 Ferdinand Tönnies, "Soziologie und Hochschulreform", in *Weltwirtschaftliches Archiv*, Band 16, 1920/1921, SS. 212 – 21；关于合作社运动的历史沿革和具体纲领，参见 Franz Staudinger, *Die Konsumgenossenschaft*, Leipzig und Berlin: B. G. Teubner, 1919. 根据滕尼斯的回忆，合作社运动的潮流所及，不仅德国，还包括斯堪的纳维亚诸国、瑞士与奥地利。Ferdinand Tönnies, "Eutin", in *Die Philosophie der gegenwart in Selbstdarstellungen Band Ⅲ*, Herausgegeben von Dr. Raymund Schmidt, Leipzig: Verlag von Felix Meiner, 1922, S. 231.

参考文献

一 滕尼斯的著作

1893. "Fünfzehn Thesen zur Erneuerung des Familienlebens", in *Ethische Kultur*, Vol. 1, 1893, SS. 302 – 304, SS. 310 – 312.

1908. *Die Sitte*, Rütten & Loening: Frankfurt am Main Literarische Anstalt.

1911. "Wege und Ziele der Soziologie", in *Verhandlungen des Ersten Deutschen Soziologenstages*, Tübingen: Verlag von J. C. B Mohr.

1919. *Die Entwicklung der sozialen Frage bis zum Weltkriege*, Berlin und Leipzig: Vereinigung Wissenschaftlicher Verleger.

1920/1921. "Soziologie und Hochschulreform", in *Weltwirtschaftliches Archiv*, Band 16.

1922. "Eutin", in *Die Philosophie der gegenwart in Selbstdarstellungen Band Ⅲ*, Herausgegeben von Dr. Raymund Schmidt, Leipzig: Verlag von Felix Meiner.

1929. *Der Kampf um das Sozialistengesetz 1878*, Berlin: Verlag von Julius Springer.

1930. "Die Lehre von den Volksversammlungen und die Urversammlung in Hobbes' Leviethan", in *Zeitschrift für die gesamte Staatswissenschaft*, Bd. 89, H. 1.

1935. *Einführung in die Soziologie*, Stuttgart: Verlag von Ferdinand Enke.

1959. "Die Moderne Familie", in *Handwörterbuch der Soziologie*.

Herausgegeben von A.

Vierkandt, Stuttgart : Verlag von Ferdinand Enke, 1959, SS. 120 – 131.

1961. *Briefwechsel* 1876 – 1908, Herausgegeben von Olaf Klose, E. G. Jacoby, Irma Fischer, Kiel: Ferdinand Hirt.

1969. "The Editor's Preface", in *The Elements of Law Natural and Politic* by Thomas Hobbes, New York: Barnes&Noble INC.

1971. "Hobbes and Zoon Politikon", in *Ferdinand Tönnies on Sociology: pure, applied, and empirical.* edited by Werner J. Cahman and Rudolf Herberle, Chicago: The University of Chicago Press.

1971. "Entwurf einer Vorrede zur 8. Auflage, 1935", in *Die moderne Gesellschaft im sozialwissenschaftlichen Denken von Ferdinand Tönnies*, Stuttgart: Ferdinand Enke Verlag.

1974. "The Development of Sociology in Germany in the Nineteenth Century", in *Ferdinand Tönnies on Social Ideas and Ideologie*, ed. and trans. E. G. Jacoby, New York: Haper & Rowe.

1975. *Thomas Hobbes. Leben und Lehre*, Stuttgart: Friedrich Frommann Verlag.

1975. "Erläuterungen", in *Studien zur Philosophie und Gesellschaftslehre im 17 Jahrhundert*, Herausgegeben von E. G. Jacoby, Stuttgart: Friedrich Frommann Verlag.

1975. "Die reformierte Philosophie in Frankreich", in *Studien zur Philosophie und Gesellschaftslehre im 17 Jahrhundert*, Herausgegeben von E. G. Jacoby, Stuttgart: Friedrich Frommann Verlag.

1975. "Leibniz und Hobbes", in *Studien zur Philosophie und Gesellschaftslehre im 17 Jahrhundert*, Herausgegeben von E. G. Jacoby, Stuttgart: Friedrich Frommann Verlag.

1975. "Anmerkung über die Philosophie des Hobbes", in *Studien zur Philosophie und Gesellschaftslehre im 17 Jahrhundert*, Herausgegeben von E. G. Jacoby, Stuttgart: Friedrich Frommann Verlag.

1975. "Studien zur Kritik des Spinoza", in *Studien zur Philosophie und Gesellschaftslehre im 17 Jahrhundert*, Herausgegeben von E. G. Jacoby, Stuttgart: Friedrich Frommann Verlag.

1975. "Hobbes und Spinoza", in *Studien zur Philosophie und Gesellschaftslehre im 17 Jahrhundert*, Herausgegeben von E. G. Jacoby, Stuttgart: Friedrich Frommann Verlag.

1979. *Gemeinschaft und Gesellschaft. Grundbegriffe der reine Soziologie*, Darmstadt: Wissenschaftliche Buchgesellschaft.

1989. *Ferdinand Tönnies und Harald Höffding. Briefwechsel*, hrg. Cornelius Bickel und Rolf Fechner, Berlin: Duncker&Humblot.

1998. "Geist der Neuzeit", in *Ferdinand Tönnies Gesamtausgabe. Band 22*, Berlin: Walter de Gruyter.

2000. "Gemeinschaft und Gesellschaft (Theorem der Kultur − Philosophie) Entwurf von 1880/1881", in *Ferdinand Tönnies Gesammtausgabe Band 15*, herausgegeben von Dieter Haselbach, Berlin: Walter de Gruyter.

2000. "Gemeinschaft und Gesellschaft. Vorrede der dritten Auflage", in *Ferdinand Tönnies Gesammtausgabe Band 15*, herausgegeben von Dieter Haselbach, Berlin: Walter de Gruyter.

2000. *Ferdinand Tönnies Gesammtausgabe Band 15*, Berlin: Walter de Gruyter.

2009. "Schiller als Zeitbürger und Politiker", in *Ferdinand Tönnies Gesamtausgabe Band 7*, Berlin: Walter de Gruyter.

2009. "Wie Schiller auf mich gewirkt hat", in *Ferdinand Tönnies Gesammtausgabe Band 7*, herausgegeben von Arno Bammé und Rolf Fechner, Berlin: Walter de Gruyter.

2009. "Philosophische Terminologie in psychologisch − soziologischer Ansicht", in *Ferdinand Tönnies Gesammtausgabe Band 7*, herausgegeben von Arno Bammé und Rolf Fechner, Berlin: Walter de Gruyter.

2010. "Die Politik des Hobbes. Eine Entgegnung", *Schriften zur Staatswissenschaft*, *hrg. Rolf Fechner*, *Wien*: *Profil Verlag*.

2010. "Die Krisis des englischen Staatswesens", *Schriften zur Staatswissenschaft*, hrg. Rolf Fechner, Wien: Profil Verlag.

2010. "Zur Soziologie des demokratische Staates", in *Schriften zur Staatswissenschaft*, hrg. Rolf Fechner, Wien: Profil Verlag.

2010. "Soziale Reform als Grundlage der modernen Demokratie", in *Schriften zur Staatswissenschaft*, hrg. Rolf Fechner, Wien: Profil Verlag.

2010. "Die Massenstreik in ethischer Beleuchtung", in *Schriften zum Hamburger Hafenarbeiterstreik*, Herausgegeben von Rolf Fechner, Müchen – Wien: Profil Verlag.

2012. *Der Nietzsche – Kultus. Eine Kritik*, hrg. Arno Bammé, Wien: Profil Verlag.

2012. "Paul Rée", in *Der Nietzsche – Kultus. Eine Kritik*, hrg. Arno Bammé, Wien: Profil Verlag.

2012. "Brief an Elisabeth Förster – Nietzsche", in *Der Nietzsche – Kultus. Eine Kritik*, hrg. Arno Bammé, Wien: Profil Verlag.

2013. *Marx. Leben und Lehre*, hrg. Arno Bammé, Wien: Profil Verlag.

2013. "Neuere Philosophie der Geschichte: Hegel, Marx, Comte", in *Marx. Leben und Lehre*, hrg. Arno Bammé, Wien: Profil Verlag.

2013. "Spinoza und Marx", in *Marx. Leben und Lehre*, hrg. Arno Bammé, Wien: Profil Verlag.

2013. "Marxismus und Christentum", in *Marx. Leben und Lehre*, hrg. Arno Bammé, Wien: Profil Verlag.

二　中文文献

［意］阿奎那，托马斯：《阿奎那政治著作选》，马清槐译，商务印书馆 1982 年版。

［德］艾克曼：《歌德谈话录》，杨武能译，河北教育出版社 2015 年版。

［英］奥布里，约翰：《名人小传》，王宪生译，时代华文书局 2014 年版。

［英］奥克肖特：《政治中的理性主义》，张汝纶译，上海译文出版社 2004 年版。

［德］鲍尔生：《德国教育史》，滕大春、滕大生译，人民教育出版社 1985 年版。

［德］俾斯麦，奥托·冯：《思考与回忆——俾斯麦回忆录》（第一卷），杨德友、同鸿印等译，生活·读书·新知三联书店 2006 年版。

［美］伯尔曼，哈罗德：《法律与革命——西方法律传统的形成》，贺卫方等译，中国大百科全书出版社 1996 年版。

［英］伯克：《法国革命论》，何兆武、许振洲、彭刚译，商务印书馆 1999 年版。

曹卫东、黄金城：《德国青年运动》，收入《德国青年运动》，上海人民出版社 2013 年版。

［加］戴岑豪斯，大卫：《合法性与正当性》，刘毅译，商务印书馆 2013 年版。

［意］但丁：《论世界帝国》，朱虹译，商务印书馆 1986 年版。

［法］德勒兹，吉尔：《斯宾诺莎的实践哲学》，冯炳昆译，商务印书馆 2004 年版。

［德］狄尔泰：《体验与诗》，胡其鼎译，生活·读书·新知三联书店 2003 年版。

［法］笛卡尔：《哲学原理》，关文运译，商务印书馆 1959 年版。

——，《第一哲学沉思集》，庞景仁译，商务印书馆 1986 年版。

——，《谈谈方法》，王太庆译，商务印书馆 2000 年版。

［德］恩格斯：《自然辩证法》，曹葆华等译，人民出版社 1960 年版。

——，《英国工人阶级状况》，载《马克思恩格斯文集》第一卷，中央编译局译，人民出版社 2009 年版。

［德］费尔巴哈，路德维希：《费尔巴哈哲学史著作选》第一卷，涂纪亮译，商务印书馆 1978 年版。

——，《对莱布尼茨哲学的叙述、分析和批判》，涂纪亮译，商务印书馆 1985 年版。

［德］费希特：《锁闭的商业国》，梁志学译，载《费希特著作选集》卷四，商务印书馆 2000 年版。

［德］歌德：《维廉·麦斯特的学习时代》（《歌德文集》第二卷），冯至、姚可昆译，人民文学出版社 1999 年版。

——，《诗与真》（《歌德文集》第五卷），刘思慕译，人民文学出版社 1999 年版。

——，《浮士德》，钱春绮译，上海译文出版社 2017 年版。

［美］戈斯曼：《欧维贝克和巴霍芬的反现代论》，陈念君译，载《古典学与现代性》，华夏出版社 2015 年版。

［德］海德格尔：《存在与时间》，陈嘉映、王庆节译，生活·读书·新知三联书店 2014 年版。

［德］黑格尔：《哲学史讲演录》第一卷，贺麟、王太庆译，商务印书馆 1983 年版。

——，《哲学史讲演录》第四卷，贺麟、王太庆译，商务印书馆 1983 年版。

——，《法哲学原理》，范扬、张企泰译，商务印书馆 1979 年版。

——，《精神现象学》，先刚译，人民出版社 2013 年版。

［英］霍布斯，托马斯：《第三组反驳 一个著名的英国哲学家作，和著者的答辩》，载《第一哲学沉思集》，庞景仁译，商务印书馆 1986 年版。

［英］托马斯·霍布斯：《论公民》，应星、冯克利译，贵州人民出版社 2003 年版。

［英］托马斯·霍布斯：《利维坦》，黎思复、黎廷弼译，杨昌裕校，

商务印书馆 2014 年版。

［德］卡斯滕斯，乌韦：《滕尼斯传：佛里斯兰人与世界公民》，林荣远译，北京大学出版社 2010 年版。

［德］康德：《答复这个问题："什么是启蒙?"》，载《历史理性批判文集》，何兆武译，商务印书馆 1996 年版。

——，《实用人类学》，邓晓芒译，上海世纪出版集团 2005 年版。

［美］康托洛维茨：《国王的两个身体》，徐震宇译，华东师范大学出版社 2018 年版。

［德］基尔克，奥托：《人类社团的本质》，张陈果译，载《德国魏玛时期国家法政文献选编》，清华大学出版社 2016 年版。

——，《私法的社会任务：基尔克法学文选》，刘志阳、张小丹译，中国法制出版社 2017 年版。

［德］克朗纳，里夏德：《论康德与黑格尔》，关子尹编译，同济大学出版社 2004 年版。

［匈］卢卡奇：《理性的毁灭》，王玖兴等译，山东人民出版社 1988 年版。

［法］卢梭：《忏悔录》，范希衡、黎星译，人民文学出版社 1992 年版。

——，《社会契约论》，何兆武译，商务印书馆 2005 年版。

［英］洛克：《政府论》下，叶启芳、瞿菊农译，商务印书馆 1996 年版。

［德］洛维特：《从黑格尔到尼采》，李秋零译，生活·读书·新知三联书店 2019 年版。

［美］马尔蒂尼：《霍布斯》，王军伟译，华夏出版社 2015 年版。

［德］马克思：《黑格尔法哲学批判》，中央编译局译，人民出版社 1963 年版。

——，《政治经济学批判·序言》，载《马克思恩格斯全集》第十三卷，中央编译局译，人民出版社 1965 年版。

——，《马克思恩格斯文集》第五卷，中央编译局译，人民出版社

2009 年版。

［德］迈尔：《隐匿的对话——施米特与施特劳斯》，朱雁冰、汪庆华等译，华夏出版社 2002 年版。

［德］梅林：《德国社会民主党史》第一卷，青载繁译，生活·读书·新知三联书店 1963 年版。

——，《德国社会民主党史》第二卷，青载繁译，生活·读书·新知三联书店 1963 年版。

——，《马克思传》，樊集译，人民出版社 1970 年版。

［德］梅尼克：《世界主义与民族国家》，孟钟捷译，上海三联书店 2007 年版。

——，《历史主义的兴起》，陆月宏译，译林出版社 2009 年版。

［英］梅因：《古代法》，沈景一译，商务印书馆 1996 年版。

［德］蒙森：《罗马史》第一卷，李稼年译，商务印书馆 2014 年版。

［德］莫米利亚诺：《十九世纪古典学的新路径》，陈念君译，载《古典学与现代性》，华夏出版社 2015 年版。

［荷］穆尔，约斯·德：《有限性的悲剧：狄尔泰的生命释义学》，吕和应译，上海三联书店 2014 年版。

［德］尼采：《朝霞》，田立年译，华东师范大学出版社 2007 年版。

——，《偶像的黄昏》，卫茂平译，华东师范大学出版社 2007 年版。

——，《悲剧的诞生》，孙周兴译，商务印书馆 2012 年版。

——，《查拉图斯特拉如是说》，钱春绮译，生活·读书·新知三联书店 2014 年版。

——，《善恶的彼岸　论道德的谱系》，赵千帆译，商务印书馆 2015 年版。

——，《瞧，这个人——人如何成其所是》，孙周兴译，商务印书馆 2016 年版。

［德］齐美尔：《叔本华与尼采——一组演讲》，莫光华译，上海译文出版社 2006 年版。

渠敬东：《自由的历程：卢梭〈爱弥儿〉解读》，载《自由与教育：洛克与卢梭的教育哲学》，生活·读书·新知三联书店 2012 年版。

［德］桑巴特：《现代资本主义》第一卷，李季译，商务印书馆 1958 年版。

［德］施米特，卡尔：《罗马天主教与政治形式》，载《政治的概念》，刘宗坤译，上海人民出版社 2004 年版。

——，《霍布斯国家学说中的利维坦》，应星、朱雁冰译，华东师范大学出版社 2008 年版。

——，《政治的概念》，吴增定译，上海人民出版社 2015 年版。

［美］施特劳斯，列奥：《〈政治的概念〉评注》，刘宗坤译，载［德］迈尔《隐匿的对话——施米特与施特劳斯》，华夏出版社 2002 年版。

——，《自然权利与历史》，彭刚译，生活·读书·新知三联书店 2003 年版。

——，《现代性的三次浪潮》，丁耘译，载《苏格拉底问题与现代性》，华夏出版社 2008 年版。

——，《什么是政治哲学？》，李世祥等译，华夏出版社 2011 年版。

——，《霍布斯的政治哲学》，申彤译，译林出版社 2012 年版。

［德］施托姆：《施托姆抒情诗选》，钱春琦译，湖南人民出版社 1987 年版。

［德］叔本华：《作为意志和表象的世界》，石冲白译，杨一之校，商务印书馆 2011 年版。

［荷］斯宾诺莎：《神学政治论》，温锡增译，商务印书馆 1996 年版。

——，《政治论》，冯炳昆译，商务印书馆 1999 年版。

——，《斯宾诺莎书信集》，洪汉鼎译，商务印书馆 2010 年版。

——，《简论上帝、人及其心灵健康》，顾寿观译，商务印书馆 2012 年版。

［荷］斯宾诺莎：《伦理学》，贺麟译，商务印书馆 2017 年版。

［英］斯金纳，昆廷：《霍布斯与共和主义自由》，管可秾译，上海三联书店 2011 年版。

［美］塔克，理查德：《哲学与治术：1572—1651》，韩潮译，译林出版社 2013 年版。

——，《〈论公民〉英文新译本导言》，《论公民》，应星、冯克利译，贵州人民出版社 2003 年版。

［古罗马］塔西佗，《阿古利可拉传 日耳曼尼亚志》，马雍、傅正元译，商务印书馆 1985 年版。

［德］特洛尔奇：《关于我的著述》，朱雁冰译，载《基督教理论与现代》，华夏出版社 2004 年版。

［法］涂尔干，爱弥尔：《社会主义与圣西门》，赵立玮译，载《孟德斯鸠与卢梭》，上海人民出版社 2003 年版。

［德］韦伯，马克斯：《民族国家与经济政策》，甘阳译，载《民族国家与经济政策：韦伯文选第一卷》，生活·读书·新知三联书店 1997 年版。

——，《新教伦理与资本主义精神》，康乐、简惠美译，广西师范大学出版社 2007 年版。

——，《罗谢与肯尼士和历史的国民经济学之逻辑问题》，载《韦伯方法论文集》，张旺山译，台北：联经出版社 2013 年版。

——，《支配社会学》，康乐、简惠美译，广西师范大学出版社 2016 年版。

［德］魏特林，威廉：《现实的人类和理想的人类 一个贫苦罪人的福音》，胡文建、顾家庆译，商务印书馆 1986 年版。

［德］文德尔班：《哲学史教程》，罗达仁译，商务印书馆 1997 年版。

吴飞：《人伦的"解体"——形质论传统中的家国焦虑》，生活·读书·新知三联书店 2017 年版。

吴增定：《尼采与柏拉图主义》，上海人民出版社 2004 年版。

吴增定：《斯宾诺莎的理性启蒙》，上海人民出版社 2012 年版。

——，《人是不是自然世界的例外——从斯宾诺莎对霍布斯自然权利学说的批评说起》，《云南大学学报》（社会科学版）2017 年第 2 期。

［德］谢林：《近代哲学史》，先刚译，北京大学出版社 2016 年版。

［英］休谟：《人性论》，关文运译，商务印书馆 1996 年版。

［古希腊］亚里士多德：《政治学》，吴寿彭译，商务印书馆 2012 年版。

［德］雅科布斯，霍尔斯特：《十九世纪德国民法科学与立法》，王娜译，法律出版社 2003 年版。

张巍卓：《滕尼斯的"新科学"——"1880/81 年手稿"及其基本问题》，《社会》2016 年第 2 期。

——，《教化与自由——精神科学视域中的洪堡教育思想及其人性论基础》，《北京大学教育评论》2017 年第 3 期。

三　其他外文文献

Adair – Toteff, Christopher, "Ferdinand Tönnies：Utopian Visionary", *Sociological Theory*, 13（1）, 1995.

——（eds.）, *The Anthem Company to Ferdinand Tönnies*, London：Anthem Press, 2016.

Bachofen, J. J, *Das Mutterrecht*, Stuttgart：Verlag von Krais& Hoffmann, 1861.

——*Das Mutterrecht*, Frankfurt am Main：Suhrkamp, 1997.

Bammé, Arno, "Zerstörte Zukunft. Ein Nachwort", in E. G. Jacoby, *Die moderne Gesellschaft im sozialwissenschaflichen Denken von Ferdinand Tönnies*, herausgegeben von Arno Bammé, München：Profil Verlag, 2013.

Baumgarten, Eduard, *Max Weber. Werk und Person*, Tübingen：Mohr, 1964.

Beiser, Friedrick, *The Genesis of Neo – Kantianism, 1796 – 1880*, Oxford

University Press, 2014.

Bickel, Cornelius, *Ferdinand Tönnies. Soziologie als skeptische Aufklärung zwischen Historismus und Rationalismus*, Opladen: Westdeutscher Verlag, 1991.

Bobbio, Norberto, *Thomas Hobbes and the natural law tradition*, University of Chicago Press, 1993.

Bond, Niall, "Ferdinand Tönnies and Friedrich Paulsen: conciliatory iconoclasts", in *Understanding Ferdinand Tönnies' "Community and Society"*, Münster: LIT Verlag, 2013.

——, "Rational, Natural Law and German Sociology: Hobbes, Locke and Tönnies", in *Understanding Ferdinand Tönnies' "Community and Society"*, Münster: LIT Verlag, 2013.

——, "Niezschen practical philosophy, Tönniesian sociology and hermeneutics", in *Understanding Ferdinand Tönnies' "Community and Society"*, Münster: LIT Verlag, 2013.

——, "Tönnies and Legal Theory", in *Understanding Ferdinand Tönnies' "Community and Society"*, Münster: LIT Verlag, 2013.

Carstens, Uwe, *Ferdinand Tönnies: Friese und Weltbürger*, Norderstedt: Books on Demand, 2005.

——, *Lieber Freund Ferdinand. Die bemerkenswerte Freundschaft zwischen Theodor Storm und Ferdinand Tönnies*, Norderstedt: Books on Demand, 2008.

——(Herg.), *Ferdinand Tönnies: Der Sozialstaat zwischen Gemeinschaft und Gesellschaft*, Baden: Nomos Verlag, 2014.

Craig, Gordon A., *Germany*, 1866 – 1945, Oxford: Oxford University Press, 1981.

Descartes, René, *The World and Other Writings*, translated and edited by Stephen Gaukroger, Cambridge: Cambridge University Press, 1998.

Diderot, Denis, *Political Writings*, ed. John Hope Mason and Robert

Wokler, Cambridge University Press, 1992.

Dilthey, Wilhelm, *Einleitung in die Geisteswissenschaften*, Leipzig und Berlin: Verlag von B. G. Teubner, 1922.

Fischer, Kuno, *Francis Bacon und seine Schule*, Heidelberg: Karl Winter's Universitätsbuchhandlung, 1904.

——, *Geschichte der neuern Philosophie. Descartes und seine Schule. Zweiter Teil*, Heidelberg: Verlagsbuchhandlung von Friedrich Bassermann, 1865.

Geuss, Raymond, "Nietzsche: The Birth of Tragedy", in *Introduction to Nietzsche*, ed. Robert Pippin, Cambridge: Cambridge University Press, 2012.

Gierke, Otto von, *Das deutsche Genossenschaftsrecht. Band* I , Berlin: Weidmannsche Buchhandlung, 1868.

——, *Das deutsche Genossenschaftsrecht. Band* II , Berlin: Weidmannsche Buchhandlung, 1873.

——, *Das deutsche Genossenschaftsrecht. Band* III , Berlin: Weidmannsche Buchhandlung, 1881.

——, *Deutsches Privatrecht*. Vol. I , Leipzig, 1895.

——, *Das Wesen der menschlichen Verbände*, Berlin: Buchdruckehei von Gustav Schade, 1902.

——, *Johannes Althusius und die Entwicklung der naturrechtlichen Staatstheorie*, Breslau: Verlag von M. &H. Marcus, 1929.

Greven, M. T, "Geschlechterpolarität und Theorie der Weiblichkeit in Gemeinschaft und Gesellschaft von Tönnies. " In *Hundert Jahre "Gemeinschaft und Gesellschaft" Ferdinand Tönnies in der internationalen Diskussion*, Herausgegeben von L. Clausen and C. Schlüter. Opladen: Leske und Budrich, 1991, SS. 357 – 374.

Grunwald, Max, *Spinoza in Deutschland*, Berlin: Verlag von S. Calvary & Co. , 1897.

Hegel, *Phänomenologie des Geistes*, Hamburg: Felix Meiner Verlag, 1988.

Heidegren, Carl – Göran, "Helmut Schelsky's 'German' Hobbes Interpretation", *Social Thought & Research*, 1999, Vol. 22, No. 1/2.

Hobbes, Thomas, *The moral and political Works of Thomas Hobbes of Malmesburg*, London, 1750.

——, *Behemoth or the long Parliament*, ed. Ferdinand Tönnies, London: Simpkin, Marshall, and Co., 1925.

——, *The English Works of Thomas Hobbes* Vol. I, ed. William Molesworth, London: Longman, Brown, Green and Longmans, 1969.

——, *The English Works of Thomas Hobbes* Vol. V, ed. William Molesworth, London: Longman, Brown, Green and Longmans, 1969.

——, "Decameron Physiologicum", in *The English Works of Thomas Hobbes* Vol. VII, ed. William Molesworth, London: Longman, Brown, Green and Longmans, 1969.

——, "*Six Lessons to the Professors of the Mathematics*", in *The English Works of Thomas Hobbes* Vol. VII, ed. William Molesworth, London: Longman, Brown, Green and Longmans, 1969.

——, *The Elements of Law. Natural and Politic.* ed. M. M. Goldsmith, New York: Barnes&Noble INC, 1969.

——, "Appendix I. A short tract on first principles", in *The Elements of Law. Natural and Politic.* ed. M. M. Goldsmith, New York: Barnes & Noble INC, 1969.

——, "Of the life and history of Thucydides", in *Hobbes's Thucydides*, ed. Richard Schlatter, New Jersey: Rutgers University Press, 1975.

——, "On Man", *Man and Citizen*, edited by Bernard Gert, Indianapolis: Hackett Publishing Company, 1991.

——, *Leviethan. with selected variants from the Latin edition of* 1668, edited by Edwin Curley, Indianapolis: Hackett Publishing Company,

1994.

——, *The correspondence. Volume* Ⅰ：1622 – 1659, edited by Noel Malcolm, Oxford：Clarendon Press, 1994.

——, *Leviathan.* ed. J. C. A. Gaskin, Oxford：Oxford University Press, 1998.

——, *On the Citizen.* ed. Richard Tuck and Michael Silverthorne, Cambridge：Cambridge University Press, 2003.

Iggers, Georg G. , *The Cult of Authority. The Political Philosophy of the Saint – Simonians*, The Hague：Martinus Nijhoff, 1970.

Ilting, Karl – Heinz, "Einleitung", in *Thomas Hobbes. Leben und Lehre*, Stuttgart：Friedrich Frommann Verlag, 1971.

Jacoby. E. G. , "Vorwort", in *Briefwechsel* 1876 – 1908, Herausgegeben von Olaf Klose, E. G. Jacoby, Irma Fischer, Kiel：Ferdinand Hirt, 1961.

——, "Einleitung des Herausgebers", in *Studien zur Philosophie und Gesellschaftslehre im* 17. *Jahrhundert*, herausgegeben von E. G. Jacoby, Stuttgart：Friedrich Frommann Verlag, 1975.

——, *Die moderne Gesellschaft im sozialwissenschaftlichen Denken von Ferdinand Tönnies*, hrg. Arno Bammé, München – Wien：Profil Verlag, 2013.

Köhnke, Klaus Christian *The rise of neo – Kantianism：German academic philosophy between idealism and positivism*, trans. R. J. Hollingdale, Cambridge University Press, 1991.

König, René, *Soziologie in Deutschland：Begründer/Verächter/Verfechter*, München und Wien, 1987.

Lange, Friedrich Albert, *Geschichte der Materialismus*, Iserlohn und Leipzig：Verlag von J. Baedeker, 1887.

Leibniz, Gottfried Wilhelm, "Letter to Thomas Hobbes", in *Philosophical Papers and Letters*, ed. Leroy E. Loemker, Kluwer Academic Publishers，1989.

Lewis，John D. ，*The Genossenschaft – Theory of Otto von Gierke. A Study in Political Thought*，Madison，1935.

Lichtblau，Klaus，"Vergemeinschaftung and Vergesellschaftung in Max Weber：A reconstruction of his linguistic usage"，*History of European Ideas*，2011，37.

Wirth，Louis，"The Sociology of Ferdinand Tönnies"，*American Journal of Sociology*，1926，32（3）.

Macpherson，C. B. ，*The Political Theory of Possessive Individualism*，Oxford University Press，1962.

Mastnak，Tomaž，"Hobbes in Kiel，1938：From Ferdinand Tönnies to Carl Schmitt. " *History of European Ideas*，2014，41（7）.

Marx，Karl，*Theorien über den Mehrwert. Dritter Teil*，Berlin：Diez Verlag，1968.

Mcshea，R. J. ，*The Political Philosophy of Spinoza*，New York：Columbia University Press，1968.

Merz – Benz，Peter – Ulrich，*Tiefsinn und Scharfsinn：Ferdinand Tönnies' begriffliche Konstitution der Sozialwelt* . Frankfurt am Main ：Suhrkamp，1995.

——，*Erkenntnis und Emanation：Ferdinand Tönnies' Theorie soziologische Erkenntnis*，Wiesbaden：VS Verlag für Sozialwissenschaften，2016.

Meurer，B，"Die Frau in Gemeinschaft und Gesellschaft"，in *Hundert Jahre "Gemeinschaft und Gesellschaft" Ferdinand Tönnies in der internationalen Diskussion*，Herausgegeben von L. Clausen and C. Schlüter. Opladen：Leske und Budrich，SS. ，1991，375 – 391.

Mitzman，Arthur，*Sociology and Estrangement：three sociologists of Imperial Germany*，New York：Knopf，1971.

Nadler，Steven，*Spinoza：A Life*，Cambridge：Cambridge University

Press，1999.

Oakeshott，Michael，*Hobbes on Civil Association*，Indianapolis：Liberty Fund，2000.

Overhoff，Jürgen，*Hobbes's Theory of the Will. Ideological Reasons and Historical Circumstances*，Lanham：Rowman & Littlefield Publishers，2000.

Parsons，Talcott，*The Structure of Social Action*，New York：The Free Press，1966.

Pappenheim，Fritz，*The Alienation of Modern Man：An Interpretation Based on Marx and Tönnies*，New York and London：Modern Reader Paperbacks，1959.

Paulsen，Friedrich，*Schopenhauer Hamlet Mephistopheles. Drei Aufsätze zur Naturgeschichte des Pessimismus*，Stuttgart und Berlin：Cotta'sche Buchhandlung Nachfolger，1901.

——，*Aus meinem Leben. Jugenderinnerungen*，Berlin：Michael Holzinger，2013.

Plessner，Helmuth，*Grenzen der Gemeinschaft. Eine Kritik des sozialen Radikalismus*，2015.

Frankfurt am Main：Suhrkamp Verlag.

Podoksik，Efraim，"Overcoming the Conservative Disposition：Oakeshott vs. Tönnies"，*Political Studies*，2008，56（4）.

Rudolph Günther，*Die Philosophisch – Soziologische Grundpositionen von Ferdinand Tönnies*，Hamburg：Fechner，1995.

Schelgel，Friedrich，*Friedrich Schelgel's Lucinde and the Fragments*，trans. Peter Firchow，Minneapolis：University of Minnesota Press，1971.

Schelsky，Helmut，"Die Totalität des Staates bei Hobbes"，*Archiv für Rechts – und Sozialphilosophie*，2007，Vol. 93，No. 3.

Schuhmann，Karl，"Francis Bacon und Hobbes' Widmungsbrief zu De

Cive", in *Selected papers on Renaissance philosophy and on Thomas Hobbes*, ed. Piet Steenbakkers and Cees Leijenhorst, Springer Science + Business Media Dordrecht, 2004.

Sigwart, Christoph von, *Spinozas neuentdeckter Traktat von Gott, dem Menschen und dessen Glückseligkeit*, Gotha: Verlag von Rud. Besser, 1866.

Simmel, Georg, "Tönnies über Nietzsche", in *Der Nietzsche – Kultus. Eine Kritik*, hrg. Arno Bammé, Wien: Profil Verlag, 2012.

Spranger, Eduard, *Der gegenwärtige Stand der Geisteswissenschaften und die Schule*, Leipzig: Teubner, 1922.

Staudinger, Franz, *Die Konsumgenossenschaft*, Leipzig und Berlin: B. G. Teubner, 1919.

Stein, Lorenz von, *Der Sozialismus und Communismus des heutigen Frankreich*, Leipzig: Verlag von Otto Wigand, 1848.

Strauss, Leo, *The Political Philosophy of Hobbes. Its Basis and Its Genesis*, Chicago: The University of Chicago Press, 1963.

——, *The City and Man*, Chicago: The University of Chicago Press, 1964.

Tuck, Richard, "Introduction", in *On the Citizen*, edited and translated by Richard Tuck and Michael Silverthorne, Cambridge: Cambridge University Press, 1998.

Wiese, Leopold von, "The Place of Social Science in Germany today", *The American Journal of Sociology*, 51, 1 (1951).

Zander, Jürgen, "Ferdinand Tönnies und Friedrich Nietzsche. Mit einem Exkurs: Nietzsches 'Geburt der Tragödie' als Impus zu Tönnies' 'Gemeinschaft und Gesellschaft'", in *Ankunft bei Tönnies*, hrg. Lars Clausen und Franz Urban Pappi, Kiel: Mühlau, 1981.

索　引

H